"十四五"职业教育国家规划教材

国家新闻出版署出版融合发展（北师大出版社）重点实验室
重点课题"教育出版融合发展的理论与实践研究"优秀成果

融媒体版

幼儿园教育活动设计与实施

（第3版）

YOU'ERYUAN JIAOYU HUODONG SHEJI YU SHISHI

主　编：张淑琼
副主编：吴海珍　宋　晟　王　维　陆丽华
参　编：胡玉敏　何　伊　斯德斌　毛佳婧
　　　　毛茹芬　陶　涛　王　宁　罗巧英

北京师范大学出版集团
BEIJING NORMAL UNIVERSITY PUBLISHING GROUP
北京师范大学出版社

图书在版编目（CIP）数据

幼儿园教育活动设计与实施/张淑琼主编 . —3 版 . —北京：
北京师范大学出版社，2023.10（2025.8 重印）
ISBN 978-7-303-28634-8

Ⅰ．①幼…　Ⅱ．①张…　Ⅲ．①幼儿园—教学活动—教学
设计—职业教育—教材　Ⅳ．①G612

中国版本图书馆 CIP 数据核字（2022）第 249938 号

出版发行：北京师范大学出版社 https://www.bnupg.com
　　　　　北京市西城区新街口外大街 12-3 号
　　　　　邮政编码：100088
印　　刷：唐山玺诚印务有限公司
经　　销：全国新华书店
开　　本：889 mm×1194 mm　1/16
印　　张：18.25
字　　数：343 千字
版　　次：2023 年 10 月第 3 版
印　　次：2025 年 8 月第 22 次印刷
定　　价：48.80 元

策划编辑：姚贵平　　　　　责任编辑：赵鑫钰
美术编辑：焦　丽　　　　　装帧设计：焦　丽
责任校对：陈　民　　　　　责任印制：赵　龙

前言(第3版)

党的二十大报告中提出，全力推进全面建成小康社会进程，完整、准确、全面贯彻新发展理念，着力推动高质量发展，积极发展社会主义先进文化，突出保障和改善民生。深入贯彻以人民为中心的发展思想，在幼有所育、学有所教……上持续用力。2018年，《中共中央　国务院关于全面深化新时代教师队伍建设改革的意见》《中共中央　国务院关于学前教育深化改革规范发展的若干意见》强调要加强幼儿园教师队伍建设，全面提高幼儿园教师质量，建设一支高素质善保教的教师队伍。

众所周知，影响学前教育质量的核心因素是教师，教师培养工作关系着师资供给的质量。教育部以《幼儿园教师专业标准(试行)》和《教师教育课程标准(试行)》为依据，修订学前教育专业人才培养方案和课程标准，坚持规模与质量并重，采取一系列措施，不断提高广大学前教育教师的专业水平，切实保证学前教育专业人才培养质量，这也是我国学前教育事业长远发展的根本保证。

幼儿园强调保教结合，"幼儿园教育活动设计与实施"这门课程主要解决的是学前教育专业学生在教育活动设计与实施方面的能力问题，这是幼儿教师岗位能力结构中的核心部分。这一课程承担了科学保教中"教"的部分任务，我们要以贯彻落实《3—6岁儿童学习与发展指南》为契机，以促进每一个幼儿学习与发展为目标，选择适合幼儿身心发展规律与特点的学习内容，进而科学、有效地设计与指导幼儿园教育活动。《幼儿园教育活动设计与实施》是一本既观照理论又体现实践取向的教材。书中的基本理论往往关注一般的、普遍的真理性知识；实践取向则注重教育的实效性，即教育理论在实践中发挥的真实教育效能。两者的契合程度越高，教育呈现的态势就越良好。编写此书主要从以下几个方面来考虑。

第一，以任务驱动方式重组内容框架，有利于学生兴趣的培养。本教材的核心部分由三个不断递进的学习情境组成(十八个工作任务)，按照认知规律，学生更易通过"模仿"接受教学内容，从而实现"模仿—迁移—创新"的飞跃。社会对学前教育专业人才的要求不断提高，据此，本专业的课程设置有了新的调整，注重专业实践课和专业拓展课。本教材采用更有利于学生深入理解和把握的内容体系，设计出不同层次的学习情境，即先完成三个循序渐进的学习情境下的若干个任务，再根据当下幼儿园课程实施情况，尝试进行主题活动方案的设计。

第二，体现职前、职后一体化，有利于学生学习能力的提高。本教材向学生提供了很多优秀的幼儿园教育活动案例电子文本，为学生拓展阅读、自学等提供了较为丰富的学习资源，有助于学生进行学习与迁移，也可供学生在职后的活动设计中使用或借鉴。资源的种类丰富，有视频、动画、微课、图片、文本等。主要链接的方式有两种：一是通过国家级学前教育专业资源库平台提供相关资源，内容丰富，有课程教学内容、实践教学案例、拓展资源、课程教案、授课课件等；二是提供与教材配套的二维码供教师开展课堂教学、学生进行课后自学以及职后学习者进行自主学习。

第三，采用模拟情境、真实情境相结合的案例教学法，有利于学生的专业成长。在教学的组织上按照

"资讯提供—教学观摩—头脑风暴—方案设计—方案实施—反思提升"来设计教材的内容,以使教师的教学过程更为直观,使学生的学习目标更加明确。我们坚持学思用贯通、知信行统一的原则,通过搭建学习支架,采用模拟情境、真实情境相结合的案例教学法,并结合相关理论对这些案例进行比较深入的讨论与分析,实现了理论知识和实践知识的相互促进,使学生在实践中掌握了教学技术及其理论支撑,进而培养出能融理论与实践于一体的幼儿园教师。

第四,运用多元考核模式,有利于学生实践性知识的不断丰富。该课程的考核基于"在行动中考核",即考核设计和实施幼儿园活动的质量、反思及目标实现状况。其一,考核方案中体现了关注实际设计和实施的能力、小组合作与参与效能、学生利用网络进行课外学习交流和资源共享等方面。其二,考核成绩占40%,由学前教育专业教师、幼儿园教师、同学共同完成,更注重学生主动参与学习和对学生实践能力的评价。

《幼儿园教育活动设计与实施》一书在课程组全体教师的努力下,首先在原教材的基础上,增设了情境导入和任务导入,以激发学生的学习兴趣;其次是增设了资格考试要点、互动平台、幼教故事、想一想、做一做、练一练等栏目,可以帮助学生更有效地学习;最后是为了更好地体现时代性和融合性,修订了学习情境四的内容,主要融入了近些年全国职业院校学前教育专业技能大赛和幼儿园教师资格考试的相关内容,充分体现了教材内容与幼儿园实际工作岗位的无缝对接,以提高学生的"适岗"能力。绪论部分由张淑琼老师负责编写;前三个学习情境的任务一由毛佳婧、何伊、陆丽华老师负责编写,任务二由吴海珍、罗巧英老师负责编写,任务三由胡玉敏和斯德斌老师负责编写,任务四由宋晟老师负责编写,任务五由张淑琼、王宁老师负责编写,任务六由王维老师负责编写;学习情境四由何伊和毛佳婧老师负责编写;教材中使用的幼儿园案例主要由毛茹芬老师和陶涛老师负责审核。该书的审稿由张淑琼老师负责。

本书在编写过程中,参考并借鉴、吸收了国内许多专家、学者及同行的研究成果、观点和资料;多家幼儿园和幼儿教育机构为本书提供了案例,并给予了指导。在此一并表示衷心的感谢!由于时间较紧,本书中仍有不完善之处,请读者提出宝贵的意见与建议(发邮件至 yaoguiping@126.com),以便我们修订完善。

编　者

前言(第 2 版)

对幼儿园教育活动进行设计与实施的能力是幼儿园教师必须具备的重要能力之一,故"幼儿园教育活动设计与实施"是学前教育专业的核心课程。与之相应的教材《幼儿园教育活动设计与实施(第 1 版)》,以先进的幼儿教育基本理论为依据,以幼儿园的实际工作任务为导向,突出行动导向教学,探索"走园"教学模式,根据幼儿的身心发展规律与特点,设计、组织、实施幼儿园五大领域的教育活动,是一本既观照理论又体现实践取向的教材,彰显"对话、行动、体悟"的熠熠光辉,自出版以来得到了广大师生的好评。在"十二五"职业教育国家规划教材的申报与修订过程中,我们进行了更加深入的调研,对本教材进行了进一步完善。

第一,进一步强化情境教学法。注重将模拟情境与真实情境引入教材,以提高学生设计、实施与反思幼儿园教育活动的能力。

第二,进一步更新实践案例。在修订过程中,注重对相关案例进行更新,以提高学生分析案例、借鉴案例的能力。

第三,进一步对教材的行文和体例进行优化。我们把第 1 版中欠妥的表述进行了规范,对欠佳的体例进行了优化,进一步提升了教材的规范性与可读性。

本次修订仍由第 1 版的作者完成,在修订过程中借鉴了有关专家的研究成果,在此表示衷心的感谢。修订后的教材中可能仍存疏漏之处,敬请读者指正,以便我们进一步修订完善!

编　者

前言(第1版)

学前教育是基础教育的重要组成部分。中共中央、国务院高度重视并积极发展学前教育。从一系列加快发展学前教育的重大政策的出台，到《中华人民共和国学前教育法(草案)》的研究起草，学前教育发展的宏伟蓝图已经绘就。为贯彻落实中央决定，财政部、教育部研究制定了支持学前教育发展的一揽子政策，启动实施四大类七个重大项目，这些项目正处于深入实施的关键期。把宏伟蓝图变成现实，需要脚踏实地地努力。

影响学前教育质量的核心因素是教师，因此，培养一批高素质的学前教育教师，不断提高广大学前教育教师的专业水平，是保障学前教育质量的关键，也是我国幼教事业长远发展的根本保证。"幼儿园教育活动设计与实施"这门课程主要解决的是学前教育专业学生在教育活动设计与实施方面的能力问题，这是幼儿教师岗位能力结构中的核心部分。这一课程承担了科学保教中"教"的部分任务，我们要以贯彻落实《3—6岁儿童学习与发展指南》为契机，以促进每一个幼儿学习与发展为目标，选择适合幼儿身心发展规律与特点的学习内容，进而科学、有效地设计与指导幼儿园教育活动。

《幼儿园教育活动设计与实施》是一本既观照理论又体现实践取向的教材。书中的基本理论往往关注一般的、普遍的真理性知识；实践取向则注重教育的实效性，即教育理论在实践中发挥的真实教育效能。两者的契合程度越高，教育越能呈现良好态势。因此，在科学的儿童观、教育观、学习观的指引下，幼儿园教育活动设计呈现出动态的过程，在"学训互动、全程实战"的过程中彰显"对话、行动、体悟"的熠熠光辉。此书的编写有以下几个特征。首先，采用了任务驱动方式重组内容框架。本教材的核心部分由四个不断递进的学习情境组成，共十八个工作任务，按照认知规律，学生更易通过"模仿"接受教学内容，从而实现从模仿到创新的飞跃。社会对学前教育专业人才的要求不断提高，本专业的课程设置有了新的调整，注重专业实践课和专业拓展课。本教材采用更有利于学生深入理解和把握的内容体系，设计出不同层次的学习情境，即先完成前三个循序渐进的学习情境下的若干个任务，再根据当下幼儿园课程实施的情况，尝试进行渗透及融合的活动方案设计。其次，体现职前、职后一体化，有利于学生学习能力的提高。本教材向学生提供了很多优秀的幼儿园教育活动案例电子文本，为学生拓展阅读、自学等提供了较为丰富的学习资源，有助于学生进行学习与迁移，也可供学生在职后的活动设计中使用或借鉴。本教材和精品课程"幼儿园教育活动设计"的网站配套使用，课程网站内容丰富，有课程教学内容、实践教学案例、拓展资源、实时录像、参考资料等，可供教师课堂教学、学生课后自学以及职后学习者自主学习所用。最后，采用模拟情境、真实情境相结合的案例教学法，有利于学生的专业成长。在教学的组织上按照"资讯提供—教学观摩—头脑风暴—方案设计—方案实施—反思提升"来设计教材的内容，使教师的教学过程更加直观、学生的学习目标更加明确。采用模拟情境、真实情境相结合的案例教学法，并结合相关理论对这些案例进行比较深入的讨论与分析，实现了理论知识和实践知识的相互促进，使学生在实践中掌握了教学技术及其理论支撑，进而培养出能融理论与实践于一体的幼儿园教师。

《幼儿园教育活动设计与实施》一书在课程组全体教师的努力下，经过多年的实践终于出版了。绪论部分由张淑琼老师负责编写；前三个学习情境的任务一由陆丽华老师负责编写，任务二由罗巧英、吴海珍老师负责编写，任务三由胡玉敏和斯德斌老师负责编写，任务四由宋晟老师负责编写，任务五由张淑琼老师负责编写，任务六由王维老师负责编写；学习情境四由陆丽华老师负责编写。该书的审稿由张淑琼、陆丽华和宋晟老师负责。

本书在编写过程中，参考并借鉴、吸收了国内许多专家、学者及同行的研究成果、观点和资料；多家幼儿教育机构为本书提供了案例，并给予了指导。在此一并表示衷心的感谢！

编　者

目 录
CONTENTS

绪　论

随着社会的日新月异、教育改革方向的日渐清晰、改革力度的逐渐加大，幼儿教育重在遵循幼儿身心发展规律，坚持科学的保教方法，促进幼儿快乐健康成长已成为教育界的共识。幼儿教育的出发点是幼儿的身心发展特点与规律，其归宿是幼儿快乐健康地成长，而确保幼儿教育能够达到终极归宿则需要幼教工作者具备科学的保教方法。"幼儿园教育活动设计与实施"一课承担了科学保教中"教"的部分任务，力求深入贯彻《幼儿园教育指导纲要(试行)》(以下简称《纲要》)和《幼儿园教师专业标准(试行)》的精神，以幼儿园的实际工作任务为导向，以先进的幼儿教育基本理论为依托，根据幼儿的身心发展规律与特点，设计、组织、实施幼儿园健康、语言、社会、科学、艺术五大领域的教育活动。

一、幼儿园教育活动设计的基本理念 >>>>>>>>>>>>>>>>>

（一）理念之一——对话

对话是一种境界，是不同主体在平等的基础上，以一个话题为核心，开诚布公地表达自己的见解与思想，不断丰富话题，不断激荡彼此智慧的过程。这个过程实际上是一个不断生成的互动过程，是基于高校教师、幼儿教育机构一线教师、学前教育专业学生与幼儿的直接对话。

首先，高校教师从某个角度代表了学理的层面，一线教师相对代表实践的层面，两个层面并非以一墙隔开，而是有着紧密的关联。学理源自实践，因达到了一定的高度，故具有一定的前瞻性与对实践的引领性；而实践也在不断验证学理，并提供可资更改和调整的证据。双方以设计适宜幼儿的教育活动为主旨，从学理与实践两个维度彼此敞开心扉，围绕这一论题深入探讨幼儿教育的基本理念，厘清不同年龄阶段幼儿的年龄特征以及具体表征，不同的智慧碰撞后达成共识，形成幼儿园教育活动设计的基本理念与设计依据，为学生的学习做好铺垫。

其次，对于学前教育专业的学生而言，在"象牙塔"的锤炼仅仅是初识专业、接触理论，无法将"空降"的理论转化为踏踏实实的实践，只有回归原点——回到幼儿教育的真实场景中，与一线教师共同亲历教育历程中的点点滴滴，才能渐入佳境，越行越远。因此，学生需要与一线教师进行深入对话，将所学理论与一线教师的经验融合起来，既吸收学理之精华，又汲取经验之精华，逐渐夯实幼儿园教育活动设计的根基。

最后，学前教育专业学生既需要关注幼儿的知识、技能、智慧的形成与发展，又需要关注他们健康的人格与个性品质、良好的生活与学习习惯、积极适宜的社会性品质、良好的情绪情感等各方面的和谐发展。而这些涉及个体内隐精神的形成与发展，仅靠"学科"的知性教育是难以实现的，一切皆有赖于对话。对话是一种极富情感、极具知性的学习方式。这种共同参与、彼此陶冶和启迪、唤醒的方式，使学生对幼儿以及活动本身产生新的理解和认识。

(二)理念之二——行动

幼儿园教育活动的设计，就是幼儿活动机会和过程的设计与创造，就是对幼儿可能产生的实践性行为的期待。幼儿的学习是行动的，准教师的教育教学能力、对幼儿实践性行为的期待也需要通过自身的行动不断夯实、内化。因此，"幼儿园教育活动设计与实施"一课注重行动学习，将学习的内容细化，分置于模拟课堂、幼儿园的真实行动情境中。准教师在观摩过专家型教师教学后，如沐春风，揣摩教育活动设计的精要之处，并在模拟课堂和幼儿园中相继操练，这种递进式教育情境的转换将会推动学生最终在真实的教育场所，面对真实的教育对象，在真实的教育任务中理解知识、内化知识、运用知识、修正知识。

(三)理念之三——体悟

建构主义学习理论主张知识不是对现实纯粹客观的反映，任何一种承载知识的符号系统都不是绝对真实的表征。它只不过是人们对客观世界的一种解释、假设或假说，并不是问题的最终答案，必将随着人们认识程度的深入而不断地变革、升华和改写，出现新的解释和假设。体悟恰恰印证了建构主义学习理论的适切性。学生在资讯提供、观摩学习、实战操练后，必然会经历同化—顺应的心理过程，以他们自己的经验为背景，来分析知识的合理性，逐步领悟知识、内化知识、转换知识，获得陈述性知识向程序性知识转化的内心体验。这一系列的过程必然推动学生教育教学基本能力的提升。

《幼儿园教育活动设计与实施(第3版)》围绕"对话、行动、体悟"三个关键词，将幼儿园教育活动设计的理论条理化、系统化，使其在幼儿园教育教学实践中深具实操性、科学性、可行性。三者有机结合，融为一体，力图使学习者提高幼儿园教育活动设计的理论与实践水平，为幼儿教育质量的提升尽绵薄之力。

二、幼儿园教育活动设计的基本原理 >>>>>>>>>>>>>>>>>>>>

幼儿园教育活动旨在实现幼儿园的教育目的，帮助幼儿获得各种有益的学习经验，促进幼儿身心全面和谐发展。从分支而言，该活动是幼儿园课程的一部分，仅关涉机构教育中幼儿园课程的集体教学活动，并不包含区域活动、游戏活动、生活活动等。幼儿园教育活动包含四大基本要素——教育活动目标、教育活动内容、教育活动实施、教育活动评价，如图0-1所示。

图 0-1 幼儿园教育活动
设计的循环过程

上述四个要素相互联系，递进式地构成了一个完整的循环过程。教师凭借对幼儿园教育活动目标的把握程度，选择能够实现教育活动目标的内容，依据目标的定位、活动内容的性质，选择教育活动的组织形式，并将静态的教育活动方案转化为动态的教育活动过程。在活动结束后，以教育活动目标为基准，对整个教育活动进行综合性评价，以此修正、调整该教育活动的目标定位、内容选择与组织、实施策略等，最大限度地实现幼儿园教育活动的有效性。

（一）幼儿园教育活动的方向——目标

幼儿在园的学习过程中，每年的成长、学习、收获都将以关键经验的形式浸润于幼儿园教育活动目标中，最终呈现出链状、网状形式，凸显其成长历程，即教育者期盼幼儿通过教育活动所能达到的成效。教育成效既体现为幼儿通过活动在身心两个方面所发生的预期变化，又体现为幼儿教育机构和教师通过活动达到社会对幼儿实施教育的要求。[1]

幼儿园教育活动目标的定位既要关照幼儿的生理发展特点和心理发展特征，更要体现出社会对人才培养的需求，渗入教师的哲学观、价值观。一般而言，幼儿园教育活动目标有三大取向。

1. 行为目标

行为目标是指以幼儿具体的、可被观察的行为为表述对象的幼儿园教育活动目标，它指向的是教育活动实施以后幼儿发生的行为变化。[2] 行为目标是幼儿教师使用得最频繁、最广泛的教育活动目标取向。

梅杰认为，一个行为目标包含四大要素：行为主体、行为动词、行为条件、行为达成度。

行为主体，即完成教育活动预期行为的主体。一般而言，行为主体既可以是教师，又可以是幼儿，如目标"从多角度对鞋进行观察比较"，显然对鞋进行观察和比较的主体是幼儿；而如果将目标改为"培养幼儿从多角度对鞋进行观察和比较"，则行为的主体是教师。

行为动词，即可被观察到的行为动词，是外显的，如"说出……""区别……""分辨……""画出……""做出……的实验""知道……""会随着伴奏用好听的声音演唱"等，涉及各个类型教育活动的行为动词不胜枚举，这里列举几个例子，以说明其可操作性。

行为条件，陈述的是幼儿园教育活动的预期行为是在特定的时间、空间、背景、条件下才能实现的。如"不需要成人的提醒，能够饭后漱口""能模仿成人或者同伴，连贯、完整地做出准确的早操动作"。

行为达成度，是对教育活动预期的标准，用来衡量活动的成效。行为达成度既可以在幼儿人数方面进行限定，又可以在幼儿表现出预期行为的熟练度方面进行限定。如"半数以上的幼儿能够用匍匐前进的方式通过路障""半数以上的幼儿能够完整、清晰地复述《老鼠嫁女》的故事"。第一个例子是侧重幼儿人数方面的行为达成度；第二个例子既侧重幼儿人数的限定，又侧重幼儿复述故事的行为熟练

---

① 朱家雄：《幼儿园教育活动设计与实施》，21 页，北京，高等教育出版社，2008。
② 朱家雄：《幼儿园教育活动设计与实施》，22 页，北京，高等教育出版社，2008。

学习笔记

度——完整、清晰。

通常，并不是每一个行为目标都包含四大要素，在日常教学中，教师往往会根据自己的需求有所省略。

2. 生成性目标

生成性目标是指在教育情境中随着教育过程的展开自然生成的预期标准。如果说行为目标重在教育活动的预定结果，那么生成性目标则重在教育活动的非预定过程。因为它的非预定性，教师在实施教育活动之前往往无法预测，在活动实施过程中较难控制，具有较大的操作难度，因而难以被教师广泛使用。

目前，只有少数教师关注活动实施过程中幼儿的反应，顾及活动实施过程中的不可预测性因素，尝试在活动实施之后总结、调整活动方案。这种方式在很大程度上说明，这些幼儿园教师开始关注生成性目标的独特价值，并尝试在实践中追寻有效使用的可能性。

3. 表现性目标

表现性目标是指每一个幼儿在具体教育情境的种种"际遇"中所产生的个性化表现。个性化表现的追求，就意味着教育活动的最终旨趣并不是一所幼儿园、一个班级所有幼儿的共同性的学习收获，而是尊重幼儿的"一百种表达方式"，用自己独到的方式体现自己的所学与所获，追寻的是个体意义的价值。

表现性目标描述的是幼儿学习后身心的一般发展变化。这些发展变化是难以用直观的观察和测量方式在教育活动结束后衡量出来的，而是需要通过一段时间的考察、关注才能发觉的。因此，表现性目标所呈现的幼儿种种"际遇"更适合中长期教育目标的陈述。通常，表现性目标蕴含的是幼儿将要处理的问题、将要参与的活动任务。表现性目标的表达方式一般为"讨论……""和同伴分享自己的想法""考察……"，如"参观农贸市场，并乐于和同伴分享自己的想法"。

三种教育活动目标取向具有不同的价值，行为目标倾向于以教育活动后的具体行为表现折射活动的预期价值，具有一定的客观性与可操作性；生成性目标倾向于以教育活动中转瞬即逝的"亮点"折射活动的价值，具有一定的非预期性与不可控性；表现性目标倾向于以教育活动过程中的真实境况体现幼儿的发展价值，具有一定的独特性与个体性。目前，我国幼儿园教育活动的设计者与实施者更乐于用行为目标来衡量一个活动的成效，但这并不意味着只能使用一种取向的教育活动目标，而是可以根据自己的实际需求，选取不同取向的教育活动目标。

（二）幼儿园教育活动的灵魂——内容

如果说目标是一个幼儿园教育活动的"指南针"与"方向盘"，决定了教育活动的价值方向，那么，幼儿园教育活动的内容则是体现其价值的重要载体。

幼儿园教育活动内容首先体现的是"教什么"与"学什么"的问题，即要递进式地促使幼儿掌握一系列关键经验。关键经验仅仅是幼儿在成长的阶梯上必然获取的连续性经验，围绕关键经验必须有适宜的教育活动内容。其次，幼儿园教育活动内容的组织形式与方式必须确保教育活动目标最大限度地达成所需要的巧妙"包装"，使同样的内容以不同的"包装与重组形式"，易于幼儿接受、悦纳、感动。

1. 幼儿园教育活动内容选择范围

(1)有助于幼儿发展的基本知识。幼儿阶段是奠定人类优秀文化知识基础的重要阶段，它不仅强调静态的知识学习，更重视动态知识的探索。静态知识是人类在知识传递过程中所提炼、萃取的真理与经验，而动态知识彰显的是幼儿获取知识的过程。中华优秀传统文化源远流长、博大精深，是中华文明的智慧结晶。其中蕴含的天下为公、天人合一、自强不息、讲信修睦、亲仁善邻等是中国人民在长期生产生活中积累的宇宙观、天下观、社会观、道德观的重要体现，也是孩子从小就应该接触和熟悉的知识内容。具体来说，适合幼儿学习与欣赏的可以包括古诗、民族音乐、民族戏剧、曲艺、武术、国画、书法、雕塑、棋类、传统节日、民俗等。在幼儿教育的视域中，我们倡导的是幼儿在获取知识的过程中有所收获。因此，我们非常关注幼儿在熟悉和感受传统文化的过程中有更多的创造性收获，而非静态知识的呈现。

(2)有助于幼儿发展的基本态度。幼儿时期是积淀习惯、塑造态度、锻造品性的关键时期。一个人对事、对人、对物会有一种倾向性，这种倾向性就是在成长的过程中逐渐凝聚而成，扎根于人内心的心理品质，并潜移默化地影响人的决策、行动等。端正的、积极的态度会促使人以积极、健康的心态面对所学的内容，不断增强自身各方面的能力，在适宜的场所表现出适宜的行为。鉴于基本态度的重要性，幼儿园教育活动应蕴含、渗透有助于幼儿发展的基本态度，如对事物的探究兴趣、自信、自我认同、责任感、荣誉感、归属感、关心、互助、合作、尊重、同情等。这些基本态度以显性课程或隐性课程的形式融入幼儿园教育活动中。比如，幼儿园社会教育活动设计是以显性课程的形式帮助幼儿形成正确的基本态度；与幼儿园教育活动相匹配的教育环境的设计和布置、教师的举手投足等则在暗默中凸显正确的基本态度。

(3)有助于幼儿发展的基本行为。态度决定行为。行为是人类与其他动物的动作、行动方式，是对环境的一种反应。幼儿的基本行为是生活、学习、游戏、与人交往等日常活动中的基本方式与基本方法，是对外界自然环境、非自然环境的基本反应方式。这些基本的方式与方法将为幼儿日后形成适宜行为、拥有良好的行为方式方法奠定基础。在生活中，幼儿渐渐习得自我服务的一套行为方式，独立吃饭、清洁、如厕、睡眠等行为体现的是幼儿的生活自理能力；在学习与游戏中，幼儿逐渐学会观察、倾听、判断、参与、合作等；在与人交往的过程中，幼儿会获得待人接物的方式，如对待老人、父母、同伴、小弟弟、小妹妹所应用的不同方式。总而言之，在与自我、他人、物质世界的相互作用过程中，有助于幼儿发展的基本行为成为幼儿园教育活动的重要内容。

2. 幼儿园教育活动内容的组织原则

《纲要》明确指出，幼儿园的教育内容是全面的、启蒙性的，可以相对划分为健康、语言、社会、科学、艺术五个领域，也可做其他不同的划分。教师要根据《纲要》，从本地、本园的条件出发，结合本班幼儿的实际情况，因地制宜地实施素质教育，为幼儿一生的发展打好基础。因此，幼儿园教育活动内容的选取绝不能随意，而应遵循一定的原则与规范。

(1)生活性原则。教育是关乎人的学问，幼儿教育是关乎幼儿生命成长的学

学习笔记

问。幼儿教育的根本要旨是尊重幼儿生命的发展逻辑，不断创造条件，促进每一个生命的发展，使其更有意义。生命是生活的出发点与归宿，生活是生命的意义，是生命的生动体现。因此，为了让幼儿真正感受到生命的脉动，作为幼儿教育载体的幼儿园教育活动内容必须贴近幼儿的生活，尤其要关注幼儿的日常生活。因为熟悉的日常生活能够激发幼儿学习的欲望、探究的兴趣，使其更容易感受和理解，并在熟悉的生活中持续学习。相反，如果幼儿园教育活动的内容远离生活，则会让幼儿难以理解、无法体验，最终事与愿违。因此，对于幼儿这个特殊的教育群体，教育内容只有源于生活，才能实现高于生活的追求。

（2）适宜性原则。有效的教育需要适宜的课程，这要求实践工作者关注具体的教育目标定位与教育活动内容选取方面。所谓适宜，美国发展适宜性方案的研究学者认为，适宜包括三个维度：年龄适宜、个体适宜、文化适宜。人类出生后的前九年，会经历普遍的、可以预料的成长与改变，并显现于生理、情感、社会性、认知等发展的各个方面。教师不仅要深入掌握不同年龄阶段幼儿的发展特征，而且要关注同一年龄阶段每个幼儿的差别，如他们的学习方式、思想、接受方式、最近发展区的差异，还要深切关注幼儿的多元文化背景，既包括宏观的国家文化背景，又包括不同的家庭背景与家庭文化。只有教育活动内容适合每一个幼儿的文化与个性，在每个幼儿的最近发展区内，幼儿的成长才更有效，才更具价值与意义。

（3）趣味性原则。幼儿的学习与其他年龄阶段的教育对象存在明显不同，幼儿的思维倾向于具体形象性，善于从直观的感官中学习，因此，幼儿园教育活动的内容必须遵循趣味性原则。在杜威看来，兴趣或趣味是在统一的活动中所要学习的事实或所建议的行动和正在成长的自我之间公认的一致性原理。趣味蕴含着一种内驱力，这种内驱力源于活动内容本身所具有的魅力，可以引发幼儿探究的欲望与冲动，使幼儿具有一种"忘我"的能力，并为了完成一个任务而自发、自愿、全神贯注地投入完成事情的过程中。趣味性并不是给枯燥的活动"穿"上漂亮的外衣，以外部的吸引力暂时牵引幼儿学习，而是活动内容本身对于幼儿而言，具有强烈的吸引力，幼儿在参与、投入的过程中享受活动内容带来的挑战、趣味，以及内心充实与幸福。这一点，也是实践工作者尤其需要注意的。再甜蜜的糖衣、再漂亮的外衣也无法遮蔽活动本身的枯燥与乏味，要想真正使活动激发幼儿长久的兴趣，需要实践工作者的心灵"蹲下来"，用惊奇的眼光珍视幼儿生活中的趣味，将这些弥足珍贵的趣味过滤，转化为幼儿园教育活动的内容。

（4）综合性原则。《纲要》明确指出，教育活动内容的组织应该充分考虑幼儿的学习特点和认知规律，各领域的内容要有机联系、相互渗透。幼儿的生活是整个的，不会细化为语言、科学、社会、艺术等；幼儿对事物的认识是整体的，他看到一朵花，会自然地数一数有多少片花瓣，说说这朵花是什么颜色的，也会在纸上涂涂画画。由此可见，幼儿认识事物时以整体、完整为特点，幼儿的学习也是整体的、完整的，因此，幼儿园教育活动内容必须是综合性的、整合性的。刻意割裂各个事物的联系，或者割裂一个事物各个方面的联系，会生硬地隔断幼儿对事物的真实理解，断开一个事物与其他事物的相互关系，妨碍其对问题的分析。在第三次幼儿园课程改革之际，幼儿园教育的实践工作者和理论工作者深刻地认识到幼儿园教育活动综合的重要性与必要性，历经多年，他们仍在幼儿园教育活动综合化的道路上不断尝试与探索。

（5）行动性原则。幼儿在与外在世界相互作用的过程中，不断建构自己的知识场，逐渐明理。他们天生具有行动的气质，乐于"做中学"。因此，幼儿园教育活动内容必须还原为幼儿的经验，还原为幼儿成长的过程。换句话说，就是把幼儿将要学习的内容渗透到幼儿的探索、实验、操作、体验、表现、表达、游戏、交往、重复等活动中，通过一次次这样的活动深化，形成自己的理解。在幼儿园教育活动内容的选取与组织中，最忌将所要学习的内容以结果的形式直接呈现给幼儿。这就犹如一位成人将咀嚼了很久的饭菜喂给幼儿吃，幼儿虽不需要自己咀嚼就可不费力气地吃到饭菜，但营养早就随着成人的咀嚼流失掉了，幼儿学习咀嚼的机会也被成人草率地忽略了。

（6）流变性原则。幼儿教育活动内容并不是国家统一规定的，更不是一成不变的，而是需要幼儿园教育活动设计者分析幼儿所生活的环境、文化背景的特点，不断发现与寻找的。随着时代的发展，幼儿的社会环境日益丰富，幼儿对事物的感受与理解也有所变化，幼儿的兴趣、关注点也会伴随重大社会事件的发生而转移。因此，幼儿园教育活动内容需要根据实际情况进行调整，或充实，或删减，或更替，或合并，或深化，或生成。总之，幼儿园教育活动内容是变化的，呈现在幼儿面前的应是切合本地区、本幼儿园、本班不同幼儿需要的，能为幼儿的进一步发展提供支持。

3. 幼儿园教育活动内容选取需要防范的问题

（1）内容选取与目标定位脱节。设计任何一个幼儿园教育活动时都是先确定教育目标，再根据目标选取合适的教育内容，即目标决定内容。但在现实操作中，一些教师往往本末倒置，先选取内容，再看内容有什么教育价值。如此一来，便产生了一些问题：教育目标和其他教育目标重合，关键经验重复；教育目标与教育内容相互脱节，所选取的内容无法实现预期的目标，目标中的重要价值流失。为了保证目标与内容的内在一致性，幼儿园教育活动设计者需要首先梳理幼儿时期的"关键经验"，依据"关键经验"以教材为蓝本进行适当的增、减、删、合的整理及修订工作，根据"关键经验"确定教育活动目标，并选取适宜的教育内容。

（2）内容选取超载。超载，本是指交通工具的载重、负荷超过了其可能的承受力或限度。用在幼儿园教育活动设计中，意指幼儿园教育活动的内容超过了一定的界限。可以从两个维度解释：从量的维度而言，幼儿园教育活动的内容超过了单位时间的许可度，即一节课无法完成这么多内容，导致"走过场""加课"等；从质的维度而言，幼儿园教育活动目标与内容是幼儿通过努力仍然无法实现或完成的，即高质超载。[①] 还有一种是低质乏载，是指幼儿园教育活动目标与内容是幼儿不需要努力就可以实现或完成的。超载会导致整个幼儿园课程的失衡，因此，幼儿园教育活动设计者必须考量整个课程、全部主题的价值，以此为基准选取质量相当的内容，避免超载与乏载。

---

① 虞永平：《学前课程价值论》，220页，南京，江苏教育出版社，2002。

(3)预设内容与生成内容失当。随着西方幼儿教育先进理念的渗透、经典课程模式的输入，一时间幼儿教师扔掉了曾经的教育活动目标，从幼儿的生活中零零散散地捡起了一些内容，组成了具有"园本特色"的幼儿园课程；又重新重视预设内容的价值，于是教师拿出教材，按照教材的线索、程序一成不变地操作，失去了生成教育内容的空间。这是幼儿园教育活动设计者对预设与生成内容的比例把握失当的两种表现。因此，我们要分析每所幼儿园的发展水平、实际情况，梳理预设内容中的教育价值是否有缺失。如果有缺失，则补充完整，进行目标定位，再从幼儿的周围生活中、关键性的社会事件中选取适宜的内容，结合幼儿的兴趣点，设计成适宜的幼儿园教育活动。

(三)幼儿园教育活动的核心——实施

确定了教育活动的目标，选取了适宜的教育活动内容，书写出教育方案，这仅仅是静态的文本呈现，将静态的文本转化为动态的过程需要幼儿园教育活动的实施。

所谓幼儿园教育活动实施，是指将经过编制的幼儿园课程和经过设计的幼儿园教育活动付诸教育实践的过程。[①]

1. 幼儿园教育活动实施的取向

幼儿园教育活动实施有三大取向，分别是"忠实取向""相互适应取向""创生取向"，其中，教师的角色各异，教育理论与实践的关系也有所差别。

(1)忠实取向。幼儿园教育活动的忠实取向是指教师在实施幼儿园教育活动时，完全忠实于之前设计的幼儿园教育活动方案，并且严格执行。有人以建筑施工来隐喻忠实取向，即幼儿园教育活动方案是一张建筑图纸，幼儿园教育活动实施是建筑工人进行施工。对于建筑工人而言，必须完全按照建筑图纸的设计进行施工，切不可根据自己的意图随意对图纸进行更改，哪怕建筑图纸有错也应严格执行。图纸与施工是以两者之间的高度吻合来衡量的，因此，从这个角度而言，忠实取向的幼儿园教育活动实施同样要求教师的操作与原方案的高度吻合。[②]

显然，在忠实取向中，幼儿园教育活动就是建筑图纸，是教育主管部门与具有一定权威的幼儿园课程专家共同设计、制定的，教师仅仅充当建筑工人的角色，忠实按照专家的设计执行即可，根据幼儿的实际情况做出调整的空间很小。

(2)相互适应取向。幼儿园教育活动实施的相互适应取向是指将教育活动实施的过程看作教育活动设计者与实施者之间通过协商而相互适应的过程。[③] 有人以球赛隐喻相互适应取向，幼儿园教育活动的方案是在比赛之前教练和球员协商制定的方案，幼儿园教育活动实施的过程就是比赛的过程。因天气、环境、人员安排以及比赛过程中不可控因素的影响，比赛中的一方球员会根据现场对手的即时状况快速调整球员的站位、安排，并形成一种共识与默契，从而机敏地对抗对手。

① 朱家雄：《幼儿园教育活动设计与实施》，309 页，北京，高等教育出版社，2008。
② 施良方：《课程理论——课程的基础、原理与问题》，139 页，北京，教育科学出版社，1996。
③ 朱家雄：《幼儿园教育活动设计与实施》，313 页，北京，高等教育出版社，2008。

在相互适应取向中，幼儿园教育活动方案就是教练和球员共同商定的方案，该方案具有一定的优势，教育主管部门与具有一定权威的幼儿园课程专家代表教练，进行实践操作的幼儿教师代表球员。在幼儿园教育活动实施的过程中，教师必须根据各种情境下幼儿的不同反应给予不同的回应，采用不同的策略，以促进每个幼儿的健康发展。教师是积极的、主动的幼儿园教育活动的设计者与实施者。

（3）创生取向。幼儿园教育活动实施的创生取向是指将幼儿园教育活动的实施过程看成教师与幼儿联合创造教育经验的过程。[1] 有人以音乐演奏来隐喻幼儿园教育活动实施的创生取向，幼儿园教育活动方案是乐谱，幼儿园教育活动实施是音乐家演奏，乐谱是相同的，但是不同的音乐家由于自身对音乐的领悟有差异、自身演奏技巧高低有别、现场的发挥不同等因素，对同样的乐谱进行二次创造，演绎出了不同的乐曲。

在创生取向中，乐谱就是幼儿园教育活动的关键经验，是一个教育的大框架，框架之内的内容需要教师根据幼儿的即时情况、现有水平进行适度的二次创作。师幼共同围绕关键经验，在一个大框架内相互作用，不断生成新的学习内容与学习机会，这是典型的教育智慧的彰显，是创造性工作的体现。

《纲要》已经实施了多年，在幼儿教育这个领域，我们越发体会到相互适应取向与创生取向的价值与魅力，以智慧引领行动，以机智化解困难，是幼儿园教育活动极力倡导的。

2. 幼儿园教育活动实施的问题与对策

幼儿教育的最终旨趣是尊重幼儿生命的发展逻辑，不断创造条件，促进每一个生命的发展，使幼儿的生命更有意义。生命成长的意义必定会折射出教师教学的意义，教师教学的意义又会进一步凸显生命成长的意义。教师教学的意义显现在幼儿园教育活动实施中，在这个由静态文本向动态实施的历程中，我们可以洞悉教师的智慧、教师的理念、教师的价值观、教师的教育策略与技巧，对于新手教师而言，这是很难达到的。接下来列举了教师在幼儿园教育活动实施中的一些问题，并提出相应的对策，仅供实践者思考。

（1）过度关注个人，忽略全体幼儿。中班的一次看图讲述活动，30个幼儿分成两排坐着。一个幼儿站着讲，讲得断断续续。老师一会儿提醒他注意观察图片，一会儿向他示范正确的发音。其他的幼儿已经不耐烦了，有东张西望的，有玩手绢的，有发呆的……"干什么呢！好好听别人讲！"发言的幼儿讲完坐下了，大家似乎才兴奋起来。

在这个案例中，教师关注幼儿的发音、看图讲述的规范无可厚非，但由于关注一个幼儿的发展而忽略其他幼儿的发展是不可取的。看图讲述的幼儿也许在这个过程中，较为规范地学习了如何观察图片、如何按照图片的顺序讲述、如何正确表达恰当的意思，但这个漫长的时间恰恰隐性浪费了其他众多幼儿的时间。尽管教师有意让其他幼儿通过这个幼儿的表现来学习，但幼儿难以长时间安静地关注他人，更不会有效地将他人的经验迁移到自身。因此，教师预想的效果非但没

① 朱家雄：《幼儿园教育活动设计与实施》，314页，北京，高等教育出版社，2008。

有达成，反而妨碍了大部分幼儿进行有意义的学习活动。

在教育活动中，教师要关注每个幼儿的成长，可以"牵一发而动全身"，将一个幼儿存在的问题扩展到全体，处理的重点在于让所有幼儿都参与这个学习过程。例如，可以请这个幼儿按照自己的意图来进行看图讲述，同时请其他幼儿认真倾听，在心中记下这个同伴讲述中存在的问题。在同伴讲述完后，其他幼儿将自己捕捉到的信息与大家分享，教师和幼儿共同交流正确的讲述、表达、发音是什么样的，并请幼儿示范。在这个全体幼儿参与修正的过程中，一个幼儿存在的问题才会引起其他幼儿的注意，并用鲜活的示范让不同的幼儿领悟，学到对自身更具价值的内容。

📝 学习笔记

(2)过渡时间把握欠妥。这是一次美工活动，幼儿试着用各种盒子和彩色纸制作玩具。对于设计简单的玩具，幼儿很快就做好了；而对于设计比较复杂的玩具，幼儿的制作进程尚未推进至一半。这时，教师请大家注意听已做好玩具的幼儿介绍作品，但几乎没有人听，因为大部分幼儿忙着做自己还没完成的事情。教师多次提醒也没有明显效果，并且还干扰了他们的活动，降低了活动效率。

集体活动在幼儿园教育活动中经常出现，集体活动的过渡时间把握欠妥就会导致大部分幼儿跟不上节奏，每个环节的衔接不够流畅。这里同样有教师是否关注所有幼儿的问题。幼儿的能力高低有别、动作有快慢之分、感受与理解存在明显的差异，不同层次的幼儿组合在一起，到底应该以哪个层次的幼儿为准令教师头疼。这位教师仅仅关注到少部分设计简单的幼儿的时间，忽视了大部分幼儿有意义的活动。

一个教育活动中，教师的集体行动指令在什么时候发出是一个重要且棘手的问题。一般而言，在全班2/3以上的幼儿已经做好准备的时候，所发出的指令是有效的，能够引起还没做好准备的幼儿的关注，再等待几分钟，全部幼儿的注意力都会顺利转移到下一个环节中。在这个案例中，教师不妨为设计简单的玩具的幼儿提出更高的要求，请他们在原有基础上增加难度，以延长他们的活动时间来保障大部分幼儿的活动时间。

(3)教学过程缺乏灵活性。一次大班美术欣赏活动，欣赏的作品是《忧愁的国王》。作品颜色鲜艳，具有一定的抽象性。教师问幼儿："从哪里可以看出这个国王有点忧愁啊?"幼儿看着跃动的色彩，纷纷表达自己的想法。一个幼儿说："这个国王坐在椅子上，心里想着很多事情，他的女儿就要出嫁了，他很舍不得，但是他也没有办法，所以他担忧他的女儿以后在另一个国家会过得不好。"另一个幼儿说："不是的，他是国王，他有宫殿，有很多财宝，但是没有亲人给他带来快乐，所以他很忧愁。"这下，幼儿开始以国王的忧愁为核心，展开想象，讲述着一个个精彩的故事，但都没有涉及色彩。这时，教师忍不住了："你们怎么从作品当中看出国王忧愁的? 不要讲其他的内容，就看作品。"可是幼儿还是按照自己的逻辑在讲，教师已经有点不耐烦了。

这个案例中存在的问题在教育实践中较为普遍。我们提倡教师的"教"要围绕幼儿的"学"，遵循幼儿的学习特点与年龄特征，尊重幼儿的兴趣与需要，以"学"为起点，进一步挖掘幼儿的学习兴趣，更好地服务于幼儿。但现实中，教师心中有预设、有计划，在教育活动实施过程中秉持自己的计划严格执行，有时会忘了幼儿的兴趣与需要。当幼儿的表现稍稍有所偏离时，教师就不遗余力地将其拉回来。

幼儿都是鲜活的生命个体，他们是哲学家、艺术家，拥有巨大的创造力、想象力，他们的学习会随着自己的意愿、喜好、经验不断增进。在上述案例中，幼儿对国王为什么忧愁展开了想象，但他们的兴趣点已经与教师的预设发生了偏离。教师与其拉幼儿回到"原点"，牺牲幼儿的兴趣，不如远离自己的"原点"，顺着幼儿的兴趣，允许他们充分发挥自己的想象力，流利地表达出内心的理解与感悟，也为之后感受《忧愁的国王》这幅作品做好铺垫。

（4）教师忙于"过度照顾"。一次数学活动，要学习的内容是 10 以内倒数的规律。教师在讲解完后发给每个小朋友不同的纸质材料，请他们按照材料中的提示，写出相邻的数字。例如，纸质材料开头数字是 8，幼儿需要在后面的空格中写出 7、6。教师在幼儿思考和书写的过程中，不断地到每个小组检查，并提醒："7 和 5 之间应该是哪些数字啊?"有时，教师会停下来手把手地帮幼儿写上正确的数字。

幼儿教育的实践环节中，经常会出现两种近乎极端的现象。一种是在有人观摩活动时频频出现的，就是上面案例中的教师忙于"过度照顾"，没有思考过什么时候介入幼儿的操作、以怎样的方式介入更为适宜，结果导致教师忙忙碌碌，幼儿反而觉得教师总是在干扰他们的独立活动。教师"一厢情愿"地将结果"劈头盖脸"地给予幼儿，恰恰剥夺了他们亲历学习的机会。另一种则是在无人观摩活动的时候，教师对幼儿"置之不理"，任由其自行操作，幼儿虽忙忙碌碌、开开心心，但不得要领。

在幼儿园教育活动实施过程中，指导是必要的，甚至会推动幼儿在原有基础上实现跨越式发展。但指导是有前提的，教师需要明确幼儿遇到了什么困难，这个困难经过他的努力、同伴的协助是否能够有效解决，进而运用不同的方法给幼儿提供支持。

（四）幼儿园教育活动的标杆——评价

评价是对事物的一种价值判定，以确定事物的优点与不足。幼儿园教育活动评价是根据幼儿园教育活动目标，对幼儿园教育活动方案、实施过程中显性的或隐性的成效进行评判的一系列活动。

1. 幼儿园教育活动评价的作用

（1）提高幼儿园教育活动的实效性。幼儿园教育活动评价的目的是通过对活动的讨论、反思、评判，探索出进一步提高幼儿园教育活动实效性的方法与策略，最终的指向是促进幼儿园教育活动日臻成熟。幼儿园教育活动是幼儿园课程的重要部分，其优劣、成效在很大程度上决定了幼儿园课程的品质，甚至会影响一所幼儿园整体质量的提升。因此，幼儿园教育活动需要经历反复的锤炼、适当的调整，才能更符合不同时代、不同班级、不同背景幼儿成长的需求，为幼儿的发展提供支持。

学习笔记

(2)提升幼儿教师的专业化水平。幼儿园教育活动的评价不仅能够提高活动的实效性，促进幼儿园课程品质的发展，还能促使幼儿教师的专业化水平日益提高。在对幼儿园教育活动的反复思索、讨论、调整的过程中，幼儿教师在发现问题、探寻解决路径、解决问题的过程中，不断修正自己的教育价值观，充实教育理论知识，形成教育信念，深化对幼儿教育的理解，积累丰富的教育经验，形成新的教育思想。思想的升华必然会引导教育行为的转变，从而更有效地促进幼儿园教育活动的适宜性发展，形成良性循环。

2. 幼儿园教育活动评价的标准

我们从幼儿园教育活动目标、幼儿园教育活动内容、幼儿园教育活动实施、幼儿园教育活动成效四个维度进行评价，见表 0-1。

表 0-1　幼儿园教育活动评价表①

评价维度	评价要点	情况记录
幼儿园教育活动目标	1. 目标的年龄适宜性 2. 目标表述的一致性 3. 目标表述的针对性 4. 目标表述的系统性 5. 目标的达成度	
幼儿园教育活动内容	6. 内容选择与目标的一致性 7. 内容选择的年龄适宜性 8. 内容选择的生活性 9. 内容选择的科学性 10. 内容匹配环境、材料的适宜性 11. 内容的实际完成情况	
幼儿园教育活动实施	12. 实施过程与目标、内容的一致性 13. 实施过程是否根据幼儿的兴趣与需要进行适当的调整 14. 实施过程是否体现幼儿的主体性、主动性、积极性 15. 实施过程是否因材施教 16. 实施过程是否随机处理突发事件 17. 教师的教态仪表 18. 教师的教学语言 19. 教师的教育智慧	
幼儿园教育活动成效	20. 幼儿参与活动的程度 21. 幼儿的互动机会 22. 幼儿面临的挑战 23. 幼儿的学习习惯 24. 幼儿的行为技能 25. 幼儿的认知水平 26. 幼儿的情感态度 27. 教师教学策略的适宜性 28. 教师对幼儿的关注	

任何一个幼儿园教育活动都包含目标、内容、实施、评价四个基本要素，并呈连续循环状。幼儿园教育活动评价的效果会直接影响下一轮幼儿园教育活动目标的

---

① 虞永平、张辉娟、钱雨等：《幼儿园课程评价》，130～134 页，南京，江苏教育出版社，2006。具体评价标准有所调整。

定位、内容的选取、实施的调整，为幼儿园教育活动的持续发展树立标杆。

三、幼儿园教育活动设计的基本要义 >>>>>>>>>>>>>>>>>>>>

幼儿园教育活动方案的设计与书写遵循一定的规则与要求，下面从幼儿园教育活动目标、活动准备、活动过程、活动延伸四个维度切入，探讨设计与书写幼儿园教育活动方案的一般要求。

（一）活动目标

幼儿园教育活动目标是幼儿园教育活动方案的"指南针"，目标的制定决定了活动的走向，在一定程度上体现了设计者、实施者的专业化水平。幼儿园教育活动目标的设计与书写应遵循以下几条原则。

1. 一致性原则

幼儿园教育活动目标的表述有两种方式，一种是发展目标；另一种是教育目标。以幼儿的口吻表述，所述为幼儿通过该教育活动应该达到的发展指标，如愿意与同伴分享自己的感受、初步学会系蝴蝶结式鞋带等；以教师的口吻表述，指明教师在该教育活动中应该做的事情，或者是努力达成的教育效果，如帮助幼儿以小组的形式共同完成绘画作品、培养幼儿饭前便后洗手的卫生习惯等。

《纲要》强调，我们应该关注每个幼儿的发展，使每个幼儿健康、和谐、快乐地成长。因此，教师应该胸怀幼儿，从幼儿的角度审视活动，用幼儿的口吻表述教育活动的成效，逐渐实现从教师的"教"过渡到幼儿的"学"。

幼儿园教育活动目标的表述方式见表 0-2。

表 0-2　幼儿园教育活动目标表述方式

方式	维度	具体层面
结果性目标表述方式	知识	了解层面的表述：说出、背诵、辨认、回忆、选出、举例、复述、描述、识别、知道、认识、了解…… 理解层面的表述：解释、说明、阐明、推断、判断、区分、比较、分类、分析、归类…… 运用层面的表述：使用、应用、设计、解决……
	技能	模仿层面的表述：模仿、临摹、模拟…… 操作层面的表述：制作、测量、衡量、实验…… 迁移层面的表述：联系、联想……
体验性目标表述方式	情感态度	感受性层面的表述：感受、体验…… 倾向性层面的表述：愿意、喜欢…… 意志、品行层面的表述：积极参与、主动探究、持续尝试……

2. 针对性原则

幼儿园教育活动目标要具有针对性，即活动目标具体，所指涉的价值标准细化，而不是笼统地表述。对于幼儿教师而言，教育活动目标越具体，就越具有可操作性，在活动实施的过程中就越容易以目标为标杆衡量幼儿的反应，并及时按照目标的要求给幼儿适宜的支持；如果目标笼统，教师往往拿捏不准要点，无法较好地把握活动效果，对幼儿的指导不够细致。

下面"典型案例"中的音乐教育活动目标是一个典型的"万金油"目标，在任何年龄阶段的音乐教育活动中似乎都可以使用，原因就在于活动目标没有明确是什么音乐、什么节奏、什么游戏以及怎么玩。幼儿教师误以为目标一经确立便一劳

① 王春燕：《幼儿园课程概论》，48～49页，北京，高等教育出版社，2007。

典型案例

某幼儿园中班音乐教育活动

活动目标

1. 熟悉游戏的音乐，学习游戏的基本玩法。
2. 加强对音乐的节奏感。

典型案例

小班科学教育活动——认识小兔子

活动目标

1. 知道两种以上小兔子喜欢吃的食物。
2. 学习词语"长长的""红红的"等。

典型案例

活动目标

1. 摸小兔子时要轻柔，产生对小动物的呵护之情。
2. 认真观察，并说出小兔子的典型外在特征。
3. 了解小兔子的生活习性，如小兔子喜欢吃的食物。

永逸，实际上，目标承载的价值过多，反而会陷入教育、指导的盲区。因此，有必要对该活动目标所蕴含的价值取向和预期效果做进一步的细化。

> 1. 初步熟悉游戏的音乐，用脚的踮动感受两拍子的节奏，并在强拍时重重地踏脚。
> 2. 能够跟随音乐的强弱拍自如地踏脚、拍手。

如此修改，使教师更明确在这次音乐教育活动中应该把握什么，应该关注幼儿哪方面的表现，从而促进幼儿园教育活动的成效最大化。

3. 系统性原则

美国著名教育心理学家布卢姆在《教育目标分类学》中为教育目标建立了一个较为规范、清晰的划分标准，依次为认知、情感、动作技能三大类。

认知：包括对知识的理解、掌握、记忆、认知能力的形成过程等。

情感：包括兴趣、爱好、倾向、态度、习惯养成、价值观等。

动作技能：包括大小肌肉的协调、模仿、操作、行动、动作等。[①]

《纲要》倡导，幼儿园教育活动的内容要相互渗透、有机联系。所谓渗透与联系，不仅仅指五大领域的教育活动内容相互整合，还指在一个幼儿园教育活动中，根据实际情况，将认知目标、情感目标、动作技能目标有效整合。这并不意味着任何一个教育活动都必须生硬地将三大领域的目标整合在一起，而是应根据教育活动内容的承载量与价值至少包括两个领域的目标。

"认识小兔子"是一个小班科学教育活动，从目标定位来看，两个活动目标将活动的价值定位在科学表达方面本无可厚非，但活动注重认知层面的目标，忽略了情感、动作技能层面的发展。对于小班幼儿而言，活动本身的趣味性，激发幼儿呵护生命、爱护动物，进而引发探究小兔子的生长秘密是更为重要的内隐价值，而语言表达是一个外显价值，从对幼儿发展的持续性影响方面考虑，内隐价值更具个体意义。因此，可以将该活动目标调整如下。

幼儿园教育活动目标的排列具有一定的讲究。领域特点明显的幼儿园教育活动以领域目标为重点目标，其他目标为次重点目标，按照目标之间的相互衔接性进行排列。领域特点不明显的幼儿园教育活动目标，要确保目标之间的连续性，第一层目标与第二层、第三层目标是整体与局部的关系，每一个下层目标都是上层目标的具体化，保证每一个下层目标的实现都能促进活动向总目标推进。各层目标相互衔接，体现幼儿心理发展的轨迹。

（二）活动准备

幼儿园教育活动开展之前，教师为了更有效地教学，需要做相应的情境铺垫、物质材料准备、幼儿经验梳理的工作。在书写幼儿园教育活动方案的活动准备时，要从物质准备、经验准备两个方面进行整理。

　　物质准备是指幼儿园教育活动开展需要的教具、材料、场地安排等，经验准备是指幼儿在学习该幼儿园教育活动之前必备的前期经验。

典型案例

小班幼儿园健康教育活动——和蒜做朋友

物质准备

分别用蒜头、大蒜和蒜苗做成的菜（糖醋蒜头、大蒜炒鸡蛋和蒜苗炒胡萝卜）；小勺。

经验准备

1. 幼儿吃过蒜或观察过蒜。

2. 幼儿有种蒜头的体验，知道蒜头种到土里会长出大蒜。

（三）活动过程

　　幼儿园教育活动过程包含导入、展开、结束三部分，每个部分的撰写都需要清晰地显示出教师根据幼儿的心理逻辑而设计的教育思路。

典型案例

小班综合教育活动——梧桐树叶真漂亮

活动目标

1. 尝试用手印画的方式来表现树叶的形态，进一步感受梧桐树叶的特征。

2. 初步感受梧桐树叶色彩的多样性，喜欢梧桐树。

3. 学习用手掌搓揉颜料，体验颜料印染的乐趣。

活动准备

1. 黄、绿、棕颜料若干，小调羹若干，护衣每人一件，抹布若干。

2. 在展板上贴上白纸，用白纸贴出几棵梧桐树的轮廓。

3. 背景音乐、梧桐树和彩色树叶的PPT。

活动过程

1. 师幼共同欣赏梧桐树（导入部分）。

（1）教师播放"梧桐树"PPT，幼儿边欣赏边讨论。

（2）教师提问：梧桐树是什么样的？树叶有哪些颜色？

2. 幼儿尝试印树叶（展开部分）。

（1）第一次尝试印树叶。

①教师出示梧桐树的轮廓图：这里有几棵梧桐树，可是只有树干，没有树叶，我们一起来做树叶吧。

②教师介绍手印树叶的方法：用调羹从小碗里盛出一些颜料，再把两只手合起来搓一搓、揉一揉，手掌和手指上都要有颜色，然后在纸上印一印。（教师示范）

③操作前明确要求：在梧桐树的树枝上印树叶，颜料少一些，一小勺即可；如果想换颜料，可以用抹布把手上的颜料擦掉。

④幼儿在树枝上印树叶，播放背景音乐。

（2）第二次尝试印树叶。

①教师提问，引导幼儿讨论：昨天我们看到一阵风吹过，梧桐树叶会怎么样呢？

②幼儿再次印树叶：有的飘在天空中，有的飘在半空中，还有的飘落到地上。

3. 师幼共同欣赏作品（结束部分）。

（1）教师带领幼儿欣赏印满树叶的梧桐树，感受树叶色彩丰富的美以及印染活动的乐趣。

（2）欣赏秋天多彩的树叶图片，进一步感受树叶的色彩美。

典型案例

小班体育活动——
听信号走
活动延伸
利用户外活动时间，通过变换口令、音乐节奏等手段多次练习听信号走的动作。

活动过程中导入、展开、结束三个环节环环相扣，上一个环节为下一个环节的展开提供线索，上一个环节的开展有助于下一个环节目标的靠近与达成，案例中环节流畅、丝丝入扣。导入部分以欣赏梧桐树叶的形式直接切题，激发幼儿的前期经验，有利于后续环节的开展。两次印树叶的活动层层递进，第一次印树叶为其后幼儿的表现提供了方法的练习与技术的指导。结束部分以欣赏作品告终，对本次活动的幼儿表现有所评价，也激发了幼儿参与后续活动的兴趣与愿望。

（四）活动延伸

活动延伸是在活动结束后，教师准备通过哪些途径使幼儿在活动中获得的经验得到延续和巩固。

本次体育活动的目标是幼儿能够依据不同的信号、音乐节奏，或快或慢地朝指定方向行走。因此，活动延伸必须切合活动目标的方向，请幼儿在活动结束后继续练习，达到熟练的程度。延伸的内容应是与本次活动目标吻合的内容，而不是转移到其他学习经验的内容。

典型案例

小班健康教育活动——小衣服，抱一抱
活动延伸
回家后自己叠裤子。

这个教育活动方案的活动延伸与活动目标、内容存在脱节，上衣的叠法与裤子的叠法并不相同，对于幼儿而言，叠裤子是将要学习的新经验，更适合在下一个活动中具体展开。因此，活动延伸切忌"脱节"，切忌"为了延伸而延伸"。

学习反思

学习情境一
有完整方案的活动设计与实施

情境描述

　　本情境是活动设计的初级阶段，旨在为学前教育专业的学生提供一个"模仿"的范例，帮助学生理解活动设计的基本要求、学习活动设计的基本思路，从而在模仿的基础上内化知识、提升技能。采用教师提供的完整方案，使学生能够针对学习对象的不同，经过对活动目标、活动准备、活动过程的讨论和修改，设计出更适合该年龄段幼儿身心发展特点与经验水平的教育活动方案，并进行适宜的实施和评价。

思维导图

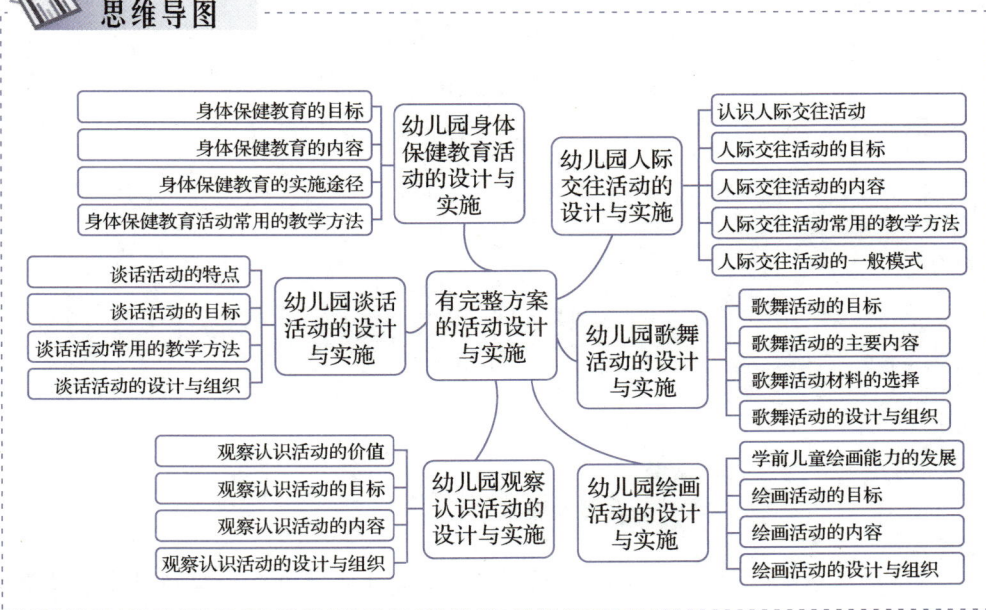

🪜 学习目标

1. 能根据特定年龄段幼儿的身心发展特点和实际水平,对教师给定的完整活动方案进行适宜的修改、实施与评价。

2. 掌握活动方案设计的一般要求,在修改活动方案时能遵守相应的规范。

3. 学习对所观摩的活动进行详细的活动过程实录,能区分教案和活动实录。

4. 能从教材处理、教学方法、教学手段、教师基本功、教学效果等方面对活动进行评价。

💿 情境导入

刚接触幼儿园教育活动的同学在第一次独立试教后,非常沮丧:"小朋友不喜欢我的活动""我的活动目标设定有问题""我的活动目标没有达成""我的上课环节比较混乱""我控制不住小朋友""我的教育活动方案写得不好"……

第一次试教对于刚接触幼儿园教育活动的学生来说至关重要,它会影响到学生专业自信的建立。我们要坚持学思用贯通、知信行统一的原则,通过搭建学习支架,帮助学生提高专业技能,树立专业自信,坚定专业理想。本情境通过为学生提供完整的方案,使学生初步了解幼儿园教育活动方案的一般格式,理解各部分的具体设计要求,初步学会撰写活动目标、根据目标选择内容、尝试选择与运用适宜的教学方法、评价与反思目标的达成度等,具备一定的甄选优秀活动方案和规范实施活动方案的能力,为独立设计与实施幼儿园教育活动方案打下坚实的基础。

任务一
幼儿园身体保健教育活动的设计与实施

🍁 典型案例

在幼儿洗手环节中,乐乐正在洗手池边洗手,还没有打开水龙头她就直接把洗手液抹在了手上,对着洗手池的镜子出了神,老师喊她她才回过神来。乐乐急匆匆地冲掉了手上的泡沫,来不及擦手就出去找小朋友玩游戏了。乐乐的生活卫生习惯一直不太好,幼儿园的老师为此感到头疼。

英国哲学家培根说过,习惯是一种顽强的力量,可以主宰人的一生。这道出了培养良好行为习惯的重要性。中国的"三岁定八十"也揭示了培养良好行为习惯应及早抓起的必要性。良好的行为习惯不是一朝一夕就能养成的，要培养一个人良好的行为习惯，必须从小抓起。乐乐的不良生活卫生习惯该怎样纠正呢？怎么样才能帮助她培养良好的生活卫生习惯呢？下面，让我们一起来学习幼儿园身体保健教育活动的相关内容。

📖 实施步骤

步骤一　资讯提供

一、身体保健教育的目标　>>>>>>>>>>>>>>>>>>>>>>>>>>>>>>>>

（一）身体保健教育的总目标

幼儿身体保健教育的总目标是确定相应的年龄阶段目标及具体活动目标的依据，是幼儿身体保健教育的最终目的，它对幼儿的身心保健起到了规范作用。2001 年颁布并实施的《纲要》在健康领域总目标中指出了身体保健教育的总目标是：一是身体健康，在集体生活中情绪安定、愉快；二是生活、卫生习惯良好，有基本的生活自理能力；三是知道必要的安全保健常识，学习保护自己；四是喜欢参加体育活动，动作协调、灵活。3～6 岁幼儿身体正处在迅速发育的时期，对各种营养的需要比成人多；身体各器官机能相对较差，对外界环境的适应能力比较弱，很容易感染疾病；生活经验较少，基本的生存能力正处在发展中，生活自理能力较差，缺乏必要的身体保健知识及安全自护知识。因此，结合《纲要》精神，幼儿身体保健教育就是要使幼儿掌握身体保健的初步知识，培养良好的个人生活习惯和卫生习惯，掌握必要的安全自护知识。

（二）身体保健教育的年龄阶段目标

不同的幼儿呈现的发展层次有所差异，但某一特定年龄段的幼儿存在着一定的发展共性。幼儿身体保健教育的年龄阶段目标是以 3～6 岁幼儿的身心发展特征为依据而确定的教育目标，它对各年龄段的幼儿提出了不同层次的要求，并为具体活动目标的制定指明了方向。因此，年龄阶段目标既是对总目标的细化，又是制定具体活动目标的直接依据。根据国内幼儿健康教育专家近年来的研究成果，结合 2012 年教育部颁布的《3—6 岁儿童学习与发展指南》(以下简称《指南》)的精神，我们将幼儿身体保健教育的各年龄阶段目标表述如下。

1. 小班

第一，了解身体的外形结构，认识并学习保护五官；初步了解治疗疾病的简单知识，能积极配合疾病预防与治疗；了解日常生活中的安全常识，初步掌握过马路、乘坐交通工具、玩大型运动器械时应遵守的安全规则，在提醒下能注意安全，不做危险的事；不吃陌生人给的东西，不跟陌生人走，在公共场所走失时，能向警察或有关人员说出自己和家长的名字、电话号码等简单信息。

第二，了解盥洗的顺序，在成人提醒下能坚持每天早晚刷牙、饭前便后洗手；在成人提醒下能按时睡觉和起床，并能坚持午睡；能及时排便，不尿湿、弄脏裤子；能在成人的帮助或提示下学习自己穿脱衣服和鞋袜；能将玩具和图书放回原处；能熟练地用勺子吃饭，不用手抓饭，能做到饭前洗手、饭后漱口擦嘴；认识最常见的食物，爱吃各种食物，在成人引导下，能做到不偏食、不挑食，喜欢吃水果、蔬菜等新鲜食物；愿意饮用白开水，不贪喝饮料。

📝 学习笔记

2. 中班

第一，进一步认识身体外部主要器官的功能及保护方法，初步懂得疾病预防和治疗的重要性，并形成积极的态度和行为。认识常见的安全标志，能在成人的提醒下遵守交通规则和安全规则，不接触危险物品，运动时能主动躲避危险，遇到危险时能告诉成人，有初步的自我保护意识；知道在公共场合不远离成人的视线单独活动，知道简单的求助方法。

第二，每天早晚刷牙、饭前便后洗手，方法基本正确；每天按时睡觉和起床，并能坚持午睡；学习大便后自己擦拭的方法；能自己穿脱衣服、鞋袜、扣纽扣，能整理自己的物品；会用筷子吃饭，知道最常见食物的营养价值，愿意吃各种有营养的食物，不偏食、不挑食，不暴饮暴食，懂得平衡膳食的重要性，有初步控制饮食的意识；常喝白开水，不贪喝饮料。

3. 大班

第一，初步认识身体内部主要器官、功能及其保护方法，了解有关预防龋齿及换牙的知识，注意用眼卫生，知道如何预防常见疾病。能自觉遵守基本的安全规则和交通规则，运动时能注意安全，不给他人造成危险；未经大人允许不给陌生人开门，知道一些基本的防灾知识，初步学习简单的自救和求救方法。

第二，每天早晚主动刷牙，饭前便后主动洗手，方法正确；养成每天按时睡觉和起床的习惯；能根据冷热增减衣服，会自己系鞋带，能按类别整理好自己的物品；懂得自己能做的事情要自己做，有基本的生活自理能力；能熟练地使用筷子吃饭，初步理解不同的食物有不同的营养，身体需要各种营养，能初步分辨食物的好坏；进一步养成独立进餐、平衡膳食、主动拒绝非健康食品等良好的饮食习惯。

二、身体保健教育的内容 >>>>>>>>>>>>>>>>>>>>>>>>>>>>>>>>

《纲要》在健康领域的"内容与要求"部分明确指出，要培养幼儿良好的饮食、睡眠、盥洗、排泄等生活习惯和生活自理能力；教育幼儿爱清洁、讲卫生，注意保持个人和生活场所的整洁和卫生；密切结合幼儿的生活进行安全、营养和保健教育，提高幼儿的自我保护意识和能力。根据《纲要》的要求，我们把幼儿身体保健教育的内容分为身体认知与保护教育和日常生活习惯教育这两大部分。

（一）身体认知与保护教育的内容

1. 认识自己的身体及其保护常识

认识眼、耳、口、鼻、手、脚、皮肤等外部器官及脑、心脏、肺等重要内部器官的名称、形态特征、功能及其保护方法，有探索身体奥秘的欲望。

2. 了解疾病防治的有关常识

了解生病时吃药、打针的作用，了解预防接种的作用及其相关注意事项等。

3. 掌握基本的安全知识，形成自我保护意识

知道水、火、电的危害及刀、剪、针等常见的不安全物品的危害，认识常见

小班健康活动视频
案例：保护眼睛

的交通标志，能遵守交通规则，知道运动时及外出活动时的安全常识，知道防止被拐骗的常识等。

4. 掌握基本的安全技能，具有自我保护能力

在紧急情况下会拨打 119、110 等寻求帮助，学会在发生火灾、地震或遭遇坏人等危急情况时的逃生技巧等。

（二）日常生活习惯教育的内容

1. 进餐

认识常见的食物，知道其营养价值，知道身体需要各种各样的营养，从而爱吃各种食物；有独立进餐、平衡膳食和控制饮食的意识；掌握勺子和筷子等餐具的正确使用方法；了解进餐过程中应遵守的文明礼仪行为。

2. 饮水

知道白开水是最解渴、最健康的饮品，渴了能主动饮水，少喝含糖饮料。

3. 盥洗

掌握漱口、刷牙、洗脸、洗手等的正确方法，能坚持做到早晚刷牙，饭后漱口，饭前便后及手脏时洗手，早晚、饭后及午睡后洗脸。

4. 如厕

能及时排便，不尿湿裤子，学习自己穿脱裤子和大便后自己擦拭的方法。

5. 睡眠

能在成人的帮助或提醒下，有顺序地穿脱衣服和鞋袜，并放在固定的地方，安静地入睡，有良好的睡眠习惯，并逐步学习自己整理床铺。

6. 着装

掌握基本的穿、脱、叠、放衣服和鞋袜的技能；注意衣着卫生，能根据身体冷热情况请成人帮助或自己及时增减衣服。

7. 卫生

能保持个人物品、自己房间、所在班级的环境卫生，并有主动维护公共场所卫生的意识和行为习惯。

8. 整理

学习整理自己的个人物品和生活场所，会收拾玩具、学习用具等，能保持个人生活场所的整洁有序。

三、身体保健教育的实施途径 >>>>>>>>>>>>>>>>>>>>>>>>>>>

（一）发挥多种教育形式的综合作用

《纲要》指出，教育活动的组织形式应根据需要合理安排，因时、因地、因内容、因材料灵活地运用。幼儿身体保健教育既需要有计划、有目的、有组织地开展教学活动，又需要渗透于日常生活之中；既需要集体教育，又需要小组活动和个别指导。目前，幼儿身体保健教育实践中存在着一些误区，有人认为幼儿身体保健教育就是"上健康课"，轻视日常生活中的健康教育，轻视对幼儿习惯养成中的个别指导。实际上，幼儿身体保健教育是生活教育，应当在幼儿日常生活的每一环节渗透身体保健教育理念，并在幼儿日常生活中积极探寻幼儿身体保健教育

幼儿生活习惯
视频：喝水

幼儿生活习惯
视频：吃饭

幼儿生活习惯
视频：擤鼻涕

幼儿生活习惯
视频：漱口

幼儿生活习惯
视频：六步洗手法

幼儿生活习惯
视频：绑鞋带

的特点和规律。当然，集体形式的身体保健教学活动也是有其作用和价值的。例如，幼儿不太容易理解的健康常识、不太容易掌握或需要系统训练的健康行为技能等，教师只有通过有计划、有目的、精心的教学设计，才能更好地引导、启发幼儿探索、理解和掌握。因此，幼儿身体保健教育也离不开集体教学活动。只有综合运用各种教育形式，通过集体教学、日常生活等各种途径实施身体保健教育，才能达到较好的教育效果。

（二）发挥幼儿园、家庭、社区三位一体的整体教育合力

《纲要》指出，家庭是幼儿园重要的合作伙伴，应本着尊重、平等、合作的原则，争取家长的理解、支持和主动参与，并积极支持、帮助家长提高教育能力；幼儿园应与家庭、社区密切合作，与小学相互衔接，综合利用各种教育资源，共同为幼儿的发展创造良好的条件。就幼儿身体保健教育而言，取得家庭、社区的积极配合更为重要，否则任何一方产生的消极影响都将抵消托幼机构的教育效果。这是因为幼儿身体保健教育所关注的内容既发生在托幼机构，又发生在家庭和社区。例如，幼儿园和家庭都有进餐卫生问题，幼儿园、家庭和社区都有环境保护问题。环境是重要的教育资源，应融合园内和社区环境创设，形成幼儿园、家庭、社区的教育合力，保障幼儿身体保健教育的有效性。

四、身体保健教育活动常用的教学方法 >>>>>>>>>>>>>>>>>>>

幼儿健康教育注重幼儿将获得的知识和形成的态度转化为良好的行为习惯，在教育方法上尚难找到一种效果最佳的固定方法，所以要求教师根据教育目标和教育内容灵活选择。在幼儿身体保健教育活动中，以下方法经常被采用。

（一）讲解演示（示范）法

讲解演示法是指教师边讲解边借助实物、模型、图片或身体动作等手段加以演示，具体而形象地向幼儿讲解粗浅的健康知识。例如，在认识人体内部器官的时候，结合模型或直观形象的教具进行生动有趣的讲解演示，幼儿才能理解并掌握原本抽象难懂的知识。讲解示范法还可以指教师边做动作边使用语言讲解动作的名称、做法、要领及要求的一种教学方法。例如，在教幼儿系鞋带的活动中，教师边念儿歌边用动作示范如何系鞋带，这样就可以让幼儿掌握系鞋带这一生活技能的动作要领和注意事项了。

（二）行为练习法

行为练习法是指让幼儿对已经学过的基本动作、健康行为与生活技能等进行反复练习，从而加深理解，形成稳定的行为习惯。例如，盥洗的基本顺序、穿脱与整理衣服的方法、持筷的方法等，幼儿必须在教师和家长的具体指导下反复练习，才能真正掌握并形成稳定的行为习惯。

（三）个别指导法

个别指导法是指教师对那些在学习生活常规与技能的过程中遇到困难或需要帮助的幼儿及时地给予一对一的帮助与引导的方法。例如，教师在幼儿练习折叠上衣的过程中，发现某幼儿不知道怎么区分衣服的正反面，便走过去及时地进行示范讲解，使幼儿解决当前所面临的问题。

大班健康活动文本
案例：食物的旅行

幼儿生活习惯
视频：叠衣服

幼儿生活习惯
视频：叠被子

教学微课视频：
示范法

教学微课视频：
个别指导法

（四）感知体验法

感知体验法是指让幼儿通过感觉器官的活动去认识、判别事物特性的一种方法。这种方法能加深幼儿对事物的印象，同时由于加入身体动作，更能激发幼儿的兴趣，引起幼儿的注意。例如，在介绍各种有营养的食物时，如果让幼儿亲眼看一看，亲手摸一摸，亲口尝一尝，幼儿往往十分乐意，也会给他们留下比较深的印象。

文本：
生活常规儿歌

（五）作品感染法

作品感染法是指教师以文学作品(故事、诗歌、儿歌等)中的虚拟角色为对象，让幼儿分析其行为并进行是非判断，从而确立自己学习榜样的方法。例如，《邋遢大王》《蹭痒痒的小猪》《大公鸡和漏嘴巴》《齐齐和乱乱》等，对幼儿都有很好的教育效果。

（六）讨论评议法

讨论评议法是指教师通过安排语言交流活动，向幼儿提出问题，让他们自由发表意见并得出结论，从而帮助他们掌握相关知识的一种方法。这种方法可以让幼儿参与健康教育过程，为他们提出问题、发表意见、自己得出结论提供机会；能有效帮助幼儿表达自己的真实想法，鼓励幼儿对他人的言行进行评价，从而提高幼儿判别是非的能力。例如，教师针对手脏时不洗手的害处让幼儿讨论，以提高幼儿的认识，指导幼儿的行为。

教学微课视频：
讨论评议法

✎ 学习笔记

练一练

文档：简答题
《一日生活常规的意义》
《一日生活常规的培养方法》

文档：材料分析题
《如何帮助幼儿适应幼儿园生活》

文档：活动设计题
《设计一份洗手环节的活动方案》

步骤二　教学观摩

一、观摩大班身体认知与保护教育活动视频：《我们的心脏》[①]

（一）呈现完整活动方案

扫描二维码阅读大班身体认知与保护教育活动方案"我们的心脏"。

（二）观摩、讨论与反思

1. 呈现讨论话题

(1)该活动的内容主要有哪些？活动目标的设计是否合理？

(2)写出"活动准备"有哪些，并评价活动准备是否能满足幼儿活动的需求。

大班身体认知与
保护教育活动视频
案例：我们的心脏

大班身体认知与
保护教育活动文本
案例：我们的心脏

---

① 引自福建省直属机关幼儿园大班健康教育活动录像《我们的心脏》。

学习笔记

(3)分析活动过程的主要环节，并说说重点和难点是什么，活动目标的达成度如何。

(4)分析该活动采用的教学方法有哪些。

(5)保健医生讲了些什么？讲得如何？请评价保健医生与幼儿之间的互动情况。

(6)你认为教师在这个活动中主要扮演了什么角色？教师的教学基本功如何？评价一下师幼互动情况。

(7)这个活动与大家在幼儿园观摩的活动相比，有什么明显的不同？

(8)请至少说出这个活动的三个亮点，同时指出其不足之处，并提出改进建议。

2. 观摩活动录像

请大家把"活动实录"写在自己的课堂笔记本上，并及时记录自己在观摩过程中的想法。

3. 分组讨论交流

组内交流
各小组成员围绕讨论话题对活动进行讨论与评价，并记录本小组的共同观点。

集体交流
各小组派一名同学代表本组同学发言，与其他小组交流评价意见，并记录每个话题的讨论结果。

4. 教师评价总结

记录任课教师评价与总结的内容

二、观摩中班日常生活习惯教育活动视频：《我会叠衣服了》

（一）呈现完整活动方案

扫描二维码阅读中班日常生活习惯教育活动方案"我会叠衣服了"。

（二）观摩、讨论与反思

1. 呈现讨论话题

(1)活动目标的设计是否恰当？达成度如何？

(2)导入的方式是什么？请记录并评价教师在讲完故事后所提的几个问题是否恰当。

(3)教师的两次讲解示范有什么不同？你觉得这样调整效果如何？

中班日常生活习惯
教育活动文本案例：
我会叠衣服了

(4)在幼儿练习与比赛的过程中，教师是怎样帮助那些不会叠衣服的幼儿的？具体策略有哪些？你认为比赛环节的教学效果如何？

(5)活动过程包含哪几个大环节？重点环节是什么？

(6)活动过程中教师主要采用了哪些教学方法？

(7)教师编的儿歌是否适合所有上衣的叠法？如果不适合，请根据上衣的不同类型编出不同的儿歌，并进一步思考：编的儿歌能否包括所有的动作要领？哪里还需要特别强调？

(8)活动准备能否为实现目标而服务？

2. 观摩活动录像

请大家把"活动实录"写在自己的课堂笔记本上，并及时记录自己在观摩过程中的想法。

中班日常生活习惯
教育活动视频案例：
小衣服，抱一抱

3. 分组讨论交流

组内交流
各小组成员围绕讨论话题对活动进行讨论与评价，并记录本小组的共同观点。

集体交流
各小组派一名同学代表本组同学发言，与其他小组交流评价意见，并记录每个话题的讨论结果。

4. 教师评价总结

记录任课教师评价与总结的内容

三、观摩幼儿园教师现场执教的身体保健教育活动 >>>>>>

请大家在幼儿园现场观摩教师执教的身体保健教育活动，做好听课笔记，认真倾听执教教师的说课，积极参与讨论，及时记录讨论结果和带队教师的评价总结。

步骤三　方案设计

第一，第一位在幼儿园现场试教身体认知与保护教育活动的同学，请与本组同学合作修改"手指兄弟"这个活动方案，形成新的方案，并做好活动准备。

小班身体知识与
保护教育活动文本
案例：手指兄弟

大班身体保健教育活动文本案例：神奇的中草药

温馨提示 🐚

　　1. 请从认知目标、动作技能目标和情感目标三个方面来修改活动目标。

　　2. 活动目标主体不一致，而幼儿园的活动目标提倡以幼儿为主体。

　　3. 幼儿掌握保护小手的方法是该活动的重点目标，在环节的设计中没有充分体现，需要拓展。

　　第二，在幼儿园试教身体认知与保护教育活动的同学，请与本组同学合作修改"有用的安全标记"这个活动方案，形成新的方案，并做好活动准备。

大班身体认知与保护教育活动文本案例：有用的安全标记

温馨提示 🐚

　　请小组同学在修改活动方案时，从以下方面进行思考与修改。

　　1. 活动目标的表述方式需要修改。

　　2. 对于大班幼儿而言，活动目标过于简单，活动环节层次不够，需要拓展。

　　第三，第一位在实验室试教日常生活习惯教育活动的同学，请与本组同学合作修改活动方案"干净小手人人爱"，形成新的方案，并做好活动准备。

小班日常生活习惯教育活动文本案例：干净小手人人爱

温馨提示 🐚

　　请小组同学在修改活动方案时，从以下方面进行思考与修改。

　　一、活动目标需要修改，缺少认知目标和情感目标。

　　二、活动环节中缺少针对活动目标二的相关环节。

　　三、活动过程2中的活动设置不合理。

📝 学习笔记

想一想 🐚

　　怎样修改《洗手》这首儿歌，以帮助幼儿更好地掌握洗手的方法？

　　　　　　　　　儿歌《洗手》

　　　　　　　　搓搓搓，搓手心，

　　　　　　　　搓搓搓，搓手背，

　　　　　　　　换只小手再搓搓，

　　　　　　　　一二三，搓好了。

　　第四，在实训室模拟试教日常生活习惯教育活动的同学，请与本组同学合作修改活动方案"胖胖和瘦瘦"，形成新的方案，并做好活动准备。

大班日常生活习惯教育活动文本案例：胖胖和瘦瘦

温馨提示 🐚

　　请小组同学在修改活动方案时，从以下方面进行思考与修改。

　　一、活动目标中的技能目标表述不明确。

　　二、活动环节缺少对良好饮食习惯的详细讲解。

步骤四　方案实施

温馨提示 🌸

　　请在幼儿园现场试教的同学将活动方案用 A4 纸打印出来，张贴在幼儿园活动室的小黑板上，在实训室模拟试教的同学将教案发到各组同学手中，每组一份。

一、明确各组合作学习要求 >>>>>>>>>>>>>>>>>>>>>>>>>>>>>

（一）实施方案的小组

　　(1)详细记录教学过程，对照原活动方案，在不吻合处做上记号，待活动结束之后，讨论变动与调整的原因，以便在讨论时做出解释。

　　(2)讨论开始前要先派一名同学作为代表(一般是试教的那位同学)，说明本组是如何合作设计活动方案的，活动准备过程中的小组合作体现在哪些方面等。

　　(3)试教的同学要做好说课的准备。

（二）观摩活动的小组

　　(1)详细记录教学过程，对照原活动方案，在不吻合处做上记号，以便在讨论反思环节进行提问与思考。

　　(2)对活动中精彩的地方和需要修改的地方做上不同的记号，以便在讨论反思环节能够清楚地表达自己的观点。

二、实施与观摩

　　执教者实施活动方案，其他同学观摩活动并做好笔记。

三、讨论与反思

记录自己的现场观摩感言

记录执教者说课的内容

记录集体评价的内容

记录教师评价与总结的内容

步骤五　总结提升

开展幼儿身体保健教育应注意如下问题。①

一、增强综合教育意识，注意各领域的融合 >>>>>>>>>

幼儿身体保健教育要与艺术、语言、社会、科学等领域的教育活动有机配合；把身体保健教育渗透到幼儿园保育和教育的各个环节，发挥幼儿园各项活动的整体教育功能。

例如，对幼儿进行"爱护环境，保持生活环境的整洁"的主题教育活动时，用自编儿歌引导幼儿懂得保持生活环境整洁的重要性，发展幼儿的语言能力；社会领域，带领幼儿参观社区，培养幼儿的环保意识，使其形成关注全球环境的国际观；思考在被污染的环境中动物花草为什么会死亡(科学领域)；请幼儿动手画出心目中的美丽家园(艺术领域)。

二、积累扎实的幼儿卫生学知识 >>>>>>>>>>>>>>>>>>>>>>>

幼儿健康教育需要教师具备扎实的卫生学知识，在实施过程中要强调信息传播的科学性及准确性。例如，要使幼儿增加对人体的认识，教师必须掌握相应的知识，充分了解人体各器官、各部分的名称、构造、功能及其保护方法，能够深入浅出地表达；教师还必须能够及时纠正幼儿错误的、不准确的、模棱两可的回答。

三、发挥教师的主导作用 >>>>>>>>>>>>>>>>>>>>>>>>>>>>>

教师要深入调查本班幼儿生活习惯、卫生习惯和生活自理能力等发展水平，合理制定幼儿身体保健教育的目标和选择活动内容；要在活动中发现问题并提出发展性课题，引导幼儿主动去探索，改进指导方法，提高指导艺术，提升幼儿自我发展能力和活动能力。

例如，教师通过调查本班幼儿自己穿脱衣服的情况，制定活动目标，帮助幼儿逐步提高穿脱衣服的技能。在这个过程中，教师起着主导作用，引导幼儿不断提高生活技能。

四、尊重幼儿，充分发挥幼儿的主体作用 >>>>>>>>>>>>>>

尊重幼儿的人格，尊重幼儿的需要和愿望，尊重幼儿在活动中的主体地位，充分发挥幼儿的主体作用；多用榜样、鼓励、表扬等方法，激励幼儿的主动性和积极性；要纠正动辄训斥、随意处罚、挖苦讽刺幼儿的错误方法，坚决反对体罚和变相体罚。例如，当幼儿穿错了鞋、扣错了扣子，教师应该给幼儿正确的示范；当幼儿有进步的时候，教师要及时给予鼓励，不要随意训斥。

五、集体健康行为指导与个别健康行为指导相结合 >>>>>>

一般来说，幼儿健康教育以集体健康行为指导为主。但是，由于幼儿常常存在个人特殊的健康问题，若针对不同幼儿的个别问题逐一进行集体教育难免浪费

① 麦少美、孙树珍：《学前儿童健康教育活动指导》，26～27 页，上海，复旦大学出版社，2005。

时间，所以在进行集体健康行为指导的同时，对幼儿进行健康行为的个别指导。例如，对某个常常尿湿裤子的幼儿多些关心和爱护，多提醒他(她)及时如厕；对喜欢用衣袖擦鼻涕的幼儿，耐心地教他(她)正确使用纸巾的方法等。

练习与应用

一、思考题

1. 身体保健教育的总目标和各年龄阶段目标是什么？

2. 身体保健教育的内容有哪些？

3. 怎样培养幼儿良好的生活习惯？教育途径有哪些？

4. 身体保健教育活动常用的教学方法有哪些？

二、操作题

1. 掌握洗手、刷牙、穿衣服、系鞋带等生活技能的动作要领，并能创编相应的儿歌以辅助幼儿学习。

2. 请以小组为单位，围绕"中医药文化"的主题设计一个身体保健活动，形成完整的活动方案。

学习反思

任务二
幼儿园谈话活动的设计与实施

典型案例

中班谈话活动：结婚是什么？

小泽：生宝宝。

中班谈话活动视频：结婚是什么？

> 小宝：结婚就是马上就要生宝宝了。
>
> 蕴蕊：结婚就是和男生一起结婚。
>
> 子睿：新郎要画一个蝴蝶结。
>
> 右右：肚子里会有一个宝宝。
>
> 万里：结婚就是一个女孩和一个男孩带着结婚证，出去旅游。
>
> 欣怡：一个是生宝宝的证，一个是结婚的证。
>
> 洛桐：我们去绿博园春游的时候看到了新娘子。
>
> 欣怡：结婚是女生娶了不一样的男生。
>
> 小荆：等我长大的时候，就可以和老师结婚了。
>
> 米米：如果结婚，会有戒指戴在手上。
>
> 萌萌：结婚后也可以一起去野餐。
>
> 小宝：结婚可以拥抱在一起，表示你爱那个男生，男生也会很爱那个女生，他们会生小宝贝。
>
> 球球：结婚就是去医院里生宝宝。
>
> …………

在《指南》中，语言领域的目标提到"愿意与他人交谈，喜欢谈论自己感兴趣的话题""愿意与他人讨论问题，敢在众人面前说话"，这些就是谈话活动的基础。幼儿园谈话活动有哪些特征？幼儿之间谈话的话题有哪些？教师该如何引导？接下来我们一起来看一看。

实施步骤

步骤一　资讯提供

幼儿园谈话活动是教师启发、引导幼儿围绕一定话题、以交谈为主要形式展开的语言教育活动。在良好的语言环境里，谈话活动可以帮助幼儿学习倾听他人谈话、学习与他人交流的方式及规则，培养人际交往能力。

一、谈话活动的特点 >>>>>>>>>>>>>>>>>>>>>>>>>>>>>>>>>>

（一）话题必须有趣、新鲜，并具有一定的讨论价值

话题的选择和确定是谈话活动成功的先决条件，谈话话题首先要求具体、有趣、贴近幼儿生活经验，以便激发幼儿参与谈话活动的高度热情；同时，话题要具有一定的讨论性质，不仅可以引起幼儿的兴趣和注意力，还能给予幼儿独立思考、自由表达和修补改正他人观点的机会。

文本：不同年龄段
幼儿喜欢的话题

（二）为幼儿创设宽松自由的语言交往环境

谈话活动的主要目的是激发幼儿想说、敢说、喜欢说的欲望，一个宽松、自由的语言交往环境是至关重要的。因此，在谈话活动中，话题内容的扩展没有界限，见解自由，没有标准答案和统一观点；语言表达自由，不要求严谨规范。

（三）谈话方式具有互动性和启发性

谈话活动强调幼儿在活动中用口头语言与他人交流。在谈话的过程中，教师及时启发，幼儿积极思考应答。师幼互动、幼幼互动，多样的表达方式，自由、平等、热烈的交谈氛围，使幼儿乐意与人交谈，真正从内心感受交谈的乐趣。

二、谈话活动的目标　>>>>>>>>>>>>>>>>>>>>>>>>>>>>>>>>>>

（一）谈话活动的总目标

《纲要》指明语言教育的总目标是，乐意与人交谈，讲话有礼貌和注意倾听对方讲话，能理解日常用语，在与人交谈时能清楚地说出自己想说的事。《指南》指明语言教育的总目标是，认真听并能听懂常用语言和愿意讲话并能清楚地表达。

（二）谈话活动的各年龄阶段目标

1. 小班

(1)喜欢听悦耳、和谐的声音，学会安静地听别人讲话，不随便插话。

(2)喜欢与同伴交谈，愿意在集体面前讲话。

(3)围绕主题谈话，能在教师的引导下，用短句表达自己的意思。

(4)初步学习常见的交往语言和礼貌用语。

(5)能听懂并愿意说普通话。

2. 中班

(1)能集中注意力，耐心、安静地听，不打断别人的谈话。

(2)乐意与同伴交流，能大方地在集体面前说话。

(3)学会围绕一定的主题谈话，会用轮流的方式交谈，不跑题。

(4)继续学习交往语言，提高语言交往能力。

(5)会说普通话，能较连贯地表达自己的意思。

3. 大班

(1)能主动、积极、专注地倾听别人的谈话，迅速掌握其主要内容，并从中获取有用的信息。

(2)能主动地用普通话与同伴交流，态度自然大方。

(3)能用恰当的语言表达自己的情感，与同伴分享感受。

(4)逐步学会用修补的方法延续谈话，进一步提高语言交往水平。

(5)能主动、大胆地使用恰当的词、句、语段来表达意思，乐于参加讨论，敢于发表不同意见。

三、谈话活动常用的教学方法　>>>>>>>>>>>>>>>>>>>>>>>>>>>

（一）示范法

示范法指教师通过自己的语言、动作或教学表演，为幼儿提供具体模仿的范例。教师在谈话活动中有效地示范，为幼儿提供谈话的思路，有利于幼儿学习新的语言经验，如在"我最喜欢的一本书"的谈话活动中，教师可以通过示范谈话，从"自己喜欢的书的名字—书的内容—喜欢这本书的原因"角度，依次谈话，使幼

文本：谈话话题的
选择指导意见

💡 说一说

试讨论"古城环境保护"和"我喜欢的玩具"哪个更适合作为幼儿谈话的话题，为什么？

✎ 学习笔记

教学微课视频：
游戏法

儿受到启发和暗示，这能保证谈话活动按顺序进行。教师在示范时，要围绕谈话主题，要生动形象，示范要符合幼儿的接受水平。

（二）游戏法

游戏法是指教师运用有规则的游戏，指导幼儿学习语言的一种方法。教师在围绕主题组织谈话活动时，可以适当加入一些符合活动内容和目标的游戏，这样，既能活跃谈话气氛，又能降低谈话难度，还能给幼儿以适当的暗示和启发。

四、谈话活动的设计与组织 >>>>>>>>>>>>>>>>>>>>>>>>>

谈话活动的实质是指围绕中心话题展开的相互之间的言语交往活动。依此标准，幼儿园谈话活动可以分为幼儿的日常生活谈话活动和集体谈话活动。

（一）日常生活谈话活动

在幼儿的一日生活中，教师与幼儿、幼儿与幼儿之间有大量的机会进行交谈，而这种语言交流有多方面的意义。首先，日常交谈能促进幼儿理解能力和表达能力的发展。语言交流能产生信息的理解和被理解，在语言的习得中发展幼儿的认知。其次，日常交谈使参与者在自由、平等的沟通中，建立并发展友谊和信任。最后，日常语言交流还能促进幼儿社会交往能力的发展。

在一日生活的各个环节，教师都可以利用如幼儿早晨入园、晨间活动、盥洗、活动间隙、午餐和午睡前后、自由游戏、离园前等这些零散的时间与一个或几个幼儿就某个话题进行交谈，以解决相应问题并促进幼儿语言的发展。

教师在组织幼儿进行日常交谈时要注意以下几点。

第一，这种交谈并不是完全随意的，必须经过一定的计划和准备才能进行。教师要考虑好本次谈话要与哪些幼儿交谈，谈什么，在交谈中主要发展他们的哪些语言技能和态度。教师可以把这些内容列入一日活动计划。例如，教师可以在幼儿早晨入园时，与班里性格较内向、胆子较小、语言能力相对较弱的幼儿进行交谈，问一些"昨天你回家看了什么动画片""今天来园的路上都看到了什么"等他们能谈的话题，通过交谈增强他们的自信心，培养他们主动、大胆与人交谈的兴趣和能力。

第二，创设自由、平等和愉快的交流环境，为幼儿提供更多的自由交流时间。允许幼儿在园一日生活的过渡环节中自由交谈，提供更多的师幼之间、幼幼之间充分交流的机会，让幼儿在平等、轻松的环境中畅所欲言，尽情地表达心中的感受，消除压抑、紧张、胆怯的心理，保持轻松愉快的情绪，促进幼儿语言能力和社会交往能力的发展。

第三，以幼儿感兴趣的内容和方式调动其交谈的兴趣。例如，谈论当前正在热播的动画片、幼儿喜欢玩的玩具、自己的朋友和爸爸妈妈、自己经历或了解的有意思的事情等。教师还可以设计一些幼儿感兴趣的开放性题目，在一日生活环节中组织幼儿交流和讨论，如"假如你一个人在家，有陌生人来敲门，你该怎么办""你最喜欢什么季节""晴天好还是雨天好"等。幼儿园日常交谈活动的形式除了问答式、讨论式外，还可以用访谈式来进行，特别是在中、大班。例如，模仿电视节目主持人或当小记者，去采访小朋友、老师或其他人。访谈的话题可以由教师引出，再由幼儿自由发挥和延伸；也可以由幼儿发起，更富童真、童趣。例如，爸爸总爱抽烟，怎么办？妈妈为什么总不让我玩电子游戏？为什么北方比南方冷？青蛙在泥土里冬眠会被闷死吗？

（二）集体谈话活动

集体谈话活动是教师根据一定的教育目标制定活动方案，在教师的指导下，幼儿围绕感兴趣的话题进行交谈的集体教育活动。针对集体谈话活动的目标、对象和活动方式的独特性，可从以下几个方面来设计和组织。

1. 创设谈话情境，引出谈话话题

创设谈话情境是谈话活动的第一步，目的在于引出谈话的话题，调动幼儿的生活经验和相关的知识储备，激发幼儿的谈话兴趣和热情，为谈话活动做好准备。创设谈话情境主要有以下两种方式。

（1）用实物、直观教具创设谈话情境。教师可以利用活动角的布置、墙饰、实物、模型、图片、游戏表演等，向幼儿提供与谈话主题有关的感知动作的对象，调动幼儿关于谈话主题的生活经验，启迪幼儿的谈话兴趣和思路，从而引出谈话话题。例如，在谈话活动"欢乐的春节"开头，教师可以布置一个包括鞭炮、春联、窗花、红包、人们欢度春节的图片等物品在内的展览区，带着幼儿参观，以调动幼儿的生活经验和快乐的情绪，激发幼儿谈话的强烈欲望；教师可以在"我喜欢的图画书"活动之前与家长沟通，把幼儿最喜欢的图画书带到幼儿园，摆放到图书角，然后让他们选取自己喜欢的图画书，在阅读中开始谈话活动。

（2）用语言创设谈话情境。教师通过生动的语言，描述一种情境，或提出一些问题来唤起幼儿对谈话主题的相关回忆，调动他们的生活经验，引起相应的体验，自然地切入话题。例如，在设计和组织谈话活动"我的好朋友"开始的时候，教师可以用语言创设谈话情境：每个人都有自己的好朋友，一个、两个，还可以有好多个。好朋友可以跟你一起玩、一起看书、讨论问题，当你遇到困难时，好朋友还可以一起想办法，帮你克服困难。那么，你的好朋友是谁？他们长什么样？在哪儿上学？你们在一起最喜欢做什么？你们之间发生过什么有意思的事情？……用这样的方式帮助幼儿进入谈话的主题，也为下一步活动奠定了良好的基础。

（3）用表演或游戏创设谈话情境。教师通过开展一些游戏或表演活动，来提供一些与谈话内容有关的情境，以引起幼儿表述的欲望。例如，在中班谈话活动"发生在公共汽车上的事"中，教师可以先请几个大班幼儿分别扮演司机和乘客，进行表演。当他们表演到没有人给老奶奶让座时，教师提问："如果你和爸爸妈妈也在公共汽车上，你会怎么做？"引导幼儿回忆相关内容，为进一步谈话做好铺垫。

> **温馨提示**
>
> 　　教师在创设谈话情境时，可以根据话题的特点选择适宜的方式，但是要注意以下问题：①时间不宜过长，要短而精，3~5分钟即可；②无论采取哪种情境方式，都要服务于谈话活动的内容，紧扣主题；③谈话情境要为幼儿所接受，适合幼儿的认知水平和特点。

2. 引导幼儿围绕主题自由交谈

引出话题后，教师要向幼儿提供围绕主题自由交谈的机会，激活并调动幼儿

说一说

如何创设谈话情境？

学习笔记

教学微课视频：
表演法

视频：大班谈话活动
《去旅行》片段1——
创设谈话情境

对谈话话题的已有经验，促使其分享个人的见解。

(1)应当放手让幼儿围绕主题自由交谈。通过组织幼儿一对一或分小组自由交流，允许他们表达任何跟话题有关的想法。教师不需要做示范，不需要给幼儿提示，不需要纠正幼儿说话用词造句的错误，让幼儿充分运用自己已有的谈话经验说出自己想说的话。

(2)鼓励每个幼儿积极参与谈话，真正形成双向或多向的交流。当给幼儿分小组时，尽量让幼儿自己选择交流对象。这些三三两两自由组合的小组，或是一对一的小组，更有利于发挥每个幼儿的积极性，使他们有更多的机会交谈，也可以保证谈话的气氛更加融洽。

(3)应当为幼儿的交谈准备丰富的材料，运用多种方式和情境，增加幼儿动手操作的机会，激发幼儿的交谈兴趣。谈话是口头语言操作，但幼儿园的谈话活动如果仅仅是教师与幼儿的交谈或幼儿与幼儿的交谈，显然不符合幼儿身心发展特点和幼儿园活动设计与组织的要求。根据幼儿活动的特点，在谈话活动中为幼儿提供丰富的材料，增加一些让幼儿动手操作的活动，动静交替，将更有利于激发幼儿的兴趣，调动他们交流的积极性。例如，在谈话活动"我的妈妈"中，增加一个绘画的环节，请幼儿画出对自己妈妈最深刻的印象：爱笑的妈妈、生气的妈妈、爱美的妈妈、会唱歌(跳舞)的妈妈、像厨师的妈妈等。然后，用具体的事例说明为什么妈妈爱笑(爱美、像厨师……)。在谈话活动"我们的手指"中，可以运用的幼儿体验操作活动有：玩手指游戏、玩手印、观察指纹、欣赏和模仿手语、讨论并欣赏幻灯片——手可以做一些什么特别的事情？那些幻灯片显示我们的手指还可以跳孔雀舞、指挥交通、剪纸和做拉面等。

3. 拓展谈话范围，深层次引导幼儿围绕主题交谈

在幼儿围绕主题自由交谈以后，教师要自然地逐步拓展谈话思路，引导幼儿扩大谈话的范围，启发、帮助幼儿把新的谈话经验运用到谈话活动中，不断提高幼儿的谈话水平。

话题拓展思路的一般步骤是，描述谈话对象—对谈话对象的态度—为什么会有这种态度—对谈话对象的独特感受。先从幼儿生活经验中最熟悉的谈起，再利用材料丰富和拓展幼儿的视野。

幼儿园谈话活动拓展谈话范围应注意以下几点。

第一，应从幼儿的生活经验出发，层层深入地拓展提问。围绕主题设计的提问应该是幼儿感兴趣的、有一定生活经验的，这样幼儿才会愿意说，才有话可说。例如，谈话活动"我们的手指"，围绕"手"可以做特别的、有意思的事情去拓展提问，幼儿会很感兴趣，并且愿意积极表达。

第二，拓展的谈话内容应更丰富，注意拓展幼儿的经验。谈话活动的范围不能只局限于幼儿已有的生活经验，应该通过各种方式向幼儿展现关于谈话主题的一些有意思的内容，即丰富和拓展幼儿的生活经验。例如，在谈话活动"多彩的服装"中，在谈过了服装的颜色、男女服装的不同、季节服装的不同等方面后，教师可以给幼儿提供一些服装的幻灯片来丰富和拓展幼儿的生活经验：职业服装、民族服装、有特殊用途的服装等。当那些有特点的服装被展现在幼儿面前的时候，他们会觉得特别有意思，便欢呼雀跃，从而激发他们的好奇心和谈话的热情。接

视频：大班谈话活动
"去旅行"片段2——
幼儿围绕主题自由交谈

学习笔记

视频：大班谈话活动
"去旅行"片段3——
拓展谈话范围

下来的热烈讨论能加深幼儿对谈话内容的了解，丰富和拓展他们的生活经验，从而引导幼儿关注周围生活，建立积极的生活态度和情感。

　　第三，应在谈话活动中让幼儿提问，并根据幼儿提出的有价值的问题展开交流和讨论。教师在谈话活动中会预设很多问题，这些问题能保证谈话活动的顺利进行。幼儿对谈话主题有哪些独特的感受、有哪些困惑，这是以往的谈话活动中经常被忽略的。在幼儿园集体谈话活动中，教师应该给幼儿机会，让幼儿提出与主题相关的问题，并从中发现有价值的问题，引导幼儿围绕其展开交流讨论。在大班，教师可以尝试用辩论会的形式引导幼儿展开交流和讨论。

步骤二　教学观摩

一、观摩大班谈话活动"动画片里的人物" >>>>>>>>>

（一）呈现完整活动方案

扫描二维码阅读大班谈话活动方案"动画片里的人物"。

（二）观摩、讨论与反思

1. 呈现讨论话题

(1)将动画片里的人物作为谈话话题是否合适？为什么？

(2)教具的准备是否恰当？能否满足教学的需要？活动前幼儿需要有哪些经验准备？

(3)教师在此活动中起到了什么作用？你是从哪里看出来的？

(4)在此活动中，教师是如何创设谈话情境，引出谈话话题的？除此之外还有哪些方法？

(5)在创设谈话情境、引出谈话话题时，应注意什么？

(6)在引导幼儿围绕主题自由交谈时，应注意分组，此活动有体现吗？如果没有，该如何改进？

大班谈话活动方案：
动画片里的人物

2. 观摩活动录像

请大家把"活动实录"写在自己的课堂笔记本上，并及时记录观摩过程中自己的想法。

3. 分组讨论交流

组内交流

各小组成员围绕讨论话题对活动进行讨论与评价，并记录本小组的共同观点。

集体交流

各小组派一名同学代表本组同学发言，与其他小组交流评价意见，并记录每个话题的讨论结果。

4. 教师评价总结

记录任课教师评价与总结的内容

步骤三 方案设计

第一，第一位在幼儿园试教谈话活动的同学，请与本组同学合作修改大班辩论活动方案"大人好还是小孩好"，形成新的方案，并做好活动准备。

文本：大班辩论活动
"大人好还是小孩好"

温馨提示

请从以下方面进行思考与修改。

1. 活动目标设置是否符合大班幼儿的年龄特点？是否符合活动目标制定的原则？

2. 该活动环节中辩论形式的选择，是否符合幼儿的生活经验？

3. 活动环节的设计是否满足活动目标的需求？

视频：大班辩论活动
"大人好还是小孩好"

扫描二维码阅读大班辩论活动方案"大人好还是小孩好"。

第二，第二位在幼儿园试教谈话活动的同学，请与本组同学合作修改中班谈话活动方案"我的一家人"，形成新的方案，并做好活动准备。

温馨提示

请从以下方面进行思考与修改。

1. 活动目标设置是否符合中班幼儿年龄特点？是否符合活动目标制定的原则？

2. 该活动的准备是否具有时代特征？你觉得幼儿对家里人的工作有多少了解呢？

3. 活动环节的设计是否符合中班幼儿的年龄特点？是否满足活动目标的需求？

中班谈话活动
方案文本案例：
我的一家人

第三，第一位在实训室试教谈话活动的同学，请与本组同学合作修改活动方案"我喜欢的糖果"，形成新的方案，并做好活动准备。

温馨提示

请从以下方面进行思考与修改。

1. 活动目标设置是否符合小班幼儿的年龄特点？是否符合活动目标制定的原则？

小班谈话活动
方案文本案例：
我喜欢的糖果

　　2. 活动环节的设计是否符合小班幼儿的年龄特点？是否满足活动目标的需求？

　　3. 引导小班幼儿"运用已有经验自由交谈"时需要注意哪些事项？

　　第四，第二位在实训室试教谈话活动的同学，请与本组同学合作修改活动方案"可爱的小动物"，形成新的方案，并做好活动准备。

温馨提示

　　请从以下方面进行思考与修改。

　　1. 活动目标设置是否符合中班幼儿的年龄特点？是否符合活动目标制定的原则？

　　2. 活动环节的设计是否符合中班幼儿的年龄特点？是否满足活动目标的需求？

　　3. 该活动的谈话范围还可以从哪些方面进行拓展？

中班谈话活动
方案文本案例：
可爱的小动物

步骤四　方案实施

同第 27 页"方案实施"内容。

步骤五　总结提升

一、谈话活动与讲述活动的区别 >>>>>>>>>>>>>>>>>>>>>>>

　　从活动目标上看，谈话活动注重训练幼儿运用语言与人进行交谈的能力；讲述活动侧重培养幼儿对一件事情、一件物品清楚连贯的表述能力。

　　从活动中幼儿运用语言的方式看，同样是口头语言的表述，谈话的语言属于对话范畴，是各种交谈的汇集，不需要正式场合使用的规范严谨的语言，宽松、自由、不拘形式，以说明白想法为准；讲述活动则不同，讲述是一种独白，要求类似正式场合的语言，规范、清晰而有条理地表达相对完整的观点，尽管讲述者是幼儿，但他们已在讲述活动中为未来的"报告""辩论"等奠定了基础。

二、运用语言进行交谈的基本规则 >>>>>>>>>>>>>>>>>>>>>>>>>

　　轮流说话，安静地倾听别人说话，不随意打断别人说话，别人说话时不随便插嘴，能对别人说的话做出一定反应，能用修补的方式延续谈话等。

三、谈话活动中幼儿学习的几种倾听技能 >>>>>>>>>>>>>>>>>

　　第一，有意识倾听的技能，即有主动倾听他人谈话的愿望，当他人说话时，能集中注意力耐心地倾听，从而去感知、接收他人谈话的信息。

　　第二，辨析性倾听技能，即学习从仔细倾听中分辨出不同的声音，感受说话人声音的不同特点以及表现出的不同情绪等。

学习笔记

第三，理解性倾听技能，即能够在倾听时迅速掌握别人所说的主要内容，把握一段话的关键信息，连接谈话前言后语的意思，从而获得谈话的中心内容，交流自己的见解。

练习与应用

一、思考题

1. 幼儿园谈话活动的特点是什么？
2. 幼儿园谈话活动各年龄阶段目标的主要内容有哪些？
3. 教师在组织幼儿进行日常交谈时应注意哪些问题？
4. 幼儿园集体谈话活动设计与组织的基本步骤有哪些？

二、操作题

1. 利用教育见习的机会，开展一次日常谈话活动。
2. 分小组设计并组织实施一次集体谈话活动。

学习反思

任务三
幼儿园观察认识活动的设计与实施

典型案例

　　星期天，妈妈带洋洋去动物园玩。一进动物园，洋洋就说："妈妈，我要看大象！"妈妈指着游览图说："好呀，你来找找大象在哪里。"洋洋看了半天也没有找到大象。妈妈指着图说："大象就在图的中间。"经妈妈提醒，洋洋这才找到。他觉得很奇怪："为什么自己找不到，而妈妈能找到呢？"洋洋为什么会有这样的表现？怎样才能够充分开发幼儿的观察潜能？

　　我们发现幼儿对事物充满好奇，但同时他们总是左顾右盼，缺乏有目的的观察，或者说他们的观察活动没有明确的目标。因此，他们的观察活动需要教师的支持与引导。那如何引导幼儿进行有效的观察活动呢？让我们一起来学习幼儿园"观察认识活动的设计与实施"吧。

实施步骤

步骤一　资讯提供

　　观察是指通过感觉器官来感知事物或现象，将各种感觉捕捉到的信息经过思维的加工形成概念，来获取对客观事物或现象的认识的一种方法。观察必须依靠感觉器官的感觉，但并不是所有感觉都能上升为观察。观察是一种特殊的知觉，是有目的、有计划、有思维的知觉。观察认识活动，指的是专门性的观察活动，也就是在教师的指导下，幼儿运用各种感官了解客观事物的特点，获取感性经验，发展科学认知、培养科学情感、形成科学态度、训练科学方法的一种科学启蒙教育活动。

一、观察认识活动的价值　>>>>>>>>>>>>>>>>>>>>>>>>>>>>>

（一）观察认识活动是幼儿科学活动的主要形式

　　婴儿降临世上，对他来说一切都是陌生的、崭新的，他语言不通、缺乏经验，只具有生物本能。他对外界事物和现象的了解，首先是靠生物本能，通过感觉器官的感知来获得。各种感知觉捕捉到的客观事物的外部属性，在成人的帮助下，形成颜色、声音、气味、味道、形状、硬度、温度等概念来描述事物和现象。在感性认识的基础上发展理性思维。所以，观察是幼儿了解自然的基本途径，是幼儿认识客观世界的重要方法。

学习笔记

（二）观察能促进幼儿多元智慧的发展

幼儿在观察时，外界事物刺激着其外部感官，感官采集到的信息传递给大脑，注意、想象、记忆、思维和语言等心理活动便在大脑的指挥下积极地进行着。例如，有目的地感知发展了有意注意；观察时展开联想与想象就能促进想象力的发展；对观察对象的各个部分、各种属性分别感知是在进行分析；将各部分、各属性联系成一个整体来认识是在进行综合；从不同事物中找相同点、从相同事物中找不同点，这是在比较；对事物与事物之间共同特点和相互关系的认识是在进行概括……这些都是在进行思维活动。在幼儿观察实际事物与现象的同时，教给他们代表这些事物的词，则最易被他们理解和掌握。由于观察的事物往往是具体生动的，这就容易激发幼儿将观察到的事物用自己的语言表述出来，从而促进其口头语言表达能力的发展。

（三）观察认识活动能促进幼儿观察力的发展

观察力是关于全面、深入、正确认识事物特点的能力，是人在观察中表现出来的个性品质，具体是指观察的目的性、完整性、细微性、敏捷性、概括性。许多科学家都非常重视观察在科学研究中的作用。达尔文曾对自己的工作做过这样的评价：我没有突出的理解力，也没有过人的机智，只是在觉察那些稍纵即逝的事物并对其进行精细观察的能力上，我可能在众人之上。巴甫洛夫也将"观察，观察，再观察"刻在他的实验室的门墙上。

二、观察认识活动的目标 >>>>>>>>>>>>>>>>>>>>>>>>>>>>>

（一）观察认识活动的总目标

《纲要》中科学领域的目标：对周围的事物、现象感兴趣，有好奇心和求知欲；能运用各种感官，动手、动脑，探究问题；能用适当的方式表达、交流探索的过程和结果；爱护动物、植物，关心周围环境，亲近大自然，珍惜自然资源，有初步的环保意识。观察是幼儿科学探究的基本方法和途径，因此，观察认识活动的总目标是：亲近自然，喜欢观察周围的事物、现象；具有初步的观察能力；能用适当的方式表达、交流观察的过程和结果；在观察中认识周围事物和现象。

（二）观察认识活动的各年龄阶段目标

1. 3～4 岁（小班）

(1)喜欢接触大自然，对周围的很多事物和现象感兴趣。

(2)对感兴趣的事物能仔细观察，发现其明显特征。

(3)能用多种感官探索物体。

(4)认识常见的动植物，能注意并发现周围的动植物是多种多样的。

(5)能感知物体和材料的软硬、光滑和粗糙等特性。

(6)能感知和体验天气。

2. 4～5 岁（中班）

(1)喜欢接触新事物，常常观察物体和材料，并乐在其中。

(2)能对事物或现象进行观察比较，发现其相同之处与不同之处。

(3)能用图画或其他符号进行记录。

(4)能感知动植物的生长变化及其基本条件。

(5)能感知常见材料的溶解、传热等性质或用途。

(6)能感知简单物理现象，如物体形态或位置变化等。

(7)能感知不同季节的特点。

3. 5～6岁（大班）

(1)在对自己感兴趣的观察中有所发现时感到兴奋和满足。

(2)能通过观察、比较与分析，发现并描述不同种类物体的特征或某个事物前后的变化。

(3)能用数字、图画、图表或其他符号记录。

(4)能察觉到动植物的外形特征、习性与生存环境及其关系。

(5)感知并了解季节变化的周期性，知道变化的顺序。

（三）观察认识活动的教学目标

观察认识活动的教学目标是，通过某种具体的观察活动培养幼儿的观察技能，运用科学方法培养幼儿的表达技能，促进合作意识的养成；获取对观察对象的科学认识，积累科学知识；培养科学情感，激发幼儿学科学的兴趣。

通过观察认识活动增强对客观物体外部特征和变化规律的认识，加强对不同观察对象的比较和辨别。观察认识活动主要涉及的教学目标包括对物体和现象的观察能力、对观察结果的表达技能和对有关观察对象的科学认识三个方面。

1. 观察技能

(1)运用多种感官感知事物的特征。例如，小班"认识西瓜"，运用多种感官看、摸、听、闻、尝等感知西瓜的特征。

(2)比较观察不同的对象。例如，中班"认识自行车和摩托车"，通过观察，比较自行车和摩托车的不同。

(3)有顺序地观察事物的特征。例如，中班"观察梧桐树"，观察梧桐树的各个部分及其特征。

(4)长期系统地观察事物。例如，大班"观察小蝌蚪"，学习观察并记录小蝌蚪身体的变化。

(5)观察事物的变化和现象的发生。例如，小班"糖怎么不见了"，观察糖放入水中的变化。

2. 表达技能

(1)运用语言大胆讲述自己在观察中的发现。例如，小班"认识西瓜"，尝试用语言说出西瓜的特征。

(2)运用完整的语言讲述并交流自己在观察中的发现。例如，中班"认识自行车和摩托车"，用自己的语言描述自行车和摩托车的区别。

(3)用图画、数字等多种方式记录自己观察的结果。例如，大班"观察小蝌蚪"，学习用图画表现小蝌蚪的生长过程。

3. 科学认识

(1)认识观察对象的明显特征。例如，小班"观察认识迎春花"，观察迎春花的颜色、花瓣、枝条等显著的特征。

考证选择题：幼儿园观察认识活动各年龄阶段目标真题

教学微课视频：幼儿园观察认识活动目标的设计

📝 **学习笔记**

(2)认识观察对象的多样性。例如，中班"各种各样的水果"，在观察的基础上知道水果是各种各样的。

(3)认识各个观察对象的不同和相同。例如，大班"各种各样的水生动物"，观察鱼、虾等水生动物，知道它们的主要特点。

(4)探寻观察对象的变化规律。例如，大班"种子发芽的条件"，在观察的基础上探寻种子发芽和水分的关系。

三、观察认识活动的内容 >>>>>>>>>>>>>>>>>>>>>>>>>>>>>

（一）观察认识自然生态环境

幼儿观察认识自然生态环境包括以下内容。

1. 观察认识自然界中常见动植物的生活习性及特征，探索动植物的多样性

观察动植物的特征，认识它们的多样性，是从小班到大班都要进行的重要活动。通过观察动植物，特别是观察真实的动植物，幼儿可以认识常见动植物的典型特征，了解它们的生活习性，知道自然界中的动植物是多种多样的。例如，动物中有大的、有小的，有凶猛的、有温驯的，有多毛的、有皮肤光滑的，有会生蛋的、有会生"小宝宝"的，有会爬的、有会跳的、有会飞的……植物中有高大的树，有矮矮的树，还有低低的草，有各种各样的叶子，也有各种各样的花和种子等。

不同年龄的幼儿可以观察不同的动植物。对于小班幼儿，可以选择他们熟悉的动植物，如果是动物则必须是比较温驯的，如小鸡、小兔、小乌龟。对于中班幼儿，可以选择一种以上的对象，让其在观察的基础上进行比较，如各种各样的树叶、石头、贝壳。对于大班的幼儿，则可不限于观察真实的对象，可利用图片、录像等形式，让幼儿初步了解动植物的多样性，如生活在不同环境中的动植物。还可启发幼儿思考动植物的形态结构和功能之间的关系，如在观察啄木鸟时，可以引发幼儿讨论啄木鸟的嘴巴是什么样的，为什么会长成这样，啄木鸟的爪子像什么、它有什么用等。

2. 观察认识自然界中的无生命物质

自然界中的无生命物质，主要是指沙、石、土、水、空气以及太阳、月亮、星星等空间环境。它们都是幼儿经常接触或讨论的事物，也是构成自然生态环境的重要因素。

(1)沙、石、土。幼儿非常喜欢玩沙、玩土，可以在玩中感知并了解它们的特征，知道沙、石、土在日常生活中的用途。

(2)水。水是生命之源。关于水的物理性质，可以让幼儿在玩水的过程中感受它的无色、无味、无臭、透明等特点，但不需要幼儿用语言描述；让幼儿观察一些和水有关的物理现象，如水向低处流、水有浮力、水能溶解一些物质等；让幼儿观察固态、液态和气态的水以及相互变化的现象。

(3)空气。空气也是生命存在不可缺少的物质，但是由于它缺乏具体的形象供幼儿探索，因此幼儿较难理解。只要让幼儿体会到空气就在我们的周围，我们看不见、摸不着，但也离不开它即可。可以通过观察体验空气的流动(风)、充气等和空气有关的现象以及空气污染的现象来增强幼儿对空气的感性体验。

(4)太阳、月亮和星星。我们不必向幼儿解释各种抽象的天文知识，可以通过幼儿能够直接观察到的现象，使其获取相关的经验。例如，让幼儿通过实验体会太阳能给我们带来光和热，是人、动植物生长必需的；可以让幼儿观察并记录月相的变化等。如果幼儿对更多的天文知识感兴趣，可以引导他们通过阅读图书等途径来获取知识。

除了以上的方法外，我们还可以选择幼儿能够直接观察和调查的现象和事件，向幼儿适当介绍周围生活环境的污染状况及其危害，如水污染、大气污染、噪声污染和生活垃圾污染及其危害等。

（二）观察认识自然科学现象

幼儿可以观察和认识的有关自然科学现象的内容包括气候和季节现象，常见的物理现象，简单、安全的化学现象。

1. 气候和季节现象

让幼儿观察和理解气候和季节现象有一定的困难。因为幼儿很难直接探索这类现象发生的原因和全部过程，如云雨的形成、四季更替等，所以这部分内容需要结合具体的天气，引导幼儿观察和熟悉可见的现象，重在积累这方面的经验，培养幼儿对周围自然环境的关注。具体包括以下几方面。

(1)观察和感受不同情形下的风的不同。

(2)观察空中的云及其运动和变化，特别是不同天气时云的变化。

(3)观察并记录晴天、阴天、雨天等不同的天气现象，以及小雨和大雨等的不同。

(4)观察冬天常见的天气现象——冰、雪、雾、霜等，夏天常见的天气现象——雷雨、彩虹等。

(5)认识四季的名称，观察其变化，感受并了解各个季节的典型特征，包括常见的天气、气温的变化、人类生活及动植物的变化等。

2. 物理现象

有关物理现象的内容很丰富，按照涉及的知识领域划分，主要包括力、光、热、声、电、磁等内容。

(1)力和运动。力是物体间的相互作用，是我们日常生活中常见的自然现象。自然界中有各种各样的力：重力、浮力、弹力、摩擦力等。幼儿虽然不知道这些力的性质，但在生活中却处处和力打交道。我们让幼儿观察、认识力，主要是启发幼儿积累日常生活中的这些经验，从平常的事情中发现其规律。例如，物体在光滑程度不同的平面上，运动的快慢会不同；观察和认识各种自然力(如风力和水力)。

(2)光和颜色。光在自然界中普遍存在，幼儿观察认识光的现象的途径有：认识各种光源(自然的、人造的)以及它们的不同；通过玩各种光学仪器和日常的物品、玩具(如望远镜、万花筒等)，观察认识光的反射和折射现象。

(3)热和温度。幼儿对于热的生活经验比较多，但对于热的现象很难进行观察，需要结合幼儿的日常经验，如感受有的物体热，有的物体冷；学习用自己的感官来判断物体的冷热(用眼睛看、用手试摸等)；感知热的物体会变冷，冷的物体会变热；知道天气的冷热。

观察认识动画视频：
月亮的圆缺变化

教学微课视频：
观察认识自然
科学现象

观察认识动画视频：雷声与闪电

学习笔记

(4)声音。幼儿生活在一个充满声音的世界里。幼儿可以观察认识的有关声音的内容有：注意并辨别各种声音(自然的声音、人的声音、机器的声音等)；观察生活中常见的几种能传播声音的现代科技产品，如手机等。

(5)电。电在幼儿生活中的作用越来越大，现在的幼儿也接触到了很多和电有关的物品：家用电器、电动玩具等。我们不能因为电有危险就禁止幼儿接触和探索电的现象，相反，要进行适当的有关电的知识教育。这样既满足了幼儿的好奇，又预防了事故，如通过游戏让幼儿观察摩擦起电的现象；通过观察发现电能够产生光、声、热和动力。

📝 学习笔记

(6)磁。尽管幼儿并不理解磁究竟是什么，但是磁的现象由于其带有神秘和魔幻般的色彩，自古以来就吸引着幼儿的好奇。幼儿可以学习的磁的内容有：观察认识各种大小和形状的磁铁，发现磁铁能吸铁的性质；磁铁之间的相互作用，发现吸引和排斥的现象；观察发现磁铁在生活中的应用，寻找哪些物品里用到了磁铁。

除了以上内容，有关物理方面的内容还有很多。我们不必局限于以上的具体内容，可以充分利用随机的情境，利用可利用的材料，引发幼儿探索这些物理现象。

3. 化学现象

化学现象在幼儿生活中也是比较常见的，但出于安全的考虑，过去很少让幼儿探索这类内容。不过，有些化学现象的表现形式也是很有趣的，而且简单、安全。例如，可以让幼儿观察碘酒和淀粉产生变色反应的现象，也可从幼儿的生活中选择常见的化学现象让幼儿探索，如食物发霉等。

应说明的是，现象观察活动和科学实验活动有相近的地方。在科学实验活动中必然要观察，但是实验的目的不在于发现现象本身，在于探究其原因。而现象观察活动是以发现现象本身为目的的活动，其观察对象一般是不可操控的(如观察雨雪天气)，或者即使是可操控的，但在活动中只关注现象本身，而不涉及原因的探究及变量的操控(如观察小草的生长)。

四、观察认识活动的设计与组织 >>>>>>>>>>>>>>>>>>>>>

(一)观察认识活动的常见方法

在指导幼儿观察事物的同时，应根据观察对象的特点，有目的、有计划地教给幼儿一些最基本的观察方法。在幼儿阶段，主要是学习顺序观察法、比较观察法和典型特征观察法。

1. 顺序观察法

顺序观察法是根据观察对象外部结构的特点，有顺序地进行观察，使幼儿对观察对象有整体的、较全面的认识。长期有顺序地进行观察，能使幼儿形成一定的认知结构，可提高观察的精确度与速度，也能使幼儿获得的印象有条理，便于记忆储存。

2. 比较观察法

比较观察法是同时观察两种或两种以上的事物，对相似事物中的不同因素、不同事物中的相同因素进行对照和辨别的一种方法。这样不仅有利于提高幼儿对事物认识的精确性，发展幼儿的观察能力，还有利于发展幼儿的思维能力。

3. 典型特征观察法

典型特征观察法是从物体的明显特征入手开始观察，然后引导幼儿对事物的全部进行观察的一种方法。有些物体具备一些鲜明的外形特征，这些典型特征在幼儿的观察过程中首先作用于他们的感官。例如，物体鲜艳的色彩、特殊的气味、某一部分奇异的样子或者不常见的声音等，都非常容易吸引幼儿的观察兴趣和注意力。因此，在观察过程中，可以先引导幼儿观察这些典型的特征，然后展开全面的观察，以提高辨认物体的能力。

幼儿园集体科学活动开展的观察认识活动通常有四类，即物体观察活动、现象观察活动、户外观察活动和系统观察活动。物体观察活动和现象观察活动的区别在于观察的对象和目的不同，前者在于认识物体的特征，后者在于观察变化的发生，在活动中往往是既观察物体的特征又观察其变化。户外观察活动由于其观察地点在室外，其特殊性使它的设计和组织与其他观察活动有明显的差别。长期系统观察活动是大班不可缺少的观察活动，通常不能仅通过一次集体教学活动来观察认识，可以与户外活动相结合。

（二）物体观察活动的一般环节

物体观察活动包括单个物体观察、同类物体观察及比较观察。教师可引导幼儿在观察的基础上进行表达和交流，通过指向性问题引导其认识物体的显著特征，或比较两个物体间的异同，或总结同类物体的共同特征。物体观察活动的设计主要包括以下几个环节。

1. 出示观察对象

利用观察对象的显著特征激发幼儿的观察兴趣。物体观察活动开始一般是让幼儿先看看观察对象的全貌，对它有一个完整的印象，而后根据活动目标，逐步提出具体、明确、简洁、有启发性、突出观察对象的显著特征的问题。

2. 幼儿自由观察

引导幼儿综合利用多种感官感知事物的特征。观察不仅仅是用眼睛看，应尽量启发幼儿的各个感官都参与观察活动。尽量让幼儿运用各种感觉器官感知观察对象的各种属性，看一看、听一听、闻一闻、摸一摸、捏一捏、掂一掂，能吃的还可以尝一尝。只有尝试多方面的感受，才能对观察对象获得更全面、更深刻的认识。

3. 表达交流

鼓励幼儿用语言表达、交流观察中的发现。在物体观察活动过程中，教师应尊重幼儿的发现，注意其独到之处，可以请其操作，将初步经验介绍给大家，鼓励幼儿将观察的结果生动形象地描述出来。

4. 教师引导观察

(1)教幼儿按一定顺序进行观察。幼儿的观察往往是笼统的、无序的，是模糊的、不深刻的。例如，只看到韭菜有细细长长的叶子，不仔细探索它的气味和叶子的形状，就会把有细长绿叶的菜都当成韭菜，而混淆了韭菜与葱的区别。为此，教师在指导幼儿观察时，要注意引导幼儿既观察客观事物的整体，又观察其主要的细节，根据事物的具体特征，有的从整体到局部再到整体，有的从局部到整体，处理好观察整体与局部的关系，克服片面性，以保证观察的全面性。例如，观察植物可从根—茎—叶—花—果实或从花—叶—茎—根；观察动物可从头—身—尾—四肢；观察水果可从外到内。

（2）引导幼儿在观察中比较不同事物的特征。在观察事物特征时，要教幼儿善于进行比较观察，可提供对比物将观察对象与其他事物进行比较。例如，幼儿往往把飞蛾误认为是小蝴蝶，教师应引导幼儿发现它们的触角、腹部的结构特征以及生活习性等方面的区别。又如，认识水是无色的，可将水与豆浆比较。可将眼前的事物与过去认识的事物进行比较，如观察鹅时，可与曾见过的鸭、鸡进行比较。也可从观察对象自身找对比物，如通过比较观察兔子的前腿与后腿长短的差异，从而知道兔子走路是一蹦一跳的。总之，在个别观察的基础上进行对比观察，可以使得它们的个别特征更为突出。

5. 表达交流

再次表达交流时，教师不仅要引导幼儿主动表达，更要注意发展幼儿的描述语言。要在观察和认识事物的同时教给幼儿相应的词语，如观察对象的名称、各种特征等。让幼儿用语言表达自己的印象、情感和态度。

在观察过程中，教师可用生动的语言做适当讲解，帮助幼儿加深印象，但不能对幼儿的观察急于求成，将教师的认识灌输给幼儿，用教师的讲解代替幼儿的观察。应该明确的是，一切结论都应该是幼儿观察的结果。

提问时可以用"它是什么样的？""它像什么？""它们一样吗？有什么不一样？"这样的问题，因为这样的问题能够引起幼儿对探索对象的特征的描述，以及对不同对象特征的比较。每个幼儿都可以从自己的角度来描述、比较对象，并且可以展开创造性的联想，表达应是完全开放的。

6. 结束或延伸

结束时要巩固加深幼儿所获得的印象。可由教师做小结；可请能力强的幼儿（中、大班）做小结；朗诵儿歌、诗歌、谜语或唱歌、跳舞；围绕观察对象进行绘画或游戏活动。

（三）现象观察活动流程

现象观察活动的重点在于观察变化的发生，教师可将观察、指导和交流相结合。根据实际情况，可在观察之后引导幼儿对观察到的现象加以讨论。现象观察活动的设计主要包括以下几个环节。

1. 引出观察对象或问题

教师应利用幼儿已有的经验，通过提出问题导入活动，引起幼儿观察的兴趣。

2. 观察现象

教师要给予幼儿充分的活动机会、足够的观察时间和观察次数。

3. 观察中的交流和指导

教师在观察过程中应充分注意与全体幼儿或个别幼儿的交流，并对他们的观察行为给予必要的指导。

4. 教师组织讨论和交流

提问可以用"还有什么""你还见过什么"这样的问题，扩展幼儿的经验，把活动的内容和幼儿日常生活中已有的经验联系起来，引发幼儿回忆并交流各自的经验。

5. 结束或延伸

教师提出要求或建议，让幼儿在活动结束以后继续探索，这样的结束可以使活动继续延伸。

（四）户外观察活动流程

户外观察活动既有物体观察又有现象观察，其主要特点在于户外活动人员分散、难于组织，可采用分组的方式，在活动设计上应尽量减少集中指导，注重个别指导和个别体验。观察活动的设计主要包括以下几个方面。

第一，提出问题和要求。

第二，个别观察和指导。

第三，分享和表达体验。

第四，结束或延伸。

（五）系统观察活动的一般环节

长期系统性观察是指在一段时间内，幼儿持续不断地观察某种物体或现象在质和量两个方面的变化和发展，并形成完整认识。系统观察活动一般用于观察动植物的生长、发育过程，观察周期比较长、环节较多，需在教师指导下按要求、有步骤地观察，并结合主题或日常活动参与记录、管理。观察活动的设计主要包括以下几个方面。

第一，提出要求。

第二，熟悉观察对象。

第三，教师与幼儿共同观察。

教师在组织每一次观察时，应引导幼儿将眼前的现象与前一次观察的情况进行对比，以了解观察对象发展变化的情况，也可引导幼儿找出变化的原因，从而看到事物之间的关系。

第四，做好观察记录。

指导幼儿学习用各种方法记录观察结果。观察记录就是让幼儿用形象化的方式表达所观察到的自然物、科学现象以及实验调查的结果。它是幼儿观察活动的一个方面，也是一种表达方式。让幼儿把观察中见到的变化用绘画的形式记录下来，既可巩固认识，为下一次观察提供线索，又可发展幼儿的注意力、观察力。通过观察记录让幼儿对观察到的周围世界进行回忆，这些印象会更加清晰，达到复习巩固的目的，还能引起幼儿再观察的兴趣和主动性、积极性，发展幼儿的动手能力。幼儿的观察记录反映了幼儿的观察水平以及对观察对象认识的正确与错误，能帮助教师了解幼儿的观察状况和教师自身的教育效果。

第五，交流新发现。

第六，展示结果。活动可以以幼儿相互展示自己的观察结果结束。这样，没有完成的幼儿也可以在轻松的气氛中继续完成自己的观察活动，并学习同伴的观察结果。

步骤二　教学观摩

一、观摩中班观察认识活动视频：《南瓜的秘密》 >>>>>>

中班观察认识活动视频案例：南瓜的秘密

（一）呈现完整活动方案

扫描二维码阅读中班观察认识活动"南瓜的秘密"完整方案。

中班观察认识活动文本案例：南瓜的秘密

> **温馨提示**
>
> 请带着以下问题阅读中班观察认识活动"南瓜的秘密"。
>
> 1. 根据活动目标，活动过程中哪些环节可以进行调整？
>
> 2. 根据幼儿的实际经验，活动的哪些内容可以进行调整？
>
> 3. 根据幼儿园集体教学活动的需要，活动的哪些内容可以进行调整？
>
> 4. 根据活动过程设计的需要，文本中哪些具体文字需要优化？

（二）观摩、讨论与反思

1. 呈现讨论话题

(1)内容的选择是否符合中班幼儿的年龄特点和观察能力？

(2)活动目标的设计是否符合中班幼儿观察活动的要求？如果不符合，该怎样修改？

(3)活动过程的设计是否体现环环相扣、循序渐进等原则？

(4)如何创设活动环境？需要具体准备哪些材料？

(5)活动中如何发挥材料的作用？

(6)活动中教师如何让幼儿保持探索观察的兴趣？

2. 观摩活动录像

请大家把"活动实录"写在自己的课堂笔记本上，并及时记录观摩过程中自己的想法。

3. 分组讨论交流

学习笔记

组内交流

各小组成员围绕讨论话题对活动进行讨论与评价，并记录本小组的共同观点。

集体交流

各小组派一名同学代表本组同学发言，与其他小组交流评价意见，并记录每个话题的讨论结果。

4. 教师评价总结

记录任课教师评价与总结的内容

二、观摩幼儿园教师现场执教的观察认识活动 >>>>>>>>

请大家在幼儿园现场观摩教师执教的观察认识活动，做好听课笔记，认真倾听执教老师的说课，积极参与讨论，及时记录讨论结果和带队教师的评价总结。

步骤三　方案设计

第一，第一位在幼儿园试教幼儿园观察认识活动的同学，请与本组同学合作修改活动方案"认识西瓜"，形成新方案，并做好活动准备。

温馨提示

请从以下方面进行思考与修改。

1. 根据活动目标，活动过程中哪些环节是可以调整或简略的？

2. 根据幼儿的实际经验，活动的哪些内容是需要调整和可以调整的？

3. 根据教师的实际需要，活动的哪些内容可以简略？

小班观察认识
活动文本案例：
认识西瓜

第二，第二位在幼儿园试教幼儿园观察认识活动的同学，请与本组同学合作修改"认识西红柿"这个活动方案，形成新方案，并做好活动准备。

温馨提示

请从以下方面进行思考与修改。

1. 根据活动目标，活动过程中哪些环节可以优化？

2. 根据幼儿的实际经验，活动的哪些内容可以优化？

3. 根据集体教学活动的需要，哪些活动形式可以优化？哪些文字可以优化？

小班观察认识
活动文本案例：
认识西红柿

第三，在实训室试教幼儿园观察认识活动的同学，请与本组同学合作修改活动方案"认识常绿树和落叶树"，形成新的方案，并做好活动准备。

温馨提示

请从以下方面进行思考与修改。

1. 根据活动目标，活动过程中哪些内容是可以调整或简略的？

2. 根据幼儿的实际经验，活动的哪些内容是可以调整的？

3. 根据教师的实际需要，活动的哪些内容可以调整，如季节条件是否具备？

4. 根据活动过程设计的需要，文本的哪些具体文字可以简略？

中班观察认识活动
文本案例：认识
常绿树和落叶树

第四，第二位在实训室试教幼儿园观察认识活动的同学，请与本组同学合作修改"水果大会"这个活动方案，形成新的方案，并做好活动准备。

中班观察认识活动
文本案例：
水果大会

> **温馨提示**
>
> 请从以下方面进行思考与修改。
>
> 1. 活动目标修改时，需符合中班幼儿年龄阶段特征，注意目标表述的一致性，并能体现比较观察活动的核心目标。
>
> 2. 活动准备需要考虑水果种类的多样性和特征的典型性。
>
> 3. 活动过程修改时需要侧重对比较观察技能进行落实，对重点环节进行适当的细化，对其他环节可以适当简略。

步骤四　方案实施

同第 27 页"方案实施"内容。

🖊 学习笔记

步骤五　总结提升

一、在幼儿园的观察认识活动中综合提升幼儿观察能力 >>

（一）为幼儿设置具体的观察目标

活动要设计具体的观察目标。具体的观察目标的设置使观察的任务更加详细和具体，帮助幼儿明确观察的目的，这样容易收到较好的观察效果。

（二）注重幼儿兴趣引导和显性对象的使用

观察对象独特性和趣味性的设置，是针对幼儿在观察事物时观察行为的持续时间短而设置的。由于幼儿受到生理和心理发育程度的制约，在观察事物的时候注意力不能集中，持续的时间也较短。为了有效培养幼儿的观察能力，需要设置一些能够激发幼儿兴趣或者较为独特的观察对象。例如，在进行"小蝌蚪找妈妈"的教学中，可以采用面具、音乐等富有趣味性的教学辅助工具进行教学，从而有效提高幼儿的观察能力，激发幼儿的学习兴趣。

（三）注重引导幼儿对观察规律的探寻

帮助幼儿探寻观察行为的规律，是解决幼儿观察行为缺少针对性与概括性问题的措施。例如，在进行"小蝌蚪找妈妈"的教学过程中，可以帮助幼儿总结小蝌蚪和青蛙妈妈的外形区别，找出青蛙妈妈和小蝌蚪的共同点，从而有针对性地引导幼儿观察力的发展。

（四）加强游戏教学，提高幼儿的观察力

教师要科学地利用偶发事件包含的隐性教育价值，成为幼儿互动的设计者、促进者和引导者。教师要注重对身边教育素材和教育资源的挖掘，善于组织幼儿感兴趣和乐于观察的事件、素材等，因势利导进行幼儿观察能力的培养和塑造，让幼儿始终生活在一个充满快乐、充满知识、充满新奇的世界，从而实现观察能力的锻炼和提高。

（五）加强观察方法的传授

观察活动作为幼儿观察能力培养和塑造的重要内容，在日常的学习和生活过程中，要根据不同的观察环境，向幼儿传授不同的观察方法，提高幼儿观察行为的效果，增强幼儿观察事物的自信心。可以通过在大自然中观察、在日常生活中观察以及在电视、报纸等媒体上观察。对幼儿观察得出的结果要予以及时的肯定、表扬和鼓励，尊重幼儿的自尊心，培养幼儿的自信心。

二、观察活动中材料投放的策略 >>>>>>>>>>>>>>>>>>>>>>

（一）注重材料的趣味性

根据观察的结果设置活动的场所，提供相应的材料，使其更适合幼儿的水平、兴趣与需要。赋予材料以鲜活、生动、真实的情感意义，让环境贴近幼儿生活，富于情境性，激发幼儿对学习的热情和愿望。例如，科学活动"动画片配音"，教师运用课件中可爱的动物形象，用逼真清晰的模拟声音帮助幼儿感知大象、乌龟、小马、雨的声音，激发了幼儿学习的兴趣——幼儿在观看中情不自禁地模仿。

（二）注重材料的生活性

幼儿的观察材料必须具有生活性，是幼儿能够体认、能够操作、能够演化的。因此，教师准备活动材料时，需要把握生活性这个标杆，从幼儿的生活中发现幼儿感兴趣的、能够给予成长助推的日常材料，经过教师的教育价值梳理与提升，推动幼儿在与外界材料相互作用的过程中建构自己的知识场。

首先，选择幼儿生活中的材料，激发幼儿的探索欲望。在教育活动中提供幼儿在日常生活中经常碰到的、感知过的或接触过的材料，能引发和保持幼儿对材料的探索兴趣。例如，为幼儿提供自制的"神秘箱"——一只设计为顶部有容纳一只小手伸入的触摸口，两边有数个小洞做嗅觉口的纸箱，并在"神秘箱"内放入幼儿生活中常见的、颜色鲜明、气味较强、触感较明显的物品，如苹果、毛巾、铃鼓等。幼儿可尝试运用不同的感官去探索、发现、猜测，并讨论使用不同的感官猜测物品的感受，体验成功的快乐。

其次，引导幼儿从生活环境中收集材料，变废为宝。幼儿在生活中无时无刻不在接触着各种各样的物品，教师要引导幼儿做有心人，随时随地收集身边易得、卫生、安全的"百宝箱"，引导幼儿在探索活动中根据需要自由选取材料，使活动更加丰富和深入。例如，活动"摇摇摇瓶"，教师提供黄豆、回形针等材料引导幼儿分辨声音的不同。幼儿的探索兴趣很高，已不满足于现有材料，此时就需要及时引导幼儿寻找、选取自己需要的材料，如药瓶、易拉罐、纸盒等，在探索过程中将相同的物品放入不同的瓶罐中，或将不同的物品放入相同的瓶罐中，这时摇摇瓶发出的声音也不同，能使幼儿的探索活动进一步深入。

（三）注重材料收集的多元化

材料的收集并不是教师的专利，教师可积极争取家长的理解、支持和主动参与，家园共同寻找材料。例如，开展"各种各样的纸"的主题活动前，家长积极外出寻找各种纸，科学区成了纸的展览会，幼儿面对各种各样的纸，探索的兴趣和愿望油然而生。

✎ 学习笔记

（四）注重材料的层次性

在选择和投放材料前，教师必须对每个幼儿的能力与需要进行充分预知、设计，根据不同幼儿的发展水平，投放难度层次不同的操作材料，保障幼儿从不同起点按不同发展速度自主选择操作材料进行自主建构。

典型案例

以大班科学活动"不倒的娃娃"提供材料的层次为例。①

层次一：提供材料——娃娃、橡皮。

在娃娃底部放入重物，娃娃不容易倒。

层次二：提供材料——娃娃、橡皮、石子。

操作中让幼儿试试用什么材料可使娃娃不倒。

层次三：提供材料——娃娃、橡皮泥、滚珠、磁铁、石子、记录表。

在操作过程中让幼儿根据自己的能力水平，自由选择操作材料，教师及时引导，如试试将重物放在什么位置才能使娃娃站得直，并进行记录。

（五）注重材料的多样性

《纲要》强调，提供丰富的可操作的材料，为每个幼儿都能运用感官、多种方式进行探索提供活动的条件。丰富的材料更能激发幼儿探索的兴趣，而且幼儿会在对不同材料的探索过程中积累丰富的经验，发展思维能力。

例如，在科学活动"杂技小人"中，教师为幼儿提供了泥工、木珠、玻璃珠、塑料圆环、毛根等丰富的操作材料，让幼儿自主选择材料，想办法让杂技小人平稳地跨坐在钢丝上。幼儿对每一种材料的探索过程都是一个积极思考的过程：材料怎么用？材料绑在玩具小人的什么部位？材料如何绑在玩具小人上？怎样的材料才是最稳的？这些都是幼儿在操作前和操作中需要思考的。然后选择感兴趣的材料探索—积累经验—重新选择合适的材料继续探索—积累新的经验……幼儿在这个不断重复的过程中，持续思考，能力和经验都得到了逐步提升。教师将材料准备得越丰富，幼儿探索思考的过程也就越充分，思维能力也就得到了更深入的发展。

（六）注重材料的挑战性

心理学研究告诉我们，可轻而易举地得到答案的材料会使幼儿失去操作的兴趣，具有一定难度的材料能激发幼儿探索的欲望。教师要了解每个幼儿的发展水平，这样才能为幼儿提供具有挑战性的材料，使幼儿活动的兴趣不断被激发，不断有新问题产生，从而持久地保持幼儿对科学的兴趣和探索积极性。面对困难，教师要注意鼓励、引导幼儿，用自身的激情带动他们进行科学探索，让他们树立挑战的信心。

---

① 王映雪：《浅谈科学活动中物质材料的提供》，载《成才之路》，2008(5)。

练习与应用

一、思考题

1. 如何在幼儿园观察认识活动中提高幼儿的表达能力？

2. 幼儿园观察认识活动对幼儿能力的发展有哪些促进作用？

二、操作题

以小组为单位，按照幼儿园观察认识活动的各年龄阶段目标，参照观察认识活动的设计流程，将教师给定的活动方案进行适当的修改，并进行模拟试教。

学习反思

任务四
幼儿园人际交往活动的设计与实施

典型案例

"这个风扇好凉快，给你吹一吹！"

"谢谢！"

"哇，真的好凉快！"

请扫码观看小视频《给你吹风扇》。在人际交往中，教育者往往会关注幼儿的问题行为，去纠正、调整这些行为，殊不知，在幼儿身上也有很多善意的友好的交往行为，我们应该了解幼儿的交往特点，进一步认识受欢迎幼儿的行为特征，关注幼儿榜样，对幼儿进行社会建构，全面提升幼儿的人际交往水平。同时，我们也必须了解幼儿的交往特点及常见的交往行为，观察并分析幼儿的交往行为；我们还需要知道幼儿是有不同交往对象的，他们和不同的交往对象相处，习得的知识技能分别是哪些；作为教育者的教师和家长给予幼儿的指导和帮助是相同的吗？带着这些疑惑，我们开始进入"幼儿园人际交往活动的设计与实施"任务的学习吧。

视频：
给你吹风扇

实施步骤

步骤一 资讯提供

幼儿是独特的人，要清晰地认识自身；同时，幼儿也是社会的人，并在与人交往的过程中不断深化自我意识，修正对自己、对他人、对社会的认识。随着幼儿交往范围的扩大，交往对象日益增多，他们发现自己的某些愿望和行为常常会受到外界的限制和干涉，同时也发现别人的行为有时与自己的并不一样。于是，他们开始注意到别人的存在，发展自己的交往行为，并且渐渐地与别人发生竞争与合作、友好与对立、攻击与逃避、接受与拒绝、支配与服从等交往关系，他们不断地重复某些交往行为并使之习惯化。幼儿在这一阶段体验到什么性质的交往关系，将会对他们的人格发展产生长远的影响。

一、认识人际交往活动 >>>>>>>>>>>>>>>>>>>>>>>>>>>>>>

（一）认识自我意识活动

自我意识是作为主体的我对于自己以及自己与周围事物关系，尤其是人我关系的认识。成熟的自我意识至少有如下三个方面的表现：能意识到自己的身体、身体特征和生理状况；能认知并体验到自己内心进行的心理活动；能认识并感受到自己在社会和集体中的地位和作用。自我意识活动包括自我认识活动、自我情感体验活动、自我调控活动。

（二）认识人际交往活动

人际交往活动是指教师通过创设一定的情境和条件，引导幼儿学习某种人际交往能力的教育活动，其目的在于通过为幼儿提供交往的机会，构建人际交往的平台，培养幼儿关心、理解、尊重和赞赏他人的人际交往态度，学习与掌握人际交往的技能，逐渐学会与人友好相处。人际交往活动的主要特征包括：突出交往的互动性，只有在真正的人际交往中，幼儿才能切实端正交往态度，掌握人际交往的方法，与他人友好相处；交往对象的多元化，主要包括与家长、教师、同伴及其他社会成员的交往。

二、人际交往活动的目标 >>>>>>>>>>>>>>>>>>>>>>>>>>>

《纲要》指出，能主动参与各项活动，有自信心；乐意与人交往，学习互助、合作和分享，有同情心；能努力做好力所能及的事，不怕困难，有初步的责任感。

《指南》对幼儿园人际交往活动制定了四条目标，每条目标对不同年龄段幼儿的表现做了合理的阐述。

（一）愿意与人交往

1. 小班

(1)愿意和小朋友一起游戏。

(2)愿意与熟悉的长辈一起活动。

2. 中班

(1)喜欢和小朋友一起游戏，有经常一起玩的小伙伴。

(2)喜欢和长辈交谈，有事愿意告诉长辈。

3. 大班

(1)有自己的好朋友，也喜欢结交新朋友。

(2)有问题愿意向别人请教。

(3)有高兴的或有趣的事愿意与大家分享。

（二）能与同伴友好相处

1. 小班

(1)想加入同伴的游戏时，能友好地提出请求。

(2)在成人指导下，不争抢、不独霸玩具。

(3)与同伴发生冲突时，能听从成人的劝解。

2. 中班

(1)会运用介绍自己、交换玩具等简单技巧加入同伴游戏。

(2)对大家都喜欢的东西能轮流、分享。

(3)与同伴发生冲突时，能在他人帮助下和平解决。

(4)活动时愿意接受同伴的意见和建议。

(5)不欺负弱小。

3. 大班

(1)能想办法吸引同伴和自己一起游戏。

(2)活动时能与同伴分工合作，遇到困难能一起克服。

(3)与同伴发生冲突时能自己协商解决。

(4)知道别人的想法有时和自己不一样，能倾听和接受别人的意见，不能接受时会说明理由。

(5)不欺负别人，也不允许别人欺负自己。

（三）具有自尊、自信、自主的表现

1. 小班

(1)能根据自己的兴趣选择游戏或其他活动。

(2)为自己的好行为或活动成果感到高兴。

(3)自己能做的事情愿意自己做。

(4)喜欢承担一些小任务。

2. 中班

(1)能按自己的想法进行游戏或其他活动。

(2)知道自己的一些优点和长处，并对此感到满意。

(3)自己的事情尽量自己做，不愿意依赖别人。

(4)敢于尝试有一定难度的活动和任务。

3. 大班

(1)能主动发起活动或在活动中出主意、想办法。

✎ 学习笔记

视频：大班幼儿人际
交往观察记录案例

(2)做了好事或取得了成功后还想做得更好。

(3)自己的事情自己做，不会的愿意学。

(4)主动承担任务，遇到困难能够坚持而不轻易求助。

(5)与别人的看法不同时，敢于坚持自己的意见并说出理由。

（四）关心、尊重他人

1. 小班

(1)长辈讲话时能认真听，并能听从长辈的要求。

(2)身边的人生病或不开心时表示同情。

(3)在提醒下能做到不打扰别人。

2. 中班

(1)会用礼貌的方式向长辈表达自己的要求和想法。

(2)能注意到别人的情绪，并有关心、体贴的表现。

(3)知道父母的职业，能体会到父母为养育自己所付出的辛劳。

3. 大班

(1)能有礼貌地与人交往。

(2)能关注别人的情绪和需要，并能给予力所能及的帮助。

(3)尊重为大家提供服务的人，珍惜他们的劳动成果。

(4)接纳、尊重与自己的生活方式或习惯不同的人。

教学微课视频：
幼儿园自我意识
活动内容

三、人际交往活动的内容 >>>>>>>>>>>>>>>>>>>>>>>>>>>>>>

（一）自我意识活动的内容

1. 自我认识的教育

自我认识教育的内容具体见表 1-1。

表 1-1　自我认识教育的内容

自我概念	个体自我	生理自我	身高、体重、相貌等生理状况	健康教育的内容
		心理自我	兴趣、爱好、能力、性格等心理特征	露一手、喜好大交流、特长大表演、才艺展示会、我的能力
	社会自我	社会自我	自己与老师和同伴的关系、自己在集体中的位置与作用等	我与老师、小(3)班的我
自我评价	❖幼儿自我评价的特点：由外部具体事物行为逐渐过渡到内在品质。遵从权威；带有明显的情绪性 ❖自我评价教育的有效途径：社会比较 ❖适宜开展的主题活动：优点大展览等			

2. 自我情感体验的教育

自我情感体验是指自己对自己怀有的一种情感体验，主要有自信心、自尊心、责任感、成就感、自豪感、挫折感、羞耻心、内疚感等。

幼儿园活动如"谁的小手最能干""今天我值日""帮厨房阿姨选菜""帮助弟弟妹妹"等。

大班自我意识活动
视频案例：生气

3. 自我调控的教育

自我调控包括对自己言语和行为的调节和控制，具体表现为：一是自我发动，如坚持与老师、同伴打招呼，坚持使用礼貌用语等；二是自我制止，如不乱穿马路、不乱扔垃圾等。自我调控包括自制力、坚持性、自觉性、自我延迟满足四方面。

自我发动用语有："我要……""我主动……""我坚持……""我想……""我愿意……"

自我制止用语有："我不……"

幼儿园活动如"自觉遵守交通规则""每天早起上幼儿园""我不抢玩具"等。

（二）人际交往活动的种类

1. 亲子交往活动

亲子交往活动主要是指父母与子女的交往活动，包括父母与子女一起阅读，一起游戏，一起参观，一起游玩，一起唱歌、跳舞，一起制作作品等。

幼儿园能为亲子交往活动提供场地、设备、专家指导（开展家教知识讲座等）、其他同伴和家长一起参与等条件。教师以节日为依托举行丰富多彩的亲子活动，如在六一儿童节、母亲节、父亲节等节日中，将幼儿父母请到幼儿园里，或组织幼儿和家长一起外出参观游玩，或组织亲子运动会等。

2. 同伴交往活动

同伴交往活动指的是以同伴为交往对象的活动。在幼儿期，模仿现象普遍存在，表现为别人做什么，我就做什么；物品是重要的交往媒介，许多交往由物品引起；语言在交往中起到越来越重要的作用。

(1)幼儿同伴交往的类型。幼儿同伴交往的类型是由幼儿同伴交往的发展水平决定的。美国心理学家从幼儿的社会交往行为程度出发，将幼儿的游戏分为偶然的行为、游戏的旁观者、单独的游戏、平行的游戏、联合的游戏和合作的游戏这六种类型。在这六种游戏行为中，具有交往特征的游戏行为是联合的游戏与合作的游戏，一般来说，4岁以后才会出现。

(2)影响幼儿同伴交往的因素。可先从幼儿的社会行为特征进行分析，具体见表 1-2。

①社会行为特征，具体见表 1-2。

表 1-2　幼儿的社会行为特征

受欢迎的幼儿的特征	被拒斥的幼儿的特征	被忽视的幼儿的特征
积极、快乐的性情	多破坏行为	容易害羞
外表吸引人	好与人争论和反社会	很少攻击，对他人的攻击常表现出退缩
有许多双向交往	极度活跃	反社会行为少
高水平的合作游戏	说话过多	不敢自我表现
愿意与人分享	反复试图与社会接近	许多单独活动

学习笔记

教学微课视频：
亲子交往

教学微课视频：
同伴交往

动画视频：
工具性攻击

续表

受欢迎的幼儿的特征	被拒斥的幼儿的特征	被忽视的幼儿的特征
能坚持交往	合作游戏少，不愿分享	逃避双向交往，花较多的时间和群体在一起
被看作好领导	许多单独活动	
缺乏攻击性	常有不适当行为	

动画视频：敌意性攻击

②性格特征。受同伴欢迎的幼儿性格比较外向，不易冲动和发脾气，活泼好动，善于言谈，敢于自我表现；被同伴拒斥的幼儿性格外向，活泼好动，很爱说话，脾气急躁，容易冲动和乱发脾气，也比较敢于自我表现；被同伴忽视的幼儿一般性格内向，好静不好动，慢性子，好脾气，不易兴奋和冲动，不太爱说话，容易害羞，不敢自我表现。

动画视频：报复性敌意攻击

③外貌特征。外貌有吸引力是被同伴接纳的有利因素。幼儿外貌具有吸引力的特征包括整洁的着装、快乐的面部表情、适合年龄特征的言语和行为。

④社会认知能力。不同社交地位的幼儿，在人际问题解决策略上有一定的差异。被拒绝的幼儿更多地借助于第三方来发起交往，表现出较强的依赖性；而被忽视的幼儿发起交往的有效性最低。在维持交往的策略的选择方面，被忽视幼儿和被拒绝幼儿比一般幼儿更少选择"言语沟通和解释策略"。[①]

考证练习

| 单选题：处理玩伴关系 | 简答题：移情对幼儿亲社会行为发展的影响 | 简答题：影响幼儿同伴交往的因素 | 材料分析题：朋友不多怎么办 | 材料分析题：幼儿告状行为 |

3. 师幼交往教育活动

幼儿与教师交往关键的一点是教师要真诚地热爱、尊重和信任每个幼儿，使他们真正感到教师是他们的伙伴，是他们可以信赖的大朋友，从而愿意、乐意与教师交往。经常采取的方式有以下三种。

教学微课视频：师幼交往

(1)同乐。耐心倾听幼儿的悄悄话，把幼儿的快乐看作自己的快乐，使幼儿乐意把心中的快乐告诉教师。教师也把高兴的事告诉幼儿，在同乐中提高幼儿的交往水平和能力。

(2)解难。向幼儿传授各种各样的知识技能。当幼儿表现出委屈的情绪、为难的表情、痛苦的神态时，教师总是亲切地询问，帮助其解难，并和家长联系，改善家庭教育环境，同时传授给幼儿解难的经验和技能。教师也向幼儿报告"困难"，让幼儿在共情的基础上，在行动中逐渐理解教师的困难，并帮助教师解难。

(3)共创。为了创设与教育相适应的良好环境，教师和幼儿共同创设了各个游

---

① 王美芳等：《儿童社会技能的发展与培养》，250 页，北京，华文出版社，2003。

戏活动角。创设的过程，也就是教师和幼儿、幼儿和家长在"教、学、做"中进行交往的过程。游戏活动角的建立还为不同水平的幼儿提供了参与活动和展示能力的机会。

4. 与其他社会成员交往的教育活动

除了父母、同伴、教师外，其他社会成员主要指在幼儿熟悉的环境中，与幼儿接触的不同职业的人。与其他社会成员交往时，除了使用人际交往中的各种常用技巧外，还必须强调交往中的安全要素，与其他社会成员之间的交往技巧最适用的是"礼貌"。

（三）人际交往行为技能①

1. 接受权威

(1)遵从处于权威地位的成人的要求。

(2)遵从处于权威地位的同伴的要求。

(3)了解并遵守课堂纪律。

(4)教师不在场时遵守课堂纪律。

(5)对那些可能不公正的规则提出疑问。

2. 处理冲突

(1)对他人的嘲弄或辱骂不予理睬、变换活动处理，或者采用其他建设性方式。

(2)对他人的身体攻击采取离开、求助或其他建设性方式。

(3)生气时从同伴身边走开以避免打架。

(4)有礼貌地拒绝他人的请求。

(5)用文明语言而不是肢体动作或攻击性语言来表达愤怒。

(6)建设性地对待自认为不应受到的批评或惩罚。

3. 获得关注

(1)课堂上通过举手获得教师的注意。

(2)课堂上在教师允许自己发言之前静静地等待。

(3)请求他人时用"请"和"谢谢"。

(4)适时地走近教师，并请求教师的帮助、解释和指导。

(5)以恰当的方式获得同伴的关注。

(6)请求同伴的帮助。

4. 问候他人

(1)问候他人时眼睛看着对方。

(2)被问及自己时说出自己的名字。

(3)遇到朋友或熟人时微笑。

(4)问候成人和同伴时使用恰当的称呼。

(5)在通过介绍与他人相识时，与人握手并说"你好"。

视频：大班人际交往活动"认识你真高兴"

✎ 学习笔记

---

① 王美芳等：《儿童社会技能的发展与培养》，81～85 页，北京，华文出版社，2003。

(6)向他人作自我介绍。

(7)为两个人做相互介绍。

5. 帮助他人

(1)当教师要求帮助时，能给予帮助。

(2)当同伴要求帮助时，能给予帮助。

(3)给予同伴简单的指导。

(4)主动帮助教师。

(5)主动帮助同学。

(6)保护遇到麻烦的同伴。

(7)对同伴遇到的问题或困难表示同情。

6. 进行交谈

(1)交谈中注意说话的人。

(2)用符合情境的声调与他人交谈。

(3)交谈中等到谈话停顿时才说话。

(4)与同伴交谈时说些相关的话。

(5)与成人交谈时说些相关的话。

(6)在交谈中对他人打断谈话的行为不予理睬。

(7)在自由活动中主动与同伴交谈。

7. 有组织的游戏

(1)玩游戏时遵守游戏规则。

(2)玩游戏时按顺序等待自己的机会。

(3)在竞争性游戏中尽自己最大的努力。

(4)在竞争性游戏中接受自己的失败，并向获胜者祝贺。

8. 以积极的态度对待他人

(1)肯定别人的品质和成绩。

(2)赞扬他人。

(3)容忍与自己性格特征不同的人。

9. 自由玩耍

(1)请另一名同学一起去操场玩。

(2)请求加入其他同学正在玩耍的活动。

(3)在游戏中与他人分享玩具或物品。

(4)在游戏情境中对群体的合理要求做出让步。

(5)在操场上提议进行集体活动。

10. 自己和他人的物品处理

(1)区分自己和他人的物品。

(2)他人向自己借东西时，能把东西借给他人。

(3)借用他人的物品，并完好无损地归还。

(4)请求别人允许自己用他或她的物品。

（四）培养幼儿人际交往的方法①

第一，帮助幼儿融入群体。

(1)充分利用自由活动时间，为幼儿提供交往机会。

(2)引导幼儿学习交往语言，促进幼儿交往能力的发展。

(3)引导幼儿在集体活动中学习交往语言。

(4)巧妙利用生活契机，引导幼儿学习交往语言。

(5)开展游戏活动，培养幼儿的交往能力。

第二，让幼儿成为幸福快乐的人。

第三，让幼儿学会商量。

第四，帮助幼儿建立同伴关系。

(1)培养幼儿与人友善的态度。

(2)帮助幼儿改掉不良的行为习惯和个性品质。

第五，关注无处不在的合作。

(1)教师要树立强烈的渗透意识。

(2)及时树立合作的榜样。

(3)为幼儿创造合作机会，并教给幼儿合作的方法。

(4)让幼儿体会到合作的积极效果。

第六，以游戏的形式培养幼儿的文明语言和交往行为。

第七，以语言活动促进幼儿交往。

(1)在日常生活中发展幼儿的语言，促进其与周围环境的交往。

(2)为幼儿创造与同伴交往的机会，发展幼儿的语言表达能力。

第八，引导幼儿合理解决同伴间的冲突。

(1)让幼儿自己解决。

(2)教给幼儿一些避免和解决冲突的基本技巧。

(3)增强幼儿自己解决冲突的能力。

第九，促进不同年龄幼儿间的互助。

第十，利用体育活动培养幼儿的合作意识。

第十一，帮助幼儿调控情绪。

(1)帮助幼儿了解自己的情绪和情绪的起因。

(2)帮助幼儿在心情不好时保持镇定。

(3)允许幼儿在适当的时间和地点宣泄情绪。

(4)尽量避免幼儿长时间处于焦虑、愤怒和抑郁的状态。

(5)帮助幼儿面对生活中不可避免的失败和挫折。

(6)多为幼儿创造积极情绪，激励幼儿达到自己的目标。

(7)教幼儿识别他人情绪，觉察和理解别人的感受。

(8)帮助幼儿调节与他人的关系，让幼儿能解决与他人的矛盾。

第十二，利用主题活动培养幼儿的交往能力。

(1)为幼儿创造交往的主题。

---

① 郑佳珍、朱炳昌：《幼儿社会化教育指导》，16～29页，北京，高等教育出版社，2004。

(2)为幼儿创造交往的环境。

(3)为幼儿提供语言交往的机会。

(4)丰富幼儿交往的内容。

(5)帮助幼儿树立交往的信心。

典型案例

分　享

1. 分享食物

让幼儿在做中学习与别人共享食物。蛋糕是幼儿爱吃的食物，我们给每组幼儿3个蛋糕，即6个人分吃3个蛋糕，我们只说一句话："请小朋友自己商量着吃。"开始，教室里很热闹，幼儿叽叽喳喳地协商：谁和谁同吃一个蛋糕，谁来分蛋糕。5分钟后，幼儿安静下来了，分得快的在品尝蛋糕。我们发现一个小朋友把蛋糕分成两份之后一直在左比画右比画，据了解，原来是分好的蛋糕一半大一半小，他为该给同伴哪一半感到为难。我们用一句话提示："你是想吃大的呢，还是想吃小的?"他想了想，把大的一半给了同伴，把小的一半留给了自己。有了这次交往的经验，第二次再这样时，小朋友便会更好地解决"分享"食物中遇到的困难。

2. 分享玩具

幼儿最喜欢玩具，我们就让幼儿每人从家里带一两样玩具来，开个"幼儿玩具店"，大家轮流当营业员，进行礼貌语言交流。有时某一幼儿带来了新颖的玩具，大家往往会争着玩，遇到这种现象，我们建议幼儿讨论，使幼儿学会了"轮流、让一让、等一等"的友好交往技能。

3. 分享快乐

每逢游艺会、运动会、生日庆祝会，我们都鼓励幼儿参与表演节目、分享蛋糕、点蜡烛、说贺词、送自制的礼物等。这些活动促进了同伴之间关系的融洽，使幼儿更加关心同伴、喜爱同伴，让幼儿觉得生活在集体中很温暖、很愉快，感到自己真正是集体的一员。

想一想

以上案例中，教师用了哪些方法培养幼儿的交往技能?

学习笔记

四、人际交往活动常用的教学方法 >>>>>>>>>>>>>>>>>>

（一）示范法

示范法是教师通过自己的语言、动作、各种直观手段，为幼儿提供具体模仿的范例，或是采用具有明显教育意义的典型事例，让幼儿直接模仿学习。

1. 示范法的特点

(1)示范性强，使幼儿明确什么是对的，什么是该做的，能帮助幼儿获得相对准确的社会认知，掌握行为准则。

(2)直观性强，通过具体的事例和直观的形象，使幼儿明确需要掌握的认知、行为。

2. 示范法的注意事项

(1)示范手段多样，可以根据内容的不同，采用幻灯片、录像、音乐、美术作品等多种手段进行直观的教育活动。

(2)示范或提供的范例过程中的讲解要清楚、准确，动作要适当放慢，重点部分应重复示范，根据内容特点，采用完整示范、部分示范或分解示范。

(3)要密切结合教师的语言讲解，使幼儿知其然还要知其所以然。

(4)要与幼儿的行为练习相结合，使幼儿在行为练习中巩固所学知识和行为方式。

（二）谈话法

谈话法是教师与幼儿相互提问、对答的教育方法。谈话法需要教师引导幼儿运用已有的知识经验，对一些不了解、认识模糊的问题发表见解。教师要借助恰当的问题，帮助幼儿分析、提炼原有的社会知识经验，使之系统化或明确化，使幼儿获得正确的社会认知、积极的社会情感及良好的行为方式。谈话法也可使幼儿获得社会性规范性语言，发展幼儿的语言交往能力。

1. 谈话法的特点

(1)生活性强。幼儿愿意并能够讨论的话题大多是与他们的实际生活紧密联系的，这样的话题都是幼儿亲身经历过的，是有体会的，可以发表不同的见解。例如，活动"生气的我"，每个幼儿都体会过生气的情绪，大家都能说出自己生气时的表现及对待生气这种情绪的方法。

(2)自由性强。因为话题与幼儿的生活经验相联系，所以每个幼儿都能表达，这样的表达没有心理压力，有利于引导幼儿主动理解和掌握一定的知识经验和行为规范。例如，活动"长大的我"，每个幼儿对自己的成长变化有许多话要说，很容易发挥。

2. 谈话法的注意事项

(1)教师在与幼儿谈话过程中所设计的问题应该是符合谈话主题的。例如，活动"长大的我"谈话的内容包括：小时候和现在相比有哪些变化、自己的优点、自己的缺点。这个活动不能谈"你最好的朋友是谁""教师叫什么名字"，因为这不符合谈话主题。

(2)问题应是清楚明了且幼儿易懂、易答的。例如，活动"了解自己的情绪"，提问："在幼儿园里会遇到哪些高兴的事？高兴的时候，你的表情会怎样？"这两个问题放在一起既有利于启发幼儿结合生活经验回答出不同的答案，又有利于帮助幼儿总结自己在高兴时会有哪些表情。

(3)问题的排序应是由浅入深的，尽可能地设计开放性问题，让更多的幼儿发表不同的见解，多问些"怎么样""为什么"等，少问"是不是""对不对"等。

(4)谈话的方式多样。可以根据内容的不同，采用幻灯片、录像、音乐、美术作品等多种手段进行直观的教育活动，这符合幼儿的年龄及思维特点。

（三）角色扮演法

角色扮演法是通过模拟现实生活中的某些情境，让幼儿扮演其中的角色，以这个角色的身份处理问题、体验情感，了解他人的感受和需求，更好地掌握与角色相适应的行为特征和要求。角色扮演使人们能够亲身体验他人的角色，从而更好地理解他人的处境，体验他人在不同情境下的内心情感。心理学家证实，只有一个人内心世界中具有了与他人相同(或类似)的体验时，他才知道在与别人发生相互联系时该怎样行动和采取怎样的态度。

1. 角色扮演法的特点

(1)可以有效促进幼儿亲社会行为的产生。经常进行角色扮演活动可以提高幼儿的助人动机，增加幼儿在特定情境中的助人行为。

(2)适合幼儿的年龄特点和兴趣需要。

(3)由多人共同参与，能增加幼儿与他人交往的机会。

(4)促进幼儿角色承担能力的发展。当幼儿扮演某个角色的时候，他要体验角色在特定社会情境中的感受，设想角色的行为特征，调节自己的行为以适应角色的要求，有助于幼儿进一步理解角色行为的意义，从而形成自觉的行为方式。

2. 角色扮演法的应用

(1)引出角色情境。让幼儿了解角色情境，思考、讨论情境的发展线索。例如，设置角色情境：小闪不知道怎么交朋友，没有朋友和他玩，小不点就鼓励小闪大胆交朋友。小雨走过来了，接下来，会发生什么事呢？

(2)熟悉所扮演角色的特点、语言及行为。师幼共同分析角色的特点，熟悉所扮演角色的语言、表情、动作，选择参与者，由幼儿担当情境中不同的角色。例如，要小朋友学会主动、大胆地交朋友，就要着重学习扮演尝试交朋友的小闪，了解小闪应该怎么说、怎么做。

(3)讨论和评价。角色扮演后引导幼儿谈对角色的理解，让幼儿充分理解不同角色的责任、行为后果等。例如，讨论主动交朋友的小闪，他说的话合适吗？表情合适吗？行为合适吗？如果不合适，有什么后果？

(4)集体扮演。尽可能让全班幼儿都参与到角色扮演中去，让更多的幼儿体验和感受，而不仅仅限于观看。例如，让更多的幼儿扮演想交朋友的小闪，体验如何去交朋友；让更多的幼儿扮演可以成为朋友的小雨，体验什么样的交朋友方式更受欢迎。

(5)经验共享和类化。引导幼儿把角色情境和真实情境联系起来，讨论在一定社会环境中大家普遍认可的行为方式。例如，最后请小朋友回归到自己的生活中来，讨论假如那个要交朋友的人变成了自己，应该说些什么、做些什么。

3. 角色扮演法的注意事项

(1)讨论的重心应该放在情感(角色的内心活动)、角色的特点及角色应该出现的行为等方面，教师要避免把自己的想法强加在幼儿身上。

(2)情境内容要与幼儿的日常生活相结合。

(3)角色扮演要循序渐进。

可以先由教师或事先准备好的幼儿示范扮演，在扮演之前，教师一定要让幼儿熟悉角色，并讨论角色可行的各种行为方式。

五、人际交往活动的一般模式 >>>>>>>>>>>>>>>>>>>>>>>>>>>

（一）自我意识活动的一般模式

1. 运用多种方式引出活动主题

首先要导入活动主题，集中幼儿注意力，使其带着兴趣参加活动，帮助幼儿参与到活动中去。例如，通过让幼儿看自己带来的照片，引出活动主题"我长大了"。

2. 引导幼儿认识自我

运用各种教学方法使幼儿了解自我，形成对自我的正确认识。例如，利用直观形象法使幼儿了解自己从小到大身体的变化、能力的变化等。

3. 组织幼儿表现自我

在了解自我的基础上，让幼儿把这些认识用语言、行为等方式表现出来，以了解幼儿对自我认识的情况。例如，在请幼儿看了自己的照片后，让幼儿知道随着年龄的增长，身高、体重、情绪情感、与他人的关系都会发生变化，并请个别幼儿把这些认识说出来、做出来。

4. 强化幼儿形成对自我的正确认识，用正确的方法表现自我

通过幼儿对自我的表现，了解幼儿掌握的情况，肯定优点、改善不足，最终总结出合理认识自我及恰当表达自我的方法。例如，最后老师总结：随着年龄的增长，我长高了，变重了，学会做的事越来越多了，喜欢和小朋友在一起玩了……

（二）人际交往活动的一般模式

1. 创设人际交往情境

首先是导入活动主题，激发幼儿参与的兴趣，让他们在轻松、友好、快乐的氛围中参与交往。例如，在活动"喜欢和你在一起"中，播放音乐《和你在一起》，请全体幼儿律动。

2. 引导幼儿学习人际交往技巧

引导幼儿学习人际交往技巧主要有两种方法：一是直接呈现法，就是直接学习人际交往的具体技巧，如面带微笑，使用礼貌用语，并让幼儿感受到这种交往技巧能够给他人带来快乐，从而使他们愿意使用交往技巧；二是间接呈现法，就是教师通过呈现一些反面事例让幼儿讨论，逐步引出正确的人际交往技巧。例如，教师请幼儿看一个短片：A想参与其他几个幼儿的游戏，但那几个幼儿不同意，于是A开始捣乱，结果不但没能跟大家一起玩，还引起了冲突。教师组织幼儿讨论：片中哪些幼儿做得好？哪些幼儿做得不好？最后引出人际交往技巧——学会与人协商的方法。

3. 组织幼儿运用人际交往技巧

在幼儿学习人际交往技巧之后，教师要让幼儿学习使用这些技巧，这是人际交往活动的核心环节。这一环节主要是设计交往情境，运用交往技巧。例如，在活动"喜欢和你在一起"中，教师教了幼儿如何交新朋友后，请幼儿到隔壁班尝试和新朋友交往。

4. 总结良好的人际交往技巧

教师带领幼儿对所学的人际交往技巧的具体方法、使用场合、使用对象等进行总结。如我们和朋友在一起玩的时候，要谦让、分享、合作，这样朋友就会喜欢自己，我们也会玩得很开心。

步骤二　教学观摩

一、观摩幼儿园小班人际交往活动视频：《我会打招呼》 >>

（一）呈现完整活动方案

扫描二维码，阅读小班人际交往活动方案"我会打招呼"。

（二）观摩、 讨论与反思

1. 呈现讨论话题

(1)幼儿在活动中学习的交往技能是什么？请具体说明。

学习笔记

温馨提示

不管用什么方法，学习人际交往技巧时必须包含以下两块内容：具体的人际交往技巧；感受到这些技巧给他人带来的快乐并愿意使用技巧。

小班人际交往活动视频：我会打招呼

小班人际交往活动文本案例：我会打招呼

(2)幼儿有关"打招呼"的已有经验如何？

(3)对照活动目标，思考幼儿在"打招呼"水平上的提升体现在哪些方面。

(4)活动环节如何体现循序渐进、环环相扣？

(5)活动中主要使用了哪些教学方法？效果如何？

(6)活动中主要的优点有哪些？

2. 观摩活动录像

请大家把"活动实录"写在自己的课堂笔记本上，并及时记录观摩过程中自己的想法。

3. 分组讨论交流

组内交流

各小组成员围绕讨论话题对活动进行讨论与评价，并记录本小组的共同观点。

集体交流

各小组派一名同学代表本组同学发言，与其他小组交流评价意见，并记录每个话题的讨论结果。

4. 教师评价总结

记录任课教师评价与总结的内容

二、观摩幼儿园教师现场执教的人际交往活动 >>>>>>>>>

请大家在幼儿园现场观摩教师执教的人际交往活动，做好听课笔记，认真倾听执教教师的说课，积极参与讨论，及时记录讨论结果和带队教师的评价总结。

步骤三　方案设计

第一，第一位在幼儿园试教人际交往活动的同学，请与本组同学合作修改活动方案"请投我一票"，形成新方案，并做好活动准备。

温馨提示

同学们在修改的时候可以从当下幼儿关注且有价值的活动入手，围绕活动开展的要点设计活动规则。

✎ 学习笔记

　　第二，第二位在幼儿园试教人际交往活动的同学，请与本组同学合作修改活动方案"找朋友"，形成新方案，并做好活动准备。

> **温馨提示** ❁
>
> 　　同学们在修改方案的时候可以考虑通过哪些活动引导幼儿从已经认识的同伴中找到自己的朋友。

　　第三，在实训室试教人际交往活动的同学，请与本组同学合作修改活动方案"我找新朋友"，形成新的方案，并做好活动准备。

> **温馨提示** ❁
>
> 　　活动准备分为经验准备和物质准备；活动过程部分可以考虑替换视频素材，找到适合中班幼儿的其他找新朋友的方法，并注意修改与之配套的目标。

　　第四，第二位在实训室试教人际交往活动的同学，请与本组同学合作修改活动方案"生病的时候"，形成新的方案，并做好活动准备。

> **温馨提示** ❁
>
> 　　教学内容可以考虑幼儿面对不同生病对象，交往互动的方式是否可以不同？可以通过选择不同的交往对象设计活动。

步骤四　方案实施

　　同第 27 页"方案实施"内容。

步骤五　总结提升

一、良好的社交能力表现 >>>>>>>>>>>>>>>>>>>>>>>>>>>>

　　人际交往活动培养的是幼儿的社交能力，确定一个具有社交能力幼儿的具体表现是该类型活动的核心要素，明确具体的社交表现对于选择活动主题、设计活动目标都有益处。全美幼儿教育协会明确指出，具有社交能力的幼儿所表现出的行为有以下几点。[①]

（一）个体特征

　　主要表现为：通常情绪很好；不过分依赖教师；通常自愿来幼儿园；通常能恰当地应对拒绝和挫折；表现出同情他人的能力；与一两个同伴有积极关系，表现出真正关心他们的能力，如果他们没上幼儿园会想念他们等；有幽默感；看上去没有强烈的和长期的孤独感。

---

　　① ［美］马乔里·J. 克斯特尔尼克等：《儿童社会性发展指南：理论到实践》，邹晓燕等译，6 页，北京，人民教育出版社，2009。

大班人际交往
活动文本案例：
请投我一票

小班人际交往活动
文本案例：找朋友

中班人际交往活动
文本案例：我找
新朋友

中班人际交往活
动文本案例：
生病的时候

幼儿人际交往诊
断报告文本案例

（二）同伴关系

主要表现为：经常被接受而不被别人忽视或拒绝；常被其他幼儿邀请加入他们的游戏活动中，建立友谊或合作关系。

（三）社会技能

主要表现为：积极接近其他人；清楚地表达愿望和偏爱，并能说出自己的行动理由和立场；适当地维护自己的权利和需要；不易被大孩子恐吓；能有效地表现出沮丧和愤怒的情绪，并不伤害他人、自己或物品；能加入正在游戏或工作的小组中；能加入正在进行的讨论中，对正在进行的活动做出相应的贡献；很容易公平地轮换；对其他人感兴趣，与他人交流信息并适当地从他人那里获得信息；适当地与他人协商和妥协；不用不恰当的方式引起别人的注意，不打断其他人的游戏或工作；除了本民族的人以外，接受和欣赏非本民族的同伴和成人；使用微笑、挥手、点头和其他适当的姿势与其他儿童进行非言语的相互作用。

📝 学习笔记

二、活动过程环节衔接时的注意事项 >>>>>>>>>>>>>>>>>>>

设计教学活动方案时，活动过程所占的比重最大，环节的设计极大程度地影响着教学的效果。因此，在设计活动时，不仅需要有序安排活动的各个环节，体现环节之间的循序渐进，还要关注环节之间的过渡，使环节之间自然衔接，做到环环相扣。环节的有效衔接需要做到以下几点。

（一）分析幼儿已有的水平，突出知识链接的关键点

在活动前，要先分析幼儿已有的水平，从幼儿已有的经验、发展水平出发，突出知识链接的关键点，并围绕知识链接的关键点展开教学。例如，在案例"相亲相爱"活动中，教师事先请参与活动的大班幼儿与弟弟妹妹见面，让他们相互熟悉，建立初步的感情，为活动中的关键点"相亲相爱"提供了铺垫，以便教师在活动中突出让两组不同年龄的幼儿相互关心、相互帮助。

（二）优化活动的纵向结构，使教学活动呈现梯度

所谓梯度，就是在教学活动中能做到由易到难、层层递进、步步深入，把幼儿的思维能力或创造性一步一个台阶地引向新的高度。在案例"相亲相爱"活动中，先让幼儿进一步熟悉，然后让幼儿在游戏中体验合作、关心、互助，最后让幼儿互赠礼物、夸奖对方。这三个部分层层递进，从言语交往到言语加行为的交往，再到言语、行为加用心的交往，除了增加交往的频率和难度外，更增进了交往的感情。

（三）活动环节衔接流畅、有效过渡

要做到有效过渡，活动过程各环节需做到环环相扣、自然流畅、无痕衔接。环节之间的关系应是相互联系、相对独立，而不是生硬割裂的。例如，在案例"我也有长处"的活动中，环节 3 开头的问题"现在小动物们都找到了自己的长处，它们想听小朋友来说一说，你们有什么长处"的导语起了承上启下的作用，使两个环节衔接流畅，过渡无痕。

（四）各环节均有变化，避免出现机械重复的环节

在活动过程中，教师为了强调某种知识或技能的掌握，会将相关的环节反复

呈现以强化学习效果，但部分教师将反复呈现理解为完全无变化的机械重复，使幼儿对活动的兴趣减弱，也削弱了学习效果。为了满足幼儿快乐的需求而重复环节时，可以对环节的内容进行调整，如在案例"相亲相爱"活动中，幼儿热衷于好玩的体育游戏，教师安排了两次"过河"游戏环节，让幼儿交替扶持过河，体现相互关心和帮助，但两次"过河"应该有变化，可以由第一次的哥哥姐姐带弟弟妹妹过河递进至第二次由弟弟妹妹带哥哥姐姐过河。为了巩固目标的效果，重复环节时可以对每次重复的要求进行提升。

练习与应用

一、思考题

1. 良好的人际交往行为有哪些？

2. 促进幼儿人际交往的方法有哪些？

二、操作题

1. 创编 1～2 个促进幼儿人际交往的游戏。

2. 修改教师给出的活动方案。

三、互动平台

观察班里的幼儿，判断他们是否具有社交能力。

学习反思

任务五
幼儿园歌舞活动的设计与实施

小班歌唱活动
视频：母鸡快乐
的一天

典型案例

　　周老师为小班幼儿设计了"母鸡快乐的一天"歌唱活动。她先带小朋友穿好围裙，将母鸡的角色分配给小朋友，并营造出母鸡散步捉虫吃的情境。从捉到虫子吃得饱饱，引出下一个情节——母鸡即将下蛋。接着，周老师通过示范"下蛋"，又通过进一步推进情节——母鸡吃到大虫子会下出更大的蛋来带领幼儿反复感受母鸡下蛋时唱的歌，并邀请吃饱的小母鸡们一起来下蛋。在了解了小鸡是由母鸡从鸡蛋里孵出来的这一现象后，周老师唱着同样的旋律开始示范"孵蛋"。通过重点提问的方法，引导幼儿发现歌词中"下蛋"与"孵蛋"的细微差别。随后，通过母鸡带着鸡宝宝去散步捉虫吃，激发幼儿参与孵蛋游戏的欲望。在故事情境、角色扮演等多种形式中，幼儿不同程度地掌握了歌曲的演唱。

学习笔记

　　通过这个案例请你想一想，这首歌曲在旋律、节奏、歌词上分别有什么特点？小班歌唱活动的目标设置、活动设计等与中、大班相比较有区别吗？教师希望通过这一活动让幼儿获得的音乐领域方面的经验是什么？在活动中，教师是如何帮助幼儿学习完整演唱歌曲的？

实施步骤

步骤一　资讯提供

一、歌舞活动的目标 >>>>>>>>>>>>>>>>>>>>>>>>>>>>>>>>>>>

（一）歌舞活动的领域目标

1. 让幼儿享受参与歌舞活动的快乐

　　人们进行歌舞游戏的一个主要目的就是从中获得身心需要的满足，进而获得快乐的情感体验。对幼儿来说更是如此。因此，"让幼儿享受参与歌舞活动的快乐"属于歌舞教育目标中最基础的目标。"让幼儿享受参与歌舞活动的快乐"的表述方式是要使教师明确：如果不能保证幼儿在歌舞活动中享受到应有的快乐，幼儿对歌舞活动的兴趣是不会自然而然地成长起来的。这样的表述虽然没有直接使用"兴趣"，但教师只要保证幼儿获得快乐，就是保证了幼儿兴趣的培养。当然，保证幼儿获得快乐并不是一件容易的事，需要了解他们的年龄特点、学习歌舞的特点等，并且在教学过程中设计难易不同的内容，才能使他们获得成功的快乐。

2. 发展幼儿运用嗓音、身体动作进行艺术表现的能力

　　歌舞通常被认为是一种运用嗓音和身体动作来进行的艺术造型活动。经过歌舞教育不断学术化的漫长过程后，"歌舞的知识与技能"在人们的观念中慢慢等同并最终取代了"歌舞的艺术表现能力"。"发展幼儿运用嗓音、身体动作进行艺术表现的能力"使用了一种逆向返回根本性目标的表达方式。也就是说，如果知识技能的学习不能围绕对歌舞的理解和表达来进行的话，幼儿既不可能获得学习的动力，也不可能获得真正意义上的歌舞艺术表现力的提高。通过引导，帮助幼儿唱好每一首歌、跳好每一支律动舞蹈，自然会使幼儿的歌舞表现力不断提高，同时有关知识与技能的增长也自然包含在其中。

3. 发展幼儿感受音乐的能力

歌舞活动通常被看作一种音乐表现活动，并与感受音乐的欣赏活动相对应。"发展幼儿感受音乐的能力"的表述是指在人类所有真实的音乐活动中，向外的表达和向内的体验总是同时存在、相互影响的，同时对人的音乐实践过程和结果发挥作用。人们在不断深化自己感受的同时，也在不断增强自己的表达能力。

4. 积累一定的音乐语汇和艺术动作语汇

歌舞是一种人类文化活动。在长期的歌舞实践中，人类积累了丰富的音乐文化语汇，这些语汇既是帮助人们创建新音乐作品的"墙砖"，又是帮助人们欣赏和重建原有音乐作品的"钥匙"。积累音乐语汇就像积累文章写作词汇和表达方式一样，丰富的积累不仅可以帮助我们写出好文章，还可以提高我们的阅读理解能力。"积累一定的音乐语汇和艺术动作语汇"主要是想扩展教师的评价视野，使教师不仅能注意教授歌舞的数量和幼儿实际掌握歌舞的数量，还能适当注意幼儿能否逐步学会运用已习得的熟悉音乐和动作语汇来促进新内容的学习，提高创造性歌舞活动的质量。

（二）歌舞活动的各年龄阶段目标

1. 小班

（1）学习用正确的姿势、自然的声音歌唱，并基本做到吐字清楚、曲调和节奏准确。

（2）能分别跟着歌曲的前奏和尾声整齐地开始和结束。

（3）在有伴奏的情况下，能独立地、基本完整地唱熟悉的歌曲。

（4）能初步理解和表现歌曲的形象、内容和情感。

（5）在教师的帮助、引导下，能够为熟悉、短小、工整而多重复的简单歌曲增编新的歌词。

大班歌唱活动
视频：红山果

（6）喜欢自己歌唱，也喜欢与同伴一起歌唱，并能注意使自己的歌声与集体相一致。

（7）能跟随音乐的节奏做简单的基本动作和模仿动作。

（8）喜欢参加集体的韵律活动和音乐游戏。

（9）学习一些较简单的集体舞。

（10）初步尝试用动作、表情和姿态与他人交流的方法，体验其中的乐趣。

2. 中班

（1）能用正确的姿势、自然的声音歌唱，并做到吐字清楚、唱准曲调和节奏。

（2）在有伴奏的情况下，能独立而完整地演唱，并初步学会接唱和对唱。

(3)在集体歌唱活动中能够注意控制自己的音色，使自己的歌声与集体的声音相协调。

(4)能学习用不同的速度、力度和音色变化来表现歌曲的形象、内容和情感。

(5)能够为熟悉、短小、工整而多重复的简单歌曲增编新的歌词，并能尝试独立地将新编的歌词填入曲调中唱出。

(6)喜欢自己歌唱，也喜欢在集体中歌唱，并能大胆地、独立地在集体面前表演。

(7)能跟随音乐的节奏做简单的基本动作、模仿动作和舞蹈动作。

(8)喜欢参加集体的韵律活动和音乐游戏。

(9)学习一些基本的舞蹈动作和集体舞。

(10)享受并体验用动作、表情和姿态与他人交流的乐趣，初步尝试体验用创造性的动作自发地随音乐自由舞蹈的乐趣。

(11)能够在动作表演过程中学习使用一些简单的道具。

3. 大班

(1)能用正确的姿势、自然美好的声音歌唱，并能正确地表现歌曲的节奏、旋律和歌词。

(2)在没有伴奏的情况下，也能独立、完整地演唱，并初步学会领唱、齐唱、轮唱和简单的二声部合唱。

(3)能用不同的速度、力度和音色变化来表现歌曲的形象、内容和情感，能注意到歌曲的字、词及乐句的变化，较恰当地表现不同性质、不同风格歌曲的意境。

(4)能够为熟悉而多重复的歌曲增编新的歌词，并能即兴独立地将新编的歌词填入曲调中唱出。

(5)喜欢歌唱，能大胆地、独立地在集体面前进行歌唱表演，并能在集体中尝试用不同的合作表演形式歌唱。

(6)能跟随音乐的节奏较准确地做各种稍复杂的基本动作、模仿动作和舞蹈动作。

(7)喜欢参加集体的韵律活动和音乐游戏，喜欢自发地随音乐自由舞蹈。

(8)进一步丰富舞蹈动作语汇，在掌握一些基本的舞蹈动作和集体舞的基础上，学习一些含有创造性成分的稍复杂的舞蹈组合。

(9)能够积极体验用动作、表情和姿态与他人交流的乐趣，并在合作表演的过程中尝试用创造性的动作大胆、主动地表现。

(10)能够在动作表演过程中学习选择并较熟练地使用一些简单的道具。

教学微课视频：
幼儿园歌唱活动
具体活动目标

（三）制定歌舞活动的具体目标

在具体的幼儿园音乐教育实践中，要实现音乐教育目标，需要教师不断地深化对教育理念的认识，强化目标意识，并将其转化为教育行为。幼儿园歌舞活动的目标是通过层层的具体化逐步落实到每一个歌唱活动中，所以必须制定合理、适宜的活动目标。如果具体的活动目标本身不合理，那么在它的"指引"下的教学过程也是无效的。接下来，我们就针对幼儿园音乐教育的一些特殊性来描述活动目标的制定。

1. 音乐知识技能发展目标的提出或撰写

当我们面对一首儿童歌曲时，应先找出其中蕴含的音乐、舞蹈知识与技能；然后思考这些知识、技能在该作品中的审美含义；最后要慎重地推敲幼儿应进行怎样的操作，才能使幼儿对这些知识、技能产生兴趣，进而接受有真实意义的挑战。例如，小班歌曲《小鸭小鸡》含有多处休止符，很多老师习惯于将活动目标写成："在手势的提示下唱好歌曲中的休止。"在活动过程中习惯让幼儿用闭嘴、点头、摊手等动作来达到休止的目的，所以幼儿获得的关于休止的知识、技能都是非音乐的和非审美的。对于小班幼儿来说，感知和表达这首歌曲中的休止，在难度上是适宜的。所以，本次活动要学习《小鸭小鸡》，并把休止符作为一个知识技能难点的话，可以这样描述第一条目标：初步学习用较短促、稍跳跃的声音唱出小鸭小鸡见面时开心、俏皮的语气和心情。

2. 学习能力发展目标的提出和撰写

在以往的音乐活动中，教师比较偏重发展幼儿的记忆和模仿等学习能力。然而，现代社会越来越重视探究问题和创造性解决问题的能力，因此它们也应成为幼儿学习能力的重要方面。那么我们比较强调教师向幼儿提供进行创造性学习的机会。例如，在复习《小鸭小鸡》这首歌曲时，可在第二条目标中提出创编歌词的要求，可以是这样：在教师的引导下，尝试编唱其他动物名称及它们的叫声；或是尝试为原有的歌词创编表演动作。

3. 个性、社会性及价值观念发展目标的提出和撰写

这方面的要求总是蕴含在活动过程中获得的整体体验中。在过去的实践中，由于教师只注重传授音乐的知识和技能，割裂了情感体验、表达表现，自我认识、管理的能力，以及社会交往、协作能力、责任感与音乐感知、表达能力发展之间的关系。该活动让幼儿在分角色表演中体验与同伴一起游戏和成功的乐趣。

典型案例

小班歌舞活动：小鸭小鸡

活动目标

1. 在理解歌词的基础上，初步学习用较短促、稍跳跃的声音唱出小鸭和小鸡见面时开心、俏皮的语气和心情。

2. 在教师的提示下，尝试把小狗和小猫创编到歌曲中。

3. 体验分角色表演的乐趣。

二、歌舞活动的主要内容 >>>>>>>>>>>>>>>>>>>>>>>>>>>>>>

（一）歌唱活动的主要内容

1. 歌曲

在幼儿园中，幼儿不仅可以演唱专门为幼儿创作的歌曲，还可以演唱传统童谣以及幼儿自己创作的歌谣。节奏朗诵也是一种语言与音乐结合的艺术表演形式，更是深受幼儿喜爱又易为幼儿接受的歌唱活动材料。

2. 歌唱的表演形式

根据幼儿园音乐教育活动的特点，经常采用的歌唱表演形式有：独唱、齐唱、接唱、对唱、领唱齐唱、轮唱、合唱、歌表演等。

3. 歌唱的简单知识技能

主要包括正确的歌唱姿势、正确的发声方法、正确的呼吸方法、正确的演唱技能、自然恰当的表达技能、正确默契的合作技能等。

4. 嗓音保护的知识技能

嗓音保护的知识技能主要包括唱歌时不大声喊叫，不长时间连续不停地唱歌，不在剧烈运动时大声叫喊和唱歌，不在剧烈运动后马上唱歌，不在空气污浊的环境中唱歌，不迎风唱歌，不在伤风感冒、咽喉发炎时唱歌，唱歌时注意努力保持身体、心情、表情、嗓音的舒适状态，感到不舒服时会暂停、休息或自我调整。

（二）韵律活动的主要内容

1. 韵律动作及其组合

在幼儿园音乐教育活动中采用的韵律动作一般可分为基本动作、模仿动作和舞蹈动作。基本动作是指在反射动作基础上发展起来的生活动作，如走、跑、跳、点头、拍手等身体节奏动作组合；模仿动作是指幼儿在表现特定事物的外在形态和运动状况时所用的身体动作，如鸟飞、鱼游、织布、采茶、洗脸、刷牙、拍球、锄地、骑马等模仿动作组合；舞蹈动作是指经过多年的演化和进步已经程式化了的艺术表演动作。幼儿园各年龄段幼儿学习的舞蹈动作主要是一些基本舞步，如3～4岁学习小碎步、小跑步，4～5岁学习蹦跳步、垫步、踵趾小跑步，5～6岁学习进退步、溜冰步、交替步、跑跳步等。幼儿园韵律活动一般包含身体节奏动作组合、律动模仿动作组合、表演舞、集体舞(含邀请舞)、自娱舞等内容。

2. 韵律活动的表演形式

独舞：是指一个人独立地做韵律动作。包括单人表演，也包括许多人一起表演，但各自独立活动，相互间不发生交流或配合关系。

双人舞、三人舞：在幼儿园主要是指一种小型的结伴舞。

邀请舞：是集体舞的一种变形，比较受幼儿喜欢。

表演舞：可以在一般歌表演或舞蹈动作组合的基础上加工而成。

自编舞：是幼儿在掌握基本舞步和动作的基础上，根据音乐的性质、自身的情绪，创造性地自编舞蹈动作，自娱自乐的一种舞蹈形式。

3. 韵律活动的简单知识技能

(1)掌握动作的知识和技能。身体部位运动的方式、身体部位运动的方向、重心控制、参与运动的身体部位之间要配合好。

(2)变化动作的知识和技能。变化动作的幅度、力度、节奏和姿态。

(3)组织动作的知识和技能。可分为按情节内容组织、按身体部位的某种秩序组织、按音乐的重复与变化的规律组织、按对称原则组织、按主题动作组织等。

(4)使用道具的知识和技能。能运用合适的道具、能发展创造性的道具等。

三、歌舞活动材料的选择 >>>>>>>>>>>>>>>>>>>>>>>>>>>>>

（一）歌唱活动材料的选择

1. 歌词的选择

（1）内容与文字具有童趣并易于记忆和理解。幼儿的生活经验很有限，理解事物和语言的能力也比较弱。首先，所选的歌词内容应该能被幼儿理解，否则很难引起幼儿的兴趣和情感共鸣。其次，歌词的内容、形象应是幼儿比较熟悉和喜爱的，如动物、植物、自然现象、交通工具、身体部位等。最后，歌词结构应是简单、多重复的。这样不但易为幼儿理解、记忆，而且给幼儿提供了更多自由创编、填新歌词的机会。

（2）歌词内容应富于爱、富于美、富于想象、富于教益。幼儿对于爱、美和自由的幻想具有天生的追求倾向。因此，所选歌词在形式美方面应该具有由押韵或其他规律重复造成的富于音乐美的形式，而且应该经常使用象声词、感叹词等富于自由性、新颖性和情感性的材料。在内容美方面经常使用拟人、比喻、夸张、诙谐等富于幻想性的表现手法，将童心、童趣和爱的情感注入歌曲所表现的事物或事件中，以便通过情感来打动、吸引幼儿。

（3）歌词形式与内容应适合用动作来表现。幼儿的活动总体上说是不分化的。无论是说话还是歌唱，都常常伴随着动作，而且幼儿尚处在语言学习的早期阶段，以动作来辅助语言的理解和表达，是幼儿学习语言的需要。因此，所选歌词本身比较适宜用动作来表现，更容易使幼儿记忆歌词、发展节奏感和提高动作的协调性，而且也能更好地帮助幼儿表达情感。

此外，在选择歌词时还要注意处理好幼儿现实发展与未来发展之间的关系。也就是说，教育者在选择歌词时，既要照顾幼儿现实的生活经验、语言理解、兴趣爱好和表达能力的发展水平，又要留心歌词中暗含的能促进幼儿向更高水平发展的教育因素。例如，有些幼儿暂时还不能完全理解的精品歌词，由于配上曲调后有节奏、有韵律、易于上口、易于记忆，可以被幼儿愉快地接受和储存。随着幼儿经验的不断积累，这些内容随时有可能被激发出来，结合到各种新经验中。但这类选材不宜过多。

2. 曲调的选择

（1）音域宜较狭窄。幼儿一般不易唱过高或过低的音。只有在适合的音域内歌唱时，幼儿才比较容易唱出自然优美的声音；也只有在适合的音域内歌唱时，幼儿才不容易"走音"。所以，在为幼儿选择歌曲时，不应该选择音域过宽的作品。通常各年龄段合适的音域为：

2～3 岁：e^1—g^1；

3～4 岁：d^1—g^1；

4～5 岁：c^1—a^1；

5～6 岁：c^1—c^2。

总体来说，在集体教育情境中，所选歌曲的音域应当控制在上述范围之内。但偶尔有个别音超出这个范围时，只要不是长时值的音，不是停留在强拍上的音，出现次数不太多还是被允许的。

教学微课视频：幼儿歌唱能力的发展

📝 学习笔记

（2）节奏宜较简单。节奏在这里作广义理解，包含狭义的节奏——时值的长短关系、节拍和速度。幼儿一般不适合唱节奏过于复杂的歌曲。为 4 岁以前的幼儿选择歌曲时，曲调中的节奏应主要由与幼儿生理节奏相适应的均匀的二分音符、四分音符和八分音符构成的节奏组合，偶尔可以出现附点音符。为 4～6 岁的幼儿选择歌曲时，可以选择含有少量十六分音符的节奏，还可以选择出现少量切分音的节奏。

为 3 岁前的幼儿选择的歌曲，最好以 2 拍子和 4 拍子为主；为 3～4 岁的幼儿选择歌曲时，偶尔可以选择一些 3 拍子的歌曲；为 4～6 岁的幼儿选择歌曲时，可以开始多选一些 3 拍子和 6 拍子的歌曲，也可以适当选择一些含有弱拍开始的歌曲，以便发展幼儿对"弱起"节奏特殊的敏感性。

用较快和较慢的速度唱歌，对年龄较小的幼儿来讲是比较困难的。因为幼儿呼吸比较浅、也比较短，所以在为 4 岁前的幼儿选配歌曲时，应采用适中的速度。4～5 岁的幼儿比较容易兴奋，除了可以选择比较轻快、活泼、速度稍快的歌曲，满足他们的需要外，还应该多选择一些安静柔美、速度稍慢的歌曲陶冶他们的性情。5～6 岁的幼儿开始有了一定的控制力，这时可以为他们选择速度稍快或稍慢的歌曲，还可以选择一些含有速度变化的歌曲，以适应他们歌唱表现能力成长的需要。

（3）旋律宜较平稳。幼儿一般不适合唱旋律起伏太大的歌曲。他们比较容易掌握的是三度和三度以下的音程，同音重复包括在内。对小二度音程，4 岁以下的幼儿不太容易唱准。所以为 3～4 岁的幼儿选歌曲应多选以五声音阶为骨干音的旋律。在四度及以上的音程中，幼儿比较容易掌握四度、五度和八度音程。因此，在为幼儿选择歌曲时，宜多选旋律比较平稳的歌曲，跳进不宜过多，跳进的跨度不宜过大，特别不宜有连续的大音程跳进。

（4）结构宜短小、工整。幼儿一般不适宜唱结构过于复杂的歌曲，歌曲的乐句也不宜过长。为 3～4 岁幼儿选择的歌曲，多数应是结构比较工整的。也就是说，乐句和乐句之间，在长度上是相等的，在节奏上是相同或相似的，而且一般是没有间奏和尾奏等附加成分的。为 5～6 岁的幼儿选择歌曲，可以有间奏和尾奏，偶尔也可以唱一些不工整的乐句，还可以唱一些简单的两段体和三段体歌曲。

（5）词、曲关系宜较单纯。3～4 岁幼儿所唱的歌曲大多是一个字对一个音，4～5 岁幼儿可以逐步掌握一个字对两个音的词、曲关系，5～6 岁幼儿可以逐步适应一个字对多个音的词、曲关系。但总的来说，为幼儿选择歌曲在词、曲关系方面还是应该相对单纯，一字一音仍是主流。

（二）韵律活动材料的选择

1. 音乐的选择

（1）节奏清晰，结构工整。由于幼儿的知识经验、生活经验和音乐经验尚有限，因此，为幼儿选择韵律活动的音乐，应注意音乐形象生动、鲜明和有趣，应有助于幼儿用动作、游戏加以表现。

（2）旋律优美，音乐形象鲜明。旋律优美、动听是吸引幼儿喜欢参加韵律活动的因素之一。美妙的音乐能自然地激发幼儿参与和表现的欲望，引发他们积极地用模仿动作、舞蹈动作来表现音乐的旋律和情绪情感。此外，选择不同节奏、不

🖊 学习笔记

💡 互动平台

为小班、中班、大班各选择一首歌曲，从歌曲的结构、情绪、歌词、旋律、节奏等方面对歌曲加以分析。

同性质和风格的音乐，能大大地丰富幼儿对音乐节奏的感受和体验，帮助幼儿理解音乐和动作之间的关系，以根据音乐的不同节奏来变换动作，提高对动作的反应能力。

2. 动作选择

(1)体现兴趣性。幼儿关心的不是动作本身，而是动作所表现的熟悉事物。

(2)考虑幼儿的动作发展水平。幼儿的动作发展规律：从大的整体动作到小的精细动作；从不移动动作到移动动作；从单纯动作到复合动作。

(3)符合幼儿的年龄特点。教师应考虑幼儿音乐能力和非音乐能力的实际发展水平，要根据幼儿的年龄特点区别对待。

3. 道具的选择

(1)有助于动作表现。所选道具要有助于增强活动的趣味性、扩大动作的表现力，但不妨碍幼儿做动作，且不会使幼儿因过度兴奋而游离于活动之外；还要能帮助幼儿展开想象和联想，丰富幼儿对作品的体验和理解，促进幼儿对动作和音乐的表现。

(2)形象美观，操作简单。外形要有美感，制作要牢固、实用，不宜过大，以利于幼儿携带和操作。除此之外，不宜在经济或教师的精力上过多投入，应尽量使用幼儿身边普通的甚至废旧的物品。

四、歌舞活动的设计与组织 >>>>>>>>>>>>>>>>>>>>>>>>>>>

（一）歌舞活动的设计思路

第一，尽量挖掘原歌曲材料本身的教育潜力，然后在诸多可能性中选择最佳方案。

第二，改变原材料中的某些因素，或加入一些新材料，然后从扩大了的诸多可能性中选择最佳方案。

第三，较单纯的律动模仿动作教学设计，可采用先观察活动，再回忆真实事物，然后即兴创编的方案。

第四，较简单的集体舞蹈教学设计，可采用先省略细节，从感知舞蹈的大体轮廓入手，再逐步细致化地修改方案。

第五，动作结构比较复杂的韵律动作组合教学设计，可采用先放慢速度，边示范、边讲解、边练习，然后逐步增加连贯性和速度的方案。

第六，音乐结构比较复杂的韵律动作组合教学设计，可采用先用简单的身体动作感知音乐的性质和结构，然后学习动作和动作结构的方案。

第七，含有舞蹈欣赏程序的设计既可将欣赏安排在开始部分，也可将欣赏安排在结束部分。

（二）歌舞活动的一般流程

1. 以歌唱活动为主的一般流程

范例一：示范——模仿——练习

(1)教师用容易引起幼儿学习兴趣的方式引出主题。幼儿园集体歌唱活动开始程序的设计，是指在幼儿园集体音乐教育情境中，幼儿第一次接触一首歌曲时的设计。以下方法如果能够合理应用，不仅可以减轻教师教授与幼儿学习的负担，

中班歌唱活动
文本案例：
粗心的小画家

教学微课视频：
示范法运用的
注意事项

提高有限教学时间段内的教学效果，还能使平淡枯燥的新歌教学活动变得生动活泼和富有情趣。

第一种，由动作开始的设计。该方法比较适用于歌词简单、多重复，歌词内容直接描述动作过程或比较富于动作性的情况。这种方法在操作程序方面最典型的特征就是"从动作开始"或"动作在前"。例如，"头发肩膀膝盖脚"，教师提出并直接展示一套简单有趣的动作或动作游戏，在幼儿开始对教师提出的动作进行模仿或游戏时，教师同时开始演唱或者播放新歌为幼儿的活动伴唱。

第二种，情境表演导入。该方法的适用范围主要是歌词内容反映的是一些简单的、幼儿可以"一目了然"的情境或事件，而且这些情境和事件是幼儿可以用语言表述出来的。这种方法在操作程序方面最典型的特征就是"从情境表演开始"或"情境表演在前"。情境表演可以是哑剧表演、歌舞表演，也可以是木偶表演、投影屏幕或电视屏幕上播放的有关情境表演。例如，"谁饿了"，教师表演，并用动作象征性地表述全部的歌词内容。

第三种，故事讲述导入。该方法主要适用于歌词含有相对完整的故事情节，表述的内容和语言结构也都较前一种稍复杂的情况。通常含有难以用动作来表现的时间、地点以及环境描述、情节发展和人物对话等。为了更好地帮助幼儿理解、体验和记忆，在讲故事时往往可以用图片或活动的图景配合。例如，歌唱活动"迷路的小花鸭"，教师出示挂图，分段讲述故事，激发幼儿学习的愿望。

第四种，歌词朗诵导入。该方法主要适用于歌词的语言逻辑比较复杂，但情境性、故事性又比较弱的情况。这种方法的特点是将歌词单独分离出来，用儿歌的教法讲解，分散词曲学习的困难，在第一阶段把幼儿的注意力更有效地集中在歌词的音韵、节奏等方面的审美特征上，在第二阶段把幼儿的注意力更有效地集中在曲调和词曲关系上。

另外，歌唱活动的导入还可以运用的方法有：游戏导入——"丢手绢"；填充参与导入——"山谷回音真好听"；副歌前置导入——"秋天多么美"；直观形象导入——"来了一群小鸭子"。

(2)教师用容易让幼儿清楚感知的方式反复范唱新歌。常用的方式有教师完整地、有感情地范唱；教师边操作教具边演唱；教师清唱等方式，带领幼儿反复感知新歌。

(3)教师帮助幼儿分析、理解和记忆歌词。常用的途径有：边操作教具边分析歌词；用图片帮助幼儿理解歌词；边指图片边有节奏地朗诵歌词；师幼分角色朗诵歌词等，帮助幼儿理解记忆歌词。

(4)教师用全曲带唱的方法帮助幼儿初步掌握新歌。主要可以采用以下环节：在放慢伴奏的情况下，教师指着图片大声地带领幼儿跟唱歌曲；教师在每句开始时指着图片带领幼儿全曲跟唱；在必要时，教师可用分句教唱的方法帮助幼儿掌握新歌中的难点；教师不指图片轻声地带领幼儿跟唱；拿掉其中幼儿掌握得较好的图片带领幼儿演唱；在幼儿逐渐熟练的情况下可稍加快速度演唱等。

(5)教师采用各种不同的演唱组织形式，不断调动幼儿的积极性，帮助幼儿在反复练唱的过程中逐步熟练、完美地掌握新歌。

✎ 学习笔记

幼儿歌曲演唱视频
范例：打电话

幼儿演唱歌曲视频
范例：秋天多么美

想一想 🌊

为什么在幼儿歌唱活动中要用全曲带唱法，而不轻易运用分句跟唱法呢？

范例二：先分解后累加

(1)教师将歌曲中的节奏、歌词、曲调分解出来，作为节奏活动、语言文学活动、节奏朗诵活动、韵律活动等材料分别加以使用，使幼儿逐步掌握。

(2)采用类似范例一的方法教幼儿学唱，或者采用按节奏朗诵歌词并同时倾听曲调的过渡方法，让幼儿自己填入歌词唱出。

2. 以韵律活动为主的一般流程

范例一：示范——→模仿——→练习

(1)教师用容易引起幼儿学习兴趣的方式引出主题。

(2)教师用容易让幼儿清楚感知的方法反复示范新的动作或动作组合。

(3)教师分析讲解动作要领、动作表现的形象、情绪或动作组合的结构。

(4)教师用较慢的速度带领幼儿做动作或动作组合。

(5)在必要时，如在动作或动作组合比较复杂的情况下，教师可先将动作或动作组合分解成较小较单纯的部分，待幼儿掌握后，再带领幼儿连贯做这个动作或动作组合。

(6)教师采用各种不同的练习组织形式，不断调动幼儿的积极性，让幼儿能在反复的练习中逐步熟练掌握。

(7)如果有部分幼儿一时仍有困难，教师可给予个别纠正，或重复⑤和⑥的程序。

范例二：引导——→探索——→创编

(1)教师在引导幼儿回忆有关经验的基础上提出主题。

(2)教师让幼儿用动作来表现教师提出的形象、情节、情绪、节奏或结构等。

(3)教师组织幼儿倾听、分析、体验音乐，并组织幼儿用讨论的方法，将程序②中已准备好的动作与音乐的有关部分或要素相匹配。

(4)教师让幼儿按讨论结果随音乐做动作。

(5)教师根据幼儿表现的情况，组织幼儿相互观摩，并从中提炼出动作要领及动作表现的要领。

(6)教师指定幼儿把自己创编的动作或动作组合教给全体幼儿，或者由教师提出幼儿中的好范例，让全体幼儿在新一轮动作表现中自由借鉴吸收。

(7)教师小结，指出活动中产生的新范例。

(8)教师组织幼儿重复⑤⑥⑦的程序。

（三）歌舞创编活动的注意事项

1. 创编歌词的注意事项

第一，选择简单、多重复、适合幼儿创编的歌曲。

第二，只教授一段歌词作为创编的样板。

第三，必要时预先做好必要的知识准备，以保证活动具有良好的创造氛围和审美氛围。

第四，创编中应注意集体参与创编和歌唱的密度，减少等待、游离于活动边缘的状态，以保证活动中大多数幼儿都有机会动脑、动口、动手，并享受创造和分享创造成果的快乐。

大班韵律活动文本
案例：快乐探戈

文档：大班集体舞——
顽皮的小绅士

✎ 学习笔记

第五，应注意控制好编唱时间的长短。最理想的控制时间的标准是全体幼儿在整个创编的时间段中保持高度的积极性，教师能恰好在幼儿的积极性普遍下降之前终止活动或转入新的活动，为活动创造出余兴未尽的气氛。

第六，应注意使创编的结果达到相对完美的程度，质量有时比数量更为重要。对于创编中产生的比较有独创性和审美性的例子，教师可以稍加评说，并提供机会让幼儿通过多唱几次来实际感受这些优秀范例的独特好处，借此不断提高幼儿对独创性和审美性的独立判断能力。同时，教师还应努力帮助幼儿提高演唱的熟练程度和完美程度，以保证编唱的结果能够给幼儿留下美好的印象。

2. 创编动作的注意事项

第一，即兴创编活动与引导创编活动应区别对待。即兴创编活动的特点主要是幼儿在前，以幼儿意见为主，教师根据幼儿的创造结果再提出建设性的参考意见。而引导创编活动的主要特点是教师在前，以教师的潜在意见为主导性意见，在幼儿提出创编意见后，教师再根据幼儿的意见重新组织自己的原有设计。

第二，结构性动作、情节性动作、情感性动作应该区别对待。结构性动作创编比较强调通过创编理解和展现特定的结构，如段落、乐句，前奏、间奏、尾奏等；情节性动作创编比较强调通过创编理解和展现作品内容中的人物和故事情节；情感性动作创编主要强调通过创编理解和展现歌曲的主要情绪、情感氛围。

第三，在引导创编的活动中，创编的数量以够用为限。也就是说，如果只需要一个动作，在比较合适的动作出现后，该种动作创编就可以告一段落了。因为无限制地创编多余的新动作，会阻碍幼儿完整地享受成果，也容易造成其兴趣的减退和注意力的涣散。

第四，在即兴创编活动中，教师应注意以"反馈"和相互展示、交流、学习的方式来丰富幼儿的创编思路。"反馈"是指教师用语言或动作将幼儿的创造再现给幼儿。因为年龄小的幼儿，许多创编动作是在不完全自觉的情况下自然流露出来的，而且做完也就忘了。所以，教师十分有必要帮助幼儿记录，并把幼儿的成果"放大"后再展现给全体幼儿，以便达到更好的教育效果。

第五，在引导幼儿创编的活动中，教师应主要以提问和提供思考线索、提供改善建议的方式来丰富幼儿的创编思路。也就是说，教师一般不直接提供自己的样本，因为这样会限制幼儿的思路，也会限制教师从幼儿那里获得启发。教师应该灵活地吸收幼儿的意见来丰富自己的创编思路。

练一练 🌸

创编表演动作应注意(　　)。

A. 对幼儿的各种独特处理做出积极的建设性反应

B. 所选歌曲的音域应在六度以内

C. 歌曲的旋律、节奏、歌词应含有较多的重复成分

D. 结构性动作、情节性动作、情感性动作应区别对待

步骤二　教学观摩

一、观摩幼儿园大班歌唱活动视频：《捏面人》① >>>>>>

（一）呈现完整活动方案

扫描二维码，阅读大班歌唱活动方案"捏面人"。

（二）观摩、讨论与反思

1. 呈现讨论话题

（1）歌曲的选择是否符合大班幼儿的年龄特点和演唱能力？

（2）活动目标的设计是否符合幼儿园教育活动目标制定的基本要求？活动目标是否符合大班幼儿歌唱活动的要求？如果不适合，该怎样修改？

（3）活动准备(经验准备和物质准备)得怎样？在教学中运用的情况怎样？

（4）该活动运用了哪些教学方法？体现在哪些环节？

（5）在活动过程中教师是怎样引导幼儿主动学习的？在学唱歌曲的过程中教师是怎样运用退出策略的？效果如何？

（6）师幼互动情况怎样？幼儿的注意力是否集中？为什么幼儿能够始终跟随教师的思路呢？

（7）如果现在来设计这个活动，你会怎样调整说唱部分创编的内容？

（8）教师的教态如何？教学过程中教师的语言有哪些特点？

（9）请你说一说这个活动中哪些设计和《指南》中艺术领域教育的要点相符合？请举例说明。

（10）教师的音乐素质怎么样？伴奏老师和执教老师配合得怎样？幼儿歌曲伴奏中常用的伴奏织体有哪些？常用的和弦有哪些？

2. 观摩活动录像

请大家把"活动实录"写在自己的课堂笔记本上，并及时记录观摩过程中自己的想法。

3. 分组讨论交流

组内交流	集体交流
各小组成员围绕讨论话题对活动进行讨论与评价，并记录本小组的共同观点。	各小组派一名同学代表本组同学发言，与其他小组交流评价意见，并记录每个话题的讨论结果。

大班歌唱活动
视频案例：捏面人

大班歌唱活动
文本案例：捏面人

✎ 学习笔记

---

① 选自第五届全国音乐教育会议现场展示活动。

4. 教师评价总结

> 记录任课教师评价与总结的内容
>
>
>
>
>
>

二、观摩幼儿园中班韵律活动视频:《花的畅想》① >>>>>

(一)呈现完整活动方案

扫描二维码阅读大班韵律活动方案"花的畅想"。

(二)观摩讨论反思

1. 呈现讨论话题

(1)韵律活动材料(音乐、动作等)的选择是否符合大班幼儿的年龄特点和生活经验?

(2)活动目标的设计是否符合幼儿园教育活动目标制定的基本要求?是否符合大班韵律活动的要求?

(3)教具的准备是否恰当?能否满足教学的需要?课前幼儿需要有哪些经验的准备?该活动的原有经验准备得恰当吗?

(4)活动过程是怎样体现环环相扣、循序渐进原则的?尤其是从一开始创编花苞造型、花朵造型的动作和集体开花的动作,教师是怎样设计的?

(5)幼儿园音乐活动中最常见的教学方法有哪些?该活动运用了哪些方法和策略?分别体现在哪些环节?主要是为完成哪个目标服务的?

(6)在教学中是怎样体现幼儿主体地位的?在活动中是怎样体现动静交替的?

(7)教师的音乐素养怎样?教学机智怎样?教学效果如何?

2. 观摩活动录像

请大家把"活动实录"写在自己的课堂笔记本上,并及时记录观摩过程中自己的想法。

3. 分组讨论交流

> **组内交流**
>
> 各小组成员围绕讨论话题对活动进行讨论与评价,并记录本小组的共同观点。

> **集体交流**
>
> 各小组派一名同学代表本组同学发言,与其他小组交流评价意见,并记录每个话题的讨论结果。

大班韵律活动视频
案例:花的畅想

大班韵律活动文本
案例:花的畅想

① 选自全国第四届幼儿园音乐教育会议现场展示活动。

4. 教师评价总结

记录任课教师评价与总结的内容

三、观摩幼儿园教师现场执教的幼儿园歌舞活动 >>>>>>

请大家在幼儿园现场观摩教师执教的幼儿园歌舞活动，做好听课笔记，认真倾听执教教师的说课，积极参与讨论，及时记录讨论结果和带队教师的评价总结。

✎ 学习笔记

步骤三 方案设计

以下活动方案中，有的是经验丰富的老教师设计的，有的是新教师设计的，活动包含了教师鲜明的个人特色。不同的教师即使执教同一个活动，也会由于自身的经验水平、对幼儿能力的把握以及面对的幼儿的能力水平不同而有所差异。因此，新教师如何在别人活动方案的基础上进行个性化，根据本班幼儿和自身的生活经验和能力水平，更接近幼儿的最近发展区？这是需要我们细细琢磨的事情。

第一，第一位在幼儿园试教幼儿园歌唱活动的同学，请与本组同学合作修改活动方案"谁饿了"，形成新的方案，并一起做好活动前的准备工作。

温馨提示 🐚

请从以下几个方面去思考。

1. 修改方案前必须充分了解幼儿的音乐能力和歌唱能力，根据幼儿的能力调整方案：如果你教的幼儿歌唱能力较弱，那么教唱的内容可以有所删减；如果你教的幼儿歌唱能力强的话，完整教唱第一段以后，可以考虑第二段和第三段用创编的形式来进行。

2. 小班幼儿注意力集中的时间较短，请你从幼儿的兴趣方面考虑采用的策略和手段。

3. 请你把重点提问、每个环节的过渡语和小结语详细地撰写出来，以保证活动取得良好的效果。

第二，第二位在实训室模拟试教幼儿园歌唱活动的同学，请与本组同学合作修改活动方案"大母鸡"，形成新的方案，并一起做好活动前的准备工作。

小班歌唱活动
文本案例：谁饿了

中班歌唱活动
文本案例：大母鸡

温馨提示 ❇

请从以下几个方面展开思考。

1. 幼儿的歌唱能力、音乐领域经验是对方案进行适应性调整的首要影响因素,如果你所教的幼儿平时接触的音乐活动较少,对于歌曲节奏不敏感,感受节奏的环节是否需要利用多种形式,为幼儿提供更多机会感受母鸡下蛋的节奏;若你所教的幼儿可以较轻易地掌握该曲的节奏,那么可以用什么方式和策略来持续吸引幼儿参与活动的兴趣?

2. 在熟悉本班幼儿前期主题活动及原有经验、兴趣的基础上,请你考虑是否需要根据本班幼儿对母鸡的前期经验和导入环节进行适当修改。

3. 在歌曲学唱的过程中,需要根据幼儿的即时反馈进行引导,根据幼儿学唱情况增减歌曲倾听、练习次数。请你把每个学唱歌曲的阶段以层层递进的形式来设计,详细撰写每个阶段的练习给幼儿带来的挑战。

第三,第一位在实训室模拟试教韵律活动的同学,请与本组同学合作修改活动方案"我爱洗澡",形成新的方案,并一起做好活动前的准备工作。

小班韵律活动文本
案例:我爱洗澡

温馨提示 ❇

请从以下几个方面去思考。

1. 并非所有幼儿洗澡的经验都是一致的,且幼儿洗澡基本上都是在家长的帮助下完成的,有的幼儿可能就没有试水温的经验。请你基于所任教班级幼儿的已有经验,决定是否需要在创编动作之前带领幼儿简单梳理洗澡的步骤。

2. 小班幼儿注意力集中的时间较短,如何让幼儿持续积极地参与创编和表现?请你从幼儿的兴趣方面考虑采用的策略和手段。

3. 请你把重点提问、每个环节的过渡语和小结详细地撰写出来,并对每个步骤的合乐动作做出预设,以保证活动取得良好的效果。

第四,第二位在实训室模拟试教韵律活动的同学,请与本组同学合作修改活动方案"有趣的洗衣机",形成新的方案,并一起做好活动前的准备工作。

中班韵律活动文本
案例:有趣的洗衣机

温馨提示 ❇

请从以下几个方面去思考。

1. 这个韵律活动中涉及较多离开座位的下肢活动。作为新手教师,请你结合任教班级幼儿的常规情况,选择合适的环节请幼儿集体离开座位参与活动。

2. 要保证幼儿能够在该活动中掌握合拍动作等音乐领域的关键经验,请预先设计1~2套合拍的韵律动作。

3. 请你把重点提问、每个环节的指导语和小结详细地撰写出来,并考虑如何采用情境性的引导语处理活动中因幼儿过于兴奋而可能存在的安全隐患,以保证活动取得良好的效果。

步骤四　方案实施

同第 27 页"方案实施"内容。

考证练习

选择题：幼儿歌唱
活动中的合理做法

步骤五　总结提升

影响幼儿园歌舞活动设计与实施效果的主要因素有音乐作品的选择和教学方法的采用。下面从这两个方面深入探讨，为科学地设计和实施歌舞活动提供帮助。

一、歌舞活动材料的选择 >>>>>>>>>>>>>>>>>>>>>>>>>>>>>

一个好的音乐教材必须能够充分体现音乐艺术的形象特征、审美特征和情感特征，这三个特征是紧密联系在一起的，是密不可分、缺一不可的。因为具体形象性是幼儿思维的主要特点，他们更多地依赖于鲜明生动的形象去认识和理解事物，旋律动听、节奏鲜明、形象生动、特点突出的音乐作品，更能唤起幼儿的学习兴趣，激发其内心情感。因此，宜从激励情感入手，来影响和教育幼儿。

歌唱教材还要考虑幼儿的音域，节奏宜简不宜繁，速度以中速为宜。因为幼儿的肺活量小，呼吸的支持力较弱，要把嗓音这个言语的器官变成歌唱的乐器还需要一个学习和练习的过程。因此，歌唱教材应从幼儿的呼吸、发声、吐字等方面的实际能力出发来考虑歌曲的音域、节奏、速度、句读划分、篇幅长短、词曲结合等。韵律活动教材在音乐上应该具有动听、活泼、易学易记、节奏鲜明等特点，以便幼儿合拍地做动作，同时还要考虑音乐的节奏、情绪、速度、力度等要与动作的节奏、内容、情绪相吻合，音乐的情绪与活动中的角色情绪相一致，这样才便于幼儿记忆音乐，能够跟随音乐的节拍合拍地做动作，附和音乐的情绪做动作，能用动作来表达情感。

二、方法的选择和运用 >>>>>>>>>>>>>>>>>>>>>>>>>>>>>

幼儿园的教育教学活动对幼儿的身心发育和学习生活习惯的培养发挥着至关重要的作用。幼儿园教学要根据幼儿的身心发展状况，采取适宜的、有针对性的教学方法，促进幼儿的健康成长和幼儿园教学目标的实现。在社会发展和知识更新不断加速的新形势下，幼儿园教师应当紧跟时代进步和教育发展的潮流，在教学方法的使用上必须注意以下几点，才能取得更好的教学效果。

（一）运用语言的方法

运用语言方法进行指导时的注意事项包括：要使用规范语言，而且语言要尽量简练、明确；应注意语言的艺术性、幼儿性；用语言的语音、语调、音色、节奏等的变化来渲染艺术气氛；要使用幼儿喜爱的和容易接受的表达方式；提问时应使用具有指向性的语言；注意提问的语速；提问后要给幼儿提供充分的思考时间，必要时还要给有困难的幼儿提供思考的提示线索；对年龄较小的幼儿，不宜将几个问题一次性地连续提出；注意使用身体的姿态、动作，脸部表情、目光，以及其他各种"语言"表达方式来丰富表达的形式和内容。

（二）运用示范方法

为了让幼儿更清楚地感知歌词的内容，教师在歌唱示范时应适当放慢速度，夸大口型，辅以动作或图片，并同时淡化伴奏或暂停伴奏；为了让幼儿有更多的创造性表达和互相交流学习的机会，教师也应该特别注意经常向幼儿提供担当"示范者"的机会。教师一般只有在以下情况下才亲自示范：向幼儿传授他们从未学习过的舞蹈动作时；幼儿无法独立将动作或动作组合与音乐相匹配时；幼儿无法理解教师用语言描述的动作要求时。

（三）运用演示的方法

运用演示方法时应注意：目的要明确，切忌为演示而演示；教师运用教具应适度、适量，切忌喧宾夺主；教具的形象和教师的演示应与音乐节奏相一致；教具的选用应该给幼儿以美感，并能激发幼儿的想象；教具应该是便于收集、便于制作、便于操作和经济实用的。

（四）运用角色变换的方法

运用角色变化时的注意事项：角色变化包括参与和退出两种变化。教师通过参与给幼儿做出在学习态度和行为方面的正确榜样，让幼儿从教师的态度中受到感染或鼓舞；从教师的行为中获得模仿性学习的正确样板和创造性学习的优良范例。教师运用"退出"的方法是为了弱化对幼儿的控制，同时强化幼儿对自身的调控；是为了发展幼儿自我教育及相互学习的意识和能力；创造机会让幼儿自由地实践与表达；增加教师了解幼儿潜能的机会；扩大课堂信息的产生源、流通量和交换方式。在使用时必须注意班级与班级、幼儿与幼儿、活动与活动之间的个别差异。力争做到放手而不放任，密切注意幼儿在能力和意识上独立倾向的发展，逐步放手，促进这种独立倾向的进一步发展。

练习与应用

一、思考题

1. 在幼儿园歌唱活动中，提高幼儿创造能力的途径有哪些？
2. 幼儿园韵律活动对幼儿能力的发展有哪些促进作用？

二、操作题

按幼儿园歌舞活动的各年龄阶段目标，参照幼儿园歌舞活动的设计思路和一般模式，适宜地修改教师给定的活动方案，然后模拟试教。

学习反思

学习笔记

任务六
幼儿园绘画活动的设计与实施

典型案例

美术亲子活动中，阳阳拿着笔，看着白纸问妈妈："妈妈，我画什么呀?"妈妈指着不远处的爸爸说："那就画爸爸吧。"十几分钟后，阳阳兴致勃勃、迫不及待地举着作品说："妈妈，我画好爸爸了!""你画的是我吗? 怎么黑乎乎的，一点儿都不像我!"爸爸生气地责备起来。阳阳原本兴奋的小脸上写满了失望和委屈。妈妈赶紧打圆场："我看看，咦? 我怎么看不到爸爸呀?"阳阳委屈地说："爸爸在抽烟，呛死了，谁也看不见他!"

　　任何人都是用自己的眼睛看世界的，幼儿也不例外，只是他们有着不同于成人的观察方式和思维逻辑，想法也更为朴素。幼儿的画也不同于成人的画，它有自己特殊的造型，这种造型不是臆造出来的，而是幼儿在绘画过程中自身出现的特点。那么，幼儿的绘画能力经历了怎样的发展阶段并表现出了哪些特点呢? 对于幼儿园的绘画活动，我们又该怎么去设计和组织呢? 带着这些问题我们一起来看一看……

教学微课视频:
儿童画的解读

实施步骤

步骤一 资讯提供

绘画是幼儿运用色彩、线条和构图，在一个平面上创造出直接可感的，具有一定形状、体积、空间感的艺术形象。幼儿园绘画教育活动是指幼儿在教师的教育和引导下，学习使用笔、纸、颜料等绘画工具和材料，并运用线条、色彩、造型、构图等艺术语言，将其生活体验与思想情感通过加工和改造转化为具体、生动、可感的视觉形象，以发展审美创造能力的教育活动。

一、学前儿童绘画能力的发展 >>>>>>>>>>>>>>>>>>>>>>>>>

（一）学前儿童绘画的年龄特征

1. 涂鸦期(1.5～3.5岁)

1.5岁左右的幼儿，由于能够独立行走，用手进行的探索变得更为自由。他们喜欢到处涂抹，于是用笔在纸上、书上、墙上等地方画点、画线的涂鸦行为就出现了。这些最初在纸上留下的点、线痕迹就是涂鸦画，这些画不讲究造型、色彩和构图。因此，幼儿的涂鸦实际上是他们的感知觉和动作有了一定的发展与协调之后对周围环境做出的一种新的探索，是一种新的动作练习。这种练习基本上是一种手臂动作。所以，幼儿涂鸦的根本特点是没有明确的表现意图，只是把涂鸦作为一种游戏活动，享受涂鸦动作带来的那种有节奏的、主动的"动"的运动快感，以及对纸上、墙上出现的各种各样的线条的视觉感官的满足。

幼儿的涂鸦经历了不同的发展阶段。各阶段存在一定的差异，从开始涂鸦到脱离涂鸦，这一时期的发展又可以划分为四个阶段。

（1）未分化的涂鸦(1.5～2岁)。婴幼儿在1岁半左右，开始用笔在纸上随意涂画，画面中仅是一些杂乱无序的线条，这些线条被称为涂鸦线，如图1-1所示。

由于动作协调性不够，幼儿画在纸上的是一些随机的点和杂乱的、不规则的线条，这些线条长短不一，也极不流畅，互相掺杂在一起。从空间上看，这时幼儿的涂鸦不管上下、左右的方向，常常涂出纸外，如图1-2所示。

在操作工具上，这时儿童的手指通常是紧紧地握着笔，而手腕却很少移动。线条的方向和长短是靠手臂的前后摆动来决定的，他们反复地画着这些线条，并且常常很仔细地注视着自己画出了什么。

（2）控制涂鸦(2～2.5岁)。由于练习和生理的发育，这时幼儿的动作已较能受到视觉的控制，即手眼协调性增强。他们能在纸上画出一些重复的、上下左右的直线、倾斜线、螺旋线等，但这些线条长短不一。从手的动作来看，这时幼儿的手腕肌肉力量、骨骼活动能力增强，腕关节运动较

教学微课视频：幼儿绘画能力的发展阶段——涂鸦期

图1-1 未分化的涂鸦 郑启飞 2岁半

图1-2 控制涂鸦 杨小夏 2岁半

前期灵活。这时，幼儿的涂鸦已经能够控制在整张纸内。

(3)圆形涂鸦(2.5～3岁)。由于肩、上臂、手腕关节等的发育，这时儿童能注视涂鸦时笔的运动方向，可以在纸上反复地画圆圈。例如，封口的、未封口的圆形、涡形线等，幼儿用这些大大小小的圆形来表现一切事物，如图1-3所示。

图1-3　图形涂鸦　祁峰　2岁

幼儿2岁后，有能力使所画的形状与画纸保持配置关系，在3岁以前能单线画出十字形、圆、三角形和其他不同的图形。在这两者之间，幼儿有可能画出偶发的图形，这样的图形不一定与画纸四周有固定关系，而且形状也不一定清晰可辨，但能暗示图形所表示的意思。

(4)命名涂鸦(3～3.5岁)。幼儿在不断的涂鸦过程中逐渐将图形和线条结合起来，偶然地从中认出某些形状，发现与自己经验中的某些事物相似，于是他们给自己的图形起名字，并自言自语地对着画讲故事，成人在观看这些作品时如果离开了幼儿的言语解释，一般无法辨认其代表的意思。有时幼儿会为自己的作品命名，但是事先并没有意图，而是受自己所画的图形本身的启发，有时，幼儿又会随性地重新命名他已经命名过的图像。所以，命名活动是在画出图形之后才出现的，如图1-4所示。

图1-4　命名涂鸦　吕欧　3岁——果盘和乌龟

教师不要在幼儿自然而然地乱涂乱画中试图"教"他们绘画，而应给他们提供合适的材料。例如，一支合适的笔，足够大的纸，让他们的手臂自由而大幅度地向四面八方运动。还可以为年龄稍大的幼儿提供各种绘画材料，让他们自由创作。总之，整个涂鸦期，从幼儿实际的涂画行为和过程来看，涂鸦是没有表现意图的画线活动。但是，在不断涂画的过程中，幼儿在纷乱的线条中认识一些形状，在表象功能进一步发展的条件下，他们会发现画出的痕迹和记忆中的某些事物相像，于是去重复这些形状，用它们代表记忆中的那些事物。于是，他们开始进入新的时期——象征期。

✎ 学习笔记

考证练习

1.2岁半的阳阳在画画时，先无意识地画线，在发现所画线条像一朵小花后，马上说："我画的是花。"阳阳正处于幼儿绘画能力发展的哪个阶段？(　　)

A.无控制涂鸦期　　　　　B.有控制涂鸦期

C.命名涂鸦期　　　　　　D.象征期

2.刘老师在点评小班幼儿的作品时说："小草怎么能是蓝色的呢？重画！"刘老师这一做法，违背了以下哪项指导原则？(　　)

A.为幼儿提供简单的物体

B. 鼓励幼儿边画边编故事

C. 尊重幼儿对作品颜色的选择

D. 鼓励幼儿用夸张的表现手法画画

教学微课视频：儿童绘画能力的发展阶段——象征期

📝 学习笔记

2. 象征期(3.5～5岁)

发展到象征期，幼儿开始有意识、有目的地创造视觉形象，并建立起他们自己的表现方式。

从造型上来看，幼儿常常用所画的图像来表达自己的意象，但这些图像与事物实体没有直接的关系，而仅仅是简单的几何图形和线条的组合，是一种实物的替代物，常常只具备物体的最基本部分，多半是粗略的、不完全的，往往会遗漏部分特征，没有整体感，结构有时不合理，稚拙而粗略。他们还常常会按照自己的意愿夸大表现物体的某些部分。

曼陀罗在梵语中是"魔圈"的意思，它是一种结合体或集合体，是幼儿和成人共同喜爱的、具有良好视觉形象的、平衡而协调的图形组合。这类图形的组合，幼儿会将它储存在记忆中，并在以后的美术表现活动中不断地重复运用。

2岁前幼儿已能画出直线和曲线，这些直线和曲线都可以成为幼儿画"太阳"的组成部分。凯洛格对幼儿所画的各种类型的"太阳"进行了分类。

(1)"中空的太阳"——在各种不同圆形的周围描画交叉的短线。

(2)"太阳的脸"——五官、头发、胡须、睫毛等，这些都是出于对成人说法的认同。幼儿之所以画这些线条，是由于受到了自己以前描绘的"太阳"的刺激。

(3)"太阳人"。注意：曼陀罗和"太阳"常被幼儿反复地运用。

这个时期幼儿绘画人物时典型样式是"蝌蚪人"，即幼儿用一个大圆圈代表人的头部，在大圆圈内画上两个黑点或小圆圈代表眼睛，再在大圆圈下画上单线条表示手、脚，这就是幼儿眼中的人。幼儿所画的"蝌蚪人"，并不是幼儿所见到的现实生活中人的形象，而是其从动作到表征发展美术符号系统中的一个过程，如图1-5所示。

图1-5　幼儿画的"蝌蚪人"　李杨　4岁

除了人物表现的特点，这个时期幼儿绘画表现的特点还有：开始关注应按照物体的固有颜色来给自己的作品上色。例如，把太阳画成红色的，但是在很多情况下，幼儿还是按照自己的喜好来选择颜色，不注意绘画作品的和谐美，并且涂色不均匀、手指控制能力较弱。总之，这个阶段是幼儿把自己看到的或记忆中的表象，用简单的形状加以表现的时期。教师可以满足幼儿重复绘画固定图形的愿望，让他们去观察、体会一些具体的、直观的、简单而常见的物体形象，激发他们表现的欲望和使用色彩的兴趣。

3. 图式期(5～7岁)

随着身心的进一步发展，5岁左右的幼儿已经开始有意识、有目的地通过绘画来表现周围世界和自己的生活。他们能够完整地表现物体的主要特征。画面的表现内容不需要语言解释就能得到他人的理解。幼儿这一阶段的作品在画法上逐

视频：儿童绘画能力的发展阶段——图式期

渐稳定，造型呈现出模式化的特征，喜欢用固定的样式和画法表现不同对象，也被称为"概念画"。具体来说，图式期幼儿绘画呈现出以下特点。

（1）在造型方面，幼儿不但能用流畅的线条来描绘表现对象的整体形象，还能够用一些细节表现事物的基本特征。例如，画人物时已经能够很明确地表达他画的是谁，人物的年龄、性别、衣着特点，四肢也不再从头部而从身体延伸出来，头部不仅仅有了眼睛、鼻子、嘴巴，还有了眉毛、睫毛、耳朵、不同的发型等。

（2）在色彩方面，幼儿已经能够比较灵活地使用三原色、间色。在着色时能注意按照物体的固有色涂色，如把人脸涂成肉色，一些幼儿还可以按照冷暖色调来涂色，表现出客观事物的固有色调和主观意愿的搭配色调混合表现的特点。

（3）在构图方面，幼儿开始注意物体的大小比例、上下左右的位置关系和构图的层次感。这个阶段的幼儿喜欢把自己认为重要的东西画大，把其他的东西画小；把近处的形象画大，把远处的形象画小等。此外，图式期的构图还出现基底线，当由于画纸的限制，幼儿不能将想画的内容连续画在一条基底线上时，他们会用几条基底线来表示。部分幼儿在绘画表现上会出现透明画、遮挡关系混乱等有趣的现象。这一时期，教师可以让幼儿有序地观察，尽可能多地利用感官去感受世界，鼓励他们大胆地表现和创造。

（二）幼儿绘画中的特殊表现

在象征期和图式期的两个阶段（以图式期为主），幼儿在绘画中还存在一些独特的表现形式，主要有以下几种。

1. 拟人化

拟人化是指幼儿把无生命的物体或有生命的动植物画得和人一样，不仅赋予它们生命，还赋予它们一切人所具有的特点和本领的绘画现象。例如，我们最常见的就是给太阳画上眼睛、鼻子和嘴巴，使之成为"太阳公公"。幼儿绘画中的这种拟人化的表现，是他们心理发展中泛灵论的反映。

2. 透明画

透明画是指幼儿在绘画表现时，总认为凡是客观存在的东西，都必须把它们画出来，虽然是重叠的两物，但画面上还是互不遮挡，全然不考虑透视的绘画现象。于是，幼儿的绘画中就出现了这样的画面：从箱子的外面可以清楚地看到箱子里面的物品；篮子里的水果遮不住篮子底；侧身骑车的人的两条腿可以在画面上同时被看到等。这种透明式的画法，让幼儿的视线就像 X 射线一样可以穿透任何东西，所以也称为"X 射线的画法"。

3. 展开式

展开式是指幼儿将从不同角度观察到的事物在同一个画面上表现出来的绘画现象，即画中人物、事物由中心向四周、或上下、或左右展开的画法。

4. 夸张法

夸张法是指幼儿在绘画中常常不自觉地把自己关心的事物、认为重要的事物画得很仔细、很突出，而对事物的整体或其他没注意到的地方加以忽视和遗漏的现象。

幼儿的夸张法与成人绘画中的夸张法有着本质的区别。后者是指以现实生活为基础，并往往借助想象，抓住描写对象的某些特征加以夸大和强调，以突出反

学习笔记

考证练习

以下哪项不符合大班幼儿的绘画特点？（　　）

A. 能够灵活地运用渐变色、冷暖色

B. 为幼儿提供简单的物体进行绘画

C. 能够理解并画出遮挡关系

D. 能够用细节表现事物的基本特征

映事物的本质特征，加强艺术效果的表现手法。按照这一定义，应该是"大的更大""长的更长"，而幼儿的夸张法实际上是他们画其所注意、所关心的事物，忽略其他部分的顾此失彼的做法，是对事物的相互关系缺乏比较和认识的表现，是幼儿自我中心主义在绘画领域中的表现。

考证练习

选择题

一名幼儿画小朋友放风筝，将小朋友的手画得很长，几乎比身体长了3倍，这说明幼儿绘画的特点是具有(   )。(2016年上半年教师资格考试《保教知识与能力》真题)

A. 形象性   B. 抽象性

C. 象征性   D. 夸张性

总之，幼儿的绘画反映了他们心理发展的水平，表现出一种天真无邪的稚拙美，充满了魅力。这一时期也是儿童美术教育最重要的时期。随着儿童自我中心的解除，他们逐渐学会了用社会公认的符号，例如透视、明暗等手段来绘画，儿童画的内容也逐渐在逻辑上与客观现实相符合，这时的儿童画也渐渐地失去了学前时期的大胆和无拘无束的风采。作为成人，我们不能要求还处于"蝌蚪人"阶段的儿童把比例画得精确，否则就是越俎代庖，超越了其发展的阶段；但是不拔苗助长并不等于放任自流、坐视不管，听任其自然成熟对儿童的发展也有不良的影响。我们应该根据儿童不同的发展阶段，适时地提供不同条件，给予不同的指导，从而促进儿童的绘画从低级阶段向高级阶段过渡。

考证练习

1. 选择题

在"秋天的树"美术活动中，教师不适宜的做法是(   )。(2016年上半年教师资格考试《保教知识与能力》真题)

A. 让幼儿按照教师的范画绘画

B. 组织幼儿观察幼儿园的树

C. 提供各种树的照片、组织幼儿讨论

D. 引导幼儿观察有关树木的名画

二、绘画活动的目标 >>>>>>>>>>>>>>>>>>>>>>>>>>>>>>>>>

根据《纲要》以及《指南》中对艺术教育的目标定位和要求，以及我国幼儿园美术教育的实践，我们把幼儿园美术教育目标分为认知目标、情感目标、技能目标和创造目标。

(一)幼儿园绘画活动的总目标

1. 认知目标

(1)认识、体验不同绘画工具、材料的特性，探索和学习各种表现方法。

(2)认识常见的固有色、线条。

2. 情感目标

喜欢绘画活动，体验绘画创作的乐趣。

3. 技能目标

(1)能以自己喜欢的方式，用线条、色彩、构图等美术语言进行绘画活动。

(2)形成良好的绘画习惯。

4. 创造目标

(1)能大胆表达自己的情感和想法，按自己的意愿画。

(2)综合使用多种绘画工具和材料进行绘画创作活动。

(二)幼儿园绘画活动的年龄阶段目标

1. 小班

(1)认知目标。

①初步认识绘画的工具和材料。

②学会辨别红、黄、蓝、绿、橙等几种基本的色彩，并能说出名称。

③学会辨别和感受直线、曲线、折线及各种线条的变化。

(2)情感目标。

培养幼儿对绘画的兴趣，能愉快大胆地作画。

(3)技能目标。

①学会使用蜡笔、水彩笔、棉签等工具涂染。

②能画出直线、曲线、折线并能表现线条的方向、粗细、疏密。

③学会用圆形、方形、长方形、三角形等简单图形表现物体的轮廓特征。

(4)创造目标。

①引导幼儿在涂抹过程中把画面画满。

②初步学会用图形和线条组合创造各种图式。

2. 中班

(1)认知目标。

①能较准确地把握形状的基本结构，理解形状符号的象征意义。

②认识常见的固有色，说出它们的名称。

(2)情感目标。

喜欢用自己独特的绘画语言表达自己的想法和感受。

(3)技能目标。

①学会运用图形组合的方法，表现物体的基本部分和主要特征。

②会选择与物体相似的颜色，初步有目的地设色、配色。

③引导幼儿围绕主题安排画面，能表现出物体的上下、左右位置。

(4)创造目标。

能大胆地按意愿作画。

3. 大班

(1)认知目标。

①认识物体的整体结构和各种空间关系。

②增强配色意识，提高对颜色变化的辨析能力。

③知道运用不同的绘画工具和材料表现不同效果的作品。

(2)情感目标。

在安排画面的过程中逐步体会均衡、对称、变化等形式美。

(3)技能目标。

①能较灵活地表现各种人物、动物的动态。

②能运用对比色、相似色、同种色等多种配色方法，注意色彩的整体感与内容的联系。

③能有目的地安排画面，表现一定的情节，并使用多种安排画面的方法。

(4)创造目标。

①能将图形融合，尝试用轮廓线创造多种图画，形成自己的图示。

②综合运用多种绘画工具和材料来进行绘画创作。

三、绘画活动的内容 >>>>>>>>>>>>>>>>>>>>>>>>>>>>>>>

大班绘画活动视频：
线条的旅行

绘画题材是创作者创作艺术形象的源泉，具体是指创作者根据创作意图而选取的生活场景或现象。幼儿绘画的题材十分广泛，大多来自幼儿的生活。幼儿学习绘画的题材有自然景物、人物、日常用品、动植物、交通工具、建筑物、简单的生活事件和自己想象中的人、事、物等。

（一）绘画的形式语言

绘画的形式语言主要是指线条、形状、色彩、构图等美术要素，是绘画表现的手段和方式。幼儿美术教育中涉及的绘画形式要素主要有形状、线条、色彩和构图。

学习笔记

1. 线条

幼儿对线条的学习主要包括：线条的基本形态(直线和曲线)及线条的变化。线条是造型的基本要素之一。在幼儿绘画中，线条是一种神奇的符号。幼儿的所见所闻、情绪情感、个性特征等都会依托线条，产生或刚强或柔和、或畅快或持重、或明朗或晦暗、或跳跃或平静的效果。可以说线条是绘画的基础形式之一，也是幼儿最简单和最直接地表现自我的一种绘画语言。

2. 形状

形状是由线条构成的轮廓和结构。幼儿绘画就是用简单的形状组成事物形象的过程。当幼儿能够用越来越复杂的形状去组成形象时，也就说明幼儿的绘画水平在不断提高。幼儿对形状的学习主要包括以下三方面。

第一，规则几何形状。主要是指规则的圆形、方形、三角形等。这些形状经常用来表现屋顶、红旗、门窗、电视等较为规则的物体。

第二，不规则的自由形状。是指由方向、弯曲度不同的弧线、曲线和波浪线等组成的各种自由形状或某个自然体。这类形状常用来表现河流、花、草、树木等。

第三，各种形状的组合。包括规则几何形状的组合、不规则形状与规则形状的组合等。这类形状既简单又复杂，在日常生活中经常见到，如熊猫、火车、桌子、房屋等。

3. 色彩

色彩是绘画的基本要素之一。幼儿对色彩的学习主要包括以下几方面。

第一，常用色彩的辨认(学前幼儿主要学习辨认色彩的三要素，即色相、色度和色性)。

第二，色相。即色彩的种类和名称。幼儿学习辨认三原色、三间色(橙、绿、紫)，常见的复色(如蓝灰、绿灰、红灰)以及无彩色(黑、白、灰)。

第三，色度。色度包含色彩的明度和纯度。

明度是指色彩的明暗程度，如七种基本色中，紫色色度最暗，黄色色度最亮。

纯度指色彩的鲜浊程度。纯度高的色彩鲜艳，在鲜艳色彩中加入黑、白、灰，纯度就低了。

第四，色性。色性指色彩的冷暖属性。

色彩的运用：按物择色—色彩的变化—色彩的情感表达(如用红色表现愤怒时的脸、用白色表现哀愁时的脸、用绿色表现生气时的脸等)。

例如，在一幅名为"我生气了"的作品中，整个画面的背景是近乎黑色的深咖啡色，孩子把自己的整个身体涂成了褐色，眼睛涂成了红色；此外，还极其夸张地把两个小辫子画成了"怒发冲冠"的样子。可以说，这个孩子很好地用色彩表达出了自己的情感。

4. 构图

构图是指在一定的空间安排、处理人、物的关系和位置，把个别或局部的形象组成一个整体。具体而言，幼儿应逐步掌握以下几种构图方式。

第一，单独构图，即幼儿在画面中只创作一个形象。教师要引导幼儿学会将一个绘画形象放置在画面的显著位置。

第二，并列构图，即幼儿的画面中并列排放着几个形象，是幼儿期主要的构图方式。教师要引导幼儿学会按照形象的空间关系、主次关系来排列这些形象。

第三，均衡构图，即在构图时能使画面保持均衡、稳定，也就是画面中心点两边的视觉形象的重量感要保持一致。

（二）绘画活动的类型

幼儿园的绘画活动常见的可以从所提供的工具材料、绘画中教师的指导方式等方面来进行分类，接着我们就探讨以下两种分类。

1. 根据指导的方式分类

(1)命题画。命题画是指由教师提出绘画的主题和要求，幼儿按照要求完成绘画。包括物体画和情节画。

①物体画。

物体画是幼儿在观察的基础上表现出物体的形状、色彩、结构、特征的绘画表现形式。它以培养幼儿的造型能力为主要目的。常见的指导策略如下。

第一，教师可以引导幼儿详细完整地观察、理解物体的结构特征，帮助幼儿通过各种感官感知、掌握事物的基本形态，抓住事物形、色等的特征，最重要的是物体的神韵。例如，画一只公鸡，引导幼儿抓住公鸡走路神气、雄赳赳气昂昂的神韵。

第二，可以采用涂染法和线描法来描绘物体。涂染法指不画物体的轮廓线而直接用笔蘸颜料画出物体的形，以表现物体形象特征的方法，适合年龄较小的幼儿；线描法指先用线条勾画出物体的基本部分再涂上颜色的方法。

第三，可以通过系列主题活动帮助幼儿掌握物体的造型。例如，主题为"形象

学习笔记

设计师"的人物画,可以先让幼儿欣赏不同风格的人物画,然后引导幼儿在仔细观察的基础上围绕"妈妈的发型真好看""鞋子博览会""我是小小服装设计师""笑得露出牙齿的人"等系列主题进行依次创作。

②情节画。

情节画是幼儿根据主题内容的需要,把与之相关的物体形象恰当地安排在画面上的绘画表现形式。情节画能使幼儿学会将多个形象进行有机组合,并正确地表现出各形象之间的相互关系,从而构成一幅具有一定主题的画面。情节画要以幼儿的构图能力为基础。

幼儿构图水平的发展包括以下四个阶段,如表1-3所示。

表1-3 幼儿构图水平发展阶段

幼儿构图水平	年龄	特 征
凌乱式	2~3岁	物体随机分布在画面上,画面没有上下前后之分
并列式	3~4岁	所有人、物都放置在基底线上
散点式	4~5岁	物体向四面八方散开,初步具有层次感
遮挡式	5~6岁	图形之间出现相互遮盖或重叠

凌乱式。凌乱式构图指幼儿对画中的形象不做空间安排,只随机地把物体分布在画面上,画面没有上下之分,更无前后之别。

学习笔记

并列式。这种并列式的构图由一个我们称为"基底线"的记号表现出来。从这时起,幼儿用一种普遍的空间关系来包含各种事物,把所有的东西(人物和物体)都放置在基底线上来表现。画面中的各种形象都垂直平行,头脚一致地竖立着,形象之间开始有了上下一致的方向。

散点式。和并列式只有上下高低,而没有远近前后的那种构图方式相比,散点式构图已经摆脱了地平线,开始表现出物体的离散关系,即物体向着四面八方散开。幼儿往往将整张画纸作为地面来表现作品中的形象,构图开始具有层次感。

遮挡式。这种形象分布方式是幼儿期最高的构图形式,但是只有很少一部分幼儿能达到这一水平。运用图形之间的相互遮盖或重叠的绘画表现方式,是随着幼儿空间概念的发展而出现的。遮挡式构图的出现表明幼儿开始从一个固定角度出发去表现物体的空间关系。

温馨提示

教师的指导策略如下。

第一,感知物体间的空间关系。可通过欣赏作品来了解,如分析画面上形象间的相互关系;主要形象与次要形象的大小关系;主要形象安排在什么位置;情节是怎么表现的、画面的背景是如何设置的;画面上各形象的颜色与背景色是怎样的关系等。

第二,通过各种形式突出主题。可以通过把主体物画大或把主体物放在中心位置上,其他物体紧紧围绕主体物布局的方式来突出主题;还可以通过画面色彩的设置来突出主题。

第三，用多样化的练习来学习画情节画。一般可以采用添画（比较适合小年龄班的幼儿）、故事画、日记画、情境探索画（设置一定的情境，引导幼儿进行探索，并在探索的基础上进行绘画表现）等形式。

（2）意愿画。意愿画是指由幼儿自己独立确定绘画的具体内容、形式和表现方法，教师作为支持者协助他们完成的绘画。教师的指导策略如下。

第一，创设一个宽松的创作环境。幼儿自发的美术创作是他们集体无意识和个人无意识相结合的一股创造的动力推动的结果。也就是说，幼儿的无意识在创作中起着情感激发的作用。因此，要为幼儿创设一个宽松的创作环境，让幼儿大胆地、不受拘束地画出他们心中想画的东西，而不是要求过细，用各种各样的条条框框去限制他们。

第二，通过提问、谈话的方式帮助幼儿进行创作构思和表现。首先要确定绘画创作的主题，即想画什么；接着引导他们思考如何表现这一主题，即怎样画。在这个过程中，切记不能以自己的思考来代替幼儿的思考，一定要保证启发引导在幼儿动手创作之前进行，开始描画之后不要随意和幼儿谈话。

大班创意绘画活动
视频：名字变变变

第三，评价绘画作品应注重创造性，但对待不同的幼儿要尽可能地进行正面评价。幼儿意愿画教育的主要功能是发展幼儿的想象力和创造力，因而教师在评价一幅意愿画时应把作品是否具有创造性作为评价的标准。幼儿美术活动的创造力是指他们利用物质材料及过去的经验重新组合材料，制作出对其个人来说是新颖的、有价值的美术作品的能力。这种创造力的评价采用的是个人标准，即对于幼儿来说，只要所画的对其个人而言是前所未有的，那么就可以说，这幅作品是有创造性的。那种把幼儿美术作品中的技能是否精湛作为衡量作品水平高低的唯一标准是不妥当的。

学习笔记

对幼儿绘画作品的评价，不能以"像不像"为衡量标准，而应该注重幼儿创造性的发展。幼儿的表达方式各异，创造性差异显著。因此，教师的评价既要横向考虑一个年龄层次的状况，又要兼顾每个幼儿的发展特点，对幼儿的独特表现方式给予积极的、正面的肯定。同时，评价要"言之有物"，落实到每一个值得学习、值得赞许的点上，不要泛泛而谈。例如，一位教师在晨间活动的总结中说："丽丽涂色涂得既均匀又饱满，希望下次继续努力。"这样的肯定是具体的、针对性强的，幼儿能够明确自己的发展方向；相反，教师的空洞表扬"你画得真好"则显得苍白无力。

（3）图案装饰画。图案装饰画是指幼儿运用各种花纹、色彩在不同的纸上进行装饰，是幼儿在动作日趋精细、空间知觉能力发展到一定程度时才进行的绘画活动。因此，一般从中班开始创作图案装饰画。幼儿园比较常见的装饰画形式有以下几种。

第一，在一定形状的材料上进行装饰。例如，圆形装饰、正方形装饰、三角形装饰，或指导幼儿装饰盘子、手绢、三角形围巾等，也可以选择瓶子、马勺、面具等立体材料进行创作。

第二，绘画并装饰与教学主题相关的内容。例如，在"美丽的祖国"主题中有认识国粹京剧的内容，就可以开展绘画与装饰脸谱的活动。

第三，在主题画、意愿画中装饰绘画主题和背景。例如，在绘画自画像时装饰"我"的衣服及背景。

温馨提示

教师的指导策略如下。

第一，可以通过欣赏的形式帮助幼儿理解装饰原理，如对称与平衡、连续与反复等，可以观察、欣赏自然界中自然物生成的装饰美。例如，红花绿叶具有的对比性、水波纹具有的节奏与韵律等。在这些图案原理的学习中，选取的内容应具有典型的装饰美；应关注幼儿的年龄特征和他们的实际情况，切忌生搬硬套专业术语，如"夸张法"的学习。

第二，学习要注意循序渐进。学习方法上，先观察，再进行印章、贴树叶、折叠染纸等游戏活动，最后进行图案装饰画的创作。学习内容上，遵循由线和简易几何图形—自然界花草树木及民族特色花纹的顺序；图案色彩的学习，对比色、同种色、近似色—色彩的配置—提供多种色彩让幼儿自由选择。

第三，避免重技法、轻创造的做法。幼儿园美术活动还要为幼儿提供具有表现力、有助于幼儿获得成功的绘画工具和材料，引导他们学习其使用方法并提供游戏化的练习。

2. 根据绘画的工具分类

在绘画活动"鱼儿水里游"中，教师为幼儿提供了油画棒、蜡笔、水粉颜料、水粉笔、铅画纸等材料。在幼儿操作前，教师先引导幼儿对油画棒或蜡笔较强的附着力和不溶于水的特性进行了探索和了解，然后幼儿根据这些材料的特点创作水粉脱色画《鱼儿水里游》。幼儿先用油画棒或蜡笔画出五彩缤纷的鱼儿，有的幼儿还添画了水草和泡泡，然后用水粉笔蘸上蓝色的水粉颜料平涂在鱼儿和整张画纸上。结果，幼儿发现鱼儿不仅没有被水粉颜料盖住，反而有种游走在水里的感觉，在蓝底的衬托下显得更加鲜艳活泼。这正是利用了油画棒或蜡笔不溶于水的特性，形成了独特的画面效果。这样的绘画方式给了幼儿一种很新奇的感觉，他们在操作过程中体验和认识了不同绘画工具材料的特性，这也为幼儿进一步掌握绘画工具的使用技巧提供了前提和基础。

因此，在幼儿园的绘画教育活动中，教师应通过不同形式、不同题材作品的创作活动逐步渗透各种绘画工具和材料的特性。要想激发幼儿绘画的兴趣，我们认为教师必须认识和了解各种绘画工具和材料，这样才能较好地指导幼儿使用这些工具和材料，创作出幼儿满意的美术作品。根据工具材料的不同，幼儿园常见的绘画类型分为以下六类。

第一，彩笔画，即幼儿使用各种彩笔完成的绘画。彩笔中常用的绘画工具有蜡笔、油画棒、彩色铅笔等。

第二，水粉画，即用水粉颜料和水粉笔完成的绘画。水粉颜料容易调和，幼儿可以调出丰富多变的色彩。厚涂能像油画一样具有遮盖力和附着性，薄铺又似水彩那样流畅和滋润。

第三，水墨画，是中国画的一种，即纯用水墨所作之画。幼儿水墨画的工具主要有纸、墨、笔、砚、国画颜料、画毡、涮笔筒等。

第四，印画。印画是幼儿非常喜欢的一种创作方式，主要包括印章画、拓印画、刮印画、合印画等形式。

第五，纸版画。在较厚的硬纸板上画出物体形象的大体轮廓，用刻刀或剪刀将轮廓小心剪刻下来，粘贴在另一张纸上或底板上，重叠加高后粘贴出有凸凹变化的浮雕效果，然后用油滚滚油墨，将印画纸放在粘贴好的底板上，用夹子固定，用油滚在底板上滚墨到均匀为止，将夹好的印画纸覆盖在滚好墨的纸板上，擦磨、压印，揭起印画纸后，一幅漂亮的纸版画就做好了。

第六，吹画。吹画是用嘴或吸管等其他工具把滴在纸上的颜料吹散开来，也可以任由颜料自由流动、组合成新的形象，进而显现出千姿百态的图案，形成一幅美术作品。这种作画方式操作简便、气氛轻松，画面变化无穷，符合幼儿好奇、好动、好想象的心理特点。

四、绘画活动的设计与组织 >>>>>>>>>>>>>>>>>>>>>>>>>>>>

（一）绘画活动常用的教学方法

1. 以指导练习为主的方法

以指导练习为主的教学方法是指在教师的指导下，幼儿进行各种形式的绘画、制作等实践活动，从而熟悉和掌握各种美术知识、技能、技巧的方法。这一方法以幼儿的实践活动为特征，通过实践活动使幼儿对美术的认识向高层次发展，把技能变为技巧。

练习法可以分为模仿练习和创作练习。模仿练习，是根据范例和教师的演示进行的练习；创作练习，是让幼儿在自己已有表象的基础上独立构思，对材料进行加工、改造、制作并加以表现。从练习步骤上划分，又可以分为整体练习、分段练习和分步练习。

温馨提示 🐚

运用练习法时要注意以下三点。

首先，教师的指导要有一定的目的性。其次，练习方法要多样化，可以通过变换主题、材料等练习同一技能，也可以通过游戏、竞赛等方式引发幼儿练习的兴趣。最后，要注意幼儿的创造性与创作个性，在掌握基本规律与方法的前提下，积极鼓励幼儿富有个性和创造性地练习与探索。

2. 以引导探究为主的方法

以引导探究为主的方法是指在教师的指导下，由幼儿自己发现问题、探索问题和解决问题的教学方法。探究法的主要特征是相关的美术技能不是直接教给幼儿，而是在相关范例的启发下，幼儿通过自己尝试找到解决问题的方法。在探索解决问题的过程中，使幼儿的独立性得到充分发挥，进而培养和发展幼儿的探索能力、活动能力和创新能力。以引导探究为主的方法主要有尝试法和发现法。

（二）绘画活动的一般模式

幼儿园绘画活动最常见的模式是以感知欣赏、示范讲解、动手操作、欣赏评价为主要环节的模式。

1. 教师用容易引起幼儿学习兴趣的方式引出主题

教师可以出示相关的绘画作品、实物或视频，目的是引出主题，并在相应的范画作品、实物或视频中找到相应的线索串联整个活动。

2. 教师用容易让幼儿清楚感知的方法感知画面的内容

这个环节可以让幼儿仔细地观察画面，从线条、色彩、形状及构图这四个美术要素入手加以引导。如果活动以色彩训练为主，那么在范画学习的过程中，教师就应该有意识地引导幼儿着重感知色彩；如果活动以线条训练为主，那么在范画学习的过程中，教师就应该相应地引导幼儿着重感知画面线条。

3. 引导幼儿动手操作，教师进行个别指导

这个环节以幼儿自己动手操作为主，教师个别指导为辅。需要注意的是，在幼儿按其意愿创作的过程中，教师最好不要随意询问，以免扰乱幼儿的创作思路。

4. 教师采用过程评价与作品评价相结合的方式进行总结点评

传统的绘画活动评价基本上以作品评价为主，但是这种评价方式还不够科学、全面。建议采用过程评价与作品评价相结合的方式。过程评价即关注幼儿在绘画创作过程中的行为表现、意志品质等。简言之，就是看幼儿在创作过程中遇到困难时能否克服并继续完成。

步骤二 教学观摩

一、观摩幼儿园大班绘画活动视频：《美丽的花朵》 >>>>>>

（一）呈现完整活动方案

扫描二维码，阅读大班绘画活动方案"美丽的花朵"。

（二）观察、 讨论与反思

1. 呈现讨论话题

(1)活动目标的设计是否符合幼儿园教育活动目标制定的基本要求？是否符合大班幼儿绘画活动的要求？如果不符合，该怎样修改？

(2)活动过程中教师是如何给予幼儿指导的？体现了教师怎样的教育智慧？

(3)教师在活动中是如何引导幼儿理解"渐变"这一美术概念的？

(4)该活动教师主要运用了哪些教学方法？体现在哪些环节？

(5)教师的美术素养怎样？教学基本功怎样？教学效果怎样？

2. 观摩活动录像

请大家把"活动实录"写在自己的课堂笔记本上，并及时记录观摩过程中自己的想法。

3. 分组讨论交流

学习笔记

大班绘画活动文本案例：美丽的花朵

大班绘画活动视频：美丽的花朵1

大班绘画活动视频：美丽的花朵2

组内交流	集体交流
各小组成员围绕讨论话题对活动进行讨论与评价，并记录本小组的共同观点。	各小组派一名同学代表本组同学发言，与其他小组交流评价意见，并记录每个话题的讨论结果。

4. 教师评价总结

> 记录任课教师评价与总结的内容

二、观摩幼儿园教师现场执教的绘画活动 >>>>>>>>>>>>>>>

　　请大家在幼儿园现场观摩教师执教的绘画活动，做好听课笔记，认真倾听执教老师的说课，积极参与讨论，及时记录讨论结果和带队教师的评价总结。

中班绘画活动
文本案例：美丽的
"碎蛋壳"花纹

步骤三　方案设计

　　第一，第一位在幼儿园试教幼儿园绘画活动的同学，请与本组同学合作修改"美丽的'碎蛋壳'花纹"这个活动方案，形成新的方案，并做好活动准备。

> **温馨提示**
>
> 　　请同学们从以下几个方面去思考、修改。
>
> 　　1. 在活动中的"收"与"放"需要仔细考虑，教师的包办代替不如放手让幼儿亲历其中的变化。
>
> 　　碎蛋壳该如何提供？第一种思路：教师发给幼儿人手一个事先敲过的熟鸡蛋，让幼儿观察。第二种思路：活动开始时教师发给幼儿每人一个完好的熟鸡蛋，让幼儿自己敲碎，然后注意观察蛋壳发生了什么变化。
>
> 　　2. 教师应该因材施教。
>
> 　　对于能力强的幼儿可以放手让他们自由发挥；对于能力弱的幼儿，要让他们有充分的时间和空间去观察、操作，教师做适时、适宜的引导。"花瓶"该如何刷色？第一种思路：为了让幼儿观察到油水分离的现象，教师自己示范用水粉颜料给成品"花瓶"刷色，要求幼儿观察刷色后"花瓶"花纹的变化。第二种思路：教师在交代作画步骤后，放手让幼儿作画。

　　第二，第二位在幼儿园试教幼儿园绘画活动的同学，请与本组同学合作修改"多彩的毛线团"这个活动方案，形成新的方案，并做好活动准备。

小班绘画活动
文本案例：多彩
的毛线团

> **温馨提示**
>
> 　　请同学们从以下几个方面思考、修改。
>
> 　　1. 活动目标的三个维度是否涵盖全面？目标表述主体是否一致？目标是否具有可操作性？是否符合小班幼儿的年龄特点？
>
> 　　2. 该活动的重点是感知曲线的轨迹，难点是学习由内到外沿顺时针方向一圈一圈画螺旋线。
>
> 　　3. 涉及画线的方法时，教师应结合小班幼儿的年龄特点，借助儿歌、童谣等帮助幼儿记忆，在此基础上给予引导。

第三，在实训室试教幼儿园绘画活动的同学，请与本组同学合作修改"美丽的舞会服饰"这个活动方案，形成新的方案，并做好活动准备。

温馨提示

请同学们从以下几个方面思考、修改。

1. 教师在课前准备舞会服饰图片时需要从款式、图案、花边、装饰物等方面进行认真筛选，数量不宜过多。

2. 操作材料如何提供？第一种思路：教师事先准备好舞会服饰的空白模板，直接让幼儿进行装饰。第二种思路：教师直接给幼儿空白的纸张让幼儿进行设计、装饰，并将设计好的服饰剪下来。

3. 教师在评价环节应着重围绕活动的重难点进行点评。

第四，在实训室试教幼儿园绘画活动的同学，请与本组同学合作修改"京剧脸谱"这个活动方案，形成新的方案，并做好活动准备。

温馨提示

请同学们从以下几个方面思考、修改。

1. 教师在课前准备京剧脸谱图片时需要认真筛选：最好是花脸脸谱（整脸、三块瓦脸、十字门脸等），图案简单，对称性较强，色彩不宜过于复杂。

2. 该活动的重点是感受京剧脸谱中五官的对称、夸张、变形以及脸谱色彩的性格特征；难点是设计并用水粉绘制脸谱。

3. 操作材料如何提供？第一种思路：教师事先画好脸谱的一半，另一半让幼儿来完成。第二种思路：教师直接给幼儿空白的纸张让幼儿进行设计、装饰。

图标左侧：
大班绘画活动文本案例：美丽的舞会服饰
大班绘画活动文本案例：京剧脸谱

步骤四　方案实施

同第27页"方案实施"内容。

步骤五　总结提升

一、活动目标设计要关注发展性与挑战性的关系 >>>>>>

活动目标是指教师期望活动所达成的教育结果。教师在设计活动时，一般会意识到活动目标的设定对幼儿具有一定的挑战性。有了挑战性，才能激发幼儿学习的兴趣，增强其学习的积极性，幼儿才会学有所获。但不容忽视的是，一方面，活动的目标应适应幼儿已有的发展水平，符合他们美术学习的发展规律和特点；另一方面，目标应把促进幼儿的全面发展作为落脚点，也就是要为幼儿创造最近发展区。例如，在小班绘画活动"我们的小房子"中，考虑到该班幼儿动手能力较弱，让他们直接用笔去画房子是非常困难的，教师把教育活动的目标设置为，在观察、感受的基础上，了解房子的基本构造，尝试用自己喜欢的材料表现自己想象中的房子。这一目标在考虑幼儿的发展水平和特点的基础上制定，符合该班幼儿实际，有利于促进幼儿真正进步。

二、活动实施过程要注意整合性与针对性的关系 >>>>>>

教师在教学过程中越来越关注整合对幼儿学习的促进作用，这种整合主要表现为两方面：一是活动目标要考虑幼儿的认知、情感、技能等多方面的整合；二是活动目标要考虑美术与其他教育领域的整合。例如，小班的印画"鱼儿游游"的美工活动中，教师的重点是让幼儿用盖印的形式表现鱼的不同运动方向。针对这一教学目标，教师整合科学领域，引导幼儿观察鱼缸中鱼的自由运动方向，而不是外形特征；整合音乐领域，听音乐模仿鱼儿身体的运动轨迹，而不是创编鱼的不同姿态造型；整合语言领域，用方位词描述鱼的运动方向，而不是用形容词说明鱼的美丽……这样的整合让幼儿反复感受鱼的运动，帮助幼儿表现鱼的运动。但整合进来的东西并不是越多越好，而是要有一定的针对性和关联性。虽然有的活动看起来很"热闹"，幼儿似乎也能从中学到很多内容，但是重点和难点被冲淡了。

除此之外，还要看教师在绘画活动中能否通过提问有效地激发幼儿创作的欲望，能否根据幼儿的个体差异进行有针对性的指导。例如，当幼儿经常选择绿色来画水草时，教师提问："水草都是绿色的吗?"当幼儿选用褐色和蓝色来画时，教师再提问："可不可以用其他颜色来画水草呢?"当幼儿用彩色画水草时，教师进一步提问："可以将哪些颜色混合在一起，组合成更好看的水草呢?"在这里，教师的提问可以帮助幼儿改变惯有的思维模式，促进幼儿想象力的发展。

三、欣赏评价环节要注意有效性与承接性的关系 >>>>>>

教师在活动结束后，都会对活动进行小结和评价，了解幼儿掌握重、难点的情况。这其实也是师幼相互作用的过程，是教师了解幼儿发展水平和需要的最好契机，同时也为下次活动的生成做好铺垫。例如，在大班"圆形组合添画"活动结束后，教师从对幼儿作品的观察中发现，此活动借助想象创作的目标完成得较好，幼儿作品反映的内容非常丰富，但是画面的主体不够突出。教师敏锐地意识到如何运用色彩的变化、线条的粗细、排列的疏密、块面的虚实来突出创作主体是下次主题活动设计的重点。

绘画活动的欣赏评价环节更多地关注活动的效果。幼儿园绘画活动的效果是根据一定的教育目标、选择适宜的教育活动内容、运用多种方法开展教育活动所产生的结果。[1] 对绘画活动效果的评价影响着整个活动的质量和发展方向，它包含两方面的内容：一是对幼儿发展的评价；二是对幼儿绘画作品的评价。对幼儿发展的评价关注的是幼儿的想象力、创造力的发展，情感态度的发展以及技能技巧的获得，这些也为后续活动的开展提供相关的依据。对幼儿来说，绘画作品是幼儿对客观世界的观察、理解、想象和审美的认识及个性反映的表现。它具有童真性、自由性和创造性，展现了他们的内心世界和情感，无所谓好坏，重要的是

① 曹英：《幼儿园绘画教育活动评价内容的研究》，硕士学位论文，东北师范大学，2006。

学习笔记

能充分表达自身的情感和自己对美的理解。所以，教师在引导幼儿欣赏、评价绘画作品的时候，可以更多地关注幼儿绘画过程中的构图、色调的美感，幼儿对美的独特理解以及是否有创意等，还可以引导幼儿讲述自己融入画作的情感和所要表达的意思。① 评价应关注幼儿在绘画过程中他们的情感是否得到了完全释放，是否全身心地投入绘画创作中，而不是以成人绘画的形式语言和表现技巧来评价幼儿的作品。

学习笔记

练习与应用

一、思考题

1. 幼儿园绘画活动是怎样促进幼儿认知、个性等方面的发展的？

2. 具有一定结构化的幼儿园绘画活动的基本环节与实施要点有哪些？

二、操作题

按幼儿园绘画活动的各年龄阶段目标，参照幼儿园绘画活动的设计思路和一般模式，适当地修改教师给定的活动方案，然后进行模拟试教。

学习反思

---

① 韩婉姝：《如何提升幼儿园绘画活动指导的有效性》，载《教育导刊(下半月)》，2012(4)。

学习评价

一、按要求修改案例

幼儿园教育活动设计方案表格可设计成表 1-4。

表 1-4　幼儿园教育活动设计方案

班级：　　　　　学号：　　　　　执教者：　　　　同组人员姓名及学号：

活动名称	
活动目标	
活动准备	
活动过程	
活动延伸	
小组讨论情况记录	

二、运用观摩记录表作为活动记录

观摩记录表可设计成如表 1-5 的形式。

表 1-5　幼儿园集体教学活动观摩记录表

活动名称		教师	
活动时间		年龄班	
	原始记录	分析评价	
目标制定			
内容选择			
方法选择			
活动环境			
材料准备			
活动过程			
活动效果			

　　此评价记录还可以用于领导、同事间的评价，也可以用于教师的自评，目的是通过对活动原始记录的分析和评价，寻找和探讨存在的问题及解决的方法，更好地促进教学。

学习情境二
有目标和素材的活动设计与实施

情境描述

在学习情境一中，我们已经了解了幼儿园教育活动方案的一般格式，并深入学习了各部分的具体设计要求，知道了怎样确定活动目标、怎样根据目标选择内容、怎样运用教学方法等。本情境将进一步提高学习要求，只提供活动名称、目标和素材，要求学生根据这些内容补充设计活动准备、活动过程和活动延伸，并进行适宜化实施。这是实现从"模仿"到"创新"的一个必不可少的过渡阶段。

思维导图

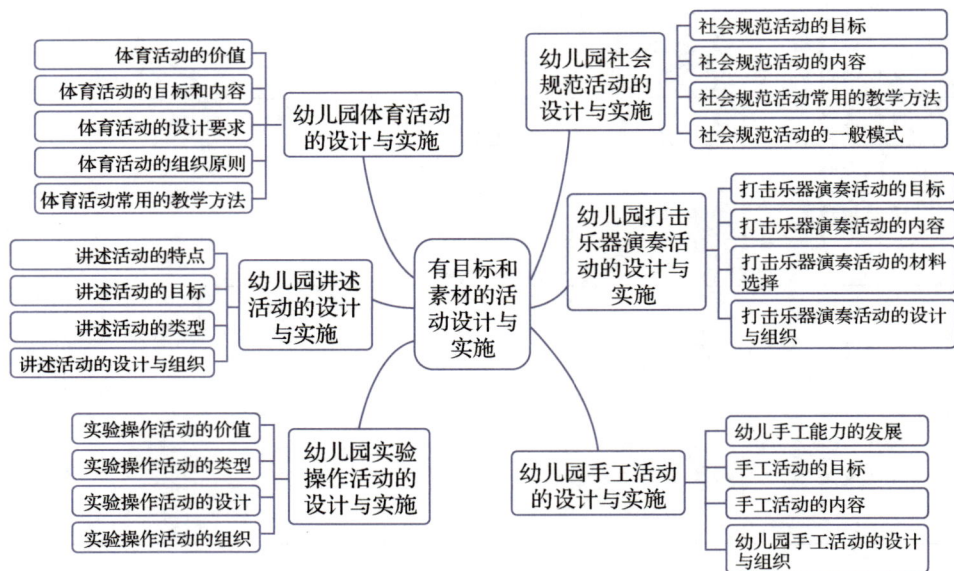

学习目标

1. 通过理论学习，了解幼儿园体育、讲述、实验操作、社会规范、乐器演奏、手工等集体活动的目标和内容，熟悉其组织形式、原则以及常用的教学方法。

2. 通过活动案例观摩、记录、讨论、反思和设计、实施、评价幼儿园集体教育活动，掌握幼儿园集体教育活动的具体设计要求，并进一步巩固幼儿园集体活动的内容和教学方法等理论知识。

3. 能根据教师提供的活动名称、目标和素材，设计出完整的、适合所教年龄段幼儿身心发展特点和经验水平的活动方案，并进行适宜的实施和评价。

4. 能根据《幼儿园集体教育活动定量评价表》评价活动的实施情况。

案例导入

李同学在图书馆里，发现图画书《鳄鱼爱上长颈鹿》十分有意思，想利用这本书开展讲述活动。她把活动目标设置为，能够比较长颈鹿与鳄鱼的身高；懂得测量的概念。在活动中，她尝试通过封面，让幼儿比较长颈鹿和鳄鱼的高度，然后引导幼儿比较各自的身高，并引出测量的概念……在该活动中，李同学把握不准活动目标制定的方向。

独立制定活动目标，需要熟知《纲要》《指南》的内涵，这对于刚接触幼儿园教育活动设计的同学有一定的难度。通过本情境的学习，学生尝试根据活动名称、目标和素材设计完整的教育活动，并运用各种策略，优化活动过程的设计。主要通过体育活动、讲述活动、实验操作活动、社会规范活动、乐器演奏活动、手工活动设计与实施这六个任务的学习，提高活动方案设计与实施的质量，并为下一步更高层次的学习和独立设计完整的幼儿园教育活动方案奠定基础。

任务一
幼儿园体育活动的设计与实施

典型案例

在一次区级幼儿园体育教学活动比赛中，一名幼儿教师选择了"快走"作为教学内容。活动中，教师在为幼儿进行"快走"动作示范时，将双手夹紧放在身体两侧，并让双臂自然摆动。结果，所有的幼儿都模仿教师双手夹紧身体的动作来进行"快走"的游戏，自然也就没有习得正确的"快走"方法。课后，与该教师进行交流，问其"走"与"跑"的区别，教师表示不太清楚，双手夹两侧只是自己认为应该是这样的。(作者：刘晓丽)

这种情况在幼儿园体育活动中屡见不鲜。目前，大多数幼儿园都没有配备专业的体育教师，体育活动的组织与实施基本上由各自班级的教师负责，而体育基础理论知识与基础动作教学能力始终是幼儿园教师的短板。教师应该如何顺应儿童的身心发展特点，科学有效地开展体育活动？如何在趣味情境中层层递进地发展幼儿的身体素质与运动能力？如何科学评估幼儿的运动量？如何制定与传达游戏规则？这些问题也困扰着很多幼儿园教师。带着这些疑问，让我们进入"幼儿园体育活动设计与实施"任务的学习吧。

📝 学习笔记

📚 实施步骤

步骤一　资讯提供

党的二十大报告提出，广泛开展全民健身活动，加强青少年体育工作，促进群众体育和竞技体育全面发展，加快建设体育强国。体育是幼儿全面和谐发展教育的一个有机组成部分，也是幼儿健康教育的重要内容之一。科学的、适合幼儿的体育活动对幼儿提高身体素质、增强体质、提高健康水平、将来更好地适应社会生活都具有重要的促进作用。因此，幼儿健康教育要充分重视体育活动。

一、体育活动的价值 >>>>>>>>>>>>>>>>>>>>>>>>>>>>>>>>

（一）体育活动对幼儿身体发展的价值

幼儿正处于身体快速生长发育的时期，这也是幼儿成长的关键时期。营养和卫生为新陈代谢提供了所需的物质和环境，而体育活动则通过幼儿自身的活动来增强机体的新陈代谢。适当的身体运动能使骨骼和肌肉长得结实、关节灵活；特别是能提高幼儿的心肺功能，加速血液循环；还能促进机体的新陈代谢，增强体内营养物质的消耗，促进胃肠蠕动和消化液分泌，改善肝脏、胰腺的功能，增进食欲，使整个消化系统的功能得到提高。此外，还有利于神经系统的发育，使神经系统调节和控制机体活动的能力进一步增强。

（二）体育活动对幼儿心理发展的价值

1. 促进幼儿认知发展

适当的身体运动可以改善大脑供氧状况，提高机体对氧的利用率，这有利于提高神经系统的工作效率，从而为幼儿的认知活动提供先决条件，促进幼儿认知的发展，进而提高幼儿的认知水平。其实，幼儿在参与身体运动的过程中，伴有大量认知活动。例如，幼儿需要记住玩具、运动器械的名称及玩法，需要理解游戏活动的过程，需要记住教师交代的游戏或比赛规则，需要注意观察并学习教师的示范动作等。

🌸 考证练习

简述体育活动的价值。

2. 促进幼儿个性发展

幼儿期是自我意识的萌芽期，也是个性的最初形成期。身体运动对幼儿个性发展的作用主要表现在以下几个方面：第一，体育活动可以增强幼儿的自信心，让幼儿获得成功的体验；第二，体育活动可以塑造幼儿良好的意志品质；第三，体育活动可以培养幼儿的合作精神和集体荣誉感；第四，体育活动可以增强幼儿的竞争意识。

二、体育活动的目标和内容 >>>>>>>>>>>>>>>>>>>>>>>>>>>>

（一）体育活动的目标

《纲要》指出幼儿园健康教育目标之一是"喜欢参加体育活动，动作协调、灵活"，《指南》对幼儿动作的发展提出了两条目标，"具有一定的平衡能力，动作协调、灵敏""具有一定的力量和耐力"。除此之外，《指南》还对各年龄阶段目标进行了详细的论述。

1. 小班

(1)能沿地面直线或在较窄的低矮物体上走一段距离。

(2)能双脚灵活交替上下楼梯。

(3)能身体平稳、双脚连续向前跳。

(4)分散跑时能躲避他人的碰撞。

(5)能双手向上抛球。

(6)能双手抓杠悬空吊起 10 秒左右。

(7)能单手将沙包向前投掷 2 米左右。

(8)能单脚连续向前跳 2 米左右。

(9)能快跑 15 米左右。

(10)能行走 1 千米左右(途中可适当停歇)。

2. 中班

(1)能在较窄的低矮物体上平稳地走一段距离。

(2)能以匍匐、膝盖悬空等多种方式钻爬。

(3)能助跑跨跳过一定距离，或助跑跨跳过一定高度的物体。

(4)能与他人玩追逐、躲闪跑的游戏。

(5)能连续自抛自接球。

(6)能双手抓杠悬空吊起 15 秒左右。

(7)能单手将沙包向前投掷 4 米左右。

(8)能单脚连续向前跳 5 米左右。

(9)能快跑 20 米左右。

(10)能连续行走 1.5 千米左右(途中可适当停歇)。

3. 大班

(1)能在斜坡、荡桥和有一定间隔的物体上较平稳地行走。

(2)能以手脚并用的方式安全地爬攀登架、网等。

(3)能连续跳绳。

(4)能躲避他人滚过来的球或扔过来的沙包。

(5)能连续拍球。

(6)能双手抓杠悬空吊起 20 秒左右。

(7)能单手将沙包向前投掷 5 米左右。

(8)能单脚连续向前跳 8 米左右。

(9)能快跑 25 米左右。

(10)能连续行走 1.5 千米以上(途中可适当停歇)。

（二）体育活动的内容 >>>>>>>>>>>>>>>>>>>>>>>>>>>>>>>>>>

第一，身体活动的知识和技能，包括走、跑、跳、投掷、平衡、钻爬、攀登等基本动作及有关知识，体育运动的有关知识与技能等。

第二，身体素质的练习，包括平衡、协调、灵敏、柔韧、力量、速度等身体机能练习的有关知识和技能等。

第三，基本体操和队列队形的练习，包括徒手体操、轻器械体操，口令、信号与动作，列队，变化队形等。

托班韵律操视频：
小兔跳跳跳

托班韵律操视频：
让爱传出去

小班韵律操视频：
彩虹的约定

小班韵律操视频：
快乐的歌

中班韵律操视频：
加油加油

第四，器械活动，包括固定性运动器械、中小型可移动性运动器械和手持各种小型体育活动器械，以及各种自制的体育活动器械。

三、体育活动的设计要求 >>>>>>>>>>>>>>>>>>>>>>>>>>>>>>

这里所说的体育活动不是广义的体育活动(包括早操、户外体育活动、集体体育教学活动等)，而是特指狭义的体育活动——集体体育教学活动，即通常所说的"体育课"。集体体育教学活动是一种有目的、有计划、有组织的体育活动，它是实现幼儿体育任务的基本途径之一。一次集体体育教学活动的基本结构及其具体的设计要求和注意事项如下。

（一）开始部分

1. 任务

开始部分的主要任务是迅速地将幼儿组织起来，集中幼儿注意力，并从生理上和心理上调动幼儿。也有人将开始部分称为"热身"，其实除了"热身"之外，还要"热心"。所谓"热身"就是指生理上的"动员"，通过做一些身体的准备活动，逐步提高幼儿身体的机能和活动能力，使幼儿身体各器官逐步进入工作状态，为开展更大活动量的运动做好准备；所谓"热心"就是指通过教师精心设计的准备活动，充分调动幼儿参与活动的积极性和愿望，使幼儿精神振奋、情绪饱满、跃跃欲试。

2. 内容

开始部分可以做一些队列队形练习、简单的舞蹈和律动、基本的体操和模仿操，可以开展一些运动负荷不大、有利于发展幼儿体能的游戏，也可以向幼儿说明活动的要求和主要内容等。

3. 时间

开始部分的时间一般占幼儿集体体育教学活动总时间的 10%～20%。幼儿园一次集体体育教学活动的总时间为小班 15～20 分钟，中班 20～25 分钟，大班 25～30 分钟。

4. 注意事项

(1)热身是幼儿园体育活动不可或缺的一部分，不可忽视。

(2)热身的时间不宜过长，运动量不宜过大，否则会影响幼儿的后续活动。

(3)教师可以选用一些节奏感强、动感十足的音乐配合热身运动，有助于活跃活动气氛，调动幼儿全身心参与热身运动。如果不便采用音乐，教师也可以根据需要选用口令或口哨，以使热身运动节奏鲜明。

（二）基本部分

1. 任务

基本部分的主要任务是完成本次集体教学活动的任务，达成其目标，即通过一定的身体动作练习，提高幼儿的身体素质，发展基本动作的活动能力，学习粗浅的体育知识和技能，逐渐形成优良的品德和良好的性格，锻炼意志力，发展智力等。

2. 内容

基本部分可以学习一些新的或者较难的内容，也可以巩固和提高已学过的各类练习和游戏，一般情况下，一次活动安排 1～2 项活动内容，且在内容的安排上注意新旧搭配，急缓结合，全面锻炼幼儿的身体。另外，一般提倡把新授的内容安排在该部分的前半段，因为此时幼儿注意力比较集中、情绪比较饱满、体力比较充沛；把能引起幼儿高度兴奋或活动量较大的游戏活动安排在该部分的后半段，以适应幼儿身体机能活动的规律。

3. 时间

基本部分活动的时间一般占幼儿集体体育教学活动总时间的 70%～80%。

4. 注意事项

(1)遵循幼儿学习动作的基本规律。新动作的教学应遵循幼儿学习动作的基本规律：粗略掌握阶段——→改进提高阶段——→巩固运用阶段。

①在粗略掌握阶段，幼儿主要靠视觉表象来控制和调节动作，教师需要将动作的主要环节进行详尽的讲解与示范，使幼儿对动作的整体性有一个初步的、全面的知觉和印象；同时，为给幼儿提供较多的练习机会，让幼儿亲自体验和实践，初步学习该动作，不需要过多地强调动作的细节部分或重复纠正幼儿的错误动作。保持一个原则，即激发幼儿学习的欲望，动作基本到位即可。

②在改进提高阶段，幼儿对身体的控制能力有所增强，能较顺利、较正确地完成整个动作，逐步形成动作概念。这时，教师应让幼儿多实践、多练习，提醒幼儿细致观察正确动作，并纠正幼儿的错误动作，帮助他们逐步掌握动作的节奏感，使其能够轻松、协调、正确地完成动作，并日渐完善。

③在巩固运用阶段，幼儿能较准确、熟练、协调、省力地完成动作，甚至出现动作的自动化。这时，教学活动的主要任务是巩固和发展已经形成的动力定型，设置各种变化的环境和条件，使幼儿能在各种变化的条件下自如、熟练地运用这些动作技能，提高幼儿动作的适应性。

(2)注意运动的强度和密度的合理搭配。为了保证幼儿体育活动量的适宜，设计者需要综合考虑幼儿身体运动的强度和密度，注意其合理搭配与协调。如果运动的强度较大(如单脚连续跳跃、快跑等)，则运动密度可以适当减小一些，使幼儿有适当的休息时间；如果运动的强度较小(如钻、走等)，运动密度则可以适当增大一些。一般来讲，幼儿体育课中包括几种身体动作的练习或几种不同的活动，要综合考虑运动的强度和密度，并合理安排。

（3）注意上肢活动与下肢活动的有机结合。在一次幼儿集体体育教学活动中，身体动作练习部位的选择应尽可能考虑到上肢与下肢的结合。例如，如果选择了跑的动作练习，那就不要再选择跳跃的活动，因为它们均属于腿部的动作练习，会加重幼儿腿部的生理负荷。最好是选择上肢部位的活动(如拍球、投掷等)或全身的活动(如手膝着地爬等)。

（4）注意根据季节或气候的特点安排运动量。在不同的季节、气候条件下，幼儿体育课活动量的安排应有所差异。例如，在冬季，幼儿集体体育教学活动的活动量可以安排得稍大一些，多选择一些奔跑或跳跃的动作练习，这样能使幼儿在较寒冷的户外活动时不会觉得身体很冷；在夏季，由于天气本来就比较热，身体稍加运动就会出汗，这时，幼儿集体体育教学活动的活动量就应该安排得小一些，可以多选择钻、投掷等动作的练习。

（三）结束部分

1. 任务

缓解幼儿身心高度兴奋或紧张的状态，合理地评价和总结幼儿的活动，有组织地结束活动，收拾场地与器材。

2. 内容

轻松自然地走步，徒手放松练习，简单、轻松的体操或舞蹈，安静的游戏，简单的评价与小结，组织幼儿收拾场地与器材等。

3. 时间

结束部分活动的时间一般占幼儿体育课总时间的10%～20%。

4. 注意事项

(1)放松活动可以帮助幼儿缓解身心的紧张感，使幼儿能继续进行后续的活动，因此不可省略。

(2)结束部分不可进行运动量大或让幼儿更加兴奋的游戏或其他活动，否则会加重幼儿的身心负荷，影响后续的活动。

(3)放松活动一般配以轻柔、舒缓的音乐，这样可以达到更好的放松效果。

(4)教师不要把收拾与整理的任务全部留给自己或配班教师，应让幼儿一起参与收拾和整理，以培养幼儿的良好习惯。

教学微课视频：幼儿园体育活动过程之放松部分的设计

🔆 互动平台

请大家课后选取5首可以作为放松音乐的曲子，并剪辑制作成时长适宜的曲子以备用。

考证练习 ✳

选择题：保护幼儿脊柱

面试题：风爷爷和树叶

面试题：绕大树

四、体育活动的组织原则 >>>>>>>>>>>>>>>>>>>>>>>>>

（一）安全性原则

安全问题是组织体育活动时首先要考虑的问题。由于幼儿体力较弱，独立活动能力较差，缺乏运动经验，特别是运动中的卫生和安全方面的经验，自我感觉和反应能力较低，情绪高涨时容易忽视安全和规则问题。因此，安全问题在幼儿园体育活动中尤为重要，必须采取必要的安全措施，以防发生意外。安全性原则的贯彻不仅表现在体育集体教学活动的设计与实施中，也体现在日常户外活动与体育游戏的组织中。

（二）经常性原则

经常性原则是指幼儿园体育活动应贯穿在幼儿的每日活动中，避免出现"三天打鱼，两天晒网"的现象。在具体落实这一原则时应注意：每天都要让幼儿进行适当的身体锻炼，且保证幼儿每天参与体育活动的时间不少于一小时。如果因天气不能在户外进行早操、集体教学活动和体育活动时，那就要在室内开展一定量的体育活动作为弥补，不可因客观原因而完全取消。

（三）全面性原则

全面性原则是指在幼儿身体运动的过程中，应选择和安排全面的、多样的活动内容和方法，以促进幼儿全面、和谐发展。它具体包括两层含义。一是指体育活动应促进幼儿身心全面发展，即体育活动不仅要促进幼儿身体的健康发展，还要促进幼儿心理的健康发展；不仅要增强幼儿的体质，还要促进幼儿在认知、情感、态度、社会性和个性等方面的良好发展。二是指体育活动应尽量使幼儿身体的各个部位、各器官系统的机能、各种身体素质和基本活动技能等都能全面协调地发展，避免身体锻炼的片面性和不均衡性。

（四）适量性原则

适量性原则是指在组织幼儿进行体育锻炼活动时，教师应注意合理安排、调节幼儿身心所承受的负荷量，以达到最佳锻炼效果，提高幼儿身体的运动机能，保证身心和谐发展。教师可以通过观察幼儿的呼吸频率、出汗情况、面部颜色和表情等方面的表现，来判断活动量是否适宜。

（五）渐进性原则

渐进性原则是指教师在安排体育活动的内容、方法和运动负荷时，都要根据人们认识事物的一般规律，逐步深化、不断提高。安排内容时应该由少到多、由浅入深；选择方式方法时应该由易到难、由简到繁；安排运动负荷时应该由小到大、由弱到强。

（六）多样性原则

多样性原则是指体育活动应灵活运用多种内容、多种形式和多种方法。任何一种内容、形式和方法都有自己的特点，都具有不可替代的作用。因此，期望有一种内容、一种形式和一种方法完成全部的幼儿体育活动任务是不可行的。为此，开展幼儿体育活动需要多种内容、形式和方法的相互补充、相互配合和灵活运用。

教学微课视频：讲授法

教学微课视频：示范法

教学微课视频：
练习法

教学微课视频：
游戏法

教学微课视频：
比赛法

教学微课视频：
个别指导法

五、体育活动常用的教学方法 >>>>>>>>>>>>>>>>>>>>>>>>>>

（一）讲解示范法

讲解示范法是指教师通过边讲解动作要领，边示范正确动作的方式，让幼儿理解和掌握动作的形象、结构和要领的一种方法。运用讲解示范法时要注意以下问题：讲解要与示范结合，语言要通俗易懂、便于理解，动作要正确、熟练、优美，还要注意示范的位置和方向等。

（二）练习法

练习法是指通过教师的讲解和示范，在幼儿初步建立与活动有关的表象和概念的基础上，让幼儿在教师的指导下进行各种动作练习，以巩固和熟练掌握所学动作的一种方法。练习法可以分为完整练习法、分解练习法、重复练习法、变化练习法和循环练习法等，教师可根据体育活动内容和形式的不同，采取适宜的练习方法。

（三）游戏法与比赛法

游戏法是指以游戏的形式组织幼儿进行体育活动。这种方法可以使体育活动变得生动有趣，提高幼儿参与活动的兴趣，使幼儿在轻松、愉快的条件下锻炼身体、增强体质。它大多是有趣的模仿活动或者是具有游戏情节的活动，所以更适合小、中班幼儿。比赛法是指在比赛条件下进行身体锻炼的方法。比赛中幼儿争取胜利的强烈愿望有利于激发幼儿愉快的情绪，并提高其参与锻炼的积极性，增加运动强度，这种方法更适合具有一定竞争意识的中、大班幼儿。另外要注意的一点是，在幼儿还未形成正确的动作姿势和没有完全掌握活动的全过程时，不宜采用比赛法。

（四）语言提示法与具体帮助法

语言提示法是指在幼儿练习时，教师用简短明确的语言提示和指导幼儿正确完成动作或活动的方法。例如，在幼儿排队时，教师提醒幼儿抬头、挺胸，它的特点是明确、具体、及时、针对性强。具体帮助法是指教师直接而具体地帮助幼儿改正错误，掌握正确的练习要求和方法。例如，在排队练习时，教师将幼儿下垂的手臂抬起与肩同高，以做到"两手侧平举"。这种方法一般用于个别指导。

📝 学习笔记

步骤二　教学观摩

一、观摩中班体育活动视频《螃蟹运瓜》 >>>>>>>>>>>>>>>>>>

（一）呈现目标及素材

考证练习 🌸

1. 活动名称

中班体育活动：螃蟹运瓜。

2. 活动目标

（1）学会两两合作夹球侧走，动作协调，反应灵敏。

（2）体验同伴合作游戏带来的乐趣。

3. 活动素材

皮球若干。

中班体育活动
视频：螃蟹运瓜

（二）观摩、讨论与反思

1. 呈现讨论话题

(1)活动目标的设计是否符合幼儿园教育活动目标制定的基本要求？是否符合中班体育活动目标的要求？如果不符合，该怎样修改？

(2)活动导入的策略有哪些？

(3)"螃蟹运瓜"这个活动的难点是什么？动作要领又是什么？教师的讲解示范有效吗？

(4)活动过程的设计是否体现了环环相扣、循序渐进等原则？

(5)活动过程中运用了哪些教学方法？分别体现在哪些环节？

(6)该活动中的"情境"具体是什么？

(7)活动的结构是否完整？热身和放松部分可否改进？

(8)活动中幼儿是怎样保护自己的？教师有没有进行适当的引导？

2. 观摩活动录像

同第 24 页"2. 观摩活动录像"。

3. 分组讨论交流

同第 24 页"3. 分组讨论交流"。

4. 教师评价总结

同第 24 页"4. 教师评价总结"。

学习笔记

二、观摩幼儿园教师现场执教的体育活动 >>>>>>>>>>>>>

请大家在幼儿园现场观摩教师执教的体育活动，做好听课笔记，认真倾听执教老师的说课，积极参与讨论，及时记录讨论结果和带队教师的评价总结。

步骤三　方案设计

温馨提示

请大家在动手设计活动方案之前，先找相关参考书进行学习，也可以先到课程网站上寻找相关学习资源。根据教师提供的素材，在小组成员共同讨论的基础上，设计一份完整的幼儿园体育教学活动方案，并做好试教的所有准备工作。同学们可以根据幼儿园体育活动各年龄阶段目标、各种基本动作的要领及各年龄段的学习侧重点，结合本组同学的讨论意见，深入分析教师给定的活动名称、目标和素材，可对活动名称和目标进行适当修改，再补充设计活动准备、活动过程和活动延伸。

第一，第一位在幼儿园现场试教体育活动的同学，请与本组同学合作设计中班体育活动"跳跳可乐罐"，形成完整的方案，并做好活动准备。

素材

活动名称

中班体育活动：跳跳可乐罐

活动目标

1. 能较熟练地双脚连续向前跳，发展弹跳能力。

2. 连续跳时动作连贯，节奏适当。

3. 能用易拉罐进行多种游戏，体验创新游戏的乐趣。

可乐罐的玩法参考

1. 抛接可乐罐：将可乐罐向上抛再接住。

2. 滚接可乐罐：两名幼儿间隔一段距离，向对方滚可乐罐，并接住对方滚过来的可乐罐。

3. 脚踢可乐罐：将可乐罐放在地上用脚踢，边跑边踢，左右脚交替踢。

4. 运可乐罐：幼儿一次运多个可乐罐，看谁运得多。

5. 跳过可乐罐：将可乐罐横倒在地上，排成一列，铺成一条"路"，幼儿双脚连续跳过可乐罐；或将可乐罐立在地上，排成一列，幼儿双脚连续跳过可乐罐。

第二，第二位在幼儿园现场试教体育活动的同学，请与本组同学合作设计大班体育活动"好玩的报纸"，形成完整的方案，并做好活动准备。

素材

活动名称

大班体育活动：好玩的报纸

活动目标

1. 探索报纸的多种玩法，练习和发展快速奔跑的能力。

2. 奔跑时注意安全，避免碰撞。

3. 积极动脑，乐于探索。

报纸"一物多玩"的方法参考

1. 投纸球——幼儿站在线后，向指定方向投。

2. 立定跳远——将报纸铺平，跳过去。

3. 过河——头顶报纸过平衡板。

4. 不湿鞋——将两张报纸轮流向前摆放，人在上面依次前进。

5. 击剑——将报纸卷成纸棍，击剑。

6. 钻洞——两人各拿报纸两角，一人从报纸下钻过。

7. 人带纸跑——把报纸平铺在上半身，迅速向前跑，报纸不落地。

第三，第一位在实训室模拟试教体育活动的同学，请与本组同学合作设计中班体育活动"好玩的脚印地垫"，形成完整的方案，并做好活动准备。

素材

活动名称

中班体育活动：好玩的脚印地垫

活动目标

1. 能灵活地在画有脚印的地垫上跳跃，发展弹跳能力。

2. 通过自由组合地垫创造出不同的跳跃动作。

3. 能与同伴合作布置活动场地。

参考资料

1. 地垫的玩法参考。

(1)抛接地垫：幼儿将地垫向上抛，然后双手接住；将地垫向远处平抛，看谁抛得远。

(2)头顶地垫：幼儿将地垫放在头上，然后向前走，注意保持平衡，不要让地垫掉下来。

(3)间隔摆放：幼儿与同伴合作将地垫间隔摆放，练习立定跳远和两侧行进跳；鱼贯绕过地垫，进行蛇形行进队列练习。

(4)拼地垫：幼儿将地垫拼成一行后进行窄道移动和爬的练习。

(5)三角地垫：幼儿将地垫拼成三角形后进行助跑跨跳。

2. 脚印地垫跳跃方法参考。

(1)单脚跳：将画有单脚印的地垫拼成一行，幼儿轮流用左脚和右脚连续向前行进跳。

(2)双脚跳：将画有双脚印的地垫拼成一行，幼儿在上面双脚连续向前行进跳。

(3)单双脚交替跳：将画有单脚印和双脚印的地垫间隔拼成一行，幼儿按照脚印要求迅速向前行进跳。

(4)纹花跳：将画有单脚印和双脚印的地垫左右顺序打乱间隔拼成一行，幼儿按照脚印要求左脚踩左脚印，右脚踩右脚印，向前行进跳。

3. 场地布置参考。

(1)阳光道：将地垫拼成一行后进行窄道移动。

(2)月亮山：将地垫拼成三角形后进行助跑跨跳。

(3)时光隧道：将地垫拼成一行后，让幼儿在上面用手、膝盖或手脚爬行。

(4)魔垫道：将画有单脚印和双脚印的地垫间隔拼成一行，幼儿按照脚印要求迅速地单双脚交替向前行进跳；或者将画有单脚印和双脚印的地垫左右顺序打乱间隔拼成一行，幼儿按照脚印要求左脚踩左脚印，右脚踩右脚印，向前行进跳。

第四，第二位在实训室模拟试教体育活动的同学，请与本组同学合作设计大班体育活动"学做解放军"，形成完整的方案，并做好活动准备。

素材

活动名称

大班体育活动：学做解放军

活动目标

1. 理解半侧面转体肩上掷远动作要领。

2. 在游戏情境中，能够逐步学会用半侧面转体肩上掷远动作将"火箭弹"掷过 4.5m。

3. 感受与同伴一起挑战的快乐，萌发对解放军的热爱。

参考资料

1. 玩法参考。

(1)游戏"打雪仗"。

天突然下雪，小战士要灵活躲避雪球，不被砸到。雪停了，小战士可以自由地在森林里打雪仗。

教师提醒幼儿注意躲避，并在追逐幼儿时用海绵球砸幼儿的屁股。

(2)游戏"运雪球炮弹"。

战士们接到了首长的任务，需要将雪球运送到前线，小战士一边运球，一边捡雪球，将雪球投到"炮弹手"(老师扮演)的篮子里。

(3)游戏"开战进攻啦"。

标明开战线，小兵分成三组，进行鱼贯式练习，尝试2~3次。要求站在投掷线前，听从营长的指令，将沙包向前方投出。

(4)游戏"炸开矮城门"。

布置好距离小兵4米远的矮城门，小兵并排站在起投线，听从口令将"火箭炮"投掷越过城门。

(5)游戏"轰炸高碉堡"。

布置好距离小兵4.5米远的高碉堡，小兵分组鱼贯式练习，听从口令将火箭炮投掷越过碉堡。

2. 材料及场地布置参考。

炮弹(雪球)：可选用大小适中的海绵球或轻质沙包。

火箭炮：可选用中空的圆柱体状塑料玩具。

城门：可选用两个1.5米高的单杠和迷彩网组成。

碉堡：可选用两个2米高的单杠和迷彩网组成。

游戏场地：可设置两条不同颜色的起投线(前线)，并用五角星等标记好每组小兵的位置。起投线前方适当位置可以依次布置好开战线、矮城门及高碉堡。

学习笔记

步骤四　方案实施

同第27页"方案实施"内容。

步骤五　总结提升

一、幼儿园体育活动设计与实施的理念 >>>>>>>>>>>>>>>>

（一）调动幼儿的参与兴趣

兴趣是最好的老师。为了激发幼儿参与体育活动的兴趣，教师要多采用幼儿喜闻乐见的组织形式，采用幼儿容易接纳的教学方法，运用各种策略激发幼儿参与体育活动的热情和兴趣，使幼儿产生学习内驱力。

（二）释放幼儿的旺盛精力

精力旺盛是幼儿身心发展的特点之一，旺盛的精力是需要发泄的，而体育活动正是幼儿释放旺盛精力的合理途径。因此，教师在体育活动中应该合理安排运动量，既让幼儿释放旺盛精力，又不会对幼儿造成严重的运动负荷。

（三）激发幼儿的挑战欲望

"更高、更快、更强"是体育精神之一，其内涵是鼓励个体不断挑战自我。幼儿也有挑战自我的愿望，教师应该创设相应的活动场景和条件，帮助幼儿实现这个愿望。

想一想

在体育活动中，我们可以通过哪些方法帮助幼儿建立正确的输赢观念呢？

（四）发挥幼儿的创造潜能

幼儿园体育活动，特别是"一物多玩"这类活动，对于幼儿创造性的发展是有一定作用的，教师不一定要对活动方式进行讲解示范，可以让幼儿发挥主体性和创造性。

此外，中大班幼儿竞争意识逐渐增强，对于比赛结果，即输赢的关注也日渐强烈，如何引导幼儿正确看待输赢是教师需要关注的问题。

二、幼儿园体育活动的实施建议　>>>>>>>>>>>>>>>>>>>>>>>

第一，做好活动前的准备工作。包括活动前场地、器材的配备和布置，幼儿及场地的安全、卫生工作等。同时，还要注意做好活动后的复习辅导和检查评价工作，总结经验教训。

第二，教师要以积极的态度和高昂的情绪投入活动的组织与指导中。在开展活动时有一定的灵活性，采用多种指导方式，既面向全体，又关注个体差异，对不同水平的幼儿提出不同的要求，让每一个幼儿都能在自己原有的基础上得到发展，获得成功。

第三，注重对幼儿进行全面、和谐的教育，既发展幼儿的运动能力，又发展幼儿的智力、个性和社会适应性。

第四，合理安排运动负荷，包括生理负荷和心理负荷。

第五，注意活动的游戏化，使幼儿获得良好的情感体验。

练习与应用

一、思考题

1. 体育活动是怎样促进幼儿认知、个性等方面的发展的？

2. 怎样合理安排幼儿的生理负荷和心理负荷？

3. 幼儿活动量受哪些因素的制约和影响？

4. 体育活动各环节的设计要求是什么？

5. 幼儿学习基本动作的一般规律是什么？

二、操作题

1. 创编一套热身操和放松活动(年龄段自选)，并配上合适的音乐。

2. 收集 5 个适合幼儿的民间体育游戏，并选择其中一个组织幼儿进行活动。

3. 请各小组根据教师提供的素材，合作设计一份完整的体育活动方案。

学习反思

任务二
幼儿园讲述活动的设计与实施

6 岁幼儿讲述《奇怪的洞》

　　从前有一只小老鼠，他从……他在山里散步的时候，抱了一个大鹅卵石，可是他又看见了一个东西。他以为那是一根水管，或者什么东西，就想把那个大鹅卵石放那里保管。可是呢？大象……原来是大象的鼻子。大象就在那里玩耍，可是他觉得鼻子有点不舒服，所以把鸡蛋和小老鼠一起喷了出来。

　　第三天，他又看见了那个大洞，觉得那是他奶奶的家，所以他就……所以他就想把那个鸡蛋放在那里，当……当作他的家。

　　可是，他看着看着，把那个大鸡蛋踢走了，所以他……那个……嗯……小老鼠跑呀跑，终于追上了鸡蛋。幸好他……幸好他的鸡蛋没有落水。

　　在幼儿园语言教育中，讲述活动占据着重要的地位。在《指南》中，语言领域的目标提到"讲述比较连贯""讲述时能使用常见的形容词、同义词等，语言比较生动"，这些就是讲述活动的基础。在这一节中，我们将一起讨论幼儿园讲述活动的类型、目标、设计环节等，帮助幼儿提高讲述活动的质量。

实施步骤

步骤一　资讯提供

　　讲述是发展幼儿言语表达能力的重要形式。幼儿园的讲述活动是一种有目的、有计划地培养幼儿言语能力的教育活动。与谈话活动相比，讲述活动在活动目标、活动对象、活动形式等方面都有明显的不同。

一、讲述活动的特点 >>>>>>>>>>>>>>>>>>>>>>>>>>>>>>

（一）讲述活动有一定的凭借物

凭借物是指幼儿在活动中的讲述素材。有了一定的讲述素材，幼儿围绕这个素材，按照一定的顺序，有目的、有条理地进行讲述，使讲述具有明确的目标和中心。凭借物可以是教师为幼儿讲述活动准备的，也可以是幼儿参与准备的，包括图片、实物、情境或多媒体课件等。为幼儿提供讲述活动的凭借物，给幼儿指定讲述的中心内容，可以使他们的讲述语言有明显的指向性。

> 例如，教师提供图片，让中班幼儿讲述《小兔搬家》，通过对四张图片的观察及教师的引导，幼儿可以根据图片所展示的内容，用较具体生动的语言讲述小兔搬家的过程，表现小兔们遇到困难时爱动脑筋想办法的积极态度。

在讲述活动中，一定的凭借物是幼儿讲述的客体，对幼儿的讲述起着重要的作用。幼儿的讲述需要一定的凭借物，这是幼儿园讲述活动的独特之处。其原因主要有以下两点。第一，幼儿缺乏足够的生活经验，大脑中对客观事物的表象积累不足，他们的思维又带有具体形象性，长时记忆的能力也有限，很难像成人那样凭借记忆进行连贯的讲述；第二，幼儿园讲述活动是一种集体参与的活动，需要有一种集体的指向，要求幼儿就相同的凭借物构思并发表自己的看法，一定的凭借物就为幼儿确定了讲述的中心内容。

（二）着重锻炼幼儿的独白能力

讲述活动的独白是要求幼儿独自完成一段完整话语的过程，即幼儿凭借所提供的材料和相关的语境，经过大脑的构思，组建语言，按照自己的理解将所见所闻进行加工、整理，然后选用恰当的词句连贯而有条理地叙述出来。

> 例如，中班的看图讲述《小兔搬家》，教师会提示幼儿在观察图片的过程中，必须思考一系列的问题：图片上有谁？它们在干什么？后来发生了什么事？它们遇到了什么困难？它们先想出了什么办法？这个办法行吗？后来又想出了什么办法，最后才完成了搬家？经过观察思考，幼儿确定了先说什么，后说什么，用什么角色的语气来说，用哪些恰当的词句来说，然后在集体面前清楚连贯地讲述出来。

因此，讲述活动的独白语言比谈话活动的对白语言要求更高，它要求幼儿独立构思并独立表达对某些事物的完整认识。讲述活动是培养、锻炼幼儿独白语言的特殊途径，它有别于其他语言活动，有其独特价值。

（三）讲述活动的语境较为正式 >>>>>>>>>>>>>>>>>>>>>>>>>>

语言表达受情境的影响，不同情境下使用的语言是不同的。与宽松自由的谈话活动相比，讲述活动为幼儿提供了一种学习和运用比较正式的语言的场合，幼儿要使用组织较为严密、规范的语言来表达自己对人、事、物的认识，不能东拉

讲述活动素材
图片：小兔搬家

💡 做一做
分别用一段完整的话描述《小兔搬家》的每一幅图。

看图讲述参考文本：
小兔子搬家

西扯、随随便便。所谓正式的语境，就是要求根据讲述的凭借物，经过比较完善的构思，有头有尾地说出一段完整的话。讲述中的遣词造句要具有正确性和准确性，讲述的语言要合乎语法规则。

> 例如，同样是说有关冬天的话题，谈话活动中，幼儿可以随意地说："我看到树叶掉光了，树上光秃秃的，有的树上还留着几片黄黄的叶子，天气越来越冷了。"而在讲述活动中，幼儿则要根据图片内容说："冬天来了，天气越来越冷，枯黄的树叶随着阵阵寒风，纷纷飘落下来……"

因此，讲述活动必须根据语言环境的要求，针对具体凭借物的实际，组织表达的内容和方式，运用规范的语言说话。

（四）培养幼儿的多种能力

由于讲述活动是在幼儿的生活经验范围内，围绕一定的凭借物，要求幼儿用比较完整、连贯的语言叙述事物、表达思想的一种教学活动，所以，它对培养幼儿的多种能力具有重要作用。

1. 促进幼儿认知能力的发展

幼儿在利用凭借物讲述时，必须先对凭借物有所认识，清楚要讲事物的名称、形状、材质、用途等基本特征，厘清讲述的顺序(时间、地点、人物、事件等)，在大脑中用准确的词汇和语法构思。这个过程不仅能使幼儿直接认识事物，还能使幼儿间接地、概括地认识不能直接感知的事物，从而提高幼儿的语言组织能力，促进幼儿认知能力的发展。

2. 培养幼儿的口语表达能力

在讲述活动中，幼儿需要独立构思讲述的内容、顺序、重点，考虑用什么方法让别人更清楚、更完整地理解自己讲述的内容。因此，讲述活动能够帮助幼儿掌握讲述的方法，逐步提高幼儿的口头语言表达能力。

3. 发展幼儿的思维力和想象力

在讲述活动中，幼儿需要观察分析事物的特征、事件发生的原因和顺序，领会人物在不同状态下的思想感情。例如，在看图讲述时，图片中的人物、事件之间都有一定的因果关系或前后顺序，幼儿要经过一定的分析、推理、判断，才能认识自己所要讲述的内容，然后组织语言连贯地表述出来。此外，在看图讲述中，幼儿要对画面以外的事情展开丰富联想，这也有助于培养幼儿的创造性思维和想象力。

二、讲述活动的目标 >>>>>>>>>>>>>>>>>>>>>>>>>>>>>>>>>>

（一）讲述活动的总目标

讲述活动的总目标有三条：

第一，感知和理解讲述对象的能力；

第二，独立构思与清楚、完整表达的意识、情感和能力；

第三，掌握对语言交流信息的调节能力。

学习笔记

考证练习

儿童能够独立、完整、连贯地讲述或复述某一件事或某一个故事的年龄为（　）。

A. 3～4 岁

B. 4～5 岁

C. 5～6 岁

D. 6～7 岁

（二）讲述活动的各年龄阶段目标

1. 小班

(1)能有兴趣地运用各种器官，根据要求感知、理解内容简单、特征鲜明的实物、图片和情境。

(2)愿意在集体面前讲述自己感兴趣的事件。

(3)能正确地说出讲述内容的主要特征或主要事件。

(4)能安静地听老师或同伴讲述，并注视讲述者。

2. 中班

(1)养成先仔细观察、后表达讲述的习惯。

(2)逐步学会理解图片和情境中展示的事件顺序。

(3)能主动地在集体面前讲述，声音响亮，句式完整。

(4)学习按照一定的顺序讲述实物、图片和情境的内容。

(5)能积极倾听别人的讲述内容，发现异同，并从中学习好的讲述方法。

3. 大班

(1)能通过观察理解图片中和情境中蕴含的主要人物关系和思想感情倾向。

(2)能有重点地讲述实物、图片和情境的内容，突出讲述的重点。

(3)在集体面前讲话态度自然大方，能根据场合的需要调节自己讲话的音量和语速。

(4)讲述时语言表达流畅，没有明显的停顿现象，用词造句较为准确。

三、讲述活动的类型 >>>>>>>>>>>>>>>>>>>>>>>>>>>>>>>>

按照内容和形式的不同，讲述活动可以分为看图讲述、实物讲述、情境表演讲述、生活经验讲述和续编故事等活动类型。

（一）看图讲述

看图讲述是指幼儿在教师的启发和引导下观察图片、理解图意，并运用恰当的语句完整、流畅地表述图意的教学活动。讲述活动中使用的图片，可以是印刷出版的图片，可以是教师自己绘制的图片，也可以是半成品的边讲边画的图画，还可以是幼儿画的图片。这些图片内容生动、色彩鲜艳、情节简单、直观性强，符合幼儿具体形象思维和想象发展的特点。因此，看图讲述活动是幼儿园讲述活动中最常见的类型。

根据图片类型和教育要求的不同，可以将看图讲述分为以下几种类型。

1. 单张图片讲述

这是一种最简单的讲述形式。只有一张图片，图片背景简单，任务较少但形象突出。讲述活动只要求幼儿讲出：图片上有谁？图片上的人或动物在干什么？这种形式的讲述活动一般只适合在小班开展，主要是培养小班幼儿说完整句的能力。此外，在语言活动区也可以投放这样的图片，通过师幼、幼幼及幼儿与环境之间的互动交流，调动幼儿平时多讲述、爱讲述、善讲述的积极性。

2. 多张图片讲述

这是一种要求幼儿按照图片的内容，图片与图片之间的联系，用完整、连贯

学习笔记

想一想
谈话与讲述的区别？

考证练习
看图讲述面试题1

看图讲述面试题2

看图讲述面试题3

的语句描述出来的讲述形式。这种讲述活动不但要求幼儿讲清楚图片上有什么，是怎样做的，为什么要这样做，还要讲出图片中的角色当时的内心体验等。也就是说，幼儿不仅要讲清楚图片上所描述的对象及特征，还要将图片上的细节、非显著的特征描述出来，并将所观察到的对象之间、事件之间的关系或联系描述出来。因此，适合在中、大班开展。

3. 排图讲述

排图讲述是把图片排成一定的顺序来讲述。它要求幼儿根据画面的内容，结合自己的理解和想象，按照画面所呈现出来的简单情节可能发生的顺序，将无序的图片排出一定的顺序，构成一个完整连贯的情节，并把故事内容讲述出来。同样的图片由于幼儿的理解和思维的结果不同，可能会讲出不同情节、不同意义的故事。排图讲述活动中，只要幼儿能讲出自己的理由，教师就应该予以积极的鼓励和肯定，使幼儿体验到积极思维、大胆想象的成就感。这种活动不但能培养幼儿开放性讲述的能力，还能培养其多通道、多角度思考问题的习惯。排图讲述活动中，幼儿不仅要观察图片，还要分析图片之间的联系，并说出其中的道理。因此，这种活动有利于发展幼儿思维的分析能力、判断能力、推理能力，特别是逻辑思维能力。在小班前期，幼儿抽象思维能力较弱，不适合进行排图讲述。在小班后期和中班前期，可以在一般的看图讲述中加入排图讲述的因素，在对画面充分描述的基础上，进行简单的图片排序，讲出简单的道理即可。中班后期到大班，排图讲述应逐渐深化，图片内容的复杂程度、图片之间关联的程度也应逐渐加深。

4. 构图讲述

构图讲述是指教师不直接提供讲述的对象，而是向幼儿提供各种构图的材料，让幼儿根据一定的主题自由构思，通过绘画、粘贴、拼凑等方式将材料组合成各种各样的画面，然后根据画面讲述故事情节或说出一段完整的话的教育活动。用于讲述的构图材料包括不同几何形状的积塑片，用吹塑纸做的各种图像、卡片、磁铁教具、绘画材料等。构图讲述的常见类型有拼图讲述、绘画(或粘贴)讲述、选图讲述等。

拼图讲述是指教师为幼儿提供各种拼图材料(雪花片、积木、磁性教具、各种材料做成的形象等，其中还包括能构成背景的各种物体或背景图)，让幼儿根据一定的主题自由构思，先拼出各种画面，再展开充分想象，然后鼓励幼儿用清楚、连贯的语言表达出画面的意思，或编出一个完整的故事情节。

绘画(或粘贴)讲述是指教师让幼儿根据已有的感性材料以及自己的知识和经验，构思、绘制(或粘贴)出一幅或多幅具有一定情节内容的画面，然后用准确、连贯、生动的语言讲述画面所表现的内容。绘画(或粘贴)讲述一般用两个课时完成，第一个课时用于绘画(或粘贴)，第二个课时用于讲述。幼儿讲述的是自己构思、绘画(或粘贴)出来的图画，因而参与的积极性较高。这种讲述活动难度较小，对提高幼儿的绘画、粘贴和讲述能力都有积极作用。

选图讲述是指根据幼儿的知识和生活经验，引导幼儿认真观察教师事先准备好的若干单个物体的图样(不同形态的人物、小动物、花草树木或图片背景)或有情节的小图，让幼儿按照自己的构思，自行选择合适的图样，组成不同内容的画面，然后用准确、连贯的语言讲述画面内容，编出一段故事情节或一个完整的小故事。这对发展幼儿的想象力、活跃幼儿思维、调动幼儿讲述的积极性有很大的帮助。

构图讲述是一种综合性的教学活动，主要任务是发展幼儿的语言能力。在设计和组织教学的过程中，教师应该始终把发展幼儿的讲述能力放在首要地位。幼儿的构图只要线条简单、画面清楚、人物活动突出、布局合理即可，那些与故事情节无关的其他背景、物体等，可以省略。

（二）实物讲述

实物讲述是以实物作为凭借物来帮助幼儿讲述的一种教育活动，具有真实可信的特点。实物包括真实的物品、教(玩)具、动植物、日常生活用品和外在的自然景物等。指导幼儿感知理解实物并进行讲述时，最重要的是帮助幼儿把握实物的特征。在观察中和观察后，要求幼儿将实物的基本特征、用途、使用方法等方面的内容清楚地描述出来。但必须注意将讲述活动与科学活动区分开来。科学活动侧重于认识实物，而实物讲述活动更注重描述、倾听实物的特征、用途等语言方面的目标。因此，实物讲述活动应在幼儿对凭借物较为熟悉的基础上进行，活动中用于感知理解实物的时间相对较少。

（三）情境表演讲述

情境表演讲述是指幼儿在教师的启发和引导下观看情境表演，并完整、流畅地讲述表演中的情节、对话和内容的活动形式。情境表演可以是真人表演或木偶表演，也可以是真人和木偶一起表演，还包括放录像展示一段情境事件。情境表演包括场景、人物、情节，表演过程中有动作、表情、对话，幼儿看得见、听得着、摸得到，具有强烈的直观性，让幼儿处在真实的活动内容中，有利于幼儿理解情节，激发幼儿的观察兴趣和讲述愿望，深受幼儿喜爱，在小、中、大班都可以开展。

（四）生活经验讲述

生活经验讲述作为一种讲述形式，要求幼儿将自己在生活中遇到的有趣味或有意义的事情用自己的语言讲述给大家听，讲述内容包括事件的起因、发展、结果以及自己的看法。这种讲述活动不仅能锻炼幼儿的口头表达能力和思维的敏捷性，还能激发幼儿的观察热情和认真对待生活的态度，有利于培养幼儿积极的生活态度、良好的性格及社会行为。

生活经验讲述有一定的难度。它需要幼儿有较丰富的生活经验，然后根据自己的理解，对自己的经历进行思考、加工，最后用恰当的词句将其完整、连贯地讲述出来，这对幼儿思维的抽象概括能力和记忆力要求较高，比较适合中、大班幼儿。

（五）续编故事

续编故事是一种有利于培养幼儿创造性思维能力和想象能力的讲述活动。它是教师先把故事发生的时间、地点、主要人物和部分情节告诉幼儿，而故事的转折或其他关键部分由幼儿根据自己的理解、想象续编完整故事的一种教育活动形式。

续编故事有一定的难度。它要求幼儿具备一定的讲述经验、相当敏捷的思维能力和创造性的想象能力，同时必须提供给幼儿充分的想象空间。活动过程中，教师只需引导幼儿顺利完成讲述的过程，不宜对幼儿的思路做过多干涉，否则会束缚幼儿的思维和想象。这种讲述活动一般适合在中、大班开展。

四、讲述活动的设计与组织 >>>>>>>>>>>>>>>>>>>>>>>>>>>>>

讲述活动虽然类型多样，但其设计与组织存在一个相对固定的结构，包括以下三个基本步骤。

（一）感知、 理解讲述对象

感知、理解讲述对象主要通过观察来进行。这里所说的观察，大部分是通过视觉来获取信息，但也不排斥从其他感觉通道(听觉、触觉、味觉、嗅觉等)去获得认识。常见的看图讲述、实物讲述、情境表演讲述，都是先让幼儿仔细看图、看实物、看表演来理解讲述对象；而听录音讲述，如《夏天的声音》，是先让幼儿听一段录有夏天各种小动物及其他声音的录音，请幼儿从中分辨知了、蝈蝈、青蛙、蟋蟀的鸣叫声和潺潺的小溪流水声等，通过听录音将各种声音联系起来，想象夏天里发生的有趣事情；实物讲述《神奇的口袋》，是让幼儿闭上眼睛，去触摸口袋中的一件件实物、闻一闻物品的气味等，猜出物品的名称并讲述物品的形状与性质。

教师在这一步骤中的重点是指导幼儿观察、感知、理解讲述的对象，为讲述奠定认识上的基础。指导幼儿感知理解讲述对象应把握以下三点。

第一，根据讲述类型的特点感知理解讲述对象。例如，叙事性讲述，应重点感知理解事件发生的过程顺序以及人物在其中的作用。描述性讲述，应重点观察物体的形态和人物的状态、动作、特征以及像什么等。只有从这样的角度把握对象，才能为讲述做好准备。

第二，根据凭借物的特点感知理解讲述对象。讲述活动中的凭借物是多种多样的，有的是几幅平面的、相互有关系的画面，有的是立体的、固定的实物，有的是活动的、连续动作的情境，还有的是听觉信息组成的活动情境等。教师在指导幼儿感知理解讲述对象时，应抓住这类讲述对象的特点组织观察活动。

第三，根据具体化的要求理解感知讲述对象。每一次活动的目标是不一样的，有的要求有中心、有重点地讲，有的要求按照一定的顺序讲。教师的任务是根据活动的具体要求指导幼儿观察，以便为讲述打好基础。

（二）运用已有经验自由讲述

在幼儿感知理解讲述对象的前提下，教师应引导幼儿运用已有经验讲述。这一步骤的活动要求教师尽量放开，让幼儿自由讲述，给他们充分的时间、机会，运用已有经验讲述。教师要改变几个人讲、多数人听的被动、单调局面，运用个别交流、小组讲述、集体讲述等多种方式，提高幼儿参与讲述的积极性，了解每一个幼儿的讲述水平。

教师在指导幼儿自由讲述时应注意：在幼儿自由讲述前，交代清楚讲述的要求，提醒幼儿围绕感知理解的讲述对象来讲述；在幼儿自由讲述的过程中，要注意倾听幼儿讲述的内容，及时发现幼儿讲述的闪光点及存在的问题。在活动过程

大班讲述活动视频：
大象救兔子片段 1——
感知说明讲述对象

大班讲述活动视频：
大象救兔子片段 2——
经验自由讲述

中不要过多地点评，不要急于告诉幼儿应该怎么讲，而是要注意倾听，最多以插问、提问、反问等方式启发幼儿讲述，以免干扰幼儿的正常思维，降低幼儿讲述的积极性。在设计和组织讲述活动时，这一步骤必不可少，否则会影响讲述的效果。

（三）引进并学习新的讲述经验

新的学习经验是讲述活动学习的重点。通过前两个步骤的学习训练，教师可以根据本次活动目标的要求，帮助幼儿学习新的讲述经验。

1. 讲述的思路

教师在示范新的讲述经验时，非常重要的一点就是帮助幼儿厘清讲述的思路，使讲述有较强的顺序性和条理性。例如，看图讲述《大象救兔子》，教师按照这样的思路来讲述：三只小兔子正在森林里做什么—突然发生了什么事—三只小兔子是怎么做的—谁又是怎样救小兔子的—最后结果怎么样。帮助幼儿厘清讲述的思路，避免重要人物、事件的遗漏或者讲述顺序的混乱。

2. 讲述的全面性

在讲述中，教师要帮助幼儿认识讲述的基本要素：人物(动作、对话和内心感受)，地点，事件(开始、过程、结束)、结果。幼儿在讲述过程中，往往会遗漏某一方面的内容，使讲述缺乏完整性和连贯性。因此，教师要让幼儿掌握这些基本要素，可以用提问或插问的方式引导幼儿一起讨论新的讲述内容，可以从某一个幼儿的讲述内容入手，与其他幼儿一起分析他(她)的讲述内容是否完整、全面，在讨论达成一致意见的同时，幼儿也学习了新的讲述经验。

3. 讲述的基本方式

讲述的基本方式包括观察、感知理解讲述对象的哪些部分是重点内容，要多讲；哪些部分是次要内容，可以略讲。这种讲述方式对幼儿分析、概括等思维能力的要求较高，一般在中班后期才开始培养。

在讲述活动中，无论是看图讲述还是实物讲述，都要培养幼儿按照一定顺序讲述的能力。这种顺序包括从上到下、从左到右、从大到小、从近到远、从表面到本质的描述。所有这些基本的讲述方式都有助于幼儿清楚、有条理地讲述。

大班讲述活动视频：大象救兔子片段3——讲述经验

步骤二　教学观摩

一、观摩讲述活动视频：《动物大扫除》>>>>>>>>>>>>>>>>>

（一）呈现目标与素材

中班讲述活动视频：动物大扫除

> 活动名称
> 中班讲述活动：动物大扫除
> 活动目标
> 1. 观察图片，运用已有经验找出并调整图片中不合理的地方。

2. 能用"因为……所以……"描述图片中的细节，并清楚、连贯、完整地讲述故事。

3. 养成热爱劳动的品质。

（二）观摩、讨论与反思

1. 呈现讨论话题

(1)该活动目标是否符合中班讲述活动目标的要求？

(2)《动物大扫除》中幼儿讲述的凭借物有哪些？这些凭借物的选择恰当吗？为什么？

(3)教具的准备是否恰当？是否能满足教学的需要？活动前幼儿需要有哪些经验准备？

(4)教师是怎样引导幼儿发现图片中不合理的地方的？

(5)活动过程是怎样体现环环相扣、循序渐进原则的？你是怎么看出来的？

(6)在活动中，教师运用了哪些教学方法？体现在哪些环节？有什么作用？

(7)"动物运动会"环节的设计合理吗？为什么？

2. 观摩活动录像

同第24页"2. 观摩活动录像"。

3. 分组讨论交流

同第24页"3. 分组讨论交流"。

4. 教师评价总结

同第24页"4. 教师评价总结"。

二、观摩幼儿园教师现场执教的讲述活动 >>>>>>>>>>>>>>>

请大家在幼儿园现场观摩教师执教的讲述活动，做好听课笔记，认真倾听执教教师的说课，积极参与讨论，及时记录讨论结果和带队教师的评价总结。

步骤三 方案设计

第一，第一位在幼儿园试教讲述活动的同学，请与本组同学合作设计活动方案"大象救兔子"，并做好活动准备。

讲述活动素材：
大象救兔子

素材

活动名称

大班看图讲述活动：大象救兔子

活动目标

1. 能仔细观察图片中角色的表情、动态，并根据图片提供的线索，展开合理的想象，编出不同的情节。

2. 学习用恰当的词句，描述角色的心理活动与语言。

3. 能用完整、连贯的语言表达自己的想法，并愿意与同伴分享。

第二，第二位在幼儿园试教讲述活动的同学，请与本组同学合作设计活动方案"幼儿园里朋友多"，并做好活动准备。

> **素材**
>
> 活动名称
>
> 小班生活经验讲述活动：幼儿园里朋友多
>
> 活动目标
>
> 1. 教会幼儿按顺序观察图片，学习用"抱、骑、拍"等动词描述人物的动态，并掌握"一个小朋友抱娃娃"等短句。
>
> 2. 使幼儿能由近及远地讲述有关图片的内容。
>
> 3. 引导幼儿养成认真倾听别人讲话的习惯，并大胆地在集体面前讲述。

第三，第一位在教室试教讲述活动的同学，请与本组同学合作设计活动方案"西瓜船"，并做好活动准备。

> **素材**
>
> 活动名称
>
> 大班讲述活动：西瓜船
>
> 活动目标
>
> 1. 在仔细观察图片的基础上给图片排序，并了解故事发生的前因后果。
>
> 2. 能用完整的语言讲述，编讲合乎情理的故事情节。
>
> 3. 丰富词汇：漂、靠岸。

第四，第二位在教室试教讲述活动的同学，请与本组同学合作设计活动方案"小鸡救小鸭"，并做好活动准备。

> **素材**
>
> 活动名称
>
> 中班讲述活动：小鸡救小鸭
>
> 活动目标
>
> 1. 认真观察图片，能用较连贯的语言讲述图意，并讲出排序的理由。
>
> 2. 学习与同伴合作排图和口头交流，并丰富词汇：一次又一次、浮。
>
> 3. 积极参与讨论，并能想出不同的方法帮助小鸭。

步骤四　方案实施

同第 27 页"方案实施"内容。

小班讲述活动图片素材：幼儿园里朋友多

讲述活动图片素材：西瓜船 1

图片：素材西瓜船 2

图片：素材西瓜船 3

讲述活动图片素材：西瓜船 4

讲述活动素材文档：小鸡救小鸭

步骤五　总结提升

一、讲述活动中图片的选择 >>>>>>>>>>>>>>>>>>>>>>>>>

幼儿园讲述活动中，图片的选择要注意以下三方面的要求。

（一）内容上的要求

是否对幼儿的情感、能力、知识、健康有教育意义。

（二）艺术上的要求

图片中的角色(人物、动物)形象鲜明，特征明显突出；背景简单，结构布局匀称；情节一目了然，色彩鲜艳而协调；篇幅大小合适(一般单幅画为全开或对开；多幅画为四开纸；也可使用一幅规定的背景图，其余角色采用立体活动的插入或粘胶绒布教具)。

（三）年龄上的要求

小班：主题明确，线索单一，角色不宜太多；画面大，画面中角色的动作、神态、表情明显，背景简单，色彩鲜艳，突出角色的主要特征；图片篇幅少，一般为1～2幅。

中班：主题明确，线索较复杂，前后图片之间有一定联系；角色较小班而言略微增多，形象突出，有一定的动作和表情，能从图中了解角色的心理活动；中班可选用多幅画，但不宜超过4幅。

大班：主题鲜明、生动，图片之间有一定的衔接；画面内容能为幼儿提供想象的空间；角色的心理活动能从画面上反映出来；能根据图片中的内容，激发幼儿联想画面以外的线索，使幼儿通过观察分析讲述画面上各个事物之间的相互关系；大班可用多幅画，但不宜超过6幅。

二、讲述活动中提问的设计 >>>>>>>>>>>>>>>>>>>>>>>>>

（一）提问要围绕主题，突出重点

有的图片内容要讲清时间、地点、天气等，可以问"这是什么时候？在什么地方？天气怎么样?"有的图片内容要直接提与主题相关的环境、人物的问题，有的图片则应针对人物的动态、语言提问。

（二）提问要有顺序

教师应根据一定的线索，如画面景物的远近、人物出现的先后顺序、事件发生的先后来确定提问的顺序，引导幼儿有目的地感知。一般来说，提问的顺序是从整体到局部，从主要情节到次要情节，从具体(从人物形象到动作)到抽象(人物的内心活动)。一个问题与另一个问题之间是互相联系的，下一个问题往往是上一个问题的发展，每个问题都有承上启下的作用。

（三）提问要有启发性

幼儿观察图片一般比较注重表面，容易看到外部明显的动作、表情，不能注意其中的内在联系，这将影响幼儿对图片内容的表达。所以，教师提问要有启发

性，以调动幼儿的积极思维。有时也可以在出示图片前提出启发性的问题，让幼儿根据图纸所提供的线索和自己的生活经验积极开动脑筋，或者开展讨论，表达自己的见解。教师应尽量避免那些包含答案的选择性问题，这样暗示性的提问，幼儿只是机械地回答"是"与"不是"，不用动脑筋，对思维和语言的发展没有明显的促进作用。

（四）对不同年龄段幼儿的提问要求不同

对小班幼儿的提问应具体、明确，如图上有什么、是什么等，使幼儿看了图就能够回答。具体的小问题一个个问，启发幼儿讲述图中人和事物的名称以及角色的主要特征、动态和简短的对话。

在中班，应逐渐增加旨在要求幼儿对图片内容进行简单描述的提问，如是什么样、怎么样等，帮助幼儿讲清图中人和事物之间的关系，鼓励幼儿用不同的词语描述图中同样的人和事物。

在大班，教师可提几个连续性的问题，也可设计一些较概括的主要问题，如为什么、说明了什么等，还可提一些与图片内容有必然联系但在图片上没有表现出来的事物，让幼儿思考和回答。

总之，设计问题是为了保障看图讲述的语言效果，但在活动过程中，不要死抠准备好的问题，而应根据幼儿回答的具体情况，灵活应对。具体可见表 2-1。

表 2-1　讲述活动中常见的提问类型一览表

类　型	作　用	举　例
描述性提问	引导幼儿细致观察并描述图片	小兔子是什么样子的？
比较性提问	启发幼儿比较事物的异同	这两只老鼠的表情有什么不同？
分类型提问	启发幼儿运用概念进行思维	花园里有什么是黄色的？什么是绿色的？
假设性提问	启发幼儿想象的提问	如果不遵守交通规则，会发生什么？
选择性提问	对几种结论进行取舍的提问	你觉得他们谁是最懂礼貌的孩子？
反诘提问	对幼儿在观察、感知过程中初步得出的判断进行反问	你怎么知道小红是最懂礼貌的孩子？

练习与应用

一、思考题

1. 讲述活动的特点是什么？

2. 讲述活动有哪些主要类型？

3. 讲述活动设计和组织的基本步骤有哪些？

二、操作题

1. 分小组设计并组织实施一个幼儿园讲述活动。

2. 尝试设计制作一款可投放在语言区的材料。

任务三
幼儿园实验操作活动的设计与实施

典型案例

小班科学活动"吹泡泡"

幼儿在用铁丝做的圆环吹泡泡，玩得很开心。老师拿来三角形的、方形的吹泡泡器，请幼儿猜想用它们可以吹出什么样的泡泡。幼儿面对这个自以为熟知但又从来没有认真思考和探究过的问题，积极猜想：有的认为都会吹出圆形的泡泡，有的认为三角形的吹泡泡器能吹出三角形的泡泡，有的认为方形的能吹出方形的泡泡。教师让幼儿亲自试验，面对吹出的圆形泡泡，有的幼儿因猜对了而很开心，有的幼儿感觉出乎意料却依然兴致勃勃。

本案例通过设问、猜想等引起幼儿的探究欲望，开展实验操作活动。下面，就让我们一起来学习幼儿实验操作活动的相关内容。

实施步骤

步骤一　资讯提供

实验操作活动是幼儿科学教育的重要内容。实验与观察都是幼儿科学素养的一部分。实验操作活动能使幼儿理解一些简单的科学现象和知识，激发幼儿对科学的兴趣和求知欲望，增强其动手操作能力，使其体验科学探究的本质，并促进其心智的发展。

幼儿园实验操作活动是指幼儿在教师的指导下，按照预想的目的或设计，通过自己动手操作仪器和材料，对周围的科学现象加以验证，以发现客观事物的变化及其关系的科学活动。它强调的是幼儿自己动手操作、自主探索的过程。

实验操作活动的特点是，在人工控制下可设置同一条件，反复进行同一实验，多次出现同一现象，验证同一理论和假设。幼儿园的实验操作活动是在教师创设的特定条件下进行的，可以弥补在自然条件下进行的局限性。实验内容和操作方法以及变量的操纵和控制比较简单，实验设备、条件及技术要求也简单，幼儿在较短的时间内就能看到实验结果。并且，往往是重复前人的实验，是一些有关事物明显的、表面的因果关系。这些对成人来说是习以为常的，对幼儿来说却是新颖有趣、不断有新发现的探索活动。实验常采用游戏的形式，趣味性强，深得幼儿喜爱。

一、实验操作活动的价值　>>>>>>>>>>>>>>>>>>>>>>>>>>>>>>>>>>

（一）能调动幼儿学科学的主动性和积极性，培养幼儿探索科学的兴趣

幼儿园实验操作活动可以引导幼儿亲身经历和感受探究过程，体验探究方法，最大限度地调动幼儿学科学的主动性和积极性，极大地满足其探究欲望，培养其对科学的兴趣，使他们在这一过程中享受到科学带来的乐趣。

（二）能让幼儿体验到科学探究的本质

科学探究是一种人人都可以做的探究活动。科学探究需要质疑、观察、提出问题、假设、实验、推理、评价及交流等活动。幼儿通过探究发现已有经验的局限和谬误，拓展新知识。幼儿在探究过程中发现问题、提出问题、解决问题，初步了解"发现问题—提出假设—实验验证—得出结论"的科学探索的基本顺序。

（三）有助于幼儿获取感性认识，理解科学现象

幼儿园实验操作活动能帮助幼儿亲历探索科学的全过程，让幼儿获取初步的感性认识，理解科学现象。

（四）有利于幼儿知识经验的积累和能力的发展

皮亚杰指出，幼儿的知识经验建构必须由幼儿通过自己的操作活动去完成。他认为，幼儿的智力起源是物质的活动，通过个体与环境、材料的相互作用，主动建构他们的智力，并逐渐建立起更精确的智力结构，使幼儿的智力发展从一个阶段转换到另一个阶段。如果没有物质的活动，幼儿就不能实现智力转换。由此，我们可以清楚地得知，实验操作对于幼儿知识经验的积累和智力的发展有着至关重要的作用。

幼儿在亲自操作过程中，既学习了简单的操作技能，又锻炼了动手能力。幼儿在科学研究的过程中容易发现问题，并能进一步探索和设法解决问题，弥补了自然条件下观察的不足，学会了细致观察，发展了观察分析能力。实验能让幼儿体验到科学探究的本质，实验操作能使幼儿的动手操作能力、观察能力、分析探究能力和思维能力得到综合训练和提高。

二、实验操作活动的类型 >>>>>>>>>>>>>>>>>>>>>>>>>>>>>>>

幼儿园实验操作活动包括以下四类。

（一）物理实验

物理实验是实验操作活动中最多的一类，包括质量、密度、硬度、粗糙程度、温度、热的传递、光、声音、电、磁、力和运动、空间等内容，这些都可以通过实验来让幼儿探索和体验。例如，关于密度差异方面的"物体的沉浮"实验、关于光的探索的"影子"实验。

（二）化学实验

化学实验如果进行不当，可能有危险性，所以适合幼儿的内容不是很多，但也不是没有，教师可以选择一些安全的、有趣的、简单的化学现象，让幼儿去探索、去发现。例如，让鱼刺变软(鱼骨经醋浸泡后，鱼骨里的矿物质分解后溶于水，鱼骨变得较软)、食盐溶解、碘酒遇到淀粉变蓝、蜡烛燃烧、五颜六色的焰火、米饭变馊、纯牛奶变酸、食物发霉、香皂洗手、洗洁精洗碗、茶水变色、切开的苹果变色、大米煮成米饭、面粉发酵制成馒头等。

（三）植物实验

植物实验主要是一些关于植物如何生长的实验，通过控制植物的生长条件，让幼儿观察植物生长于水、空气、土壤、温度、阳光等环境之中的情况，从而了解它们之间的关系，如绿豆发芽、白菜喝水实验。

（四）动物实验

动物不能像植物那样实验，但是也可以进行一些诸如小动物喜欢吃什么的实验，让幼儿了解小动物的生活习性等方面的特征，如兔子、猫、蜗牛喜欢吃什么，蚯蚓的触觉实验、松土实验。

三、实验操作活动的设计 >>>>>>>>>>>>>>>>>>>>>>>>>>>>>>>

（一）实验操作活动的目标设计

活动目标是整个教学活动的"纲"，指导着每一个教学环节，贯穿于活动的始终。实验操作活动作为科学教育活动的一种具体形式，首先要符合科学教育活动的大目标，并能根据实验操作活动的具体内容、特点以及幼儿生理、心理与智力发展水平制定具体的活动目标。

1. 核心目标

(1)培养科学好奇心：注意到新异的事物或现象；愿意探究新异的事物或现象；对新异事物或现象提出问题并进行一定的探究。

大班实验操作活动视频：野战炮弹

物理实验微视频：生鸡蛋熟鸡蛋

化学实验微视频：火山爆发

植物实验微视频：白菜喝水

植物实验微视频：提取叶绿素

动物实验微视频：猫喜欢吃什么

(2)培养科学探究能力：能通过自己的观察和操作发现问题；能对问题做出假设并用自己的经验来检验；能根据已经获取的资料进行合理推理，得出结论；能根据过去的经验或逻辑推断对现象进行解释和预测。

2. 具体目标要求

(1)目标的制定必须具体。细小、微观的目标，让人一看便知幼儿通过活动能获得什么。同时，活动目标还要具有可操作性。

(2)目标的制定要有针对性。活动目标是依靠具体活动来实现的，要能体现本活动的特点。

(3)目标的制定要体现层次性。不同年龄段的幼儿在心理、智力等方面的发展处于不同的层次，活动目标应根据教学对象的实际发展水平、特点和个体差异来设计，以满足不同幼儿发展的需要。活动中各项目标的层次清楚，由易到难。

(4)目标的制定凸显实验操作类活动的特点。重视幼儿自主探索的过程；学习探索的方法，培养幼儿热爱科学的情感。一般不强调科学知识的获取。

(5)目标的制定要体现综合性。从情感、态度、能力等方面综合考虑，至少包含两个方面。

（二）实验操作活动的内容选择

适合幼儿的教学内容是实现教学目标和有效组织教学活动的保障，选择实验操作活动的内容时应考虑以下因素。

(1)教师在选择科学实验操作内容时应参照幼儿科学教育目标，根据幼儿的兴趣、问题、需求和经验水平，把教育目标中的各部分、各方面转换成幼儿实验操作的具体内容。

(2)活动内容有利于幼儿亲身经历探究过程，符合幼儿认知发展的特点和规律，贴近幼儿的生活，充分体现活动的启蒙性和生活化。

(3)活动所需材料易于组织，幼儿容易操作，实验过程中现象明显，幼儿容易观察。

(4)能激发幼儿的兴趣，满足幼儿的需要。

（三）实验操作活动的材料选择

丰富的材料是幼儿进行实验操作活动的基本保障。幼儿对世界的认识是感性的、具体形象的，其思维常常需要动作的帮助，对物质世界的认识在很大程度上需要借助物体的直接操作。因此，在幼儿实验操作过程中应为幼儿提供丰富的、有意义的、可操作的材料。

1. 材料选择要因地制宜，数量充足

选择幼儿常见、常能接触的材料，提倡就地取材，讲求经济实用，多利用自然物、废旧物以及幼儿的玩具和常见的生活用品，使幼儿体会到科学就在身边。材料提供要充分，保障每个幼儿有充足的材料可供探索和使用。

2. 材料要具有教育功能

材料应具备教育功能。材料应包含教育活动的目标与内容，使幼儿在与材料的相互作用中揭示教育内容反映的事物与事物之间的关系，并生成幼儿的学习需求。

3. 材料的结构性

材料的结构性是一个或一组材料具有的能反映所探究问题的现象特征。在它们被使用时，能揭示自然现象间的某种关系及不同材料间的关系，材料蕴含着丰富的可探索性和可利用性。准备的材料结构和对材料的认识越丰富，就越有利于幼儿探索、发现、创造和获得有关的各种经验；同时还要考虑同一种材料既服务于预期目标，又可为幼儿提供多层次的选择机会，并能引发幼儿的创造性。

4. 材料使用的安全性

在幼儿实验材料的选择上要特别考虑材料的安全性，避免幼儿在使用材料的过程中对身体造成伤害。例如：不能选用易碎的玻璃器皿，超过人体安全电压的电源，锋利、尖锐及高温、有毒等器材。

（四）实验操作活动的过程设计

1. 设计思路

活动过程的设计是活动设计的主要环节，它的科学性、合理性、可操作性直接关系着教育目标的贯彻和实现。幼儿实验操作活动是一个开放的、动态的过程。教师在设计环节的过程中，难以把幼儿实验过程可能发生的各种情况、可能产生的各种问题囊括其中，只能尽可能周密地设计，有的问题是教师和幼儿在共同探索的过程中产生的，需要共同解决。

第一类活动思路：演示—操作式。即由教师对实验内容进行演示，幼儿细致观察教师的演示，然后幼儿按照教师演示的方法进行实验操作，并观察，获得发现。这种设计的优点是幼儿实验探究的目的性较强，但对幼儿的自主探究学习会有一定的限制。例如，教师要设计一个"物体怎样下落"的实验活动，但幼儿很难联想到"自由下落"这一科学现象，此时，教师可以先演示给幼儿看，以激发幼儿的兴趣，引导幼儿掌握方法。

第二类活动思路：自由—引导式。即教师通过材料激发幼儿兴趣，先让幼儿自由探究，然后组织幼儿交流，引导幼儿进行有目的、有计划的进一步探究。这一思路能较好地将幼儿的自主探究和教师的引导结合起来，取得较好的效果。例如，在"陀螺转起来"活动中，教师先让幼儿自由玩陀螺，鼓励幼儿玩不同的陀螺；再在交流讨论陀螺的种类和玩法的基础上，进一步引导幼儿通过实验操作，探索影响陀螺旋转的因素。

第三类活动思路：猜想—验证式。即针对某一问题，教师启发幼儿先猜想可能发生的问题，然后让幼儿进行实际探索活动来验证先前的猜想是否正确。这是一种先动脑后动手操作的学习模式，有助于幼儿形成实事求是的科学态度。这种方式适合幼儿已有类似生活经验的情况，如果验证探究的问题幼儿不熟悉、难理解，这种设计就失去了意义。例如，在"沉与浮"活动中，启发幼儿先猜想乒乓球、积木、钥匙、小石子等放到水里会怎样，并在记录表中记录；再让幼儿做实验验证。

2. 过程设计

(1)活动的导入。活动的导入是活动开始的引子，将幼儿活动的内容亲切地、自然地、有趣味地引出来，以激发幼儿的学习兴趣和求知欲望，将幼儿注意力引导到活动中来。一般来讲，可以通过这些方法导入幼儿实验操作活动：以摆放在幼儿面前的操作材料导入；以教师的演示实验导入；以创设问题情境导入；以幼儿生活中常见的某一科学现象导入；通过谜语、魔术、儿歌、故事、影像资料导入等。活动导入应简洁、明了。

（2）活动的开展。活动开展的设计是活动过程设计的主要部分，也是最重要的部分，整个活动大部分内容都集中在这一环节，占总活动时间的80％。这一部分的设计可以从以下四个方面考虑。

①条理与层次。教师通过缜密的思考，把握活动过程中各个环节的逻辑关系，明白知识点，清楚重点、难点，从科学性和幼儿的特点出发，引导幼儿在操作过程中先做什么，后做什么，遵循事物发展变化的科学规律，层层递进。

②组织形式与活动方法。实验操作活动多采用小组活动的组织形式，有时也用集体、小组和个人相结合的方式进行。对中、大班的幼儿，可积极鼓励其合作探索。在活动方法的设计上应最大限度地让每个幼儿都动起来，积极参与实验操作。

③材料的投放。幼儿实验操作所需的材料可根据活动需要一次投放，也可分次投放。分次投放材料，可突出教师的指导意图，使活动由浅入深、由表及里层层展开，对幼儿逻辑思维的培养和科学方法的训练都大有好处。

④问题的设计。教师通过启发性问题来引导幼儿进行探究活动。问题的提出一定要来源于幼儿的生活，充分考虑幼儿的心理特征、智力水平和现有经验，从引起幼儿兴趣入手，以引发幼儿探究的欲望；同时还要注意所设计问题的启蒙性与科学性。

（3）活动的结束。活动结束是整个活动过程的最后环节，教师通过这一环节使本次活动圆满结束，同时使幼儿在活动中所经历的过程、掌握的方法、了解的知识在活动后得以延伸。它对整个教学目标的落实有着重要作用。活动结束的方式没有固定模式和规定，应根据教学内容与过程的具体情况来设计，可从下面三点来进行。

①幼儿对活动进行自我小结和评价，并着重对过程、方法和现象进行观察的小结评价。

②提出要求，让幼儿将本次活动中获得的经验应用于生活，或提出生活中某种相关联的现象，让幼儿继续去探索，使活动得到延伸。

③提出类似的问题情境，让幼儿使用获得的经验去解决，以检验和巩固幼儿新学的知识经验。

在这一环节中，教师切忌用成人的眼光评价幼儿，切忌过高地要求实验操作过程的完整性和严密性、知识的科学性和准确性。

四、实验操作活动的组织　>>>>>>>>>>>>>>>>>>>>>>>>>>>>>>

（一）为幼儿创设宽松、和谐的活动氛围

要使幼儿的探究活动收到预期的效果，教师必须为幼儿提供宽松、和谐的活动氛围，充分理解和尊重幼儿自发探究和认识的需要，尊重他们独特的认知特点，欣赏他们独特的发现，采用具体的激励、引导、评价方式来激发他们内在的探究动机。

第一，包容幼儿的"错误"。教师要认识到，幼儿当前的"错误"代表幼儿当前的认知水平。在成人看来是"错误"的东西，在幼儿的认知水平上却是"合理"的、"正确"的。在幼儿实验过程中，幼儿的想法和行为常常与教师不同，接纳和支持

幼儿的想法和做法，会使幼儿感到放松、安全。

第二，教师应重视每一个幼儿在实验中的表现，重视每一个幼儿提出的每一个问题，使幼儿感受到教师对他们的重视，感受到他们在探索中所发挥的作用。

典型案例

浇 花

在植物角活动中，豆豆小朋友怕花渴，每天都往花盆里浇水，浇得满满的。浇完后，她认真地在记录本上做好记录。老师看到这个情况，知道多浇水对花不好，但没有干预，而是默许了她的行为。几天之后，花因烂根而枯萎了。老师和小朋友们讨论时总结道："豆豆的实验挺好，告诉我们不能给花浇太多的水。"听了老师的话，豆豆那低下的头慢慢抬起来了。

学习笔记

（二）为活动提供充足、多样的材料

实验操作活动是幼儿与材料相互作用的过程，材料是幼儿的活动对象。所以，为幼儿提供多少材料、提供什么材料、以什么方式提供，与幼儿的操作活动有十分重要的关系。

在实验操作活动中，给幼儿提供的材料都具有一定的结构性。教师只有认真研究某些材料集合在一起的结构及其所蕴含的关系，才能有效地引导幼儿进行活动，使其通过操作这些物体和材料，发现潜在的关系，获得相关经验。教师应特别注意引导幼儿获得材料的特性、材料的变化和材料间的相互关系三方面的体验与经验。

材料的特性指的是材料的物理性质(轻重、软硬、冷热、颜色等)、化学特性(酸碱性、氧化性、可燃性等)和功能特性(主要用途)。材料的变化是指材料在某种条件下发生的物理变化(弯曲、熔化、变冷、断裂等)和化学变化(燃烧、溶解、腐烂等)。相互关系是指不同材料间相互作用所表现出来的特点(沉浮、磁力、摩擦起电等)。

幼儿实验操作的材料按性质可分为主体材料、辅助材料和主要工具三大类。按作用可分为构成问题或任务的材料和解决问题、完成任务的材料两部分。

材料的投放方式因实验活动方式和任务的不同而有所不同。开放式投放材料有利于幼儿按自己的想法和意图操作材料，让幼儿有更多自由发挥的空间和发现的机会，有利于培养幼儿的自主探究能力和发散思维。当然，"开放"并不是随意投放材料，它需要教师仔细斟酌，根据活动的主题或任务以及幼儿的需要和探究水平，科学地、有效地组织材料。

教师指导的幼儿实验操作活动，常采用分层投放材料的方法。材料的分层投放指的是教师根据幼儿在操作活动中探究的不断深入或扩展，适时分批、分层投放新的操作材料。这些材料把幼儿的活动一步一步地引向深入。分层投放材料使幼儿的操作活动条理清楚、层次分明，对探究问题由浅入深、由表及里层层剥离，这对培养幼儿思维的逻辑性和操作的条理性大有益处。

（三）引导幼儿积极动手操作、自主探索、主动建构认识

在幼儿实验操作活动中，教师对活动引入过程占用的时间不可太长，要让幼儿有更多的时间去自主探索。教师的任务不是把现成的科学知识和概念传递给幼

儿，也不是让幼儿照葫芦画瓢重复教师的演示实验，而是引导和支持幼儿自己动手动脑去进行科学实验活动，积极、主动地去体验活动过程。

教师引导幼儿进行实验操作活动时，除了做好安全方面的工作外，还要注意不做过多的限制，如要求幼儿必须使用什么材料、必须按什么程序操作等，应使幼儿按照自己的想法去做，尝试解决问题。鼓励幼儿多角度、多层面地思考问题，变换使用多种材料，尝试多种实验方法，包括学习他人的方法。允许幼儿有不同的实验结果，认同幼儿按照自己的思维解释实验现象。

积极热情地对待幼儿在操作中提出的问题。幼儿的问题可能是操作中的难点和重点，教师不可直接告诉幼儿怎么做，应启发幼儿展开讨论，引导其度过这一难关，使其思维能力、操作能力都得到提高。

在实验操作活动中，教师要引导幼儿采用适当的方法观察实验现象，特别是观察事物的特征、事物的异同、事物的变化，根据需要选择系统观察法、比较观察法和运用多种感官联合观察的方法。

讨论、交流是实验操作活动的重要组成部分。在实验操作后，幼儿迫不及待地想把自己所经历的过程和发现的结果分享给同伴。在这个过程中，教师要引导幼儿按活动的结构层次梳理，分析、比较、归纳、综合，最后得出结果，并与预先的猜测进行比较，深化原有的经验和认识或调整原来的认识，建立新的经验。讨论、交流的过程也是幼儿以表象的形式重现实验操作的过程。通过交流，不同的实验操作方法、不同的实验现象会激发幼儿从不同的角度，用不同的思维去认识同一事物的变化，极大地丰富了幼儿对同一活动的信息量，进一步扩展了幼儿的思维空间。

（四）指导幼儿遵守规则，保证幼儿的安全

实验规则对于保证幼儿实验成功起着重要的作用，幼儿大多是在像玩游戏一样地操作实验。所以，实验开始前，教师有必要用通俗、简洁的语言讲清楚规则；在实验过程中，教师也应及时指导幼儿遵守规则，以保证实验安全、顺利进行。如果有的活动或某一实验环节不适宜幼儿操作，特别是有一定的不安全因素，可改为教师演示实验，以保证幼儿安全，落实保教结合的原则。实验初期，教师要经常给幼儿提示实验操作中应注意的事项，一段时间后，可逐渐放手，让幼儿自己操作。

步骤二　教学观摩

一、观摩大班实验操作活动视频：《浮起的鸡蛋》>>>>>>

（一）呈现目标与素材

> 活动名称
> 大班实验操作活动：浮起的鸡蛋
> 活动目标
> 1. 探索在清水里加入一定量的盐后，鸡蛋沉浮情况的变化。
> 2. 认真观察实验现象，学习记录和描述自己的操作过程和实验结果。
> 3. 积极主动探索鸡蛋沉浮的奥秘。

大班实验操作活动
视频：浮起的鸡蛋

（二）观摩、讨论与反思

1. 呈现讨论话题

(1)大班幼儿开展这个活动，是要探索什么原理？

(2)大班幼儿开展这个活动时，用什么方法记录较为妥当？

(3)活动中使用了哪些操作材料？准备是否充分、合理？

(4)活动过程具体有哪些环节？设计是否体现环环相扣、循序渐进等原则？

(5)教师的示范是否熟练？具体示范讲解的步骤有哪些？

(6)在幼儿操作的过程中，教师用了哪些方法观察幼儿？如何进行有针对性的指导？

(7)教师是如何引导幼儿独立思考和大胆尝试的？

(8)活动能实现哪些目标？如何更加合理地设计、实现目标？

(9)活动主要的优点有哪些？

(10)活动主要的不足有哪些？如何改进？

2. 观摩活动录像

同第 24 页"2. 观摩活动录像"。

3. 分组讨论交流

同第 24 页"3. 分组讨论交流"。

4. 教师评价总结

同第 24 页"4. 教师评价总结"。

二、观摩幼儿园教师现场执教的实验操作活动 >>>>>>>>>

请大家在幼儿园现场观摩教师执教的实验操作活动，做好听课笔记，认真倾听执教教师的说课，积极参与讨论，及时记录讨论结果和带队教师的评价总结。

步骤三 方案设计

请各组同学从以下四个素材中任选一个，补充设计活动准备、活动过程和活动延伸。

素材

活动名称

大班实验操作活动：好玩的降落伞

活动目标

1. 感知空气阻力，了解降落伞的作用。

2. 知道在载重相同的情况下，伞面越大，接触的空气越多，所受的阻力就越大。

3. 体验与同伴合作的快乐。

参考实验材料

制作降落伞的塑料布或轻薄的布块及线条，积木或小木偶等降落伞搭载物，实验记录表。

素材

活动名称

中班科学实验操作活动：沉和浮

活动目标

1. 知道哪些东西放在水里是沉的，哪些是浮的。

2. 学习分类的方法。

3. 对沉浮现象有探索兴趣。

参考实验材料

1. 盛放沉浮实验材料的小筐、积木、塑料玩具、有盖的玻璃瓶、玻璃球、金属钥匙等沉浮实验材料。

2. 大水盆、水、擦手的毛巾。

素材

活动名称

小班科学实验操作活动：蛋宝宝站起来

活动目标

1. 独立尝试在教师提供的物品的帮助下让鸡蛋宝宝站起来。

2. 能够大胆地向大家介绍自己让蛋宝宝站起来的方法。

3. 体验探索成功的乐趣。

参考实验材料

1. 熟鸡蛋人手一个，课前用彩笔装饰好蛋宝宝。

2. 米、棉花、沙包、瓶盖、橡皮泥、毛巾、瓶子、积木、雪花片、纸等支撑材料。

素材

活动名称

大班实验操作活动：哪个喷得远

活动目标

1. 观察哪个洞的水喷得远。

2. 用图示的方法记录实验结果并用语言大胆描述。

3. 喜欢动手探索，思考水喷得远近与洞的位置、容器内水位、水的速度间的关系。

参考实验材料

大水盆、矿泉水瓶、记录纸。

步骤四　方案实施

同第 27 页"方案实施"内容。

步骤五　总结提升

幼儿实验操作活动是幼儿亲自动手操作并且操作比较容易、简单、带游戏性质的实验。为了使幼儿的操作实验得到预期的效果，教师应注意以下几点。

一、为幼儿的操作实验提供必要的材料 >>>>>>>>>>>>>>>>>

首先，幼儿操作实验的材料一般比较简单，应尽量用一些玩具、日用品代替，但是无论用什么材料，都要方便幼儿使用。其次，要根据实验内容为幼儿准备相应数量的材料；人手一份或每组一份。例如，在"沉浮"的实验中，教师为每一组的人(4~5人)准备了一个盛水的容器，又为每个幼儿准备了一份有各种材料(木块、塑料、铁块、玻璃等)的材料包。材料数量的多少因内容而异，但要保证让每个幼儿都参与到活动中来。

🖊 学习笔记

二、指导幼儿使用材料并学习操作技能 >>>>>>>>>>>>>>>>>

因为幼儿的操作实验一般都较简单且有趣，所以应尽可能让幼儿自己动手操作。但在实验中的某些环节或在某些材料的使用上，幼儿仍会遇到各种不同的困难；又因为幼儿能力不同，即使简单的实验也会有一些幼儿难以完成。因此，需要教师根据实验内容的难度和个人情况，给予不同程度的指导。例如，指导幼儿轻拿轻放物品；控制手的力量，平衡地摆放物品；熟练地使用各种容器等。另外，在实验过程中，教师还要引导幼儿通过观察，注意实验材料、方法、操作过程中的变化和实验结果，使幼儿不仅能了解实验结果，还能学习实验的方法。

三、引导幼儿主动参与活动，并给予幼儿充足的实验时间

教师应激发幼儿的探究欲望，积极引导幼儿主动参与活动，使实验活动成为幼儿主动的探索活动。对于幼儿的各种想法和尝试，教师应尽量给予支持，必要时对幼儿的实验操作加以指导。

在活动中给予幼儿充足的实验时间。做实验比其他活动需要更多的时间，因为幼儿需要操作、理解和学习。充足的时间能保证幼儿反复进行实验活动，并在操作过程中探究、发现、提出问题，最后自己找出问题的答案。所以实验时，不能机械地限制时间，要让幼儿尽量用自己的方式操作，以达到实验效果。

四、巧妙利用合作小组的优势 >>>>>>>>>>>>>>>>>>>>>>>>>

分组实验是科学活动经常采用的方式，但科学探究合作小组的分配并不是随机的。教师要在充分了解每一个幼儿的基础上，按照"组内异质、组间同质"的原则，对每组幼儿的学习能力、组织能力、性别、个性、兴趣、特长等方面给予合理的搭配，从而保证合作小组内各成员之间的差异性、互补性以及小组与小组之间的平衡性。

五、运用谈话鼓励幼儿用语言或其他方法表述和记录实验结果 >>>

实验过程中，教师应运用恰当的语言引导幼儿理解科学实验所揭示的关系，鼓励幼儿用语言交流实验过程、方法、结果，并尝试用各种方法记录实验结果。

练习与应用

一、思考题

1. 幼儿园实验操作活动有哪些特点？

2. 幼儿园实验操作活动有什么价值？

3. 教师演示实验的指导需要注意什么？

二、操作题

每组设计一个幼儿园实验操作活动方案，在课堂上展示。可以选用以下素材，也可自己寻找合适的素材来设计方案。

1. 中班实验操作活动：神奇的镜子

2. 大班实验操作活动：我也来造纸

3. 大班实验操作活动：垒高

4. 大班实验操作活动：怎样使声音变大

5. 大班实验操作活动：乌鸦喝水

6. 大班实验操作活动：有趣的纸桥

7. 大班实验操作活动：转动的陀螺

8. 大班实验操作活动：顽皮的影子

9. 大班实验操作活动：有趣的风

10. 大班实验操作活动：小灯泡亮了

学习反思

任务四
幼儿园社会规范活动的设计与实施

典型案例

　　中国是闻名世界的礼仪之邦，知礼、守礼是每一个中国公民的责任，咱们的幼儿就是中国小公民，咱们的礼节就从"社会规范"开始，前面学习的人际交往活动中就有为人的规范，咱们还需要接着学习处事的规范。幼儿的社会规范

视频：
图书馆狮子

有哪些？学习社会规范的目标有哪些？我们需要自觉遵守日常生活中基本的社会规范，那么，如何遵守呢？先听听《图书馆狮子》的故事吧！

图书馆来了一头狮子，大家吓了一跳。幸好狮子很守规矩，不吵不闹，孩子们很喜欢它，觉得它是馆内最舒服的靠垫。有一天，发生了一件事，安静的狮子不顾一切地大吼起来……

想一想

道德规则、习俗规则、谨慎规则分别有哪些？请举例说明。

我们的图书馆就是需要大家遵守规范的社会环境，狮子就是我们每一个人，如果大家都能严格约束自己，遵守社会规范，图书馆就是一个方便大家阅读的良好环境，每个人都能受益。遵守规范又有复杂性，狮子为了救麦小姐，对马彬先生大吼，破坏了图书馆的规范，狮子做得对吗？我们培养幼儿遵守社会规范，是为了让他们成为没有思考能力、完全服从听话的孩子吗？现在，就让我们进入"社会规范教育活动的设计与实施"任务的学习，一同来探索。

考证练习

1. 单选题：使用规则标识图的主要目的是（　　）。
A. 美化环境
B. 便于幼儿看图说话
C. 便于幼儿认识各种符号
D. 便于幼儿习得生活技能和行为准则

2. 论述题：如何做好幼小衔接工作？

3. 活动设计题：我要上小学

实施步骤

步骤一　资讯提供

幼儿要成为合格的社会人，必须遵守所处社会的各项规范。《纲要》明确指出，幼儿需要理解并遵守日常生活中基本的社会行为规则。由此，幼儿应该在教师的引导下逐渐熟悉各种社会规范并主动自觉地遵守。

表 2-2　社会规则认知范畴①

维度	内容
道德规则	定义：对是与非、对与错的判断 建构成分：公正观 例证：福利、权利、公平分配资源、信任等问题 标准：客观性、普遍性、义务、不必依靠规则和权威、不可改变性
习俗规则	定义：在社会系统内对社会互动起结构性作用的行为规范 建构成分：社会组织观 例证：表达、服饰、性别角色、言谈举止等方面的方式 标准：具有偶然性、可改变性、情景性、相对性、受规则和权威的约束
谨慎规则	定义：对自己有消极后果的行为 建构成分：个人的概念 例证：安全、舒适、健康等方面的行为 标准：规则的效用、普遍性和规则的偶然性

一、社会规范活动的目标 >>>>>>>>>>>>>>>>>>>>>>>>>>>

社会规范的目标在《指南》中的"社会适应"子领域中有所体现，其中与社会规范相关的目标有两条。

---

① 张文新：《儿童社会性发展》，273页，北京，北京师范大学出版社，1999。

（一）喜欢并适应群体生活

1. 小班

(1)对群体活动有兴趣。

(2)对幼儿园的生活好奇，喜欢上幼儿园。

2. 中班

(1)愿意并主动参加群体活动。

(2)愿意与家长一起参加社区的一些群体活动。

3. 大班

(1)在群体活动中积极、快乐。

(2)对小学生活有好奇和向往。

（二）遵守基本的行为规范

1. 小班

(1)在提醒下，能遵守游戏和公共场所的规则。

(2)知道不经允许不能拿别人的东西，借别人的东西要归还。

(3)在成人提醒下，爱护玩具和其他物品。

2. 中班

(1)感受规则的意义，并能基本遵守规则。

(2)不私自拿不属于自己的东西。

(3)知道说谎是不对的。

(4)知道接受了的任务要努力完成。

(5)在提醒下，能节约粮食、水电等。

3. 大班

(1)理解规则的意义，能与同伴协商制定游戏和活动规则。

(2)爱惜物品，用别人的东西时也知道爱护。

(3)做了错事敢于承认，不说谎。

(4)能认真负责地完成自己所接受的任务。

(5)爱护身边的环境，注意节约资源。

二、社会规范活动的内容　>>>>>>>>>>>>>>>>>>>>>>>>>>>>>

（一）为人处世的基本规范

知道如何对待他人物品，要诚实，要有责任；感受规则的意义，理解遵守规则的必要性，能够自觉遵守规则并尝试自觉制定生活中的规则。

（二）家庭中的规范

知道家庭主要成员的称谓、姓名、职业、出生年月或属相等，产生对家人的热爱和关心的情感；知道家庭地址、电话号码、家庭中的主要设施，学会自我保护；知道家中常见的一些生活用品和家用电器的名称、用途或功能；知道热爱、尊重和关心父母及长辈，能做一些力所能及的家务劳动等。

视频：幼儿园社会规范活动目标

教学微课视频：幼儿园社会规范活动内容

（三）幼儿园的规范

知道自己幼儿园、班级的名称及所在班级教师、同伴的姓名，认识园内其他教师和工作人员的姓名，以及他们所从事的主要工作，他们的劳动与自己的关系；知道幼儿园园内外的主要环境、主要设施和相关的行为规范等。

（四）其他社会机构的规范

知道医院、邮局、商场、超市、餐厅、理发店、银行、消防站、动物园、公园、影剧院、博物馆等的名称、场所设施的名称和构造、相关职业的名称、相关职业的具体工作及与自己的关系等，并且知道各种场所中的环保规范。

三、社会规范活动常用的教学方法 >>>>>>>>>>>>>>>>>>>>>>

（一）参观法

参观法是根据社会领域教育的目的与任务，组织幼儿在园内或园外的场所，让幼儿通过对实际事物和现象的观察、思考而获得新的社会知识与社会规范的教育方法。

1. 参观前的准备

(1)确定参观对象，与被参观的场所提前联系。对某一社会设施或社会现象进行参观，社会现象应发生在相应的社会设施中。参观的内容要与幼儿的生活紧密联系，地点不要太远。

社会设施包括邮局、商店、学校、图书馆等。社会现象包括：售货员在商店里卖东西，顾客买东西；邮局工作人员分发信件、投递信件；小学生们课间游戏、课上学习等。

(2)确定行走路线。要注意安全，考虑好沿途可能存在的问题。

(3)制订参观计划。包括参观目的和步骤等，特别要注意挖掘孩子需要参与的部分。

(4)做好物质方面的准备，如水、纸等。

2. 参观法的应用

(1)出发前的组织：整队，集中检查行装，组织简短谈话。

(2)出发途中的组织：保证幼儿的安全，如步行时教师走在马路外侧，坐车时提醒幼儿不要将手脚伸出窗外。

(3)到达时的组织：重新整队，简短谈话，可以用提问的方式。

(4)参观过程中的组织：教师与参观地的工作人员合作，组织幼儿有秩序地参观，介绍时避免用过于专业的词汇。

(5)结束时的组织：选用适当的方法结束。例如，参观邮局，考虑到工作人员忙，可自然结束；若不忙，可用联欢和实践的方式体验和结束。

前三项可归纳为到达参观目的地前的组织。

3. 参观法的注意事项

(1)参观时间最好选在上午。

(2)组织人员适当增加。

(3)参观回来后,应安排相应的教育活动,可组织谈话,可开设相应的活动区域(延伸活动)。例如,参观邮局的延伸活动可以是"邮票展""与邮局有关的物品展""寄信"。

(二)行为练习法

行为练习法是教师创造一定条件,组织幼儿按正确的社会行为规范去实践的方法,是形成和巩固幼儿社会行为习惯的一种基本方法。

行为练习法的形式多样,教师可人为创设特定的情境让幼儿进行行为练习。例如,当幼儿掌握了如何在超市中购物的具体方法,教师就创设情境让幼儿进行"购物"的行为练习;教师组织各种劳动活动;在各种生活情境中,教师组织幼儿进行行为练习,如来园和离园的礼貌行为练习、用餐前后的行为练习等。所练习的行为主要分为与人交往中的良好行为、符合社会规范的其他行为、劳动行为。

1. 行为练习法的应用

(1)集中幼儿的注意力,激发其行为练习的愿望。例如,活动"交通标志",可以以小朋友遇到难题,面对这些交通标志不知道该怎么办的情景,来激发幼儿学习交通标志并根据交通标志做相应行为的愿望。

(2)示范。示范符合各种社会规范的行为时,应当在帮助幼儿正确理解规则的前提下,准确地示范规范的行为。例如,活动"超市真方便",先让幼儿观察超市中的顾客是如何买东西的,理解购物的规范行为。

(3)幼儿行为练习指导。幼儿在行为练习时,教师要巡回指导,一方面做无形的指导,另一方面也要鼓励幼儿积极参与,提高幼儿行为练习的积极性。如发现有问题或进行不下去时,教师要做出指导,不一定要把答案告诉幼儿,但要引导他们一步步得出答案。

一个活动练习的次数可以不止一次。例如,活动"超市真方便",当幼儿学了在超市购物的规范行为之后,可以体验购物,这时教师可以扮演顾客、超市工作人员等。这样既鼓励幼儿主动购物,又可以在适当的时候做出正确引导。

(4)享受行为练习的成果。行为练习的成果可以是物质奖励,也可以是精神奖励。例如,活动"超市真方便",通过实践规范的社会行为,幼儿得到了自己想买的东西,得到了工作人员的赞许,心里很愉快。

(5)小结。强调教师期望幼儿出现的良好行为。

2. 注意事项

(1)教师在活动中必须对幼儿所学的行为做出相应的示范。

(2)整个活动的组织应该侧重于幼儿的行为练习,让幼儿在行为练习中掌握动作的要领或具体的行为表现。

(3)行为练习的要求应该前后一致;长期坚持,以便幼儿能持之以恒地形成习惯。

四、社会规范活动的一般模式 >>>>>>>>>>>>>>>>>>>>>>>>>>>

(一)运用多种方式引出活动主题

要告诉幼儿本次活动要做什么,形式需要多样,同时发挥两个作用:一是引起幼儿学习的注意和兴趣,二是引出活动的主题。

(二)引导幼儿充分观察

教师要让幼儿在观察中认识新环境及规范。观察可以是实地观察,也可以是图片、录像的观察。例如,"参观超市",观察超市的建筑是什么样的,超市中商品如何摆放,超市的工作人员如何工作,顾客是如何买东西的,在超市购物要遵守哪些社会规范等。

(三)组织幼儿自由表达、表现自己的体验

观察过后,在条件允许的范围内,让幼儿进行现场行为练习,如"现场玩玩具,看是否能够做到爱护玩具"。对于现场较难进行行为练习的活动,必须提供幼儿交流、讨论、对话表达的机会,也可以通过绘画、表演等方式来进行表达。例如,"超市里顾客是如何购买东西的?""看到了哪些文明行为、哪些不文明行为?"

(四)引导幼儿正确认知社会环境和规范,使幼儿学会遵守社会规范

在观察、讨论后,引导幼儿学会正确的社会规范。例如,"在超市中不想买的东西是否可以随便放?为什么?"

▶ 步骤二 教学观摩

一、观摩小班社会规范活动视频:《玩具、图书我爱你》 >>

(一)呈现目标及素材

小班社会规范
活动视频:玩具、
图书我爱你

> 活动名称
> 小班社会规范活动:玩具、图书我爱你
> 活动目标
> 1. 了解玩具、图书损坏的原因。
> 2. 能说出并初步做到爱护玩具、图书的一些方法。
> 3. 愿意做个爱惜玩具、图书的好孩子。
> 活动素材
> 《玩具总动员》视频片段

(二)观摩、 讨论与反思

1. 呈现讨论话题

(1)活动目标的设计是否合理?请依据目标设计原理分析。

(2)活动中教师主要提出哪几个问题?是否具有层次性?

(3)活动中的问题是否都有针对性?

(4)活动的重点是什么?哪些问题针对活动重点提出?

(5)活动的难点是什么?哪些问题针对活动难点提出?

(6)活动中问题的难易程度如何?

(7)教师的应答方式有哪些?

(8)幼儿的回答方式有哪些？

(9)教师的课堂教学礼仪如何？

(10)爱护玩具、图书的规范包括哪些方面？

(11)活动的主要优点有哪些？

(12)活动的主要不足有哪些？如何改进？

2. 观摩活动录像

同第24页"2. 观摩活动录像"。

3. 分组讨论交流

同第24页"3. 分组讨论交流"。

4. 教师评价总结

同第24页"4. 教师评价总结"。

二、观摩幼儿园教师现场执教的社会规范活动 >>>>>>>>

请大家在幼儿园现场观摩教师执教的社会规范活动，做好听课笔记，认真倾听执教教师的说课，积极参与讨论，及时记录讨论结果和带队教师的评价总结。

步骤三　方案设计

请各组同学在以下四个素材中任选一个，补充活动准备、活动过程和活动延伸。

> **素材**
>
> 活动名称
>
> 小班社会规范活动：红灯、绿灯会说话
>
> 活动目标
>
> 1. 能掌握"红灯停，绿灯行""行人要走人行道"的交通规则。
>
> 2. 建立基本的交通安全意识，学习按信号做动作。
>
> 3. 游戏中避免碰撞，具有初步的自我保护意识。
>
> 参考资料
>
> 儿歌：《交通规则别忘记》
>
> 大马路，宽又宽，红绿灯儿站路边；
>
> 红灯停，绿灯行，交通规则别忘记。
>
> 儿歌：《手拉手》
>
> 妈妈走，我也走，
>
> 我和妈妈手拉手。
>
> 手拉手，向前走，
>
> 一走走到马路口，
>
> 看见红灯停一停，
>
> 绿灯亮了大步走。

学习笔记

社会规范活动素材
视频：红绿灯眨眼睛

素材

活动名称

中班社会规范活动：诚实的孩子

活动目标

1. 了解"诚实"的含义，知道诚实是一种良好的品质。

2. 知道做了错事要勇敢地承认，不能推给别人的道理。

参考资料

情景表演：被子掉了

奶奶：(看看天气)今天天气真好，我把被子拿出来晒晒太阳，晚上睡觉时盖起来就会又暖和又舒服。(将被子晾在竹竿上)

(奶奶回屋里去，三个小男孩抱着大皮球出场)

明明：我们比赛拍球好吗？

冬冬：拍球没劲，还是踢球好。

明明、强强：好！

(你踢过来，我踢过去。一不小心，明明撞了一下强强，强强把竹竿撞倒了。三个孩子站在一旁，吓呆了)

奶奶：(从屋里走出来，发现被子掉在了地上)是谁把被子弄掉在地上的？

(强强低下头不吭声)

明明：不是我，不是我，(指着强强)是他把竹竿撞倒的。

冬冬：(对着奶奶)奶奶，对不起！是我们玩球时不小心撞倒的。

素材

活动名称

大班社会规范活动：口香糖的秘密

活动目标

1. 了解乱吐口香糖带来的烦恼以及对环境的污染。

2. 理解口香糖外包装上的环保标志。

3. 乐意为保护环境做努力。

参考资料

1. 长鼻熊视频。

2. 幼儿园内其他环境被污染的照片。

步骤四　方案实施

同第 27 页"方案实施"内容。

步骤五　总结提升

一、自觉遵守社会规范的策略　>>>>>>>>>>>>>>>>>>>>>>>>>>>

开展社会规范的教学活动，尽管要针对活动目标完成相应的任务，但在教学活动中能遵守规范并不意味着在教学活动以外，在没有教师的督促下，幼儿也能自觉遵守社会规范。因此，如何帮助幼儿从主观意愿上自觉遵守社会规范尤为重要。具体策略如下。

（一）为幼儿树立榜样

成人应以身作则，首先自己做到遵守社会规范，为幼儿树立良好的榜样。运用始终如一的教育要求感染幼儿。例如，成人首先要做到尊老爱幼、爱护环境、诚实守信、节约粮食等。

（二）让幼儿体会规范的重要性

在让幼儿明确规范是什么、该如何遵守的同时，还要让幼儿体会到遵守规范是有必要的，能够带来愉悦体验、成就感或不用受到惩罚；反之，不遵守规范则会带来严重的后果，人人都不遵守规范则会对生活造成严重影响。具体做法包括：经常让幼儿玩规则性游戏，通过遵守规则体验游戏的快乐；利用各种生活实际及文学作品，向幼儿做社会规范的介绍及讲明要遵守规则的原因；创设情境让幼儿体验不遵守规范对生活造成的不便；及时强化鼓励幼儿遵守规则的行为，对幼儿不遵守规则的行为给予适当惩罚，让幼儿承担相应后果，如损坏公物要赔偿等。

二、教学活动中提问的注意事项　>>>>>>>>>>>>>>>>>>>>>>>>>

提问是教学活动中师幼互动最直接、最常见的交流方式。教师的提问方式对幼儿的学习效果和教学目标的实现有着直接的影响，是衡量其教学质量的重要指标。教师的提问并不是一种随意的行为，每一次提问都要以落实教学目标、促进幼儿发展为宗旨。

（一）保证问题的质量

在教学活动中，重要的不是把问题的数量控制在多少个，而是关注每个问题的质量，低思维水平的问题不宜过多，识记型、理解型、要求型、征求型问题都属于较低思维水平的问题。应用型、分析型、综合型、评价型这些中等和较高思维水平的问题更值得关注，这些问题能更有效、更充分地激发幼儿思考。中等和较高思维水平的问题多为开放性、有启发性的问题。开放性问题能发散幼儿的思维，发展幼儿的想象力、创造力，使更多的幼儿有机会参与活动，体现其主体性。避免无思考价值的问题，正确对待封闭性问题，尽量不问"是不是""对不对"这类封闭性问题，但在案例"玩具、图书我爱你"活动中，有关"玩具坏了还能像以前一样玩吗""书本破了还能看到完整的故事吗"这样的封闭性问题仍不可缺少。

学习笔记

（二）把握活动的重点和难点

问题的设计需要围绕活动目标，突出目标的重点与难点，避免与活动主题脱节等问题。在案例"玩具、图书我爱你"活动中围绕重点，提出的问题包括"玩具、图书为什么会损坏""我们应该怎么做才能爱护玩具、图书""小朋友用了哪些方法来爱护玩具、图书"等，让幼儿说出并做到爱护玩具、图书的常用方法。活动的难点则用问题"损坏的玩具、图书心里是怎么想的""如果我们……玩具、图书会怎么想？愿意和小朋友做朋友吗"来突破，让幼儿主动爱护玩具、图书。

（三）控制问题的层次性

每个问题之间要有联系，做到循序渐进、层层深入，体现一定的顺序性，帮助幼儿完整地理解所学知识。"玩具、图书我爱你"活动设计了具有层次性的若干个问题："这是我们早上玩的××玩具。它怎么了？还能玩吗？""玩具是怎么坏掉的？""玩具心里会怎么想？""小朋友在玩玩具时，怎样才能做到爱护玩具？""那坏掉的玩具怎么办？"

（四）优化幼儿的回答方式

幼儿的回答方式主要有集体齐答、个别回答、自由回答、讨论后汇报。为优化幼儿的回答方式，教师要面向全体幼儿，不能只把机会留给善于表现和表现优秀的幼儿。提问时，要根据提问的目的兼顾幼儿的多种回答方式，照顾幼儿的个体差异，促进不同程度幼儿的发展。一般来讲，识记水平和理解水平的问题留给发展水平偏下的幼儿，分析水平和应用水平的问题留给发展水平居中的幼儿，综合水平和评价水平的问题留给发展水平偏上的幼儿。"玩具、图书我爱你"活动更多地使用了让幼儿个别回答和自由回答的方式，但教师还是把机会更多地留给了表现优秀的幼儿，需要兼顾发展程度一般和水平相对较低的幼儿。

（五）采用灵活的应答方式

恰当应答首先要做到仔细倾听并接纳幼儿的回答。面对幼儿的正确回答，教师在肯定的同时，还需进行追问，如在案例"玩具、图书我爱你"活动中，幼儿回答"××玩具是被××小朋友摔坏的"，教师追问："那玩具摔坏了还能玩吗？玩具心里会怎么想？"借追问来进一步激发幼儿愿意爱护玩具的情感。面对幼儿错误的回答，教师少用简单否定和自己代答的应答方式，而需要等待或诱导追问。例如，"玩具、图书我爱你"活动中，幼儿回答"奥特曼是被怪兽打坏的"，教师并没有否定，而是等待，听取其他幼儿的回答，让幼儿感受到玩具的损坏还是小朋友自己的行为造成的，让幼儿自己发现回答时出现的差错。

文本：儿童在社会
规范区角表现
评分标准

练习与应用

一、思考题

1. 幼儿需要遵守的社会规范有哪些？

2. 如何在幼儿园社会规范活动中加强幼儿的行为练习？

二、操作题

1. 任意选择一个在幼儿园或教室观摩的社会规范活动，记录该活动中所有教师的提问，分析教师提问设计的有效性。

2. 根据提供的素材，分小组设计一个幼儿园社会规范活动。

三、互动平台

尝试创设一个有关社会规范学习的区角，观察幼儿的表现并打分。

材料投放记录表(附)

记录教师	
材料名称	
材料照片	
所属区域	
投入日期	
投入原因	
幼儿与材料互动的情况	
撤出日期	
撤出原因	
材料优点	
材料不足	
后期改进	

学习反思

任务五
幼儿园打击乐器演奏活动的设计与实施

**大班打击乐活动
视频案例：
玛利波尔卡**

典型案例

在大班的打击乐活动中，以小玛丽闯关为线索，用多种形式团结协作穿越毒蘑菇、躲过乌龟、吃到营养蘑菇，最终胜利成为超级玛丽。首先，方老师用音乐配合动作引导小朋友初次完整欣赏音乐。随后，教师出示打击乐图谱作为闯关作战路线，在向幼儿就小玛丽跳过毒蘑菇、躲避乌龟、吃蘑菇、放烟花等情节讲解图谱的构成后，教师为整个行动提供作战指挥。方老师为小玛丽们设计了四道关卡：徒手闯关、获得奖励用小武器闯关、获得大武器打败能量升级的毒蘑菇以及终极挑战，在成功闯过四关后所有的小玛丽都顺利变身为超级玛丽。活动中，幼儿一共演奏了 10 遍，每一次幼儿都很兴奋地说："想继续挑战！"并且在最后几次用乐器合奏中，每个角色都能准确找到自己使用乐器的段落，踩准节拍，有的幼儿在没有轮到自己演奏时，还不住地点头或用动作打着节拍。

在这个活动中，教师使用了什么方法来引导幼儿反复、持续进行相对枯燥、有难度的乐器练习？如何在幼儿拿到乐器时引导他们按图谱、听音乐、看指挥发声？

实施步骤

**幼儿园打击乐演奏
活动的设计与指导
思维导图**

步骤一　资讯提供

打击乐器演奏活动作为音乐活动的一种形式，因其强调节奏感、音色感、整体音响形象等艺术特点，使得幼儿在充满童趣、和谐、平等自由的情境中，既能够感受音乐美，培养其积极乐观、活泼开朗的性格，又能够通过感受团队学习与合作的快乐，有效唤起与强化幼儿的合作意识，不断提高幼儿的合作能力。

一、打击乐器演奏活动的目标 >>>>>>>>>>>>>>>>>>>>>>>>>>

（一）打击乐器演奏活动的领域目标

第一，让幼儿享受参与打击乐器演奏活动的快乐。其中包括体验音乐和打击乐器演奏的整体音响在时间流动过程中不断变化的乐趣，以及体验与他人合作协调的乐趣。第二，发展幼儿运用打击乐器进行艺术表现的能力。其中包括幼儿感知整体音响效果的能力，以及与他人、其他声部相互协调，共同创造某种既定整体音响形象的能力。第三，发展幼儿感受音乐的能力。其中包括对所有音乐要素的敏感性，如节奏感、旋律感、音色感、结构感(主要是指音乐横向的曲式结构)、织体感(主要指多声部音乐各纵向层次之间的织体结构)。第四，积累一定的音乐语汇。其中包括音乐曲调的语汇，打击乐器演奏节奏型的语汇，打击乐器各种不同音乐及其表现力的语汇。

(二)打击乐演奏活动的各年龄阶段目标

1. 小班

(1)学习并掌握几种最常用的打击乐器(如碰铃、串铃、铃鼓等)的演奏方法。

(2)喜欢操弄打击乐器，喜欢参加集体的打击乐器演奏活动。

(3)能够为简单、短小的二拍子和四拍子的歌曲、乐曲伴奏。

(4)初步学会看指挥开始和结束演奏。

(5)了解并遵守集体打击乐器演奏活动中的一些基本规则，如乐器取放的恰当位置等。

2. 中班

(1)进一步学习并掌握一些打击乐器(如木鱼、响板、沙球等)的演奏方法。

(2)喜欢摆弄打击乐器，喜欢参加集体的打击乐器演奏活动。

(3)能够用乐器为二拍子、三拍子、四拍子的歌曲和乐曲配不同的简单伴奏。

(4)进一步学会看指挥开始、结束和变化演奏。

(5)能初步尝试部分参与打击乐器演奏配器方案的讨论。

(6)能较自觉地遵守集体打击乐器演奏活动中的一些常规，养成爱护乐器的态度和习惯。

3. 大班

(1)进一步学习并掌握更多打击乐器(如三角铁、双响筒、钹等)的演奏方法。

(2)喜欢并积极参与集体的打击乐器演奏活动，能部分参与打击乐器演奏配器方案设计。

(3)能正确地根据指挥的手势开始、结束和变化演奏。

(4)能在集体的打击乐器演奏中有意识地注意音色、音量和表情与集体协调一致。

(5)能自觉遵守集体打击乐器演奏活动中的一些常规，养成爱护乐器的态度和习惯。

二、打击乐器演奏活动的内容 >>>>>>>>>>>>>>>>>>>>>>>>>>>

(一)打击乐器乐曲

幼儿园使用的打击乐器乐曲一般分为两类：一类是伴随歌曲或器乐曲进行打击乐器演奏的乐曲；另一类是纯粹由打击乐器或替代性打击乐器来演奏的打击乐曲。幼儿园使用的主要是第一类，主要由两个部分组成：一部分是某一首特定的歌曲或器乐曲，另一部分是根据这首特定的歌曲或器乐曲专门创作的打击乐器演奏方案，即配器方案。

练一练

打击乐演奏活动的第一目标是(　　)。

A. 训练幼儿的节奏感

B. 发展幼儿运用打击乐器进行艺术表现的能力

C. 发展幼儿对音乐的想象能力

D. 使幼儿从演奏活动中直接获得快乐

学习笔记

（二）打击乐器演奏的简单知识技能

1. 乐器

幼儿可以接触到的打击乐器主要有大鼓、铃鼓、串铃、碰铃、三角铁、钹、锣、木鱼、双响筒、圆响板、蛙鸣筒、沙球等。与乐器有关的知识主要有名称、演奏方式与音色关系。与演奏打击乐器相关的一般技能主要有用自然协调的动作，演奏出适中的音量和美好的音色，注意倾听音乐和他人的演奏，并使自己的演奏与整体音响相协调等。

2. 配器

在幼儿的打击乐器演奏活动中，配器主要是指教师引导幼儿用集体讨论的方式，选择适当的节奏以及合适的乐器，为幼儿熟悉的歌曲或乐曲设计伴奏的一种活动形式。与此相关的知识技能主要有：知道如何给乐器分类；知道如何利用乐器的搭配制造某种特定的音响效果；知道如何通过集体讨论等方法，为指定的歌曲或乐曲选配合适的节奏型及音色安排方案，并能利用简单的图形、语音、动作等符号记录设计好的配器方案。

3. 指挥

对打击乐器演奏活动中的指挥和看指挥演奏内容的学习，对幼儿的音乐成长和全面发展有着特殊的意义。这些意义与成人在专业音乐活动中指挥的意义截然不同。

在这类活动中，幼儿学习的内容主要是如何与人沟通、合作以及相互协调。因此，指挥者一般情况下可以不必学习专业性的起势、收势，只学习如何自然地开始、结束、轮流和击打所要求的节奏型，必要时还可做相应的乐器演奏方式模仿动作等。与指挥相关的知识技能主要有：首先，要知道如何用动作表示准备、开始和结束，并能使自己的动作清楚、明确，易于被指挥者做出反应。其次，要知道指挥时应使身体倾向被指挥者，用眼睛注视被指挥者，并能用体态和表情激起被指挥者的合作热情。最后，要知道如何用指挥动作表现节奏和音色的变化，并能使自己的动作与音乐协调一致。

（三）打击乐器演奏的常规

由于乐器本身具有新奇性，并且很容易发出声响，因此，打击乐器活动历来都是教师感到比较难以维持良好秩序的活动。所以，为打击乐器演奏活动建立必要的常规就尤为重要。集体打击乐器演奏活动的常规如下。

1. 活动开始和结束的常规

(1)听信号整齐地将乐器从座椅下面取出或放回。

(2)乐器拿出后，不演奏时须将乐器放在腿上，不发出声音，眼睛也不看乐器。

(3)开始演奏前，按指挥者的手势整齐地将乐器拿起，做好准备演奏的姿势。演奏结束后，按指挥者的手势将乐器放回腿上。

(4)活动结束后，自己收拾乐器，整理场地。

2. 活动进行时的常规

(1)演奏时身体倾向指挥者，眼睛注视指挥者，积极地与指挥者交流。

（2）演奏时注意倾听音乐和他人的演奏。

（3）演奏时注意力集中，不做与演奏无关的事情。

（4）交换乐器时，需将原来使用的乐器放在座椅上，迅速无声地找到新的座位，拿起新乐器，坐下后马上把新乐器放在腿上做好演奏准备。交换过程中注意避让，不要与他人或椅子碰撞。

三、打击乐器演奏活动的材料选择 >>>>>>>>>>>>>>>>>>

（一）音乐

为幼儿选择打击乐器配合演奏的音乐，除了应注意节奏清晰、旋律优美、结构工整外，还应为幼儿所喜爱的音乐，一般有进行曲、舞曲或其他富有情趣性和艺术性的幼儿乐曲及幼儿熟悉的歌曲。

为 3～4 岁幼儿选择的音乐，最好是幼儿比较熟悉的歌曲或乐曲，音乐结构短小、节奏简单。为 5～6 岁幼儿选择的音乐可以稍复杂一些，可以不是幼儿学过的歌曲或乐曲，可以是二段体或三段体，最好是乐句和段落之间带有明显的对比性，适合启发幼儿用不同音色、音量的乐器和节奏型来加以变化。

（二）乐器

为幼儿选择乐器时，首先，音色要好。其次，大小及重量要适合幼儿。例如，花铃鼓直径一般不宜超过 15 厘米，最好选用 12 厘米左右的。碰铃的直径最好在 3 厘米左右，便于幼儿演奏。最后，演奏方法要适合不同年龄幼儿运动能力的发展。

3～4 岁的幼儿可以选用铃鼓、串铃、沙球、圆舞板、碰铃等乐器。前 3 种乐器的奏法都是左手持乐器，由右手拍击左手使乐器发音。圆舞板的奏法略有不同，即左手不动，右手先上提然后向下拍击使乐器发音。碰铃的演奏法也与此类似，左右手各持一个碰铃，使之相互撞击发音。以上 5 种乐器的奏法类似幼儿拍手的方法，以手臂的大肌肉动作为主。除碰铃外，各乐器演奏时对手眼协调的要求也不高，因此比较适合 3～4 岁的幼儿。

4～5 岁幼儿还可以选用木鱼、蛙鸣筒、小钹、小锣。敲击木鱼时需要使用腕部，对于手眼协调有一定的要求。蛙鸣筒在刮奏时需要均匀、持续地用力，小钹和小锣在击奏时需要有控制地用力。另外，该年龄段的幼儿还可以选用铃鼓的摇奏法。5～6 岁幼儿还可以增加双响筒、三角铁。这两种乐器的演奏对用力均匀和手眼协调都有较高的要求。另外，该年龄段的幼儿还可以选用圆舞板的捏奏法和小钹的擦奏法。

四、打击乐器演奏活动的设计与组织 >>>>>>>>>>>>>>>>>>

（一）打击乐器演奏图谱制作与配器

配器方案要适合幼儿的实际能力。一是适合幼儿使用乐器的能力，方案中所选用的乐器种类和演奏方法应是特定年龄阶段幼儿能接受的。二是适合幼儿对变化做出反应的能力，配器方案中的节奏和音色的变化、变换的频率和复杂程度应是特定年龄阶段幼儿能够接受的。例如，为 3～4 岁幼儿选择的配器方案中，一般适宜在乐段之间变化音色；为 4～5 岁幼儿选择的配器方案中，一般可以在乐句之

音频：
龟兔赛跑

音频：
木瓜恰恰恰

音频：
安娜波尔步

教学微课视频：
图谱的绘制

间变化音色;为5~6岁幼儿选择的配器方案中,不仅可以考虑在乐段之间、乐句之间、乐句之中变化音色,还可以考虑在乐段之间、乐句之间、乐句之中变化节奏。

配器之前,教师需要先了解一下变通总谱。变通总谱是针对通用总谱来说的,也就是我们通常使用的简谱和五线谱。由于通用总谱的认知方式和过程都比较复杂,所以使用通用总谱不但不能对幼儿整体感知配器方案的过程有所帮助,反而会人为地增加幼儿的认知负担,减少幼儿感知音乐的乐趣;若不用总谱,幼儿在学习中记忆的负担又会太重,变通总谱正是为了解决上述矛盾而被创造出来的。

1. 变通总谱的分类

目前,幼儿园普遍采用的变通总谱主要有以下三类:动作总谱、语音总谱和图形总谱。与简谱总谱相比,变通总谱的掌握要容易得多。有一点应注意,以下的这些变通总谱中,幼儿所要做的仅仅是跟着旋律做动作、看图和朗诵,并不需要看旋律和节奏谱,这种记谱法是供教师参考和理解的。

(1)动作总谱。动作总谱主要是通过使用不同的身体动作表现配器的总体布局。设计时,可使用节奏动作、模仿动作、舞蹈动作、滑稽动作作为创造总谱的材料。身体动作可以表现节奏、音色、速度、力度的变化及其结构。设计时应注意,不要把较快、较难的动作安排在较密集的节奏型上,要避免动作给幼儿掌握总谱内容带来不必要的困难。如果设计得太复杂,也就失去了其作为简易工具的作用。样例可见图2-1和图2-2。

```
        1 2  3 4 | 5   3 1 | 1   6 4 | 5   3 |
节奏     ×   0  | ×   0  | ×   × | ×   × |
动作    拍手       拍手      拍头 拍肩    拍头 拍肩

拍手——铃鼓、沙球      拍头——碰铃     拍肩——木鱼
```

图2-1 动作总谱示例

只怕不抵抗

冼星海 曲

1=C 2/4

```
3    3  | 3 2 1 | 2  — | 6 3 6 3 | 2  — | 1   2 | 1 2 1 6 |
X    —  | X   — | X  — | X X X X | X  — | X   — | X   — |
拍手      拍手     拍手    拍肩      拍肩    拍手    拍手

5    —  | 6 5 6 1 | 5  — | 3   3 | 3. 5 | 2   0 3 | 5  — |
X    —  | X X X X | X  — | X   — | X  — | X   — | X  — |
拍手      食指相碰    食指相碰  拍手     拍手    拍手      抖手腕

3 .  2 | 1  — | 1  0 | 3 3 3 5 | 3  0 | 3 3 1 3 | 2  0 |
X    — | X  — | X  0 | X X X X | X  0 | X X X X | X  0 |
抖手腕    拍手    拍手    拍肩      拍肩    食指相碰    食指相碰

1 2 1 3 | 1  0 3 | 5  — | 3   6 | 1. 6 | 1 2 3 2 | 1  0 |
X X X X | X  — | X  — | X   X | X  X | X   X | X  0 |
拍腿拍腿   拍腿    抖手腕   抖手腕    拍手    拍手      拍手
```

图2-2 《只怕不抵抗》动作总谱

（2）语音总谱。语音总谱是用嗓音来表现配器方案的，可以用有意义的字、词、句、象声词、衬词和无意义音节来做乐谱材料。嗓音可以表现节奏、音色、速度、力度的变化及其结构。在运用嗓音时应尽量使语音总谱有趣、易记、上口，样例可见图2-3和图2-4。

```
        1  2   3  4  | 5    3 1  |  1    6 4  |  5    3   |
节奏    ×     0   |  ×   0    |  ×    ×   |  ×    ×   |
语音    走        走            滴    笃      滴    笃
        走——铃鼓、沙球        滴——碰铃      笃——木鱼
```

图 2-3　语音总谱示例

洋娃娃和小熊跳舞

1=D　2/4　　　　　　　　　　　　　　　　　　　佚名　曲

```
1  2   3  4  | 5  5   5 4 3  | 4   4   4 3 2  | 1  3   5   |
X  X   X  X  | X  X   X  X   | X X X X  X  X  | X  X   X   |
快  来  跳  舞 | 快  来  跳 舞  | 哈哈哈哈 哈 哈  | 嘀 嘀  嘀  |

1  2   3  4  | 5  5   5 4 3  | 4   4   4 3 2  | 1  3   1   |
X  X   X  X  | X  X   X  X   | X X X X  X  X  | X  X   X   |
快  来  跳  舞 | 快  来  跳 舞  | 哈哈哈哈 哈 哈  | 嗒 嗒  嗒  |

6  6   6 5 4 | 5  5   5 4 3  | 4   4   4 3 2  | 1  3   5   |
X  X   X  X  | X  X   X  X   | X X X X  X  X  | X  X   X   |
快  来  跳  舞 | 快  来  跳 舞  | 哈哈哈哈 哈 哈  | 嘭 嚓  嚓  |

6  6   6 5 4 | 5  5   5 4 3  | 4   4   4 3 2  | 1  3   1   ‖
X  X   X  X  | X  X   X  X   | X X X X  X  X  | X  X   X   |
快  来  跳  舞 | 快  来  跳 舞  | 哈哈哈哈 哈 哈  | 嘭 嚓  嚓  |
```

图 2-4　《洋娃娃和小熊跳舞》语音总谱

（3）图形总谱。图形总谱主要是用不同的图形和色彩来表现配器的总体布局。设计时，可以采用几何图形、类比性图形、乐器音色的象征图、乐器形象简图来做乐谱材料。除了图形的线条、形状外，色彩往往也是乐曲的重要因素，可以表现节奏、音色、速度、力度的变化及其结构。在设计图形总谱时不宜搞得太花哨，那样会干扰幼儿的注意力，样例可见图2-5和图2-6。

```
        1  2   3  4  | 5    3 1  |  1    6 4  |  5    3   |
节奏    ×     0   |  ×   0    |  ×    ×   |  ×    ×   |
图形    ⊙        ⊙            ◆    ●      ◆    ●
        ⊙——铃鼓、沙球      ◆——碰铃      ●——木鱼
```

图 2-5　图形总谱示例

练一练

在打击乐器动作总谱中，比较密集的节奏适用于（　　）。

A. 用脚的动作来表现

B. 用手的动作来表现

C. 用头部动作来表现

D. 用手、脚动作协调地表现

音频：
土耳其进行曲

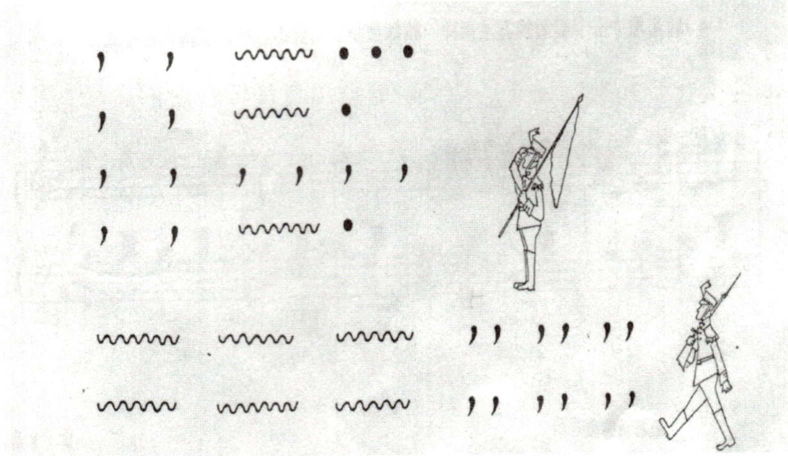

图 2-6 《土耳其进行曲》图形谱

学习笔记

2. 图形谱的制作与配器的基本步骤

第一，熟悉原音乐作品，并进行截取或压缩调整。对音乐进行反复哼唱、弹奏、倾听、感知和体验。如果原音乐长度适合幼儿，可以完整选用。如果原音乐长度不适合幼儿，可以根据各年龄段幼儿的不同特点，截取或压缩结构。

第二，揣摩、分析音乐作品的情绪、风格和趣味。注意抓住主要矛盾，对一些主要的细节做“省略”或“模糊”处理。分析音乐作品的节奏特点和结构特点，感知作品结构中部分与整体的关系及重复与变化的关系。

第三，安排节奏型和音色的布局。既可以通过节奏和音色的改变强调“变化”，又可以通过节奏和音色的重复强调“统一”。对于低年龄的幼儿，比较简单的作品可采用“相辅相成”的处理方式：作品的节奏密，配器的节奏也密；作品的节奏疏，配器的节奏也疏。对于年龄较大的幼儿，比较复杂的作品偶尔也可以采用“相反相成”的处理方式，即作品的节奏密，配器的节奏反而比较疏，甚至可以巧妙地使用演奏与休止交替处理的方式。

第四，试奏和调整。尝试倾听几遍音乐配器演奏，然后根据实际情况对节奏、乐器、音色的变化进行调整，以便更适合幼儿合作演奏。

第五，记谱和转换成幼儿可以使用的变通总谱。最好采用和乐曲风格比较一致的语音、图形或动作。例如，《木瓜恰恰恰》的图形谱，在了解它是一首印度尼西亚的乐曲时，因为印度尼西亚地处热带，水果种类繁多，所以很多老师采用了水果图形作为图形谱的主体，整体风格也与乐曲一致。

3. 打击乐配器注意事项

(1)强弱拍的对比。将声音低、音量大的乐器用于强拍；声音高、音量小的乐器用于弱拍，从而突出音乐的轻重对比，使音乐的脉络更加清晰。

想一想

什么叫固定的节奏型？

(2)音色的对比。在呼应性或重复性的乐句及不同的乐段中，更换出现对比较明显的乐器，使音乐富有变化和新鲜感。

(3)力度的对比。可以通过齐奏和独奏，或音量不同乐器的个别演奏来表现音乐中音量的大小对比。例如，可以加入钹、锣等乐器，也可以用许多花铃鼓击打鼓面和沙蛋做一个力度对比。

(4)节奏的对比。除了某种乐器采用固定的节奏型以外，也可以根据乐曲中的节奏变化来配器。一般情况下有连续的短时值音符出现时，可以按节奏敲打；有长时值的音符时，铃鼓、红绒棒铃、腕铃等乐器可以根据情况选用连续的颤声奏法来与之协调，以增强音乐气氛。

总之，节奏乐器的选配、演奏方法的运用、节奏的设计都应该与音乐原来的情绪、风格、结构相适应，从而更好地表达音乐的情绪、风格和性质；另外，配器产生的音响效果既要富有趣味性和新颖性，又要具有整体统一的美感。

（二）打击乐器演奏活动的一般模式

为了区别于传统的打击乐器教学模式，新的打击乐器教学模式被称为打击乐器整体教学模式。整体教学模式可以有两种似乎完全相反的教学程序。

1. 先整体后分部的模式

该程序主要适用于各声部间相互依存性较强、整体音响较单纯的作品，以示范、模仿、练习与有引导的创造性表现相结合，目的主要是在参与演奏的过程中促进幼儿的全面发展。其一般步骤如下。

第一，导入，引起兴趣。

第二，指导幼儿欣赏并初步感知主旋律的情绪、风格和基本拍子。

第三，引导幼儿模仿学习变通总谱，或在教师指导下参与创作变通总谱的具体内容。进一步把握作品整体音响的横向(句子和段落之间的)结构和纵向(声部和声部之间、配器与频率之间的)结构。

第四，指导幼儿在熟练掌握总谱的基础上，进行分声部的徒手练习。练习是所有声部同时进行的，练习时要求幼儿重点注意相互倾听、相互配合，以便创造出心目中已经初步建立的整体音响效果；同时，引导幼儿学习看教师如何指挥。教师的指挥动作最初应该和乐器的演奏动作相同，待熟练后，教师可以改用击拍法，但仍然要求把幼儿演奏的节奏型打出来。

第五，在教师的指挥下进行多声部乐器合奏练习。

第六，指导个别幼儿练习指挥，集体练习合奏。

第七，教师可根据幼儿的掌握情况部分地改变原定的配器方案。但应注意，由于已经进入多声部的合奏练习，为了减轻大部分幼儿的注意、记忆负担，保持甚至增强演奏热情，教师必须在开始演奏前让全体幼儿对将要改变的配器方案有所了解，并引导幼儿认真倾听、比较整体音响的情趣发生了什么样的变化。

第八，教师根据改进的练习需要，可将特色乐器逐步加入乐队中。每次发生变化后，教师都应引导幼儿倾听、比较，并鼓励年龄大的幼儿对这些变化加以描述。

2. 累加的模式

该程序适用于各声部都有一定的独立性，或至少有一个声部与其他声部之间没有交错进行关系，整体音响较为复杂的作品。其一般步骤如下。

第一，导入，引起兴趣。

第二，指导幼儿模仿学习或创造一个比较有特色的、比较复杂的、比较独立

的声部。这个声部相当于一件打击乐器或一个打击乐器组"独唱"的声部，并通过这一过程使幼儿进一步把握作品的横向结构。

第三，在幼儿熟练掌握该声部的基础上，再将其他具有伴奏性质的声部用"先整体后分部"的程序教给幼儿，等他们掌握后再将伴奏声部累加到独奏声部上去。最初，往往需要由个别幼儿来指挥已经熟悉的独奏声部，教师同时指挥尚不熟悉的伴奏声部，接着把两个声部分别交给两个幼儿指挥。最后，由一个幼儿单独指挥伴奏声部，让独奏声部的幼儿完全独立地听音乐演奏。

在实际教学中，这两种程序经常混合使用。当然，对于年龄小、经验少、音乐能力较弱或是最初接触打击乐器演奏活动的幼儿来说，模仿学习仍然是比较常用的一种学习方法。但是，创造性学习也必须一开始就进入，不过要以大多数幼儿都能胜任并能够愉快、积极地参与为设定难度的标准。

步骤二　教学观摩

温馨提示

图形谱的设计与制作是打击乐器演奏活动方案设计与实施的重点，也就是说，在设计活动方案前，教师必须掌握打击乐器演奏图形谱的制作方法。因此，观摩任务主要放在幼儿园完成，把实训室的训练重点改为图形谱的制作、分析和修正。

一、分析图形谱 >>>>>>>>>>>>>>>>>>>>>>>>>>>>>>>>>>>

第一，各组展示小组讨论制作好的图形谱。

第二，每组一名同学带领大家进行打击乐器的演奏。

第三，演奏的同学尝试质疑并制定修正策略。

第四，教师引导各组同学综合大家的意见，修正配器方案。

二、观摩大班打击乐器演奏视频：《土耳其进行曲》>>>>>

（一）呈现目标与素材

大班打击乐活动
视频：土耳其
进行曲

活动名称

大班打击乐器演奏活动：土耳其进行曲

活动目标

1. 学习用打击乐器串铃、圆舞板、碰铃为乐曲伴奏，并尝试加入新的乐器。

2. 学习在看、听、说、演奏之间建立一种感觉上的练习，找出相应的图形，并用嘴巴发出模仿乐器的声音。

3. 学习看指挥，分声部演奏乐器。

（二）观摩、 讨论与反思

1. 呈现讨论话题

(1)教师对素材的运用或改编适合该年龄段的幼儿吗？重点目标是什么？是怎样完成的？

(2)本活动选取了哪些打击乐器？合适吗？

(3)本活动采用了哪种总谱？和音乐作品的风格一致吗？乐器之间均衡吗？

(4)结构和节奏的安排适合该年龄段的幼儿吗？效果如何？

(5)配器环节是怎样体现以幼儿为主体的理念的？

(6)教师是怎样引导幼儿学习乐器合奏的？你认为这样的安排科学吗？

(7)在交换乐器的环节中，教师是怎么做的？为什么要这样做？

(8)在本次打击乐器演奏活动中，教师是如何强调幼儿合作学习的？如果不够重视，可以怎么调整？

(9)教师的提问、师幼的互动怎样？

(10)教师的音乐素养如何？整个活动的氛围如何？

2. 观摩活动录像

同第 24 页"2. 观摩活动录像"。

3. 分组讨论交流

同第 24 页"3. 分组讨论交流"。

4. 教师评价总结

同第 24 页"4. 教师评价总结"。

三、观摩幼儿园教师现场执教的打击乐器演奏活动 >>>>>

请大家在幼儿园现场观摩教师执教的打击乐器演奏活动，做好听课笔记，认真倾听执教教师的说课，积极参与讨论，及时记录讨论结果和带队教师的评价总结。

步骤三　方案设计

第一，第一位在幼儿园现场试教打击乐器演奏活动的同学，请与本组同学合作设计中班、大班打击乐器演奏活动"森林狂想曲"，形成完整的方案，并做好活动准备。

素材

活动名称

大班打击乐器演奏活动：森林狂想曲

活动目标

1. 初步感受音乐，熟悉音乐的结构，并能根据图形谱拍出相应节奏型。

中班打击乐演奏
活动视频：
调皮的小闹钟

大班打击乐演奏
活动视频：
森林音乐会

学习笔记

大班打击乐
活动文本：
玩偶进行曲

中班打击乐演奏活动文本案例：墨西哥草帽舞

2. 分小组合作，根据已有节奏型为该乐曲设计打击乐器演奏方案并演奏。

3. 在活动中能与指挥者进行交流，体会大家合作演奏的快乐。

参考内容

1. 可选用图形。

森林里的动物：小动物的头、小动物的脚印、小动物的嘴巴等。

森林里的植物：树木、花草的图片等。

2. 可选用乐器。

单响：碰铃、三角铁、圆舞板、双响筒、木鱼、打棒。

碎响：皮摇铃、沙球、串铃、红绒棒铃、腕铃、沙蛋。

混合：花铃鼓、刮弧。

第二，第二位在幼儿园现场试教打击乐器演奏活动的同学，请与本组同学合作设计中班、大班打击乐器演奏活动“采蘑菇的小姑娘”，形成完整的方案，并做好活动准备。

学习笔记

素材

活动名称

中班打击乐器演奏活动：采蘑菇的小姑娘

活动目标

1. 在欣赏教师的舞蹈动作时，感受乐曲欢快、活泼的旋律和舞曲风格，并从中了解乐曲结构。

2. 在教师的帮助下，幼儿能根据教师的舞步和手位动作将舞蹈动作转化为身体动作总谱，并在教师指导下设计打击乐器配器方案。

3. 尝试用乐器为舞蹈伴奏，进一步渲染乐曲欢快、活泼的气氛，感受大家合作表演的愉快。

参考内容

1. 音乐及谱例(略)。

《采蘑菇的小姑娘》由著名作曲家谷建芬作曲，是一首两段体式的乐曲，乐曲节奏鲜明，整曲欢快、活泼，动感十足，是幼儿喜闻乐见、广泛传唱的乐曲之一。

2. 动作。

脚的动作：跺脚、跑跳步、小碎步、踵趾小跑步、小跑步。

手的动作：拍腿、拍手、拍肩、拍头、举手臂、抖手腕、绕手腕。

3. 可选乐器(同素材1)。

第三，第一位在实训室模拟试教打击乐器演奏活动的同学，请与本组同学合作设计大班打击乐器演奏活动“红星歌”，形成完整的方案，并做好活动准备。

素材

活动名称

大班打击乐器演奏活动：红星歌

活动目标

1. 在区分乐曲 A 段雄壮有力和 B 段缓慢抒情音乐性质的基础上，初步学习用乐器表现 A、B 两段不同的音乐性质。

2. 在教师的引导下理解图形总谱，根据节奏型选择乐器，并按指挥的手势正确地进行演奏。

3. 能够有意识地倾听打击乐器的演奏效果，注意乐器的音量、音色与乐曲情绪一致协调。

参考资料

1. 简谱谱例（见许卓娅：《打击乐器演奏活动》，南京，南京师范大学出版社，2009）。

2. 可选乐器：红绒棒铃、腕铃、圆舞板、木鱼、碰铃、三角铁、花铃鼓、大鼓等。

3. 场地布置：半圆形、单马蹄形、双马蹄形、品字形、满天星。

第四，第二位在实训室模拟试教打击乐器演奏活动的同学，请与本组同学合作设计活动方案"拉德斯基进行曲"，并做好活动准备。

素材

大班打击乐：拉德斯基进行曲

活动目标

1. 在感受《拉德斯基进行曲》欢快、激昂的风格基础上，能用动作表现图谱的节奏。

2. 能根据乐器的音色特点，借助图谱选择合适的乐器为乐曲进行配乐演奏。

3. 集中注意力看教师指挥，并能与同伴协调一致地演奏。

参考内容

1. 可选用图形：部队中常见的有代表性的物品，如号子、军帽、军靴、彩旗等。

2. 可选择乐器：大鼓、锣、钹、花铃鼓、碰铃、圆舞板、红绒棒铃、木鱼、双响筒等。

步骤四　方案实施

同第 27 页"方案实施"内容。

学习笔记

步骤五　总结提升

在观摩和实施幼儿园打击乐器演奏活动时，我们经常可以发现一些情况：教师控制得比较多，给予幼儿的空间很少；一直都在学习图形谱的拍打方法，而忽略了音乐与图谱的结合；在演奏过程中，教师的语言一直在干扰幼儿倾听音乐。因此，我们提出了一些注意事项和设计思路，期望大家能更清楚地掌握幼儿园打击乐器演奏活动的途径和方法。

📝 学习笔记

温馨提示 🌟

设计打击乐器演奏活动时的注意事项如下。

第一，注意将设计的步骤划分出更多、更细致的层次，以便实施时可以灵活进退。

第二，注意较早地加入伴唱或伴奏，并注意伴唱、伴奏速度的适宜性以及伴唱、伴奏对演奏转换及演奏情感体验、表达的暗示性和激励性。

第三，注意让幼儿有更多创造性参与的机会。

第四，注意利用幼儿的原有经验。

第五，注意指示语言和辅助性的体态能够引起幼儿的普遍注意和正确理解。

第六，注意让全体幼儿能够看清指挥者的指挥动作。在指挥时使用好语言、眼神、体态的预先提示，以减轻幼儿的记忆、反应负担，减缓疲劳进程，增加其享受演奏过程的快乐。

第七，注意在设计和实施打击乐器演奏活动的过程中，将有关常规整体地融入其中。要特别注意养成看指挥和听同伴演奏及倾听音乐的习惯。

一、打击乐器演奏活动的设计思路 >>>>>>>>>>>>>>>>>>>>>

第一，比较强调让幼儿获得打击乐器配器的典型语汇或典型创作思路的教学设计，可以先通过示范、模仿、练习，掌握作品配器的整体布局，再分声部合练；或先通过示范、模仿、练习掌握主要声部的演奏方式，再学习将其他配合的声部一一累加上去。待幼儿能初步演奏该作品后，再尝试各种创造性的发展练习的方案。

第二，比较强调让幼儿获得相关指挥和看指挥知识技能的教学设计，可以先让幼儿通过模仿或集体探索、讨论的方法获得作品节奏配置的整体布局，然后通过教师或幼儿设计指挥或即兴指挥的方法，逐一尝试演奏各种配器方案。

第三，比较强调让幼儿获得创造意识、创造能力的教学设计，可以先让幼儿感知音乐或了解将要表现的形象、内容，然后引导幼儿集体探索、讨论、设计打击乐器的配器方案，最后尝试演奏并逐步完善这些方案。

第四，比较强调让幼儿获得不同符号体系转换能力的教学设计，可先让幼儿倾听、观看、学习专门设计的有关故事、图画或韵律活动，然后引导幼儿将隐含在其中的音乐结构及节奏抽取出来，转换成相应的打击乐器配器方案，最后进行演奏或其他发展性学习活动。

第五，比较强调让幼儿获得对各种不同打击乐器性能和潜在表现力的教学设计，可先引导幼儿在有趣的游戏活动中对某一种或几种特定的打击乐器进行探索，了解在何种情况下可能发出什么声音，然后引导幼儿引用探索中获得的有关经验进行配器及演奏的实践。

二、打击乐器演奏活动中的合作学习　>>>>>>>>>>>>>>>>>>>

把合作学习的相关理论引入幼儿园打击乐器演奏活动中，旨在把幼儿同伴间多样的差异性转化为真正有效的观察学习资源、教育资源，加深幼儿同伴之间的交往互动，促使幼儿在与同伴的交往中不断调整和修正自己的行为，逐渐学会适应他人，学习和掌握良好的行为准则，学会与他人建立融洽的关系，欣赏他人、接纳他人，从而形成初步的合作意识和合作能力，逐步实现自我中心化，养成良好的个性、品德，成长为一个社会人。

打击乐器演奏活动中的合作学习包括与其他声部的合作协调、小组合作讨论配器的方法等。它以小组形式为依托，通过创设幼儿合作配器的情境，引导幼儿积极参与小组讨论、探索，为幼儿创造了通过同伴互动来获得发展的机会，从而赋予小组活动更大的教育价值和内涵。在幼儿园教育中，小组活动作为集体活动和个别活动的一种中间形式，在幼儿活动的时间和空间上占有很大比例。

那么，在实施合作学习时怎样才能取得比较理想的效果呢？

第一，合理选择活动内容，正确把握合作学习的时机。合作学习活动开展的时机是否恰当，直接影响着幼儿在活动中的表现以及活动的效果。比如，为图谱选择合适的配器方案。由于幼儿的年龄特点和发展水平所限，幼儿不能独立完成配器方案时，最需要教师和同伴的帮助。因此，教师在这个时候组织幼儿与同伴一起合作完成任务，不仅有利于任务的顺利完成，还可以使幼儿体验到合作学习的快乐，培养其与同伴合作的意识和行为。

第二，注重发挥教师的引导作用，并适时进行调控。虽然合作学习活动强调的是幼儿通过同伴间的合作来自主学习，但教师对活动进行积极、有效的引导，是活动顺利开展的必要保障，也是实现幼儿主体地位和教师主导作用有机结合的重要条件。比如，在合作学习活动中，个别小组的讨论或争执过于激烈，教师可以参与小组的活动，提示并引导幼儿把声音放低，在幼儿安静下来后重申规则，强调各组不要发出过大声音，然后开始小组活动。

第三，引导幼儿充分展示合作学习的成果。幼儿合作学习成果的展示是合作学习活动的重要组成部分，也是评价小组合作学习质量的重要依据。比如，在展示成果时，不仅要展示任务的完成情况，还要展示完成任务、解决问题的过程，即小组成员是如何配合、如何协商的，在活动中学到了什么。还可以采用多种方式展示成果。常用的方式是每个合作学习小组派一名代表发言，展示最终完成的成果，其他小朋友倾听。

第四，教师应成为幼儿合作学习活动的观察者和记录者。在幼儿合作学习活动中，教师的角色不再是一名权威的管理者，而是一名观察者，应该更多地关注小组活动的进展，关注幼儿在活动中的表现，以增进对幼儿及小组的了解，为提

📝 学习笔记

高活动组织的有效性提供帮助。作为一名观察者，教师首先要做到"倾听"幼儿，要"努力追随幼儿正在发生的学习活动并加入其中"，认真倾听幼儿个体的语言和小组的讨论，仔细观察幼儿个体的行为及小组的表现，以便透过现象看到问题的本质。教师的观察要伴随记录。记录可以是文字、照片、录音、录像等形式。记录可以使幼儿和教师再次经历幼儿的合作过程，便于教师更深入地了解幼儿及其小组，为提出适宜的改进策略提供有力的证据。

拓展资源

需要认识的音乐家——德国著名音乐教育家奥尔夫

德国当代著名的作曲家、音乐戏剧家和儿童音乐教育家奥尔夫创造了一种理论和实践体系，使儿童能够以最自然的方式进入音乐世界，并从中获得最完整、最全面的音乐体验。他创造的体系可以使儿童有机会获得更多的关于交流、分享和共同创造的愉快体验。他强调两点：(1)"元素性"音乐教育，强调以人类最根本、最自然也是最古老的音乐实践形式——简单的拍手、打击乐器及即兴创作等方式面向每一个儿童，唤起他们身上潜在的音乐本能，使音乐成为他们自发的要求；(2)"节奏第一"，他强调从节奏入手进行音乐教育，也就是通过节奏与语言和动作的结合对儿童进行节奏感的培养。主要采用综合教学，以歌、舞、乐三位一体，创作、表演和欣赏三位一体的综合形式，从儿童的感性经验出发，通过儿童的亲身实践帮助他们主动感受和表达音乐，并注重儿童的主体创造。

奥尔夫音乐教育体系的课程内容主要包括噪音造型、动作造型和声音造型三个方面。奥尔夫音乐教育体系的教学方法主要是"引导创作法"，即通过教师的启发、引导及范例帮助儿童集体创作、协助创作。主要的步骤是探索—模仿—即兴—创造。具体来说，探索是让儿童通过动作发现产生音响的可能性；模仿是为了发展儿童的基本技能；即兴是鼓励儿童将所学的技艺逐渐扩展，形成雏形；创造是将各阶段所学的技能结合起来，形成一个自己独创的"作品"。

练习与应用

一、思考题

1. 在选择打击乐器材料时应注意哪些问题？

2. 在为打击乐器设计配器方案时要注意哪些问题？

3. 打击乐器演奏活动中怎样培养幼儿的合作能力？

二、操作题

各组根据教师提供的素材和目标，合作设计制作图形谱与活动方案。

素材参考资料：

1. 简谱谱例(见许卓娅：《打击乐器演奏活动(第2版)》，南京，南京师范大学出版社，2015)。

2. 可选乐器：红绒棒铃、腕铃、圆舞板、木鱼、碰铃、三角铁、花铃鼓、大鼓等。

3. 场地布置：半圆形、单马蹄形、双马蹄形、品字形、满天星。

任务六
幼儿园手工活动的设计与实施

典型案例

　　佳佳老师设计了一次大班泥工活动，活动中提供的"小猪佩奇"泥塑范例引起了班上幼儿的兴趣，这是他们都非常喜欢的动画形象。幼儿争先恐后地问："佳佳老师，这是怎么做出来的呀？真好看！""漂亮吧？这是我根据图片做出来的哦！小朋友们，你们想不想试一试做出其他的动画造型来呢？""想！"幼儿异口同声地回答，心中充满了疑问和好奇。于是，佳佳老师抓住幼儿的这一兴趣点，开展了一次泥工活动。教学过程中，佳佳老师利用多媒体播放各种动画形象的图片，如猪猪侠、大头儿子、米奇、喜羊羊等，请幼儿根据图片来塑造形象。

　　传统的泥塑活动是教师带领幼儿看图示，教师教一步，幼儿做一步，在制作的过程中幼儿完全失去了自主学习的机会，这种以教师为中心的教学方法，不仅没有让幼儿真正获得动手操作和表现的机会，而且限制了幼儿学习兴趣和探索精神的发挥。在本次活动中，佳佳老师改变了从前"教师教，幼儿照着做"的教学模式，并在活动中及时关注幼儿的表现和反应，敏锐地察觉幼儿的需要，给予适时的帮助。佳佳老师不仅是一个观察者，更是幼儿的支持者。佳佳老师了解到幼儿手工能力的发展水平，出示了几种简单易学的动画形象。手工活动中运用到的基本技法都是幼儿已经掌握的。在幼儿园手工教育活动中，作为教师可以为幼儿手工能力的发展提供哪些支持和帮助呢？手工活动的工具、材料有哪些呢？幼儿园手工活动又该如何设计呢？让我们带着这些问题，开始本任务的学习吧！

实施步骤

步骤一　资讯提供

幼儿园手工教育活动，是幼儿发挥自己的想象力与创造力，直接用手或操作简单工具，对具有可塑性的各种形态(点状、面状、线状、块状)的物质材料进行加工、改造，制造出占有一定空间的、可视且可触摸的、多种艺术形象的一种教育活动。

一、幼儿手工能力的发展 >>>>>>>>>>>>>>>>>>>>>>>>>>>>>>

研究表明，人们对幼儿手工能力的关注比对幼儿绘画能力的关注要少。幼儿手工能力的发展虽然存在个体差异，但总的来说依然呈现出一定的规律性。我们可以将幼儿手工能力的发展划分为以下三个阶段。

（一）随意期（2～4岁）

幼儿对手工工具、材料以及手工的操作过程充满好奇，往往会将手工活动作为一种游戏活动来进行，享受着玩弄材料和使用工具的快感，满足于模仿成人的实践活动。这一阶段幼儿手工活动只是纯粹的玩耍和游戏，其特点就是没有明确的目的性。幼儿会在玩耍和游戏中伴着自己的想象和意愿随意地创作和表现。例如，幼儿随意地将纸撕成碎片，边撕边抛向空中，并兴奋地喊："下雪啦！下雪啦！"或者饶有兴趣地用泥随意地捏、戳、压、揉，并随着泥的不断变形，随意地为它们命名，乐此不疲。

（二）形象期（4～5岁）

随着认知的发展和动手能力的提高，幼儿积累了初步的感性经验，逐渐从随意期进入了形象期。在这一时期，幼儿开始真正地对各种手工感兴趣，由无目的地自由玩弄过渡到有意识地创作尝试，会根据自己对事物的认识和自己使用工具材料的技能，创造出一些简单的物体和形象。多样的工具材料、不同的操作方法和丰富的造型结果，促使幼儿对各种手工活动表现出明显的参与意识和浓厚的兴趣。

一般来说，此阶段的幼儿在泥塑和粘贴方面的表现比较成熟，而在折纸、剪纸方面的表现较弱。幼儿能用一块泥塑造出多个物体形象，如元宵、饼干、棒棒糖等。因为这些制作过程比较简单、清晰且制作的成品更容易接近生活中的真实物体。但如果要折出某样作品，则需要幼儿采用规定的折纸技法和折纸步骤进行操作，而且这些步骤很难形象化地呈现在幼儿的面前，需要有更精细的动作操作和更强的空间立体概念的支撑，对形象期的幼儿来说有一定的难度。

（三）造型期（5～7岁）

幼儿到了中、大班，手的活动会越来越多，在有趣的手工活动中，丰富的材料和工具、多样的表现手法和内容，使幼儿能够在捏、剪、折、撕、卷、插、拼、拆等手工活动过程中，通过设计、构思、加工、制作、修改等操作活动，进行丰富多彩的创造表现。例如，在纸工活动中，此阶段的幼儿已经掌握连续沿着各种

教学微课视频：
幼儿手工能力的发展阶段及其特征

学习笔记

线条和形状剪的技能，学会看图示完成相对复杂的折纸作品。此外，这一阶段的幼儿还可以进行一些较为复杂的玩具制作。此时，幼儿手的动作更多、更精细、更灵活，对其大脑皮层相应区域的刺激更丰富，进而促使幼儿的思维水平越来越高。造型期阶段幼儿的手工作品表现出独特的立体感和空间性，这说明此年龄段的幼儿在感受、表现形象时能从多角度、多侧面对事物进行观察和分析。

二、手工活动的目标 >>>>>>>>>>>>>>>>>>>>>>>>>>>>>>>>>>>>>

（一）幼儿园手工活动总目标

1. 认知目标

认识泥工、纸工等各种手工工具和材料的性质。

2. 情感目标

(1)体验手工活动的乐趣，能积极参与手工活动。

(2)喜欢手工活动，乐于用手工表达自己的想法和情感。

3. 技能目标

(1)掌握剪、折、撕、粘、搓、压、印等手工技能。

(2)会使用不同的手工工具和材料制作平面和立体作品。

(3)能使用一些自然材料拼贴造型。

(4)形成良好的手工活动习惯。

4. 创造目标

能大胆运用各种手工材料，如泥和纸张等，按照自己的意愿塑造。

（二）幼儿园手工活动年龄段目标

1. 小班

(1)认知目标。①初步熟悉泥工、纸工等工具、材料。②了解泥的可塑性。③了解纸的性质。

(2)情感目标。通过玩泥、撕纸等活动，体验手工活动的快乐。

(3)技能目标。①掌握泥工中团圆、搓长、压扁等基本技能。②学习撕纸、粘贴，初步撕出简单形状粘贴成画，并学会用自然材料拼贴造型。③学会用印章、纸团、木块等材料，蘸上颜色在纸上敲印。

(4)创造目标。能大胆地运用印章、纸团、木块等材料在纸上按意愿压印。

2. 中班

(1)认知目标。进一步熟悉泥工、纸工及自制玩具的工具和材料。

(2)情感目标。通过泥工、纸工及自制玩具的活动来积极创作手工作品的，培养幼儿对手工活动的兴趣。

(3)技能目标。①能正确使用剪刀剪出方形、圆形、三角形及组合形体，并拼贴成画。②掌握折纸、撕纸的基本技能，折出简单的玩具或撕出简单的物体轮廓。③学习用泥塑造出物体的基本部分和主要特征。

(4)创造目标。①能大胆地用泥按照自己的意愿塑造。②能大胆地用纸按意愿撕出、剪出各种物体的轮廓。

3. 大班

(1)认知目标。①了解各种纸张的不同性质，知道不同性质的纸张具有不同的表现效果。②对自制玩具的材料加以分类，以获得选择、收集这些材料的经验。

(2)情感目标。①体验综合运用不同手工材料制作作品的快乐。②喜欢用手工来表达自己的想法和情感。

(3)技能目标。①用泥塑造人物、动物等较复杂结构的形体，能表现出物体的主要特征和细节。②能集体分工合作塑造群像，表现某一主题或场面。③能使用无毒、安全的废旧材料制作玩具并加以装饰。

(4)创造目标。能综合运用剪、折、撕、粘、连等技能，独立设计制作玩具。

三、手工活动的内容 >>>>>>>>>>>>>>>>>>>>>>>>>>>>>

（一）幼儿园手工的工具和材料

1. 手工工具

主要有剪刀、泥工板、牙签、胶水、糨糊以及其他辅助材料。

2. 手工材料

点状、线状、面状、块状材料。

(1)点状材料。种子、沙子、石子、珠子、纽扣、果核等，主要用于作品完成后的装饰。

制作方法：串连、拼贴、镶嵌。

(2)线状材料。绳子、棉线、毛线、树枝、橡皮筋等。

制作方法：编织、盘绕、拼贴、插接。

(3)面状材料。纸、布、树叶、花瓣、羽毛、木板、平面玻璃、铁片等。

制作方法：撕、剪、折、卷、粘贴。

(4)块状材料。各种蔬菜、水果、盒子、瓶罐、泥块、面团、纸杯等。

制作方法：塑造、雕刻、组合、挖、剪、拼接，如蔬菜造型、泥塑、捏面人等。

3. 手工材料的基本制作方法

①串连。②粘贴。③剪(目测剪、沿轮廓线剪和折叠剪)。④撕(目测撕、沿轮廓线撕和折叠撕)。⑤折(对边折、对角折、集中一角折、四角向中心折等)。⑥染(渍染、点染)。⑦盘绕。⑧编织。⑨塑(基本技法：团圆、搓长、压扁、捏、挖、分泥和拉伸等)。⑩插接。

（二）幼儿园手工活动的类型

幼儿园手工教学主要有泥工、纸工、自制玩具三种类型。

1. 泥工

泥工活动是指幼儿用双手和简单的工具将泥塑造成各种立体形象的活动。

(1)泥工活动的材料。

幼儿园常用的泥工材料主要有橡皮泥、超轻黏土、陶泥、面泥等。

(2)不同年龄段泥工活动的指导要点。

小班：小班的泥工活动，侧重于认识简单的工具和材料；知道其名称和使用方法；愿意参加手工活动，体验其中的乐趣并养成良好的手工活动习惯。两个层面的目标分别为认知目标与情感目标，但小班幼儿以兴趣、乐于参与为主。

想一想

手工活动中的折纸、剪纸、泥塑及制作在材料提供上需要注意哪些问题？

考证练习

刘老师想设计一次幼儿园中班手工活动。你认为以下哪项内容合适？（　　）

A. 剪出圆圆的太阳

B. 用超轻黏土制作面条

C. 撕出方形的房子

D. 创作纸质清洁作品《小红帽》

为了培养小班幼儿参与泥工活动的兴趣，需要注意以下四点：首先，允许幼儿在把玩中感受泥工材料柔软、可变的特性；其次，教幼儿塑造简单物体的形状，如"汤圆""饼干""面条"等；再次，让幼儿将两个基本型结合在一起，塑造新的物体造型如"雨花石"（不同颜色的油泥团成彩球）、"麻花"（两根泥条拧成麻花）等；最后，随着幼儿相关技能的增加，可以增设辅助材料（如"棒棒糖""糖葫芦"等）。

中班：中班幼儿侧重以单个物体的造型为主。要求幼儿能塑造出物体的基本部分及主要特征，会使用一些简单的辅助材料表现出简单的情节并能按意愿大胆塑造，这时并不追求形象的比例及细节。例如，制作茶壶要有壶身、壶嘴等。

大班：大班幼儿应学会使用简单工具和辅助材料塑造出形象的突出特征和某些细节，表现出主要情节。例如，塑造运动中的人，要能看出身体和四肢的变化。在此基础上借助辅助材料表达简单情节，如有的在踢足球、有的在做操等。

2. 纸工

纸工活动是以不同质地的纸为材料，结合撕、剪、折、粘、卷、编等多种简单的技巧创造出事物形象的活动。

（1）纸工活动的材料。

幼儿纸工活动的用纸种类很多，包括蜡光纸、亮光纸、皱纹纸、宣纸、彩色卡纸、吹塑纸、餐巾纸、瓦楞纸、废旧画报、挂历、报纸等。

（2）纸工活动的类型。

主要包括折纸、剪纸、撕纸和染纸。

折纸是指利用纸张，采用折、叠、卷、翻、插等手法，辅以剪、接、拼、画等技巧，按照一定的步骤和要求，借助简单的工具和材料，改变、组合、分解纸张原来的形状，使之表现出物体形象的活动。

折纸的基本技能包括对边折、对角折、集中一角折、四角向中心折等。

剪纸是用剪刀将纸剪成各种各样的图案的活动。教师可以引导幼儿掌握以下几种基本剪法。

·目测剪，即让幼儿用没有痕迹的纸通过目测直接剪出形象的方法。用该方法剪的形象大多是线条、几何形状和一些轮廓线简单的物体。目测剪没有什么限制，比较自由。

·沿轮廓线剪，指让幼儿按照已经画好的轮廓线剪出所需要的物体形象的方法。轮廓线可以由教师画，也可以由幼儿自己画，所画的形象要大，轮廓线要简洁，不能太曲折。

·折叠剪，是指将纸折叠后再剪出纹样的方法。进行折叠剪时，一般采用一张色纸，把有色的一面向里折，每折一次都需要把折痕压平。由于幼儿手部肌肉发育不成熟，因而纸的折叠层数不宜过多，一般以折叠2～3次为宜。折叠好后，在纸面上画上图稿，按画好的线条剪去要剪的部分即可。

撕纸是通过大拇指和食指、中指的配合控制纸张撕拉的角度，从而撕出某种形状或图案的一种平面艺术。

撕纸的基本技能主要有纸的拿法、起撕、直撕、转撕、折叠撕等，其中折叠撕包括对角折撕、对边折撕、三折撕等。

撕纸的形式一般有自由撕、沿轮廓线撕和折叠撕。

互动平台

请课外完成若干泥工作品。（注意：请综合运用多种泥工技法）

学习笔记

染纸是指用吸水性强的纸和水性颜料，通过渍染和点染的方法染出纹样的活动。染纸的工具材料主要有毛笔、水性颜料、生宣纸、餐巾纸、湿纸巾等。

(3)不同年龄段纸工活动的指导要点。

小班：以培养兴趣为主，如玩纸、撕纸和粘贴等。

中班：在小班基础上折纸、剪纸、粘贴等。

大班：能够比较熟练地使用手工工具和材料表达自己的意愿，主要是折纸和剪贴。

可做延伸：涂色、画线、添画等。

3. 综合手工活动

综合手工活动是指利用其他手工材料如秸秆、纸杯、纸盒等进行的立体造型活动。幼儿园利用综合材料进行的手工造型活动常见的有以下几种。

(1)粘贴活动。粘贴活动是指用现成的点、线、面材料粘贴出具有浮雕感或平面图案的活动，如粘豆子、粘沙等。

(2)自制玩具。一般在大班进行，但在中班也可以开展简单的活动，如对废旧材料进行粘贴造型。自制玩具需要注意两个问题：一是用纸、布、石子、沙子等自然材料以及无毒的废旧材料制作简单玩具；二是侧重幼儿独立完成制作的过程和综合运用各种操作技能及工具材料的能力。

四、幼儿园手工活动的设计与组织 >>>>>>>>>>>>>>>>>>>

（一）幼儿园手工活动的主要环节

1. 感知与体验

此环节的实施要点如下。

第一，选取的作品(实物、图片等)要具有典型性，以利于幼儿掌握其基本结构。例如，泥工捏小动物，可以先引导幼儿观察动物的基本结构。

第二，选取的作品或背景音乐要与活动的主题相匹配。

第三，尽可能调动幼儿的多种感官进行体验。

2. 探索与发现

主要是对美术操作技法或工具材料的特性及使用方法的探究。例如，当幼儿在随意玩泥时，教师可启发其思考："你在做什么？""你想用它来做什么呢？"

此环节的实施要点如下。

第一，为幼儿提供与材料充分接触和使用的机会。避免一味用"示范""讲解""演示"等方法将相关知识灌输给幼儿。例如，纸工活动"彩色的银柳"中，在欣赏各种银柳后教师没有直接教授，而是引导幼儿思考："怎样才能把小小的皱纹纸条变成小花球呢？"[1]

第二，某些比较特殊和复杂的技法可以采用教师直接演示的方法，如彩墨画、吹塑纸版画等。

---

① 边霞：《幼儿园美术教育与活动设计》，196 页，北京，高等教育出版社，2009。

3. 创作与表现

此环节分为艺术构思与设计、操作与装饰两个环节。

此环节的实施要点如下。

第一，创作之前教师需交代操作要求。

第二，在幼儿操作的过程中要创设宽松的环境。

第三，在创作过程中可以引导幼儿从模仿向独创过渡。

4. 欣赏与评价

此环节的实施要点如下。

第一，作品评价与过程评价相结合。

第二，采取幼儿自述、教师引导以及同伴欣赏相结合的方式进行具体化的评价，并提出改进的措施。

第三，评价中也要关注幼儿行为习惯、意志、品质等方面的发展。

（二）幼儿园手工活动的指导要点①

1. 帮助幼儿积累相应的内在图式和表象

内在图式是指储存在头脑中的种种表象、概念。如果缺乏内在图式，那么在幼儿的作品中就很难反映出丰富多彩的一面，作品会显得单调而贫乏，甚至幼儿会觉得没什么可做的。

生活是艺术的源泉。成人可以通过日常生活、书籍、影视、展览、网络等多种渠道丰富幼儿的知识，帮助幼儿通过参观、旅行、散步等方式接触田野、公园、动物园、商店、街道、展览馆等幼儿可以理解的自然环境和社会环境，引导幼儿观察。在感性经验的基础上，教师可与幼儿共同讨论、对比、分析，还可以利用儿歌、谜语等帮助幼儿对表象进行储存、记忆。例如，在帮助幼儿积累关于小白兔的印象时，可以引导幼儿观察思考：小白兔的头是什么样的？身体是什么样的？腿是什么样的？耳朵是什么样的？尾巴是什么样的？它吃什么？还可以让幼儿摸一摸、抱一抱小白兔。在讨论的过程中，帮助幼儿将感性经验进一步内化。

2. 为幼儿提供多样的操作材料和工具

手工活动本身就是一种手脑并用的实践操作活动。多种多样的工具和材料可以直接激发幼儿的操作欲望，促使他们开展创造性活动。因此，教师应尽可能给幼儿提供丰富多彩的操作材料和工具。操作材料根据其结构、用途的不同，分为成品材料、半成品材料、零件材料等。为年龄较小的幼儿提供的材料应以成品材料为主，以半成品材料为辅；随着年龄的增长，应逐渐减少成品材料，增加半成品材料和零件材料；为大班幼儿提供的材料应以零件材料为主，以半成品材料为辅。需要强调的是，无论教师提供什么样的材料，这些材料都应该是安全的、可创作的，能让幼儿用感官探索、用手操作，并具有潜在美的内涵。

3. 正确引导幼儿进行创作

(1)在游戏与欣赏手工作品的过程中帮助幼儿明确创作意图。

幼儿早期的创作意图是自发性的，后期明确的创作意图是在成人的引导以及自身技能提高的基础上逐渐产生的。因而，在手工活动中，教师应该将幼儿的活

① 孔起英：《给幼儿园教师的 101 条建议·美术教育》，153～155 页，南京，南京师范大学出版社，2007。

动朝有目的的方向引导。例如，幼儿在无目的操作时，教师可以启发他们联想："你在做什么？""你想做什么？""你是不是想做……"或者引导他们去看一些相关的图片资料。在引导幼儿欣赏手工作品时，教师也可以启发他们："你想不想也来做一个啊？"以此激发幼儿的创作兴趣，帮助他们明确创作意图。

(2)教幼儿学习各种工具和材料的基本使用方法。

掌握各种工具和材料的基本使用方法是手工制作的前提。教师在教的过程中要考虑幼儿身心发展的年龄特征，有选择性地引导幼儿学习各种工具和材料的基本使用方法。例如，要求3岁的幼儿学习剪"S"形曲线很难；同样，要求6岁的幼儿学习剪直线，显然又太容易。另外，在选择具体的操作材料时，还要注意季节性，如树叶贴画活动应该选择在秋冬季节进行。

(3)帮助幼儿梳理思路，养成良好的学习习惯

教师应该注意让幼儿在学习的过程中弄清原理和步骤，以帮助幼儿养成良好的学习习惯。同时，教师在教的时候可以让幼儿自己思考，然后再做讲解。例如，在泥塑活动时，可以让幼儿先尝试将油泥变长，再示范"搓"的动作；在折纸时，可以让幼儿逐渐学会看各种折纸图示符号，以便今后自己学习新的折法。

4. 不断培养幼儿对手工活动的兴趣

(1)帮助幼儿实现自己的意图，使之体验手工制作的快乐。

幼儿在手工活动中，虽然有时有一定的创作意图，但由于手部肌肉发育不成熟、手眼不协调等因素，这些意图不能完全实现，从而会使他们产生一定的失败感，还可能对手工活动失去信心。因此，教师应在技术和精神上给予幼儿一定的帮助和鼓励，使他们产生一种成功的体验，进一步激发他们对手工活动的兴趣。当然，这种技术上的支持不是"手把手式"的包办代替，而是用启发的方式进行，包括启发式的话语、动作、示范等。

(2)正确评价幼儿的手工作品。

幼儿的手工作品不可能像成人的作品那样技术精湛、装饰精美，因此，教师在评价幼儿的手工作品时要考虑幼儿身心发展的特点，只要构思新颖、有创造性，材料运用恰当，情思与技巧达到意趣天成、率真自然，就应该给予表扬和鼓励。教师应站在幼儿的视角看待他们的手工作品，充分体验童趣的真与美。

步骤二　教学观摩

一、观摩大班手工活动"喜庆的唐装" >>>>>>>>>>>>>>>>>>

（一）呈现目标及素材

1. 活动名称

大班手工活动：喜庆的唐装

2. 活动目标

(1)在欣赏交流的过程中，了解唐装的款式、图案和色彩的特点。

(2)探讨团花的折叠和剪的方法，尝试创作团花并装饰唐装。

（3）穿着自制唐装进行表演，体验表演带来的乐趣。

3. 活动建议

（1）这是一个将纸艺的特点与艺术活动相结合的美术活动，可以发展幼儿的创造性，体现幼儿在活动过程中的主体性。

（2）从活动名称和目标可以看出，该活动的重点是感受唐装图案的对称美和均衡美，难点是团花的折叠和剪的方法，尝试创作团花并装饰唐装。

（3）涉及剪纸步骤和方法时，教师应以幼儿的自主探索为主，在适当的时候给予引导。

（二）观摩讨论及反思

1. 呈现讨论话题

2. 观摩教学录像（同任务一）

3. 分组讨论交流（同任务一）

4. 教师总结评价

视频：喜庆的
唐装1——教师讲
评及示范

视频：喜庆的
唐装2——教师指
导及评价

记录任课教师评价与总结的内容

二、观摩幼儿园教师现场执教的手工活动 >>>>>>>>>>>>>>>>

请大家在幼儿园现场观摩教师执教的手工活动，做好听课笔记，认真倾听执教教师的说课，积极参与讨论，及时记录讨论结果和带队教师的评价总结。

步骤三　方案设计

请在幼儿园和实训室试教的小组从以下素材中任选一个，补充设计活动准备、活动过程和活动延伸。

素材

活动名称

中班纸工活动：报纸树

活动目标

1. 尝试用折叠、揉、搓、撕等方法制作报纸树，感受报纸树造型的粗犷和自然美。

2. 在教师的提示下，能与同伴协商、分工，合作完成制作任务，体验合作的快乐。

素材

活动名称

大班纸工活动：剪窗花

活动目标

1. 在欣赏各种窗花外形与图案的基础上，感受窗花的对称美和平衡美。

2. 探索窗花的折叠和剪的方法，尝试运用"镂空"的方法剪各种图案。

素材

活动名称

小班纸工活动：妈妈的发型

活动目标

1. 掌握撕纸、贴纸的要领，发展手部动作。

2. 在表现妈妈头发特征的基础上，能够动手撕出直线、曲线等不同形态的线条，大胆设计妈妈的发型。

3. 体验撕纸活动带来的乐趣。

步骤四　方案实施

同第 27 页"方案实施"内容。

步骤五　总结提升

幼儿园手工活动的实施指导建议有以下三点。

第一，创作之前教师要交代操作的要求，帮助幼儿进一步明确要构思、创作的主题和操作工具材料的使用方法、要求。例如，在粘贴活动中，幼儿对工具材料的运用还不十分熟悉时，教师可以提醒幼儿："每组桌上提供了糨糊和抹布。想一想，糨糊是怎么用的？抹布有什么作用？"

第二，创设宽松的心理环境，激发幼儿的创造意识和动机。在承认幼儿具有创造潜能的基础上，为其提供充分的机会，让他们进行创造性的活动。教师以尊重幼儿的创意为主，不轻易评价幼儿正在创作的作品。由于幼儿的操作受小肌肉发育的影响，不像成人那样灵活与精确，因此要正确对待幼儿作品中显现的"粗糙""不流畅"等特点，给予幼儿不断成长、不断协调发展的时间和空间，给他们的创造带来心理上的安全感。

第三，在创作的过程中，教师可以引导幼儿将临摹、仿制与独创结合起来，鼓励幼儿在掌握基本方法的基础上努力创新，创作出与众不同的作品。在创作阶段有两种情况：一是创作者先有创作的素材，然后根据素材再考虑选择相应的材料进行创作；二是创作者根据已有材料或物体形状联想出可以创作的具体形象。后者在民间传统工艺品创作中比较常见，如根雕。由于幼儿具有直觉思维的特点，后一种情况在其操作中占有较大比重。例如，幼儿在玩油泥的过程中，看到团出的球形就说在"做元宵"，看到搓出的长条就说在"做面条"等。教师应充分利用幼儿思维的可塑性来发展他们的想象力和创造力。幼儿由于受思维方式的制约，其设计不像成人的设计有设计图，而是与民间艺人有相似之处，即不存在独立的设计步骤，构思与设计融为一体。

练习与应用

一、思考题

1. 幼儿园手工活动是怎样促进幼儿全面发展的？

2. 具有一定结构化的幼儿园手工活动的基本环节与实施要点有哪些？

二、操作题

1. 课外完成若干纸工作品(剪纸或折纸作品)。

2. 根据教师提供的目标和素材补充设计完整的活动方案。

拓展资源

文本：不同年龄段幼儿使用的手工操作材料

学习反思

学习评价

一、记录及评价表

请运用表 2-3 对所观摩的活动进行评价。

表 2-3　幼儿园集体教育活动定量评价表①

序号	评价项目		评　价　意　见			
			好	较好	一般	差
1	教师态度	活动准备				
2		精神面貌				
3	教师能力	活动设计				
4		活动组织				
5		活动指导				
6		学科能力				
7	幼儿表现	情绪态度				
8		内容掌握				
9		能力锻炼				
说明	1. 无记名填写本表 2. 实事求是、严肃认真 3. 在你认为符合的评价意见栏内画"√" 4. 评价时参考具体标准					

文本：幼儿园集体教育活动的具体评价标准

二、拓展设计

请同学们任选下列六个材料中的一个，设计一份完整的幼儿园教育活动方案。

1. 中班体育活动：快乐的小乌龟

活动目标

(1)积极参加玩大纸筒的活动，发展初步的想象力和创新能力。

(2)在大纸筒内探索前进的不同方法，使身体协调、灵活。

(3)体验探索身体运动的乐趣。

2. 中班讲述活动：动物大扫除

活动目标

(1)仔细观察图片，用较完整的句子说出什么动物在干什么事，并能正确使用动词：擦、提。

(2)通过分组讨论，帮助动物重新分工，并能用句式"因为……所以……"说出理由。

(3)初步懂得每个人都有自己的长处，干适合自己的事会很轻松。

---

① 许卓娅：《学前儿童音乐教育》，355 页，北京，人民教育出版社，1996。引用时有改动。

3. 大班科学活动：磁铁找朋友

活动目标

(1)认识磁铁吸铁的特性，初步感知磁铁两极"同极相斥，异极相吸"的特性。

(2)巩固学习操作的记录方式，通过记录提炼认知经验。

(3)乐于探索，体验操作成功的快乐。

4. 中班人际交往活动：找朋友

活动目标

(1)愿意主动交新朋友，知道大声说话很冒失。

(2)学会交新朋友的方法，做到先问好，再进行自我介绍，最后提出交朋友的要求。

(3)能带着愉快的情绪表演"找朋友"。

5. 大班乐器演奏活动：土耳其进行曲

活动目标

(1)感受、表现 ABA 的单三部曲式结构，感受进行曲的轻松与诙谐。

(2)学习用图形表现乐器的音色和音乐的节奏。

(3)在较复杂的合奏活动中享受合作成功的愉快。

6. 中班手工活动教案：创意纸杯花

活动目标

(1)尝试通过纸杯变形、涂色制作出纸杯花。

(2)探索不同的分割方式，并运用对比色或者渐进色均匀涂色。

(3)体验变形所带来的快乐，并能耐心地进行涂色活动。

学习笔记

学习情境三
仅给素材的活动设计与实施

情境描述

这是本教材中的第三个学习情境。在前两个学习情境中，学生已经掌握了幼儿园教育活动设计的基本步骤以及各部分的具体设计要求，也尝试了根据活动名称、目标和素材补充设计活动准备、活动过程和活动延伸，并进行适宜化实施。本情境将进一步提高要求，带领大家按照教师提供的活动素材来进行活动名称、活动目标、活动准备、活动过程、活动延伸的设计，虽然对于准幼儿园教师来说是比较困难的一件事情，但这种形式是幼儿园教师资格考试的笔试中很常见的一种形式，是"创新"的一个初级阶段。

思维导图

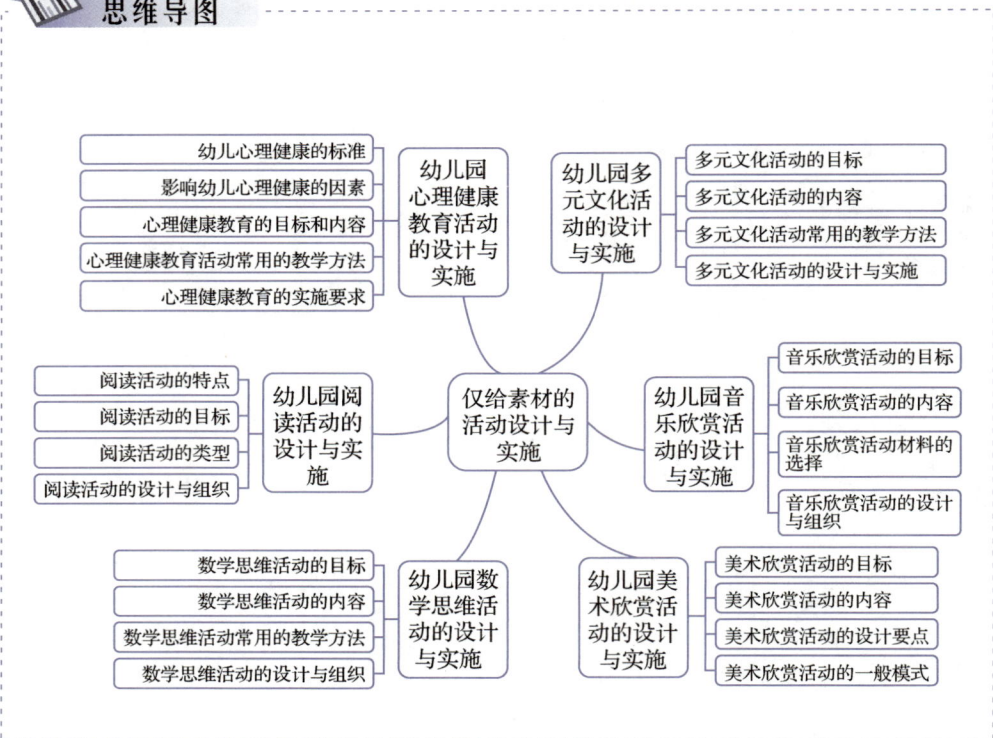

学习目标

1. 通过理论学习，掌握幼儿园心理健康活动、阅读活动、数学思维活动、多元文化活动、音乐欣赏活动、美术欣赏活动的目标、内容、方法和实施要求，学习运用相关策略优化教学活动过程，提升活动的有效性和趣味性。

2. 通过活动案例观摩、记录、讨论、反思和设计、实施、评价幼儿园教育活动，掌握幼儿园教育活动的具体设计要求，并进一步巩固幼儿园教育活动的内容和教学方法等理论知识。

3. 能根据教师提供的活动素材或教学材料，设计出完整的、适合所教年龄段幼儿身心发展特点和经验水平的活动方案，并进行适宜的实施和评价。

情境导入

学生 1：素材分析能力很重要。

学生 2：根据素材设计活动方案的能力很重要。

教师：为什么你们觉得这些能力重要？

学生 2：这次教师资格考试的面试环节的题目就是根据素材设计活动方案，然后试讲。

⋯⋯⋯⋯⋯⋯

根据素材设计活动方案的能力是学生必备的能力，在教师资格考试的面试环节中尤为重要。通过本情境的学习，每个同学尝试根据幼儿的年龄特点和素材设计完整的教育活动，主要是通过心理健康活动、阅读活动、数学思维活动、多元文化活动、音乐欣赏活动、美术欣赏活动的设计与实施这六个任务的学习后，在小组合作中设计完整的幼儿园教育活动方案，并在幼儿园实施。

任务一
幼儿园心理健康教育活动的设计与实施

典型案例

小雨妈妈的烦恼：我女儿 3 岁了，一直都挺听话的，性格也好。可是，最近这一个月不知道怎么了，她总是动不动就发脾气，稍有不顺心的事情就大喊大叫，还乱扔东西。特别让我头疼的是，我让她干什么，她偏不干什么。每次玩完玩具以后，她总是把屋子里弄得乱七八糟的，让她收拾她就是不听。我说她几句,她就闹情绪,连哭带喊地说:"我不收拾,我就是不收拾!"甚至还摔东西。有时候我被她气得不行了,真想打她。可我怕那样会伤害孩子的心理,适得其反。但是,总这样下去也不是办法啊,我到底该怎么办呢?

学习笔记

一般孩子2岁后会产生强烈的自我意识,逆反心理严重,情绪波动很大。小雨妈妈所说的这些现象是正常的,她的焦虑和担忧也是正常的。只要父母的教育方法得当,就能够帮助幼儿顺利度过这个时期。如果小雨的问题真的能得到解决,她的妈妈和老师也就放心了。可是,小雨的妈妈和老师该怎样帮助她呢?下面,就让我们一起来学习幼儿心理健康教育的相关内容。

实施步骤

步骤一　资讯提供

心理健康是指个人心理方面的良好状态。也就是说,除了没有心理与精神疾病的症状外,其个人的认知能力、情感表达、行为表现等各方面都应维持在一个正常且平衡的状态下,使个人对自己以及对环境的调适能够达到最高且最好的效能,进而获得快乐、满足以及产生合乎社会文化要求的行为。心理健康对于成长中的幼儿来说尤为重要。因为他们身体的各器官、各系统尚未发育完善,生理和心理特征与年龄较大的儿童及成人相比有着很大的不同,他们对外界环境及其变化的影响比较敏感,容易受到各种不良因素的伤害。对幼儿进行心理健康教育,创设有利于他们成长的环境和条件,控制和消除种种不利因素,不仅有可能将幼儿的心理障碍、行为问题消灭在萌芽状态,更重要的是有利于增进他们的心理健康,培养他们的健全人格,使他们获得认知、情感、社会适应等方面的和谐发展,从而成长为一个有益于社会的人。

一、幼儿心理健康的标准[①] >>>>>>>>>>>>>>>>>>>>>>>>>

幼儿心理健康的主要标志是情绪反应适度、自我体验愉悦、社会适应良好、心理发展达到相应年龄组幼儿的正常水平。一般认为,幼儿的心理健康可以从动作、认知、情绪、人际关系、性格、行为等方面衡量。

(一)动作发展正常

动作是反映幼儿生长发育的指标,也是影响幼儿心理发展的因素之一。皮亚杰认为,动作是幼儿智力的起源。个体动作的发展与脑的形态及功能的发育是密切相关的。因此,幼儿躯体大动作和手指精细动作的发展水平处于正常范围,是其心理健康的主要标志。

(二)认知活动积极

一定的认知能力是幼儿学习与生活的重要前提。这是因为正常的认知水平是

---

① 庞建萍、柳倩:《学前儿童健康教育》,145~149 页,上海,华东师范大学出版社,2008。

幼儿与周围环境取得平衡和协调的基本心理条件。从客观上来看，幼儿的认知发展水平会表现出一定的个体差异，但如果某幼儿的认知水平明显低于同龄幼儿，且不在正常范围内，那么该幼儿的认知能力是低下的。

幼儿积极的认知活动，一是表现为各种认知心理机能的发展，如感知能力的发展、注意能力的发展、记忆能力的发展和思维能力的发展等方面；二是表现为领域知识的发展，如数、时间、空间、运动、速度、因果等。

（三）情绪积极向上

积极的情绪状态反映了个体中枢神经系统功能的协调性，也表明个体的身心处于良好的平衡状态。幼儿的情绪具有很大的冲动性和易变性，但随着年龄的增长，情绪的自我调节能力有所增强，稳定性逐渐提高，并开始学习合理地发泄消极情绪。如果某个幼儿经常处于消极的情绪状态，或闷闷不乐，或一触即发，或暴跳如雷，那么该幼儿的心理是不健康的。

（四）人际关系融洽

幼儿之间的交往活动是一种全新的人际关系的体现。它既是维持心理健康的重要条件，又是获得心理健康的必要途径。心理健康的幼儿乐于与人交往，能与同伴合作，会跟同伴快乐地游戏；心理不健康的幼儿，其人际关系往往是失调的，他们或远离同伴，或攻击同伴，或成为同伴群体中不受欢迎的人。

（五）性格特征良好

性格是个性中最核心、最本质的表现，它反映在个体对客观现实的稳定态度和习惯化的行为方式中。心理健康的幼儿一般具有热情、勇敢、自信、主动、善合作等性格特征；心理不健康的幼儿往往具有冷漠、胆怯、自卑、被动、孤僻等性格特征。

（六）没有严重的行为问题

心理不健康的幼儿常常会以各种行为方式表现出来，如吮吸手指、多动、说谎、攻击性行为、退缩性行为等；心理健康的幼儿不会有严重的或复杂的心理健康方面的问题。

> 🔗 **相关链接**
>
> 幼儿常见的心理行为问题：孤独症、多动症、恐惧症、遗尿症、攻击性行为、退缩性行为、口吃、说谎、性别认同障碍、学习障碍、智力落后等。请大家课后查阅相关书籍或资料，了解上述心理行为问题的典型表现、发生原因、预防和矫治措施。

视频：幼儿常见问题行为的表现、成因与引导策略

二、影响幼儿心理健康的因素　>>>>>>>>>>>>>>>>>>>>>>>>>>

（一）外界环境中的不良刺激

1. 生理性不良刺激

生理性不良刺激（如不适的温度、湿度、照明、空间和噪声等）的长期作用，会使幼儿生理上难以忍受，并影响他们的情绪和行为。心理学研究表明，长期生

活在噪声环境中的幼儿容易情绪烦躁，长期生活在阴暗、潮湿环境中的幼儿容易情绪压抑。

2. 心理性不良刺激

心理性不良刺激(如不良的人际交往、幼儿与成人或与同伴之间的关系不协调)会导致幼儿心理发展不平衡，尤其是当遇到家长体罚、教师冷落、同伴讥笑时，其心理压力会加剧。如果家长与教师本身性格古怪、脾气暴躁、情绪多变，则会使刺激的强度进一步增加。

3. 社会性不良刺激

社会性不良刺激主要包括来自社会环境、家庭及幼儿园方面的不良压力，它们对幼儿也会产生消极作用。如果环境过于单调，幼儿生活乏味，除了学习就是学习，往往会感到寂寞、无聊，就会引起孤僻、退缩等。相反，环境过于复杂，幼儿整天处于过分强烈、过多刺激的环境中，也会引起心理过度紧张，产生心理疾病。溺爱的环境会使幼儿失去对生活的适应能力，胆小怕事。这类幼儿生活能力差，在与人交往中往往碰壁，容易产生不良心理状态。不和睦的家庭环境也会使幼儿形成巨大的心理压力，产生不良的情绪体验。其中，家长和教师对幼儿的期望水平以及教养方式最为重要。对幼儿期望过高，要求过严，教养方式简单、粗暴或不一致，会造成幼儿心理负担过重，幼儿难以忍受，出现心理行为的异常。

（二）幼儿身心需要的被满足程度

幼儿的身心需要包括很多方面。从生理方面来看，幼儿需要一定时间的睡眠和休息，需要合理的营养、适当的运动、舒适的着装等。从心理方面来看，幼儿需要一定的安全感，需要来自父母、教师以及同伴之间的亲情、关爱与友情；需要自尊，尤其是要受到教师公正、合理的评价，并被同伴接受；需要独立，要自己动手去解决问题；需要成功，即通过自己的努力，达到一定的目标，得到同伴的认可。如果幼儿的身心需要长期未能得到满足，就会产生挫折感，形成一种内部压力，影响幼儿的情绪和行为，最后出现一系列心理问题。

（三）个体的身心素质

由于遗传和环境条件的不同，幼儿的身体素质、性格、能力、兴趣爱好、价值观念等都存在一定的个体差异。

根据上述影响幼儿心理健康的多种因素，增进幼儿心理健康需要采取综合措施，有效控制环境中的各类不良刺激，缓解外来压力，满足幼儿的身心需要，并通过心理卫生教育和疾病防治等系列措施提高幼儿的自我调节能力。

三、心理健康教育的目标和内容 >>>>>>>>>>>>>>>>>>>>>>>>

（一）心理健康教育的目标

幼儿心理健康教育的目的是培养幼儿良好的情绪、行为方式、性格、习惯和社会适应能力，对幼儿的行为偏差、心理障碍、心理疾病进行早期预防和矫治，使幼儿的智能、情感、性格、习惯、行为方式与周围的现实环境平衡协调，以形成健康的心理素质。[①]

---

① 庞建萍、柳倩：《学前儿童健康教育》，149～150 页，上海，华东师范大学出版社，2008。

《指南》认为，情绪对于幼儿的心理健康至关重要。情绪是影响一个人心理健康的至关重要的因素，情绪安定、愉快是幼儿心理健康的重要表现。所以，《指南》对幼儿心理健康教育目标的表述主要指向情绪的健康发展，具体表述如下。

1. 小班

第一，情绪比较稳定，很少因一点小事哭闹不止。

第二，有比较强烈的情绪反应时，能在成人的安抚下逐渐平静下来。

考证练习

1. 选择题

初入幼儿园的幼儿常常有哭闹、不安等不愉快的情绪，说明这些幼儿表现出了（　　）。

A. 回避型状态　　　　B. 抗拒性格　　　　C. 分离焦虑　　　　D. 黏液质气质

2. 材料分析题

小班入园第二周，王老师发现小雅在餐点与运动后仍会哭着找妈妈。老师抱她，感觉她身体绷得很紧，问她要不要去小便，她摇头。老师又问："要不要去大便？"她点头。老师牵她到卫生间，她只拉了一点儿就离开了。过了一会儿，她又哭了。老师给她新玩具，和她玩游戏，但她的情绪还是不好。离园时，老师与小雅妈妈约谈，了解到小雅在幼儿园拉不出大便。

第二天早操后，小雅又哭了，老师蹲下轻声问："小雅是想上厕所吗？"她点头。老师带她上厕所，她又只拉了一点儿就站起来了。"老师陪你多蹲一会儿，把大便都拉出来，好吗？"小雅又蹲下，但频频回头。这时，自动冲厕水箱的水"哗"一声冲出，小雅"哇哇"大哭，扑到老师身上，老师紧紧地抱住她，轻柔地说："老师抱着你好吗？"

老师将水龙头关小，把小雅抱到离冲水口远一点的位置蹲下，小雅顺利拉完大便。连续一段时间，各位老师轮流陪小雅上厕所，并且指导和观察小雅的如厕情况，让小雅学会如何使用厕所的冲水装置。小雅开始适应幼儿园的厕所，露出了久违的笑容。

问题：请分析上述材料中教师的适宜行为。

2. 中班

第一，经常保持愉快的情绪，不高兴时能较快缓解。

第二，有比较强烈的情绪反应时，能在成人提醒下逐渐平静下来。

第三，愿意把自己的情绪告诉亲近的人，一起分享快乐或求得安慰。

3. 大班

第一，经常保持愉快的情绪。知道引起自己某种情绪的原因，并努力缓解。

第二，表达情绪的方式比较适度，不乱发脾气。

第三，能随着活动的需要转换情绪和注意。

（二）心理健康教育的内容

1. 学习表达和调节自己情绪的方式

情绪是影响幼儿心理健康的一个重要因素。幼儿的情绪带有易变换、易冲动、易传染、易外露的特点，他们在情绪的控制上还有困难，有时也不知道该怎么表达自己的情绪。因此，在教育过程中要教会幼儿正确认识、理解、评价引发情绪反应的情境，知道只有合理的需求才能被满足，不合理的需求则必定不能被满足；

学习笔记

要让幼儿学会用语言和非语言(神态、表情、动作等)的方式表达自己的情绪；培养他们控制、调节情绪的能力。

2. 学习和锻炼社会交往的能力

社会交往(尤其是同伴交往)活动对于幼儿心理健康发展具有十分重要的作用，在与人交往的过程中，幼儿的归属需要、爱的需要、尊重需要等较为高级的心理需要会逐渐被满足。因此，在教育过程中，幼儿要学习感知与理解他人的情感，并能用合适的方式给予回应；学习轮流分享、互助合作等技能，能与他人和睦相处；能在与同伴及相关成人、周围现实环境的互动过程中逐渐适应；尊重他人，懂得基本的礼貌、礼节；有初步的公平竞争意识和行为，在竞赛性活动中，正确面对输赢，并懂得只有努力才能取得成功。

3. 学习和锻炼独立生活与学习的能力

独立性的培养起始于学前阶段，针对这一阶段幼儿渴望"独立"的需要，在教育中要让他们学会自己的事情自己做，不依赖他人；在日常生活中有主见，学会独立思考并解决问题；学习自我保护的常识和技能；帮助他们体验独立自主、获得成功的喜悦，培养独立的个性心理品质。

4. 掌握粗浅的性及性别知识

孩子出生后，其生物性别已经确定，社会性别的认同还要在环境影响下逐渐形成。幼儿在3岁前就已经开始对性别角色进行自我认同了。家长给孩子取名字、购衣物、选玩具时要考虑其性别特征，逐步培养他们对性别的社会适应，帮助他们意识到自己的性别角色，并能以自己的性别角色适应社会生活。

(1)性别认同和性别角色。正确的性别认同和性别角色意识有利于幼儿更好地适应社会生活，形成健康的心理基础。

考证练习

选择题
幼儿如果能够认识到他们的性别不会随着年龄的增长而发生改变，说明他已经具有(   )。
A. 性别倾向性   B. 性别差异性   C. 性别独特性   D. 性别恒常性

(2)科学、简洁的性知识。对于幼儿的提问和疑惑，教师应该以科学求实的态度，简洁地予以回答。

(3)正确处理幼儿的早期性探索活动。对幼儿的早期性探索活动不能粗暴制止，更不能羞辱，否则会损害幼儿性心理的健康发展；应该因势利导，帮助幼儿形成健康的性心理。

(4)纠正幼儿玩弄生殖器和大腿摩擦等不良习惯。

5. 预防心理障碍和行为异常

教师要按照心理健康的标准，通过调查、观察、筛查和诊断等方法，及早发现幼儿的各类行为问题、心理障碍和心理疾病，确定问题的性质，采取有针对性的措施进行早期教育、早期干预或早期治疗。

"三级预防"是预防幼儿出现心理障碍和行为异常的基本策略。

一级预防是指防止心理障碍和行为异常的出现，增进健康，即病因预防，从根本上杜绝心理障碍和行为异常的出现，并提高其心理健康水平。

二级预防是指早期发现和及时治疗心理障碍和行为异常，防止疾病进一步发展。

三级预防是指为了促进疾病的康复，避免复发和减弱残疾程度，尽量恢复患儿的生活自理能力。

其中，一级预防是幼儿阶段最重要、最基本的保持心理健康的预防措施。

四、心理健康教育活动常用的教学方法 >>>>>>>>>>>>>>>

幼儿的年龄特点以及心理健康教育的内容，决定了教学方法在幼儿心理健康教育过程中的重要性。常用的幼儿心理健康教育的方法如下。

（一）榜样示范

在心理健康教育中，树立榜样，让幼儿通过模仿从无意到有意、从自发到自觉地学习榜样的行为和习惯，这是心理健康教育的一种行之有效的方法。榜样可以是同龄幼儿的良好行为，或者是幼儿喜欢的媒体中人物形象的良好言行。值得注意的是，在幼儿良好行为形成的过程中，具有决定性影响作用的是父母和教师的行为。在运用这一方法时，家长和教师要以身作则，为幼儿树立模仿学习的典范；同时，家长和教师在为幼儿选择榜样时，要注意榜样的典型性、权威性和情感性，使榜样和范例能对幼儿的行为起到启发、控制和矫正的作用。

（二）情境演示

情境演示是指让幼儿以表演的方式，思考和表现出在不同的社会情境中的行为对策的教育方法。情境演示的内容源于幼儿的生活实际，它能帮助幼儿认识到一定情境中可能遇到的问题和冲突，并对之做出合乎社会行为规范的反应。在运用这一方法时，家长和教师要注意引导幼儿积极思考，锻炼他们判断是非的能力和选择恰当方法的能力。

（三）行为练习

行为练习是指让幼儿对已经学过的技能和行为进行反复练习，加深其对某个行为或技能的理解，从而形成稳定的行为习惯。在运用这一方法时，家长和教师要注意行为练习的兴趣性、持续性和指导性，这样才能取得良好的效果。

（四）讲解说理

讲解说理是指向幼儿传递、讲授有关心理健康的一些粗浅知识，以提高幼儿的认知水平，帮助幼儿改善对心理健康的态度。在运用这一方法时，应注意讲述要生动有趣，形式要活泼多样，切合幼儿的生活实际，符合幼儿的年龄特征。

（五）讨论评议

讨论评议是组织幼儿参与心理健康教育的过程，通过提出问题、发表意见、共同交流以取得较为一致的认识。这种方法的运用可以是在同伴之间，也可以是在幼儿和成人之间。应当允许幼儿发表不同的看法，也应该鼓励幼儿表达自己真实的情绪和情感，以及对他人发表评议。

学习笔记

幼教故事 🐚

小刚6岁,上幼儿园大班,个子很高,长得很结实,强壮有力,攻击性强。在幼儿园里,他好强霸道,经常欺负其他小朋友,不是用手推、抓旁边的同学,就是用东西投掷、打别人,要么就用彩色笔涂脏他人的书本、画册。老师批评他就暂时收敛一点,但很快又故态复萌,继续有意无意地碰、撞、踩、踢他人,小朋友很讨厌他,老师也很头痛。询问其家长,了解到小刚自幼由爷爷奶奶照顾,到4岁半才被接回来与父母同住。由于是长孙,爷爷奶奶对小刚宠爱有加,逐渐养成了小霸王作风。在家里,他同样也是横行霸道,稍有不如意就乱抓乱叫,乱扔东西,有时还用头冲撞父母。

如果你是该班教师,你会怎么做呢?

五、心理健康教育的实施要求 >>>>>>>>>>>>>>>>>>>>>>>>>

📝 学习笔记

(一)体察幼儿的内心感受

开展幼儿心理健康教育,必须贴近幼儿,走进幼儿的内心世界,了解他们的所思所想,真诚的心灵慰藉是最好的心理健康教育。幼儿在想什么?为什么那样想、那样做?心理症结在哪里?只有贴近幼儿,了解幼儿的真实感受和体验,才能切实帮助其缓解内在的心理压力。

(二)满足幼儿的心理安全需求

幼儿对即将发生的事情可能会产生一种惶惶不安、心神不宁、手足无措的感觉,而且焦虑情绪往往容易与恐惧情绪同时出现。焦虑是一种不利于身心健康的负面情绪,会影响幼儿心理健康发展,也是幼儿许多心理卫生问题的根源。家长和幼儿园教师要提高自身素质,学会及时自我调适,给幼儿树立一个良好的榜样。若发现幼儿有焦虑情绪,应给予积极正向的引导,并给幼儿创造一个良好的生活环境与和睦的家庭气氛,使幼儿的身心能得到健康的发展。

考证练习 🐚

3岁的阳阳从小跟奶奶生活在一起。刚上幼儿园时,奶奶每次送他到幼儿园准备离开时,阳阳总是又哭又闹。当奶奶的身影消失后,阳阳很快就平静下来,并能与小朋友高兴地玩。由于担心阳阳,奶奶每次走后都会折返回来。阳阳再次看到奶奶时,又立刻抓住奶奶的手,哭起来。

问题:针对上述现象,请结合材料进行分析。

(1)阳阳的行为反映了幼儿情绪的哪些特点?

(2)阳阳奶奶的担心是否有必要?教师该如何引导?

(三)引导幼儿换位思考

自我中心是幼儿重要的心理特点。在健康教育过程中应启发幼儿思考别人会怎么想?别人心里是否难受?自己是否受到别人的欢迎?怎么才能得到大家的喜欢?当幼儿开始学习为他人着想时,他的人际关系就在改善之中。与此同时,也要激发幼儿及时表达内心想法的愿望,让幼儿多与同伴交往,学习与人交流、沟通,尽可能求得他人的理解以满足自己的合理需求,减少消极情绪的产生,避免受到伤害。

（四）注重情感体验

情感是一种由内而外、潜移默化的过程。引导幼儿感受不同的生活场景，体验各种不同的情绪情感，是十分必要的。在这种体验的过程中，幼儿或快乐，或生气，或担忧，或痛苦。这些情感"节目"在童年时期都被合适地演出后，可以增强其未来的社会适应能力。需要特别注意的是，为幼儿专门设计的心理健康教育活动不要流于形式，应增加幼儿的内心体验，充分利用心理事件发生的时机或情境进行适时的教育，脱离幼儿生活经验或情感体验的教育只能是空洞的说教，同时也很可能是无谓的说教。

（五）时刻保持教育意识

无论在何种性质的活动中，教师都应有增强幼儿心理健康的教育意识。各项活动尤其是体育活动，十分有利于幼儿良好个性的培养。在活动中引导幼儿积极动脑、不怕困难、增强勇气、锻炼胆量、礼貌相处，效果不亚于专门的心理健康教育活动。

步骤二　教学观摩

一、观摩大班心理健康教育活动视频：《快乐宝贝》>>

（一）呈现素材

> **素材**
>
> **素材1**
> 有一天，盈盈正在跳绳，这时庭庭跑了过来，绳子打到了庭庭的身上，庭庭非常生气，气冲冲地走了。
>
> **素材2**
> 在一个星期五的下午，小朋友都被爸爸妈妈接回家了，天都快黑了，只有琪琪的爸爸妈妈还没有来接她，琪琪心里非常着急："爸爸妈妈怎么还没来呀？"琪琪自言自语地说："爸爸妈妈快来吧，快来接琪琪回家。"琪琪一边说一边向外张望，可是爸爸妈妈还是没来，琪琪嘟囔着走来走去。
>
> **素材3**
> 欣欣和晨晨是同桌。一天，他们正在做练习，做着做着，听到了一声叫喊："晨晨，过来！"晨晨应道："哎，就来！"他说完就跑了，不小心把橡皮擦弄掉在地上，但是他没注意到。晨晨回来的时候，发现橡皮擦不见了，便对同桌欣欣说："是不是你拿了我的橡皮擦？"欣欣说："我没有拿你的橡皮擦。"晨晨说："不是你拿的是谁拿的？我的橡皮擦明明放在这儿的。"欣欣辩解道："我真的没拿。"欣欣觉得很委屈，晨晨气冲冲地走了。
>
> 如果你是该班的老师，请利用上述素材设计一个适宜的心理健康教育活动。

（二）分析素材

第一，三个事件蕴含的共同的关键事件是什么？

第二，怎样根据这个素材确定本次心理健康教育活动的内容？

第三，根据大班幼儿心理发展特点和大班幼儿心理健康教育目标，该活动的目标怎样定位？

> **学习笔记**

> **想一想**
>
> 作为幼儿园教师，如何在保教活动中营造良好的心理氛围？

（三）教学观摩

带着以下问题观摩大班心理健康教育活动视频《快乐宝贝》，并做好观摩记录。

(1)教师是如何利用素材的？你是从哪个活动环节看出来的？

(2)活动准备有哪些？是否合理？对于情境的创设是否有帮助？

(3)活动过程的设计是否体现环环相扣、循序渐进等原则？

(4)描述每个环节的主要内容，并分析活动的重点。

(5)活动过程中运用了哪些教学方法？分别体现在哪些环节？

(6)幼儿在活动中的学习兴趣如何？教师运用了哪些策略来调动幼儿的学习兴趣？

(7)活动过程中幼儿有没有获得真实的情感体验？

(8)请尝试为本活动设计活动目标。

（四）分组讨论

请各组同学围绕上述问题展开讨论，可重点讨论1～3个问题，每组派一名同学记录本组同学讨论的结果。

大班心理健康教育
活动视频案例：
快乐宝贝

（五）集体交流

请各组发言陈述本组讨论的结果，其他小组同学可以提出不同意见或进行辩驳，各抒己见。

（六）教师总结

> 记录任课教师评价与总结的内容

二、观摩幼儿园教师现场执教的心理健康教育活动 >>>>>>

请大家在幼儿园现场观摩教师执教的心理健康教育活动，做好听课笔记，认真倾听执教教师的说课，积极参与讨论，及时记录讨论结果和带队教师的评价总结。

步骤三 方案设计

> **温馨提示** 🌺
>
> 请同学们在动手设计活动方案之前，先找相关参考书进行学习，也可以先到课程网站上寻找相关学习资源。根据教师提供的素材，在小组成员共同讨论的基础上，设计一份完整的幼儿心理健康教育活动方案，特别注意运用激发幼儿学习兴趣的策略增加活动的实效性，注意把握"注重情感体验"这一心理健康教育原则，并做好试教的所有准备工作。

第一，第一位在幼儿园现场试教心理健康教育活动的同学，请与本组同学一起根据以下素材设计一个完整的活动方案，并做好活动准备。

> **素材**
>
> 请根据小班心理健康教育的目标，设计一节以"不做任性的孩子"为主题的心理健康教育活动。

第二，第二位在幼儿园现场试教心理健康教育活动的同学，请与本组同学一起根据以下素材设计一个完整的活动方案，并做好活动准备。

> **素材**
>
> 请根据中班心理健康教育的目标，设计一节以"遭遇挫折和失败时如何调节自己的不良情绪"为主要内容的心理健康教育活动。

第三，第一位在实训室模拟试教心理健康教育活动的同学，请与本组同学一起根据素材《快乐小公主》设计一个完整的活动方案，并做好活动准备。

> **素材**
>
> 请根据大班心理健康教育的目标和《快乐小公主》这个素材设计一节适合大班幼儿的心理健康教育活动。

第四，第二位在实训室模拟试教心理健康教育活动的同学，请与本组同学一起根据以下素材设计一个完整的活动方案，并做好活动准备。

> **素材**
>
> 请根据大班心理健康教育的目标，设计一节以"男孩好还是女孩好"为主题的心理健康教育活动。

步骤四　方案实施

同第 27 页"方案实施"内容。

步骤五　总结提升

幼儿心理健康教育应注意以下问题。[①]

一、提高教师及周围成人的自身心理素质 >>>>>>>>>>>>>>>>

心理健康问题已经引起社会各界的广泛关注。生活节奏加快、工作压力增大等原因引发的心理问题困扰着人们，在一定程度上影响了人们的生活质量和工作状态。

---

① 麦少美、孙树珍：《学前儿童健康教育活动指导》，34～40 页，上海，复旦大学出版社，2015。

故事文本：
快乐小公主

教师群体也面临着职业倦怠、焦虑等心理隐患，而教师和家长的心理健康直接影响着身边的幼儿。因此，要对幼儿进行心理健康教育，教师和家长以及周围的其他成人首先应注意提高自身的心理健康水平。成人应该能够调整自己的情绪，合理排解工作、生活压力，保持自信、乐观、开朗、向上的良好心态；对自己有正确的评价，生活目标切合实际，保持人格的完整与和谐；具有良好的社会适应能力、融洽和谐的人际关系和良好的行为习惯，给幼儿以积极正面的影响；尽量不要在幼儿面前宣泄不良情绪，更不能把不良情绪发泄在幼儿身上。

二、渗透在日常教育工作中 >>>>>>>>>>>>>>>>>>>>>>>>>>>

心理的发展受多种因素影响，呈现出整体性、连续性与复杂性，因此，幼儿教师需要在一日生活的各个环节关注幼儿的心理健康教育，并保持要求的一致性。这需要教师、保育员及其他幼儿园工作人员的支持，也需要家长的配合。例如，教师在集体活动中教育幼儿要互相帮助、团结友爱，接着分餐时，保育员装作不小心扭伤了腰，教师赶紧跑过去提供帮助，并引导幼儿也表示关心。整个教育过程自然而连贯，幼儿也得以巩固并运用所学内容。

三、善于观察，适时疏导 >>>>>>>>>>>>>>>>>>>>>>>>>>>

幼儿在成长过程中渐渐学会了将情绪由外露转为内隐，如伤心时不哭出声音，受了委屈不敢表现出来等，但由于其情绪调节能力不足而强自压抑，或有时由于缺乏必要的语言表达能力，不懂得如何表达自己的情感体验，影响自己的情绪和精神状态。这就需要教师善于观察，熟悉每个幼儿的个性特点和表达方式，及时发现幼儿的反常情绪，适时帮助其疏导情绪，以爱心来呵护幼儿的心灵。教师可以通过讲道理、讲故事帮助幼儿调整心态，或教给其适当的方式来合理宣泄，或转移其注意力，防止过度沉溺于某一不良情绪中。

四、尊重幼儿人格，不要妄下结论 >>>>>>>>>>>>>>>>>>>>>

幼儿虽小，但在人格上和教师是平等的，要尊重每个幼儿，保护他们健康成长。不要随便下结论，如指责某幼儿有"多动症"，或断定某幼儿有"孤独症"，这会对幼儿的幼小心灵造成严重伤害，而且影响其社会性的发展。当然，如果发现某幼儿的一些症状与幼儿易患疾病的表现相似，教师应及时提醒家长带幼儿去医院检查，以免错过最佳治疗时间。即使幼儿真的患有某方面的心理疾病，教师也应尊重并保护其隐私，尽量为其提供正常的交往环境，并在家长的配合下尽可能帮助其治疗，促进其健康发展。

五、正确看待幼儿的个性差异 >>>>>>>>>>>>>>>>>>>>>>>>>

随着年龄增长，幼儿逐渐有了个性萌芽，表现出明显的个性倾向，这是幼儿心理发展的自然规律。教师应根据这种差异因材施教，使每个幼儿都得到全面和谐发展。不要因为幼儿个性有差异而表现出对一部分幼儿的偏爱，更不要因此认为某些幼儿发展不正常。例如，因为气质的差异，有的幼儿热情而暴躁，有的活泼而好动，有的沉静而迟缓，有的敏感而细腻，这都是正常的心理特征，教师应有针对性地采取相应策略，使每个幼儿都能在此基础上形成有利于自己发展的个性心理特征。不要因为某幼儿较活泼就认为其"多动"，也不要因为某幼儿沉默寡言而认定其"抑郁"。教师的态度和暗示对幼儿的自我评价影响极大，因此一定要慎重、公平、公正地对待每一个幼儿。

六、幼儿园与家庭、社会密切配合 >>>>>>>>>>>>>>>>>>>>

幼儿思想很单纯，对世界的认识基本上还是一片空白，而且缺乏明辨是非的能力，所以对周围成人的教育容易全部接受，对周围成人的言行举止尤为注意。教师或家长的不雅之词、沿途路人的一个不雅动作，都可能会误导幼儿。幼儿是在幼儿园、家庭、社区的合力作用下成长的，只有各方面力量保持和谐一致，才能促进其心理健康发展。如果各方面要求互相冲突，就会大大削弱正面教育的力量，甚至使幼儿养成某些不良心理品质，增加教育的难度。

🖊 学习笔记

练习与应用

一、思考题

1. 幼儿心理健康的标准是什么？

2. 幼儿园心理健康教育的内容有哪些？

3. 幼儿园心理健康教育活动常用的教学方法有哪些？

二、操作题

在幼儿园课程实训的过程中，抓住某个幼儿负面情绪产生的事件，尝试运用相关教育策略，帮助幼儿平复情绪，并做好过程记录。

学习反思

任务二
幼儿园阅读活动的设计与实施

典型案例

案例1：大班文学作品仿编活动

老师：用"因为……所以……"还可以说说生活中的事，如"因为我爱画画，所以妈妈给我买了很多画画工具"。谁还会用"因为……所以……"说说呢？

幼儿 1：因为我爱吃饺子，所以我妈妈会包饺子。

幼儿 2：因为我自己会系纽扣，所以我姥姥说我手可巧了。

…………

案例 2：早期阅读活动中的困惑

刚接触早期阅读的李同学有一些疑惑："幼儿喜欢什么样的绘本？早期阅读活动中应该选择什么样的绘本？早期阅读活动应该怎样组织？"

幼儿从咿呀学语开始，就对那些节奏感强、押韵的诗歌，情节生动的故事以及色彩鲜艳、画面形象生动的绘本有着浓厚的兴趣。《指南》中，语言领域的目标提到"主动要求成人讲故事、读图书""反复看自己喜欢的图书"，这些都是对文学作品学习与早期阅读的要求。幼儿园文学作品学习活动与早期阅读活动有哪些特点？文学作品学习活动与早期阅读活动的目标有哪些区别？教师该如何引导文学作品学习活动与早期阅读活动？接下来我们一起来看一看。

📚 实施步骤

步骤一　资讯提供

一、阅读活动的特点 >>>>>>>>>>>>>>>>>>>>>>>>>>>>>>>>>

（一）文学活动的特点

文学活动是从某一具体的文学作品入手，为幼儿创设一个全面学习语言的机会，理解作品内容，体验作品的思想情感，学习作品语言，培养幼儿对文学作品的兴趣，学习欣赏文学作品，促进幼儿想象力和创造性地运用语言的能力的发展。

1. 围绕文学作品开展系列活动

文学作品是语言艺术的结晶体，每一个故事或每一首诗歌都具有丰富而独特的语言信息。幼儿园文学活动侧重对幼儿审美能力、文学理解能力、想象力的培养，是一个包含理解美、欣赏美、表现美以及表达自己对文学作品的理解和想象的多层次系列活动。因此，对文学作品的学习是无法通过一次活动完成的。一个文学作品的学习可以包含以下层次：首先，幼儿通过聆听和阅读作品，熟悉作品内容，感受、欣赏作品的语言艺术；其次，通过开展与幼儿体验作品相关的主题活动，帮助幼儿在认识周围世界的过程中加深对作品的理解；再次，通过开展与作品主题相关的幼儿动手动脑的活动，将作品经验迁移到幼儿的实际生活中，以检验和加深幼儿对作品的理解和感受；最后，学以致用，让幼儿大胆尝试作品中的语言表达方式，学会创造性想象和表达，以达到对作品深层次的掌握。

文本：选择文学
作品的依据

📖 典型案例

例如，在大班散文教学"秋天"的活动中，我们可以设计这样的系列活动。

活动一：感知理解作品的主要内容、季节特征及文学语言的特色。

活动二：组织秋游等户外活动，观察秋天大自然的美景，在亲身体验中加深对作品的理解。

活动三：以粘贴、绘画或歌舞表演等多种形式表现秋天的美丽景色，表达自己热爱大自然的美好情感。

活动四：仿编或改编《秋天》，加深幼儿对作品的理解，激发幼儿的想象力和创造力。

学习笔记

2. 发展幼儿的完整语言

所谓完整语言，是指听、说、读、写四种语言能力的协调发展。幼儿自出生起就获得了学习人类语言的条件，所以在幼儿语言发展的关键期，为帮助他们更好地获得语言发展，我们有必要给他们提供完整语言的学习机会。在文学活动中，幼儿通过倾听理解某一文学作品(听)，然后将自己对文学作品的理解和对语言的感受用语言表达出来(说)，并通过视觉阅读文学作品(读)和绘画、折纸、泥工等幼儿特殊的书写方式(写)，将自己对文学作品的理解和感受以各种方式表达出来。教师应提供尽可能丰富的语言环境，不仅要促进幼儿口头语言的发展，还要帮助幼儿做好学习书面语言的准备；不仅要提高幼儿的口语交往水平，还要锻炼幼儿语言的机智性和灵活性，同时培养他们对艺术性结构语言的敏感性。

通过文学活动发展幼儿的完整语言主要有四个方面的内容：发展幼儿的语言倾听和理解能力；丰富幼儿语言词汇，规范幼儿口头语言的表达，提高他们日常交往的语言水平；培养幼儿对书面语言的浓厚兴趣，提高他们对艺术性结构语言的敏感性，并用自己特有的书写方式表达对作品的理解；会听、会说普通话，学会创造性想象和语言表达。

3. 整合相关领域的学习内容

整合教育理念，充分认识到幼儿语言的发展与其他方面的发展是整合一体的关系。幼儿在语言发展中，每一个新词、每一个新句式的习得，都是整个学习系统调整、吸收和发展的结果。幼儿园文学活动应从文学作品的教学活动出发，整合其他领域的相关内容，渗透于生活、游戏及其他教育活动中。

（二）早期阅读活动的特点

早期阅读不同于人们一般了解的阅读，它是特指0～6岁幼儿凭借变化着的色彩、图像、文字或凭借成人形象地读、讲来理解读物的活动过程。对于幼儿而言，只要是与阅读活动相关的任何行为，都可以算作阅读。阅读不仅是视觉的，还是听觉的、口语的，甚至是触觉的。因此，早期阅读活动具有以下特点。

1. 丰富的阅读环境

幼儿园早期阅读活动重在为幼儿提供阅读经验，因而需要向幼儿提供含有较多阅读信息的教育环境。早期阅读环境包括精神环境和物质环境两个方面。

精神环境主要是指教师要为幼儿创设宽松自由的阅读氛围，它有助于幼儿全身心地投入阅读活动中，在阅读中获得无穷的乐趣。为此，教师要对幼儿的阅读行为表示关注、支持和欣赏，以积极的态度给幼儿提供适当的支持与指导。例如，保证幼儿每天有一定的阅读时间，启发幼儿认识和理解书中的内容，及时肯定幼儿的点滴进步，激发幼儿的阅读兴趣，促进幼儿形成良好的阅读习惯。教师要鼓

教学微课视频：
早期阅读活动与
图画书的含义

励幼儿与图书、文字进行创造性的互动，如指导幼儿通过复述、推测、假设结果、分享人物的观点、讨论图画内容等方式与书的作者进行"对话"，引导幼儿成为主动的阅读者。教师也可以引导幼儿用口述、扮演角色等方式创编和讲述自己的故事。教师还可以通过制作图书、玩文字游戏、写便条、写通知、写信以及给熟悉的物品做标签等途径，指导幼儿学会创造性地使用各种符号，使他们成为图书和其他文字材料的创造者。此外，教师自身应该保持浓厚的读书兴趣和良好的读书习惯，以自身榜样的力量带动幼儿，形成浓厚的班级读书氛围，在潜移默化中促进幼儿形成良好的阅读习惯。

物质环境主要是指为幼儿提供的阅读时间、阅读空间和阅读材料。首先，应当保证为幼儿提供一定的阅读时间。除了相对固定的、有计划的集体阅读活动之外，还应该在日常生活中保证幼儿有一定的阅读时间，包括教师给幼儿朗读和幼儿自己阅读的时间。可以充分利用幼儿园一日生活的各个过渡环节，如晨间来园时、盥洗和饮水时、午睡起床时、晚间离园时，教师都可以安排幼儿的阅读活动，引导幼儿独自阅读，使幼儿逐步养成主动阅读的习惯。其次，应当为幼儿提供相应的阅读空间和阅读材料。幼儿园常见的阅读场所是图书室、阅读区、语言角，阅读区的环境布置要色彩鲜艳、富有童趣、光线充足、宽敞舒适，还要有与幼儿身高相配的、耐用美观的书架和桌椅。阅读区应放置丰富多样、数量充足、适合不同年龄段幼儿阅读的图书，以满足幼儿自主阅读、获得相关信息的需要。选择图书应注意以下几点：一是适合幼儿年龄阶段特点，画面清晰、色彩鲜艳，配有适当文字，以利于幼儿逐步完成从画面到文字符号的过渡；二是内容简单具体，形象生动逼真，以利于幼儿产生阅读兴趣，发挥想象力和创造力；三是语言文字简短易懂、生动有趣，以利于幼儿学习和识记；四是内容广泛，接近幼儿生活实际，以利于幼儿开阔视野、增长知识。此外，教师还应该将整个活动室看作一个大的阅读场所，在各种家具、玩具等器物上贴上文字、拼音等。一方面可以丰富环境中的书面语言信息量；另一方面可以使幼儿在与环境的对话中逐步建立基本的文字概念，认识一些常见的文字。

2. 与讲述活动紧密相连

早期阅读活动为幼儿提供了许多具体、生动有趣的阅读内容。早期阅读教育的一个主要目标是让幼儿在理解的基础上用口语表达的方式来讲述图书的主要内容。幼儿的阅读活动与讲述活动是紧密相连的，他们可以边看边讲，也可以在看完之后把图书的大概意思讲述出来。讲述图书内容的方式是多种多样的，可以在全班或小组中讲述，也可以独自讲述。通过讲述可以使幼儿深入了解图书内容，发展其口语表达能力和综合概括能力。

早期阅读活动不等于看图讲述活动，两者的教育目标是有区别的。看图讲述侧重于发展幼儿的独白语言，要求幼儿用规范的语言完整、连贯地讲述图片的内容。早期阅读教育的重点在于让幼儿理解各画面之间、画面与故事之间的关系，从而把握图书的基本结构，理解故事情节的发展。在充分理解的基础上，再用口语表述图书的主要内容。早期阅读活动是先理解后讲述，其中包含讲述的内容，但不同于看图讲述。

3. 具有整合性

早期阅读并非完整意义上的学习书面语言的活动。早期阅读是一种整合性教育活动，它与幼儿园的其他教育活动是联系在一起的。例如，在幼儿读完一本书后，可以指导他们模仿图书的结构制作自己的图书，也可以让他们制作书中人物的头饰进行故事表演，或者让他们将图书的主要内容讲给父母听。这种整合性还体现在早期阅读是书面语言和口头语言的结合。阅读活动必定会促进幼儿口语表达能力的发展，同时也会使幼儿认识一些文字，获得一些书面语言的初步知识。因此，在早期阅读活动中，可以适当地进行一些书面语言的学习，但要谨慎对待这种学习。应当把重点放在培养幼儿浓厚的阅读兴趣、良好的阅读习惯、正确的阅读方法和必要的阅读技能上，认识文字和文字的结构是次要方面，不能把早期阅读活动等同于识字活动。

二、阅读活动的目标 >>>>>>>>>>>>>>>>>>>>>>>>>>>>>>>>>>>

（一）文学活动的目标

1. 总目标

(1)向幼儿展示成熟的语言，提高幼儿对语言多样性的认识。

(2)扩展幼儿的词汇量，培养他们自觉获取语言材料的能力。

(3)培养幼儿善于倾听的技能。

(4)鼓励幼儿创造性地运用语言，提高幼儿灵活运用语言的能力。

2. 各年龄阶段目标

(1)小班。

①喜欢欣赏文学作品，愿意参加文学活动，对文学作品的语言感兴趣。

②能初步感受文学作品的语言美，知道童话故事、诗歌、散文是不同体裁的文学作品。

③学习理解文学作品的情节内容或画面情境，能用语言、动作、表情等方式表达自己对文学作品的理解。

④在文学作品原有基础上扩展想象，仿编诗歌、散文中的一句或续编故事的结尾。

(2)中班。

①喜欢欣赏不同形式的文学作品，主动积极地参加文学活动。

②知道文学作品语言与日常生活语言的不同，进一步感受文学作品的语言美。

③学习理解人物形象，感受作品的情感基调，能运用恰当的语言、动作、绘画形式表达自己的理解。

④能根据文学作品提供的线索，扩展想象，仿编或续编一个情节或一个画面。

(3)大班。

①愿意欣赏不同体裁、不同风格的文学作品，在文学活动中积累文学语言，并尝试在恰当的场合使用。

②在理解文学作品中人物、情节或画面情境的基础上，学习理解作品主题或感受作品的情感脉络。

③初步感知文学语言和文学作品结构的艺术表现特点，开始接触文学作品的艺术语言构成方式。

④根据文学作品提供的想象线索，联系个人已有知识经验扩展想象，并创造

性地进行表述。

（二）早期阅读活动的目标

1. 总目标

(1)提高幼儿学习书面语言的兴趣。

(2)帮助幼儿初步认识口头语言和书面语言的对应关系。

(3)帮助幼儿养成早期阅读的良好习惯。

(4)帮助幼儿掌握早期阅读的有关技能。

2. 各年龄阶段目标

(1)小班。

①喜欢阅读，知道阅读的基本方法，能初步看懂单幅幼儿图画书的主要内容。

②能用口头语言讲述幼儿图画书的主要内容。

③对文字感兴趣，能在成人的帮助下认读最简单的汉字。

④在活动中以描图画形的方式练习基本笔画。

(2)中班。

①能仔细观察画面的人物细节，看懂单页多幅幼儿图画书的主要内容，增强预知故事情节发展和结局的能力。

②懂得爱护图书，初步了解图书的制作过程，有兴趣模仿制作图书。

③初步了解汉字简单的认读规律，并积极主动地认读汉字。

④喜欢描画图形，尝试用有趣的方式练习汉字的基本笔画。

(3)大班。

①能与同伴合作制作图画书，进一步了解图书的构成。

②知道图书画面与文字的对应关系，开始有兴趣阅读图书中的简单汉字。

③积极学认常见的汉字，并能注意在生活中学习和运用书面语言。

④掌握基本的书写姿势，在有趣的图形练习中做好写字的准备。

三、阅读活动的类型 >>>>>>>>>>>>>>>>>>>>>>>>>>>>>>>>>>

（一）文学活动的类型

幼儿园文学活动主要包括幼儿故事活动、幼儿诗歌活动两种类型。

1. 幼儿故事活动

幼儿故事活动包括童话故事活动和生活故事活动。

童话故事是带有浓厚幻想色彩的、虚构的故事，是幼儿文学最基本、最重要的体裁。例如，深受小朋友喜爱的传统童话故事《拔萝卜》，情节简单，自始至终洋溢着热烈、欢快的游戏气氛；美国童话故事《逃家小兔》刻画了想要离开妈妈的保护、向往独立的可爱小兔和无微不至地关照、保护孩子的兔妈妈的形象，童趣盎然，洋溢着浓郁的母子亲情。

生活故事取材于现实生活，以叙述事件为主，反映幼儿熟悉的生活，向幼儿讲述经过提炼概括或虚构的人物和事件。例如，张莹的《天蓝色的小锁》，塑造了一个好奇、好探索又懂得关心他人的小朋友形象；《大头儿子和小头爸爸》系列故事叙述了父子俩丰富多彩、富有情趣的生活和浓浓的父子亲情。

学习笔记

做一做

小组分角色表演《拔萝卜》。

2. 幼儿诗歌活动

儿童诗歌是儿童文学作品中韵体作品的统称，包括儿歌、儿童诗、儿童散文及浅显的古诗等。它们的共同之处是语言精练、想象丰富、内容生动，有优美的韵律和节奏，易懂易记，适合幼儿学习，是幼儿喜闻乐见的一种文学形式。儿童诗歌在幼儿语言教育方面有着特殊的作用。

儿歌朗朗上口，趣味性强，能为幼儿的生活增添情趣，陶冶幼儿的性情，开启幼儿的心智，促进其语言的发展。例如，《小熊过桥》，生动夸张、情感起伏跌宕、语言自然流畅，从思想内容到表现形式都与幼儿的心理特点相一致，深受幼儿喜爱。

儿歌还有几种特殊的形式。绕口令是利用一些读音相近的字词编成的拗口的儿歌，结构巧妙、短小活泼、幽默风趣，深受幼儿的喜爱。绕口令能够提高幼儿的思维敏捷性，训练幼儿的口语发音能力。谜语以歌谣的形式作为谜面，猜谜语是富有游戏趣味的文化活动，有助于幼儿认识事物，提高分辨能力和联想能力。

> **考证练习**
>
> 面试题：故事《城市老鼠与乡村老鼠》

> **练一练**
>
> **故事：三只想生病的小狗**
>
> 花花、黄黄、灰灰是三个可爱的狗宝宝，他们都是狗妈妈的好孩子，狗妈妈非常爱他们。一天，花花生病了，躺在床上。狗妈妈很着急，想尽办法让花花好起来，可是没有用。花花想吃肉骨头，妈妈连忙拿来肉骨头；花花想吃苹果，妈妈连忙买来苹果；花花想玩玩具，妈妈连忙拿来玩具。黄黄和灰灰看到了，心想："要是我能生病该多好啊！"黄黄和灰灰想啊想，真的生病了。于是，黄黄要看图书，灰灰想吃虾条。妈妈忙呀忙，忙着照顾三个宝宝。狗妈妈太累了，终于病倒了。妈妈不能照顾三个狗宝宝，连自己也无法照顾了。
>
> 看着妈妈痛苦的样子，三个狗宝宝非常内疚，觉得自己对不起妈妈。过了几天，三个狗宝宝的病好了，他们都来照顾妈妈，狗妈妈开心地笑了。从此，三个狗宝宝再也不想生病了。
>
> 要求：围绕故事设计一个幼儿园大班的语言活动教案。

幼儿诗是适合幼儿听、赏、诵、读的自由体短诗，它注重情感的抒发、意境的创造和表达的含蓄。例如，黄庆云的《摇篮》，想象奇特，形象逼真，节奏舒缓，画面优美，有利于培养幼儿的想象力和创造力。

幼儿散文以记叙真人真事、真情实景为主要内容，表达作者的心灵感受和生命体验，情感真挚，语言优美，富有韵律，符合幼儿的认识水平和心理特点，对发展幼儿语言、陶冶情操起着重要作用。

浅显的古诗是指符合幼儿特点和水平，浅显易懂、形式活泼、语言具体形象、富有韵律和节奏、适于幼儿朗诵的古诗，如《咏鹅》《春晓》等。

（二）早期阅读活动的类型

根据不同的分类标准，可以把早期阅读活动分成许多不同的类型。常见的有以下几种。

> **学习笔记**

考证练习

1. 面试题:儿歌
《别说我小》

2. 面试题:诗歌
配画《落叶》

1. 幼儿园早期阅读活动

幼儿园早期阅读活动包括班级图书角阅读活动、教师组织的有计划的集体阅读活动、一日生活中渗透阅读因素的活动、利用社会与自然环境的阅读活动、阅览中心的阅读活动、幼儿自发的阅读活动。

2. 家庭早期阅读活动

家庭早期阅读活动包括亲子阅读活动、邻里交往性阅读活动、家庭外出郊游、参观性阅读活动、视听阅读活动。

3. 利用社会教育资源的阅读活动

利用社会教育资源的阅读活动包括社区阅读活动、图书馆阅读活动、随机性阅读活动(商标、广告、标志、新闻、报刊)。

四、阅读活动的设计与组织 >>>>>>>>>>>>>>>>>>>>>>>>>>

(一)文学活动的设计与组织

教师应依据《纲要》中语言领域的目标和要求,从幼儿的实际发展水平出发,遵循幼儿的年龄特点,选取具有趣味性、教育性、艺术性的文学作品为教育教学内容,设计完整的教育教学活动方案,确保活动的顺利开展和实施。具体包括以下三个层次。

1. 引导幼儿感知理解文学作品

以文学作品为学习内容的文学活动,首先要让幼儿了解、感知作品,这是学习任何一部文学作品不可或缺的重要环节。根据作品的难易程度,教师可以采用不同的方式来组织教学。例如,有感情地朗诵或讲述文学作品,或者运用多媒体手段完整演绎文学作品,或使用挂图,或配以桌面教具,或结合情境表演,辅助进行作品的教学,引导幼儿欣赏作品。

在幼儿对作品有了整体印象的基础上,教师再通过多角度、多层次的提问与讨论,帮助幼儿理解作品的主要情节、文学语言、人物形象和情感等主要内容。教师的提问可以分为以下几种类型。

(1)针对作品情节的提问。这类提问多以描述性提问为主,引导幼儿回忆文学作品的情节,关注作品的情节发展。教师可以通过分层次、有针对性的细节提问来启发幼儿展开问题,培养幼儿完整讲述作品的能力。例如,学习《会动的房子》,听完故事后教师可以提问:"故事叫什么名字?故事中有哪些小动物?小松鼠把房子盖在了哪里?小松鼠的房子先后到了哪些地方?"

(2)针对幼儿生活经验的提问。教师根据幼儿已有生活和知识经验进行提问,幼儿经过理解、记忆、归纳、分析进行回答,从而提高幼儿的思维想象能力和语言运用能力。例如,学习散文诗《秋天》时提问:"秋天是什么样的?走进大自然,你最喜欢秋天的什么风景呢?"引导幼儿感知、理解和想象,并与作品展开全方位的互动。

(3)针对作品主题情感的提问。这类问题便于幼儿从整体上把握作品的思想内容,对于不同年龄段的幼儿应有不同的侧重。例如,小班可以运用操作性的经验或自我中心的方式回答;中、大班可以运用情境或非情境的、比较客观的、有社会教育意义的方式回答。例如,"你最喜欢故事里的谁?喜欢他什么?为什么?如

学习笔记

果是你，你会怎么做?"

(4)针对作品中文学语言的提问。此类问题可以让幼儿理解语句的构造，丰富幼儿的词汇。教师可在活动中让幼儿把作品中自己喜欢的词语找出来。在小班或中班初期，一般以教师示范为主，如"热热闹闹、蹦蹦跳跳……这些词好听吗?"，激发幼儿对优美词句的兴趣，培养他们对语言美的初步感受。中班后期及大班可以让幼儿自己寻找作品中成熟的语言，讲一讲好听的原因，并运用这些词语造句。

2. 引导幼儿通过操作活动，体验理解文学作品，迁移经验

在感知文学作品内容的基础上，教师要进一步组织和引导幼儿围绕文学作品展开一系列动脑、动口、动手的操作活动，帮助幼儿进一步理解作品的内涵，体验作品中所隐含的思想和情感，迁移生活经验，使幼儿真正理解作品内容。这是文学活动的又一个重要环节。

幼儿的操作体验活动应该是一个包含感受美、理解美、表现美以及表达自己对文学作品的理解和想象的多层次的系列活动。由于文学作品所呈现的是丰富、有趣同时又是书面的语言信息，教师应引导幼儿积极与文学作品发生交互作用，通过聆听、诵读、阅读图画、观看动画等方式接受和理解文学作品所传递出来的信息;通过作品讲述、作品表演、模仿作品形象及游戏等全身体验的过程，进一步理解作品的内容及主题思想;通过绘画、手工制作、歌舞表演等方式，帮助幼儿迁移生活经验，表达幼儿对文学作品的感受和理解，深入地体验作品。例如，学习散文诗《秋天》的活动，可以让幼儿借助秋游等户外活动，在大自然真实美景的感染下，有感情地配乐朗诵散文诗，用肢体动作表演树叶纷纷扬扬飘落下来的优美舞姿，然后根据散文诗的描述和自己的观察、想象，进行绘画或用树叶做粘贴画，表达对美丽秋天的感受。

3. 引导幼儿围绕文学作品进行创造性语言表述

在幼儿对文学作品进行学习、理解和体验的基础上，教师可为幼儿提供创编的机会，拓展幼儿的想象，引导幼儿运用语言表达自己的认知和想象，挖掘幼儿的语言潜力。在这一层次的活动中，教师可以让幼儿续编故事、仿编诗歌和散文，也可以让幼儿围绕作品内容进行想象讲述。例如，《龟兔赛跑》的故事，故事结局因兔子的骄傲自满而输了比赛。教师这时可以设计这样一些问题:兔子对这一结果会服气吗?如果再进行一次比赛，结果会怎样呢?让幼儿续编故事。在指导幼儿创编文学作品时，教师可以让幼儿编出一个句子或者一个段落，也可以视幼儿的能力鼓励他们编写完整的文学作品。

总之，文学活动是围绕文学作品主题开展的系列活动。在这个系列活动中，幼儿在教师的引领下，循序渐进、由浅入深地发展语言能力，从理解到表达、从模仿到创新、从接受到运用，不仅发展了幼儿的语言能力，还锻炼了幼儿的想象力，增长了其艺术思维能力，并促进了其他能力的发展。

（二）早期阅读活动的设计与组织

幼儿园的早期阅读活动是有目的、有计划地发展幼儿的阅读能力，培养幼儿良好的阅读态度和阅读习惯的活动。早期阅读活动过程主要包含以下四个基本环节。

大班文学活动
视频：
《大熊的拥抱节》

做一做

配乐诗朗诵《秋天》。

学习笔记

考证练习

笔试真题
《春天》

1. 准备性活动

幼儿理解一本图书不是单靠一次活动就能完成的，而且当幼儿对图书的情节不够熟悉或难以理解时，他们就无法很好地回答教师提出的问题。因此，如果阅读内容是幼儿不熟悉的，教师就有必要在阅读活动前先让幼儿阅读一下图书，为正式阅读活动的开展打好基础。

教师在指导这个阶段的活动时应注意以下三点。第一，阅读前的准备性活动只是为正式阅读做铺垫的，它不能代替正式的阅读活动。因此，只要幼儿对阅读内容有一个大概的了解即可。如果幼儿对图书内容过于熟悉，在正式阅读时就会对图书失去兴趣。第二，在准备性阅读中，可以让幼儿从头到尾翻看图书一两遍，或让他们边看边讲述图书内容。此时，教师应该重点关注幼儿的阅读方法是否正确、阅读习惯是否良好，可以让幼儿充分按照自己的理解讲述图书内容，对于他们讲述得正确与否一般不给予过多的干涉。第三，对于幼儿理解不正确的地方，教师可以给予提示，但不要将正确的答案直接告诉幼儿，要给他们提供思考的机会。将幼儿无法理解的画面记录下来，作为正式活动时的重点、难点问题加以解决。

2. 幼儿自由阅读

这是阅读活动的第一个阶段。早期阅读活动更适合采用个别化教学的方式，因此，每次阅读活动时，幼儿的人数不宜过多，一般是班级人数的一半左右。教师在简单地介绍完图书的名称及封面内容后，就要为幼儿提供自由阅读的机会，使幼儿能回忆起曾经看过的主要情节，在此基础上加深对图书内容的理解。应当允许幼儿边翻阅图书边小声讲述，或在翻阅图书后再讲述。这时，幼儿主要是独自讲述，一般不与同伴发生语言交流。

> **温馨提示**
>
> 教师在这个阶段指导幼儿阅读时要注意以下两点。
>
> 第一，可以借助提问引导幼儿的阅读思路。教师可以将图书内容中的重点和难点设计成具有启发性的问题，引导幼儿带着问题边阅读边思考，从而促使幼儿深入理解图书内容。
>
> 第二，教师要注意观察每个幼儿的表现，进行分类指导。对阅读速度很快的幼儿，要鼓励他们再仔细阅读图书的细节部分，深入了解故事情节的发展线索，更好地理解故事内容。对阅读速度较慢的幼儿，教师要重点观察，了解幼儿在哪些画面、哪些环节上出现了问题，教师再给予有针对性的指导。同时，全面了解哪些内容是多数幼儿不易理解和掌握的，从而为下一步的学习活动提供必要依据。

3. 师生共同阅读

师生共同阅读是早期阅读活动中最能体现教师指导作用的环节，主要有以下三个活动步骤。

(1)引导幼儿理解图书的大致内容。幼儿对图书的主要情节和内容已经比较熟悉，因此，教师可以用提问的方式引导幼儿理解图书的大致内容。教师所提的问题数量不要太多，但一个问题要涵盖多个画面，幼儿必须在理解 1～2 个画面的基础上才能回答出这个问题。

（2）围绕重点、难点开展阅读活动。每个阅读活动都有重点、难点问题，对于这些问题教师要给予特别的关注，做到心中有数，组织活动时要注意突出重点、突破难点。由于图书具有前后联系、连续性强的特点，如果一个重点或难点画面没有得到正确的理解，往往会影响幼儿对整本图书主要内容的把握，小班和中班初期的幼儿尤其如此。因此，教师在指导幼儿围绕阅读的重点、难点开展活动时，可以灵活采用各种方式，如组织讨论、表演、游戏等，引导幼儿将图书的内容与细节相结合，进而理解图书的重点内容，并能体验图书中人物的内心感受。

（3）引导幼儿归纳图书的主要内容。当幼儿对图书内容有比较深入的理解后，教师要鼓励幼儿用自己的话总结、归纳图书的主要内容，以此来消化和巩固所学内容。归纳图书内容有以下三种方式。

第一种，一段话归纳法。要求幼儿用一段话将图书的主要内容讲述出来。这种方式对幼儿的要求不高，只要幼儿将故事的主要内容讲出来即可，适合在小班后期和中班初期使用。

第二种，一句话归纳法。要求幼儿用一句话将图书的主要内容概括出来。例如，大班的幼儿这么概括《神笔马良》这本书："这本图书讲的是聪明、勇敢的马良用他的一支神笔帮助穷人，惩罚坏人的故事。"

第三种，图书命名法。要求幼儿用简练的词语或短句给图书起个名，实际上是让幼儿学习归纳图书的主题。

这三种归纳方式难度不同，适合在不同的年龄段使用。后两种归纳图书内容的方式对幼儿的要求比较高，要求幼儿在理解图书内容的基础上，用简短的语句准确概括图书的主要内容。图书命名法还要求幼儿具有丰富的想象力和一定的创造性思维能力。因此，后两种方式一般适合于中班后期及大班使用。

温馨提示

师生共同阅读是早期阅读活动中的重点内容。教师在指导时要把握好两个问题。

第一，避免一问一答式的提问。这个阶段为引导幼儿深入理解图书内容，常常使用提问的方式，如果教师没有慎重考虑提问的角度、内容以及问题的呈现方式，就很容易使师生共同阅读活动变成机械的问答过程。因此，教师在设计、提出问题时应引导幼儿倾听、促进幼儿思考，以激起幼儿讨论和讲述的愿望，从而使幼儿多通道地接受信息，全面深入地理解图书的主要内容。

第二，对不同年龄段的幼儿进行有针对性的指导。在小班，应指导幼儿从前往后一页一页地理解单页单幅画面的内容，并能用一段话归纳图书的主要内容；在中班，应让幼儿知道图书下方页码的作用，并在教师所提问题的引导下理解 2～3 幅和单页单幅画面或一个单页多幅画面的主要内容，并学习为图书命名；在大班，应帮助幼儿将一本情节复杂、内容丰富的图书按情节的发展线索分成不同部分，学习用一句话归纳图书内容、预测故事情节的发展。

4. 幼儿讲述故事内容

早期阅读活动中的一个不可或缺的环节，就是要求幼儿用口头语言讲述图书的主要内容。常见的讲述形式有小组讲述、集体讲述和同伴合作讲述。

在指导幼儿讲述时，教师要注意两个方面的问题。

第一，既要引导幼儿讲述主要内容，又要鼓励幼儿大胆想象。一方面要引导幼儿围绕图书的重点内容，尽可能生动、详细地讲述主要情节；另一方面要鼓励幼儿大胆想象，将与情节有关的人物、人物的动作、对话和内心体验等都讲述出来。

第二，要关注幼儿的个别差异。幼儿的语言能力强弱不等，语言表达水平也参差不齐。因此，教师一定要对不同情况的幼儿进行有针对性的指导。例如，让语言能力较弱的幼儿选择较简单的阅读内容进行讲述，从而使这部分幼儿也能从讲述中获取乐趣，增强自信。

教学微课视频：图画书的封面　教学微课视频：图画书的护封和腰封　教学微课视频：图画书的环衬　教学微课视频：图画书的扉页　教学微课视频：图画书的封底和书脊

学习笔记

步骤二　教学观摩

一、观摩中班文学活动视频：《猴子学样》>>>>>>>>>>>>>>>>

（一）呈现素材

一位老公公，挑着一担草帽到城里去卖。他走累了，坐在大树底下睡着了。一群猴子看见老公公戴着草帽，就学他的样子，都拿起草帽戴在头上。

猴子在树上又叫又跳，把老公公吵醒了。老公公睁开眼睛一看，"哎呀！草帽不见了！"老公公抬头一看，原来草帽都被猴子拿走了。

老公公急得伸出双手说："快把草帽还给我！快把草帽还给我！"猴子也学老公公的样子，伸出双手来，叽叽喳喳叫着，就是不想把草帽还给他。老公公急得摘下草帽，抓抓脑袋想办法。猴子也学着老公公的样子，脱下草帽，抓起脑袋来。

老爷爷看见猴子又在学他的样子，忽然想出一个好办法。他把草帽往地上一扔，猴子见了也都把草帽往地上一扔，老公公赶快捡起草帽，挑起担子就走了。

中班文学作品学习活动视频：猴子学样

（二）分析素材

(1)理解素材内容，思考该素材适合哪个年龄段及其原因。

(2)根据素材及幼儿学习文学作品的年龄特征确定活动目标及重、难点。

(3)思考主要采用哪些教学方法提高幼儿的学习兴趣并实现活动目标。

(4)思考如何根据素材设计出循序渐进、环环相扣的活动过程。

（三）教学观摩

带着以下问题观摩中班文学活动视频《猴子学样》，并做好观摩记录。

(1)《猴子学样》这个故事适合中班幼儿学习吗？为什么？文学作品内容的选择应该注意什么？

(2)根据中班幼儿语言发展水平和中班文学活动目标，该活动的目标应怎样定位？

(3)教具的准备是否恰当？是否能满足教学的需要？活动前幼儿需要有哪些经验准备？

(4)在活动中，教师呈现故事的方式合理吗？为什么？

(5)活动过程是怎样体现环环相扣、循序渐进的原则的？你是怎么看出来的？

(6)在活动中，幼儿的学习兴趣如何？教师运用了哪些教学方法调动幼儿的兴趣？

(7)在活动中，教师对幼儿的评价恰当吗？请举例说明。

（四）分组讨论

同第 193 页"(四)分组讨论"。

（五）集体交流

同第 193 页"(五)集体交流"。

（六）教师总结

同第 193 页"(六)教师总结"。

二、观摩早期阅读活动视频《一根羽毛也不能动》 >>>>>>

（一）呈现素材

绘本《一根羽毛也不能动》

（二）分析素材

(1)绘本的主要内容是什么？适合哪个年龄段阅读？

(2)根据绘本及幼儿早期阅读的年龄特征确定活动目标及重、难点。

(3)如何处理绘本的情节？

(4)活动中主要采用哪些教学方法提高幼儿的学习兴趣并实现活动目标？

(5)如何根据绘本设计出循序渐进、环环相扣的活动过程？

大班早期阅读活动视频：一根羽毛也不能动

（三）教学观摩

带着以下问题观摩中班文学活动视频《一根羽毛也不能动》，并做好观摩记录。

(1)《一根羽毛也不能动》这个绘本适合大班幼儿阅读吗？为什么？

(2)根据大班幼儿语言发展水平和大班早期阅读活动目标，该活动的目标应怎样定位？

(3)教具的准备是否恰当？是否能满足教学的需要？活动前幼儿需要有哪些经验准备？

(4)在活动中，教师对绘本情节的详略处理得当吗？为什么？

(5)活动过程是怎样体现环环相扣、循序渐进原则的？你是怎么看出来的？

(6)在活动中，教师的语言恰当吗？哪些语言不恰当？

(7)在活动中，教师运用了哪些教学方法？它们起到了什么作用？

（四）分组讨论

同第193页"(四)分组讨论"。

（五）集体交流

同第193页"(五)集体交流"。

（六）教师总结

同第193页"(六)教师总结"。

步骤三　方案设计

第一，第一位在幼儿园试教文学活动的同学，请与本组同学一起根据以下相应的素材设计一个完整的活动方案，并做好活动准备。

中班文学活动"我是三军总司令"

第二，在实训室试教文学活动的同学，请与本组同学一起根据以下相应的素材设计一个完整的活动方案，并做好活动准备。

小班文学活动"拔萝卜"

第三，在实训室试教早期阅读活动的同学，请与本组同学一起根据相应的素材设计一个完整的活动方案，并做好活动准备。

大班早期阅读活动"逃家小兔"

步骤四　方案实施

同第27页"方案实施"内容。

步骤五　总结提升

一、幼儿园日常生活中的早期阅读活动形式 >>>>>>>>>>>>

（一）教师发起、 幼儿参与的早期阅读活动形式

每天公布幼儿提出的有趣问题以及幼儿每周所学的内容，并和幼儿一起阅读及讨论；在教室悬挂文字或绘画的艺术品，鼓励幼儿通过思考和讨论解释其中的含义；在教室里设置一个独立的空间或放置留言板、留言簿，鼓励幼儿将自己的想法说出来、画出来或写出来；装饰教室的墙壁，布置区角，制作天气预报板，鼓励幼儿和教师一起设计和布置。

（二）教师和幼儿共同发起、 共同参与的早期阅读活动

每周在家长联系栏或消息公布栏上公布一次消息，需要公布的信息内容由教师和幼儿共同讨论确定，然后由教师写，也可以鼓励幼儿抄写部分内容；讲(读)故事，幼儿在教师的帮助下向同伴介绍图书或报纸上的内容，讲述自己的绘画或观察记录上的主要内容，教师鼓励幼儿凭记忆或想象讲述自己熟悉或创编的故事；写(这里的

诗歌文本：
我是三军总司令

故事文本：
拔萝卜

文本：
逃家小兔

写更多的是画或抄写)或读信件、发言稿、宣传册等；读或写购物单、节目单、家长开放日或联欢会节目单、玩具使用说明书等；给周围物品做标记，为室外大型玩具注明注意事项；写日常观察记录，教师和幼儿一起通过绘画、幼儿说而教师写以及共同制作图书等方式记录植物成长、城市或街道的变化等。

（三）幼儿独立进行的早期阅读活动

在入园签到时，从最初只是摆放自己的照片、姓名卡，逐渐过渡到盖自己的印章、写自己的名字等；复述新闻、别人的话、看过的电影或电视等；解说广告词、通知、公告等；用绘画、动作表演等形式再现内容情节；补充完整故事的某一情节(开始、中间、结尾或一个词、句)或标题；与同伴交换图书阅读，并就某一本大家共同关心的图书内容展开自由讨论。

二、幼儿园早期阅读活动的指导 >>>>>>>>>>>>>>>>>>>>>>>

（一）尊重差异，为幼儿提供适宜的阅读环境

教师可以根据幼儿的不同需要和阅读特点，为他们提供适宜的阅读环境，激发幼儿的阅读兴趣和求知欲，引导幼儿在丰富多彩的阅读情境中，通过自己的感官活动去主动阅读。例如，幼儿可以到班级图书馆或阅读区角去读书，可以利用"问题箱"、图片、卡片或拼图等多种材料学习、阅读。在丰富、适宜的阅读环境中，幼儿可以按照自己的意愿和方法去阅读、去探索。

（二）激发兴趣，让幼儿体验阅读的乐趣

激发幼儿的阅读兴趣是最重要、最有效的一种指导方法。教师应当利用不同情境来激发幼儿的阅读兴趣，如问题情境、材料情境、故事情境、场地情境等。教师可采用情境教学法，根据教育目标和内容，设置或选择相应的情境，利用情境感染幼儿，提出问题，引导幼儿对问题进行思考，激发幼儿的学习兴趣，还可以采用图文对照法，把文字与图片对应起来，依文配图、图文并茂。另外，还可以采用竞赛、演示等方法提高幼儿的阅读兴趣。

（三）促进交流，使幼儿专注于阅读

阅读能力的提高是在班级内的交流和交往活动中实现的。这样的活动包括教师引读、师生共读、幼儿自读、幼幼共读、亲子阅读等。例如，在教师引读、师生共读活动中，教师可采用讨论等方法进行引导，幼儿根据教师提出的问题，在集体中交流个人的看法，相互启发、相互学习。应使幼儿积极参加教育活动，教育活动以小组为宜，以便每个幼儿都有表现的机会。

（四）鼓励应用，让幼儿在应用中提高

早期阅读过程实际上是一个积累的过程。它积累的是生活经验，运用的是阅读综合技能，发展的是终身学习的能力。教师可以引导幼儿在日常生活中进行规范的阅读，如带幼儿去春游、野炊时，可引导他们根据自己的观察和理解，给草木挂上自己设计、制作的提示人们爱护植物的环保标志。

三、对家庭亲子阅读活动的指导 >>>>>>>>>>>>>>>>>>>>>>

早期阅读教育是一项社会系统工程，家长对幼儿自主阅读能力的发展具有重要的影响。亲子阅读是指父母和孩子围绕图画书展开讨论、交流的一种分享性的、个别化的阅读活动。亲子阅读是培养幼儿基本阅读能力的重要途径，不仅可以开拓幼儿的视野、增长知识，培养其丰富的想象力、创造力，还可以促进亲子之间的情感交流。

（一）对家庭亲子阅读的要求

建立充满阅读信息的环境，让幼儿在生活中有更多接触书面语言信息的机会；给幼儿购买有趣、有益的图画书和其他阅读材料，让幼儿不断被新的图书吸引，产生良好的阅读动机；家长和幼儿一起阅读图画书，建立良好的阅读常规；在阅读过程中给予幼儿恰当的指导，帮助幼儿逐渐学会阅读图书。

（二）家庭亲子阅读的类型

1. 平行式亲子阅读

平行式亲子阅读是指父母与幼儿一起阅读，基本不谈论或很少谈论图画书的内容，通常是照着书念，或者用自己的话复述图书内容。父母不太关注幼儿对图画故事书的反应，不太关注幼儿对阅读的反馈。

2. 偏离式亲子阅读

偏离式亲子阅读是指父母和孩子误读或忽略书中文字的作用，误读画面内容，过度注意细枝末节，随意地、过多地进行无关联想。表面上是围绕图画书在交流，实际上已经游离于故事情节之外。例如，随意翻到某一页，看到图画说出画面事物的名称或者描述出画面人物的动作，或者抓住图画故事书的一个细节，想方设法引导幼儿联系实际生活经验等。

3. 合作式亲子阅读

合作式亲子阅读是指父母与幼儿围绕图画故事展开有益交流的亲子阅读形式。父母或幼儿通常会把图画书拿出来放到桌面上，双方指着图画书的封面，就书名、作者及画面稍作谈论，接着打开图画书一起看书。在阅读过程中，父母会根据幼儿的反应，如表情或肢体动作，判断他（她）对故事的理解，并及时调整讲故事的语气和语调，或改变讲故事的方式。当系统的语言反复出现时，父母通常会尝试让幼儿预测即将发生的事。在阅读过程中，父母偶尔会提问以了解幼儿对故事的理解。在看完图画书后，父母一般会提问帮助幼儿回忆故事的内容（角色、情境、问题、解决办法等），并鼓励幼儿表达自己对故事的感受及想法，让幼儿将故事讲述的事件与自己的生活联系起来。

（三）教师对家庭亲子阅读的指导

1. 直接指导

采用家长座谈会、专题讲座等形式，面向家长宣传早期阅读教育的目标、途径、内容和方法，使家长明确早期阅读对幼儿发展的重要性；针对亲子阅读中普遍存在的问题，利用家长接送幼儿的时间进行小组辅导；根据实际需要，阶段性地展示幼儿的阅读材料，让家长了解幼儿在园的阅读情况，拓宽家长对幼儿进行阅读教育的思路；组织家长进行家庭早期阅读教育的经验交流，丰富家长教育幼儿的方法。

2. 间接指导

利用家园联系栏、家长信箱、家长开放日、印发阅读资料等方法帮助家长了解和学习家庭早期阅读教育的经验。

3. 个别指导

由于幼儿的阅读态度、兴趣、习惯和能力各有差异，为了使每个幼儿都能得到发展，教师还要针对不同家庭的亲子阅读情况进行具体的辅导。例如，教给家长观察幼儿的方法，使家长能针对自己孩子的情况采取相应的方法；指导家长制作亲子活动材料，以供亲子阅读使用。

练习与应用

一、思考题

1. 幼儿园文学活动和早期阅读的特点和目标是什么？
2. 幼儿园文学活动和早期阅读活动常用的类型有哪些？
3. 幼儿园文学活动和早期阅读活动设计与实施的基本步骤有哪些？

二、操作题

请各组同学根据教师给定的文学作品和绘本分别设计一份完整的活动方案。

学习反思

任务三
幼儿园数学思维活动的设计与实施

典型案例

小朋友和妈妈玩卖橘子的游戏，妈妈说要买 5 个橘子，小朋友随意地拿出几个橘子。当妈妈提醒他数一数有几个橘子，他口中说着 1、2、3、4、5、6、7、8、9、10，并没有一一对应地数。后来妈妈一个一个点数告诉他一共有 5 个橘子。

案例动画视频：
数橘子

幼儿是怎样学习数学的？这个问题既简单又复杂。简单的是，他们几乎在不经意间就学会了数数。从胡乱地数慢慢地就记住了正确的顺序，并且还能理解数的实际意义、做简单的加减运算……这一切似乎都顺理成章。这对幼儿来说是一项了不起的成就，同时也离不开成人有效的引导和支持。那么，成人该如何引导幼儿进行数学活动呢？下面，就让我们一起来学习幼儿园数学思维活动的相关内容吧。

学习笔记

实施步骤

步骤一　资讯提供

一、数学思维活动的目标 >>>>>>>>>>>>>>>>>>>>>>>>>>>>

（一）数学思维活动总目标

根据《纲要》中科学领域的目标精神，幼儿数学教育总目标应包含以下具体内容。

第一，对周围环境中事物的数量、形状、时间和空间等感兴趣，有好奇心和求知欲，喜欢参加数学活动和游戏。

第二，能从生活和游戏中感受事物的数量关系，获得有关数、形、量、时间和空间等感性经验，体验到数学的重要和有趣。

第三，学习用简单的数学方法，解决生活和游戏中某些简单的问题，能用适当的方式表达、交流操作和探索问题的过程和结果。

第四，会正确使用数学活动材料，能按规则进行活动，有良好的学习习惯。

（二）数学思维活动的各年龄阶段目标

1. 幼儿学习数、量及数量关系的各年龄阶段目标

（1）3～4 岁（小班）。

①能感知和区分物体的大小、多少、高矮、长短等量方面的特点，并能用相应的词表示。

教学微课视频：
幼儿园数概念活动
的年龄阶段目标

②能通过一一对应的方法比较两组物体的多少。

③能手口一致地点数 5 个以内的物体，并能说出总数；能按数取物。

④能用数词描述事物或动作，如"我有 4 本图书"。

⑤体验和发现生活中很多地方都用到数。

(2)4～5 岁(中班)。

①在指导下，感知和体会有些事物可以用数来描述，对环境中各种数字的含义有进一步探究的兴趣。

②能感知和区分物体的粗细、厚薄、轻重等量方面的特点，并能用相应的词语描述。

③能通过数数比较两组物体的多少。

④能通过实际操作理解数与数之间的关系，如 5 比 4 多 1；2 和 3 合在一起是 5。

⑤会用数词描述事物的排列顺序和位置。

(3)5～6 岁(大班)。

①初步理解量的相对性。

②借助实际情境和操作(如合并或拿取)理解"加"和"减"的实际意义。

③能通过实物操作或其他方法进行 10 以内的加减运算。

④能用简单的记录表、统计图等表示简单的数量关系。

⑤能发现生活中许多问题都可以用数学的方法来解决，体验解决问题的乐趣。

2. 幼儿学习形状与空间关系的各年龄阶段目标

(1)3～4 岁(小班)。

①感知和发现周围物体的形状是多种多样的，对不同的形状感兴趣。

②能注意物体较明显的形状特征，并能用自己的语言描述。

③能感知物体基本的空间位置与方位，理解上下、前后、里外等方位词。

(2)4～5 岁(中班)。

①在指导下，感知和体会有些事物可以用形状来描述。

②能感知物体的形体结构特征，画出或拼搭出该物体的造型。

③能感知和发现常见几何图形的基本特征，并能进行分类。

④能使用上下、前后、里外、中间、旁边等方位词描述物体的位置和运动方向。

(3)5～6 岁(大班)。

①能发现事物简单的排列规律，并尝试创造新的排列规律。

②能用常见的几何形体有创意地拼搭和画出物体的造型。

③能按语言指示或根据简单示意图正确取放物品。

④能辨别自己的左右。

二、数学思维活动的内容 >>>>>>>>>>>>>>>>>>>>>>>>>>>>

在选择内容时，应考虑数学学科的性质及其内容特点，还应注意考虑幼儿的认知发展特点，体现数学思维活动内容的启蒙性和可接受性，体现各年龄班数学思维活动的层次性和渐进性。在组织数学思维活动的内容时，应体现数学知识自身的逻辑性和系统性。

幼儿园数学思维活动的具体内容如下。

（一）感知数、量及数量关系的内容

1. 感知集合

(1)感知集合及其元素，进行物体的分类。

(2)认识"1"和"许多"及其关系。

(3)以对应的方法比较两个物体数量的相等和不等。

(4)初步感知集合间的交集、补集关系和包含关系。

2. 10 以内的数概念和加减运算

(1)10 以内的基数、序数。

(2)10 以内数的组成。

(3)认读和书写 10 以内的阿拉伯数字。

(4)10 以内加减的含义和运算。

(5)10 以内加减法应用题。

3. 量与计量

(1)比较大小、长短、高矮、粗细、宽窄、厚薄、轻重等量的特征。

(2)在比较物体量的差异时，初步理解量的相对性。

(3)学习量的守恒，学习自然测量。

（二）感知形状与空间关系的内容

1. 认识几何图形

(1)平面图形(如圆形、三角形等)和立体图形(如球体、圆柱体等)。

(2)区分平面图形和立体图形。

2. 空间和时间概念

(1)认识空间方位：上下、前后、左右等。

(2)空间运动方向：向前、向后、向左、向右等。

(3)区分早晨、晚上、白天、黑夜、昨天、今天、明天，知道一星期七天的名称及其顺序。

(4)认识时钟，知道其用途，会看整点与半点。

三、数学思维活动常用的教学方法 >>>>>>>>>>>>>>>>>>>

在选择方法时，应从幼儿学习数学的思维特点出发，采用生动活泼、手脑并用、多种感官参与的形式，灵活运用多种方法，以保证幼儿园数学教育活动取得良好的教育效果。

（一）操作法

操作法是提供给幼儿合适的材料、教具与环境，让幼儿在自己活动的实践过程中进行探索，并获得数学感性经验和逻辑知识的一种方法。它是幼儿学习数学的一种十分重要的方法。幼儿学习数学的操作活动可与分类、排序、比较、分合、计数、计量等内容有机结合。例如，提供给幼儿各种材料(纽扣、花片等)，让他们进行计数活动；提供形状、颜色、大小不同的纽扣，让幼儿进行分类活动等，

学习笔记

教学微课视频：
操作法

从中让幼儿获得分类、排序、计数、数的守恒等数学知识和能力。

　　第一，提供蕴含数学教育目标的良好的操作环境和材料。操作材料最好人手一份，且适合幼儿的年龄特点和实际发展水平，也能照顾到不同幼儿间的个体差异。

　　第二，活动前让幼儿明确操作的顺序和要求，尤其应注意向幼儿传授有关操作的技能和方法，以保证操作活动能顺利有序地进行，达到操作活动的目的。

　　第三，在操作过程中，教师应注意巡回指导，注意做好个别教育工作。

　　第四，积极引导幼儿表达操作的过程和结果，必要时帮助幼儿将数学感性经验上升为初步的数学概念。

（二）游戏法

　　游戏法是指将抽象的数学知识寓于幼儿感兴趣的游戏中，让幼儿在各种自由自在、无拘无束的游戏活动中学习数学的一种方法。它是幼儿数学学习的一种十分重要的方法。

1. 操作性数学游戏

　　这类游戏是指让幼儿通过操作玩具或实物材料，从中获得数学知识的一种游戏。它有一定的游戏规则，如小班幼儿学习分类时做的"图形娃娃找家"游戏，即安排三个动物玩具，分别贴上"△""□""○"的标记，让幼儿把"图形娃娃"送到有相应特征的玩具动物"家"里。

2. 情节性数学游戏

　　这类游戏是指有一定的情节、内容和角色，通过游戏情节的安排来体现所要学习的数学知识的游戏活动。例如，为小班幼儿学习"1和许多"而设计的"猫捉老鼠"游戏，教师、幼儿分别扮"猫妈妈"和"小猫"，以游戏口吻要求"小猫"们去捉老鼠，按"猫妈妈"的要求捉老鼠，最后"猫妈妈"奖励"小猫"们吃"鱼"。在这一系列情节中，渗透了"1和许多"的数学概念。这类游戏一般以一个主题贯穿整个游戏。游戏的过程不宜太新奇，规则不宜太复杂，以免分散幼儿的注意力。

3. 运动性数学游戏

　　这类游戏是指寓数学概念或知识于体育活动中的游戏。例如，小班幼儿感知形成集合概念，可以玩"占圈"的体育游戏；大班幼儿学习数的组成，可通过掷飞镖、投沙包、打"保龄球"等体育游戏，来记录不同数量的投掷结果，根据对投掷结果的归纳来学习数的组成。

4. 运用各种感官的数学游戏

　　这类游戏主要强调通过不同的感官进行数学学习，强调幼儿对数、形知识的充分感知。例如，在幼儿学习认数的过程中，可以让其通过看看、听听、摸摸等活动多方面地理解数的实际意义。在学习认识、区别几何图形时，可在"奇妙的口袋"游戏中，通过触摸来感知、区别图形的不同特征。

5. 数学智力游戏

　　这是一种以发展智力为主要任务的运用数学知识的游戏。例如，让幼儿数"重叠图形"或玩"数学接龙"等游戏，这类就属于数学智力游戏。

6. 竞赛性数学游戏

竞赛性数学游戏是指带有竞赛性的数学游戏，它更适合中、大班幼儿。这类游戏不仅适合幼儿的好胜心理，还有助于幼儿巩固所学知识和发展思维的敏捷性和灵活性。

（三）比较法

比较法是幼儿园数学思维活动中常用的一种方法。无论是数的教育还是量的教育，都经常使用这种方法。比较法可分为对应比较和非对应比较两种方法。前者又可分为"重叠比较法"和"并放比较法"，常用于小班和中班区别两个或两组物体(或两组以上)量或数的差异。其中，重叠比较是将一组物体排成一行，再将另一组物体逐个一对一地重叠到前一组物体上面，比较两组物体的差异；比较是将一组物体摆成一行，再将另一组物体一个对一个地并放在这组物体的旁边，比较这两组物体的差异。非对应比较可分为单排比较或双排比较等，由于容易受物体排列形式的干扰，因而一般在大班使用。

（四）讲解演示法

讲解演示法是指教师通过语言和直观教具把抽象的数、量、形等知识加以说明和解释，以帮助幼儿理解有关数学知识的一种方法。例如，教师边演示贴绒教具小兔，边讲解："草地上有 3 只小兔，又跑来了 1 只，3 只小兔加上 1 只小兔是几只小兔呢？"在这一过程中，幼儿直观地感受到了数的形成过程。当幼儿在学习一些不易理解的新内容或某个难点时，教师适当地讲解演示，可以帮助幼儿克服困难、启发思路，使幼儿获得科学系统的知识和分析、推理的方法。

> **温馨提示**
>
> 在使用讲解演示法时，应避免以教师为中心，努力做到以下几点。
> 第一，讲解突出重点，且语言简练、直观，启发性强。
> 第二，教具新颖，形式多样，但不宜新奇和过多，以免分散幼儿的注意力，教具演示应与语言讲解良好地结合。
> 第三，讲解演示法应与其他方法结合使用。

（五）寻找法

寻找法是让幼儿从自身及周围生活环境和事物中寻找数、量、形及其关系，或在直接感知的基础上按数、形要求寻找相应数量实物的一种方法。

该种方法寻找的范围或途径经常表现为以下几种。

第一，从自身寻找，如让小班幼儿找一找，自己身上哪些东西有两个。

第二，从已准备好的活动环境中去寻找，如教师活动前在教室里预先布置好各种长方体的物体，然后让大班幼儿在教室里找哪些东西属于长方体。

第三，从自然环境中去寻找。

学习笔记

第四，从记忆表象中去寻找。这是一种运用记忆表象的间接寻找方法。例如，在幼儿学习"球体"后，让幼儿想一想以前看到的哪些东西是球体。

（六）类推法

类推法是指让幼儿用已有的知识和经验去推出未知知识的一种方法。正确运用这种方法，要求幼儿在教师的指导下在已掌握的知识、经验中发现规律，并在类似的情境、问题中去运用这些规律。例如，在数的组成活动中，幼儿学习一些较大数字的组成时都采用此法。

幼儿园数学教育活动的方法是多种多样的。虽然有些教育内容需要使用典型的方法，但在各种类型的幼儿园数学教育活动中，大多应灵活运用多种方法。

四、数学思维活动的设计与组织 >>>>>>>>>>>>>>>>>>>>>>

（一）集合概念的活动设计

1. 区别"1"和"许多"

(1)用观察比较的方法教幼儿认识"1"和"许多"。教师利用实物或教具，引导幼儿边观察(或摆弄)边比较：什么物体是 1 个；什么物体有许多。初步理解"1"和"许多"都是代表事物的数量。教具的选择可用同类或不同类的教具。

(2)组织幼儿进行分合操作活动，从中感知"1"和"许多"的关系。教师指导幼儿把许多物体(集合)分成一个一个物体(元素)，再把一个一个物体(元素)组成"许多"(集合)，让幼儿在分合的实践中感知集合与元素的关系。分合操作活动按由易到难进行。先是将同颜色(或同形状)的物体进行操作；然后过渡到不同颜色(或不同形状、不同大小)的物体进行操作，使幼儿认识到物体可以按形状、大小、颜色等分类，逐步扩大对集合范围的感知，培养分类能力。

(3)教幼儿运用各种感官感知"1"和"许多"。

(4)引导幼儿在周围环境中寻找"1 个物体"和"许多个物体"。

2. 比较两组物体的多少

在教幼儿比较两组物体的多少时，应注意从简单的操作过渡到稍复杂的操作。

(1)幼儿进行重叠对应比较。重叠比较就是将一个集合中的元素逐一重叠在另一个集合中的相应元素上。从有情节过渡到无情节的形式；从"一样多"过渡到"多些""少些"。

(2)幼儿进行并放对应比较。并放比较就是将一个集合中的元素，按上下或左右方向，对应并放在另一个集合的附近。同样从有情节过渡到无情节的形式，但是并放时必须注意放的距离。

(3)幼儿选用自己喜欢的方法比较。教幼儿自己组合两组物体，可以重叠或并放；可以和不同特征的分类结合进行。在教学中，只要求比较感知两组物体的数量，不具体问多几、少几(可多 1、少 1)。

（二）10 以内数概念的活动设计

1. 认识 10 以内基数的教学

(1)10 以内的数数教学。

①教幼儿点数，即教幼儿用数词去清点物体的数量。将数词与集合中的元素

一一对应起来，使幼儿认识到数词可以表示任何有限集合中元素的数量。点数的要求逐步提高：从按物点数、说出总数，过渡到用眼睛点数，最后达到默数。

②教幼儿运用各种感官进行计数活动。

③教幼儿寻找相应数量的物体。

(2)认识 10 以内数的形成。

①比较感知数的形成，包括对应比较和不对应比较。对应比较就是将两组物体对应排列，从比较一样多到不一样多的数量变化中使幼儿理解"前一数添上 1 是后一数"及两数间的关系。不对应比较就是将两组物体不规则地摆放，进行比较，使幼儿认识数的形成和理解前后数之间的关系，还可利用具有某一方面不同特征的同类物体为教具，突出几里有几个 1，几个 1 加起来就是几。

颜色或者形状不同的教具从左到右对应地排成两行，让幼儿观察每一种教具的数量，再比较两组物体是否一样多，然后在下一行教具的后面再增加一个，使幼儿认识"一个数添上 1 就形成新数，这个数比前一个数多 1"。

②类推，在教学的后阶段采用。

③运用幼儿的各种感官感知。

(3)认识 10 以内数的相邻数。

①比较、学习相邻数的基本含义和特征。新课时可以用三组实物进行比较，并在每组实物的下面配上相应的数字。比较时，突出中心数和相邻数的关系。在观察和比较的基础上，教师应帮助幼儿学会用语言概括。例如，3 比 2 多 1，3 比 4 少 1，3 的相邻数是 2 和 4。

②类推，进一步理解相邻数。

③在游戏和操作活动中练习。

在幼儿认识 10 以内的基数时，无论是让幼儿学习点数物体的数量，认识数的形成规律，还是认识相邻数的关系，都不应孤立进行。教幼儿学习点数时，应同时教幼儿认识数的形成规律，引导幼儿比较前后数之间的关系，在此基础上比较三个数之间的相邻关系。

2. 认识 10 以内的序数

(1)采用直观教具进行演示、讲解。要让幼儿明确从哪里数起，按什么方向数。例如，从左到右、从上到下、从前到后等。新课时将不同大小、颜色、形状或不同性质的物体排成一行，引导幼儿学习，然后在同颜色、同形状、同大小的同类物体中区别它们各自的位置。讲清楚序数的意义，两个序数只有顺序位置不同，不能比较大小和多少。

(2)可以从几个方面提问。一是说出动物名，问位置。例如，小白兔排在第几？二是说出序数名，问是什么物体。例如，第 3 个位置上是什么小动物？三是抽象判断。例如，第 2 的前面是第几？

(3)让幼儿在游戏活动中判断物体的顺序。

(4)在日常生活和各种活动中巩固与练习。

3. 10 以内数的认读与书写的教学

(1)教幼儿认读阿拉伯数字 1~10 的方法。

①结合数数与数的形成，利用多种教具，出示数字符号进行讲解。例如，认

幼教故事文本案例：
杨杨数水仙

学习笔记

识数字"3"。先出示教具 3 只小鸡，让幼儿数数并回答这是 3 只小鸡；再出示教具 3 只小鸭，让幼儿数数回答这里有 3 只小鸭。然后教师小结："3 只小鸡，3 只小鸭，我们都可以用数字'3'来表示。"边讲边出示数字 3 的卡片，贴于教具旁边。接着，教师还应通过另外一些例子，进一步讲解数字所表示的意义。例如，"3"还可以表示什么物体。

②通过形象的比喻让幼儿记住字形。当出示数字符号后，教师可利用幼儿熟悉的事物，与数字形象进行比较。例如，"1"像小棒、"2"像鸭子等帮助幼儿记住字形，还要注意教学中对外形容易混淆的字做比较，帮助幼儿分析区别，正确认识，如"2"与"5""6"与"9"等。

③在讲清数字含义、初步认识数字的基础上，让幼儿准确地跟教师读准字音，特别是一些平翘舌音。

④练习认数的活动可以用看图找数字、看数字找卡片、听声音或看动作找数字、看数字做动作、按数取物、按物取数字等。

(2)教幼儿书写阿拉伯数字 1～10 的方法。

①写字前对幼儿进行写字常规及写字姿势的教育。

②教师讲解所写数字的实际意义。幼儿书写数字时间不宜过长，一般不专门用一节活动时间进行，而是与其他数学内容整合成一节活动，大部分是与数的组成学习结合进行的。

4. 认识 10 以内数的组成

(1)演示讲解数的组成。讲解时，必须突出数的分与合，分与合必须同时进行。先出现一个总数并放在中间，然后分成两个部分数。先用实物，然后用点子卡片，最后用数字卡片。

(2)观察归类。

(3)让幼儿在分合操作和游戏活动中练习巩固。

（三）10 以内数的加减运算活动的设计

1. 编题列式

教师结合演示，编讲简单的口头加减应用题，同时列出试题。

(1)利用实物加减运算的方法使幼儿初步理解加法和减法的含义。实物加减的教学一般是在教 5 以内的加减法时进行的，借助直观教具，结合口头应用题同时列出试题。例如，教师边说边出示教具："草坪上有 2 只小鸡，后来又来了 1 只小鸡，草坪上一共有几只小鸡?"再如，"我们班有 3 只皮球，送给小班 1 只皮球，我们班还剩几只皮球?"在编减法时，去掉的教具要留有痕迹。教师应编制各种题目，让幼儿逐步理解，"飞来了""送来了""开来了"等是合起来的意思，用加法算；"飞走了""游走了""送走了"等是去掉一部分的意思，用减法算。

在加减运算的后期，逐步学会用数的组成知识进行运算。幼儿算出答案后，教师可以问："你是怎么算出是 3 只小鸡的?"幼儿往往是用数数的方法得出来的。教师应肯定幼儿算的是对的，但加以引导："2 只小鸡和 1 只小鸡合起来是几只? 2 和 1 合起来是 3，所以一共有 3 只小鸡。""3 可以分成 1 和 2，去掉 1 还剩 2，所以还剩 2 个皮球。"这样，幼儿在学习加减法时，把已经学过的数的组成知识联系起来，就学会运用了。

想一想

组成与加减运算的区别与联系?

教学微课视频：10 以内数的加减运算活动的设计

(2)注意教幼儿认识加号、减号、等号并理解其含义。

(3)教幼儿按规律进行列式运算。在理解加法意义、进行加法列式运算的基础上，可以让幼儿知道加法交换律的知识，即加号前后的两个数交换位置后，得数相同。

2. 看图列式

教师指导幼儿根据图中物体的数量和符号，或事物的不同特征等列出算式并进行运算，指导幼儿观察图列出式子，也可以与分类结合列出式子或者按试题讲题意。

3. 操作练习

教师为幼儿准备各种不同的操作材料，让幼儿摆弄，从中进行加减运算的练习。

4. 教幼儿自编简单的口头加减法应用题

(1)教师示范编题，引导幼儿分析应用题的结构。

(2)逐步教会幼儿编题。教师编题，让幼儿模仿编题，即让幼儿重述或编一道意思相仿的题目；教幼儿补充编题；教师编一道题，讲了前面一件事、两个数，请幼儿接下去提一个问题；或前面部分由幼儿讲，后面部分教师提问题；或两个幼儿互相补充，编一道题。教师提供相关的素材，启发幼儿由浅入深地独立编题。

此外，可采用运用多种感官练习、按式题讲题意、书面练习等方式进行设计。

（四）认识几何形体活动的设计

1. 认识平面图形

(1)教幼儿观察比较。在教学中引导幼儿从观察物体到逐步抽象出平面图形。例如，认识三角形时，先让幼儿观察红领巾，引导幼儿抚摸红领巾的面和边缘，然后出示三角形的图形，此时，拿着三角形向幼儿介绍名称和特征。幼儿有了初步的认识以后，可以出示不同颜色、不同大小、不同摆放形式的三角形，巩固对图形的认识。

(2)在操作活动中巩固对图形的认识。教幼儿在各种实践操作活动中巩固对图形的认识。例如，拼合平面图形；给平面图形涂色；将平面图形拼成物体的形象；对平面图形进行分类；分割平面图形；数形结合；通过平面图形的分解和组合，初步认识图形之间的关系。

(3)寻找现实中的相应图形。

2. 认识立体图形

(1)通过摸，感知立体图形的基本特征。

(2)比较立体图形和平面图形的区别，进一步感知立体图形。

(3)利用手工活动巩固对立体图形的认识。

（五）量度活动的设计

幼儿对度量的感知往往是从绝对过渡到相对、从模糊不清过渡到逐渐清晰。

(1)教幼儿目测比较物体。

(2)教幼儿触摸并比较物体。

(3)和分类、排序结合，巩固对量的认识。

(4)教幼儿运用自然数测量的方法比较物体的多少。

（六）等分活动的设计

等分就是把一个整体分成几个相等的部分。在幼儿数学教育中只要求把一个整体平均分成 2 份或 4 份。在日常生活中，幼儿经常遇到等分一个实物的问题，所以等分的教学要帮助幼儿学会等分的技能。

1. 教师进行演示讲解

上课时，教师将如何等分演示给幼儿看，教师是如何将平面图形、实物、几何体分割或折叠成一样大的 2 份(或 4 份)，知道这一样大的 2 份(或 4 份)称作二等份(或四等份)，然后再让幼儿观察整体与部分的关系。

2. 教幼儿掌握等分的技能

幼儿等分的多种形式，如折叠、分割、拼图等。

3. 教幼儿进行简单的判断和推理

引导幼儿掌握简单的判断和推理方法。

（七）认识空间方位活动的设计

(1)在日常生活中有意识地组织幼儿观察物体的相对位置，认识空间方位。

(2)在各种游戏活动中教幼儿认识方位。

（八）认识时间活动的设计

主要是在日常生活中通过以下活动教幼儿认识时间。

1. 通过游戏活动教幼儿认识时间

联系幼儿的生活实际，通过与幼儿交谈教幼儿认识时间。将抽象的时间词汇与幼儿日常生活中正在做的、已经做过的、将要做的具体事件联系起来，帮助幼儿理解和正确运用这些表示时间概念的词汇。

2. 通过看图说话辨认时间

引导幼儿看与时间有关的图片来学习辨认时间。

步骤二　教学观摩

一、观摩中班数概念活动视频：《感知数量 7》>>>>>>>>>

（一）呈现素材

> 幼儿园的土豆丰收了，某班幼儿每个人都挖了不少土豆，回到教室都忍不住拿出土豆数起来，有的没数完就激动地说："我挖了 10 个呢!"有的边数边说："我挖了 7 个，不对，是 6 个，到底是几个?"有的拿着土豆和别的小朋友比较"谁的土豆多"，教室里热闹非凡。

（二）分析素材

(1)幼儿学习素材内容的特点。

(2)素材适合的年龄阶段。

(3)根据素材设计目标。

(4)活动可采用的合适教学方法、组织方式。

(5)需要进行的准备工作。

（三）教学观摩

请带着以下问题观摩中班数概念活动录像《感知数量 7》，并做好观摩记录。

学习笔记

文档：
李成分蛋糕

中班数概念活动
视频：感知数量 7

(1)该活动目标的设计是否符合该年龄阶段幼儿及试教班级幼儿的数概念水平？本次活动的目标达成度如何？

(2)本活动前的教学准备主要有哪些？对活动目标的实现起到了怎样的作用？

(3)活动中主要有哪些教具和学具？教师是怎样利用教具来创设情境的？

(4)活动过程的设计是否体现环环相扣、循序渐进等原则？每个环节是怎样为实现目标服务的？

(5)活动过程中运用了哪些教学方法？分别体现在哪些环节？

(6)教师的数学教学语言表达的基本功如何？在具体环节中，如何体现数学活动中语言的规范性？

(7)你认为组织好一个数学教育活动最基础的是什么？可举例说明。

(8)你觉得活动中教师对幼儿的评价恰当吗？为什么？

（四）分组讨论

同第193页"(四)分组讨论"。

（五）集体交流

同第193页"(五)集体交流"。

（六）教师总结

同第193页"(六)教师总结"。

二、观摩小班形状与空间活动视频：《图形宝宝》 >>>>>

（一）呈现素材

> 生活中随处可见各种图形。三角形的事物，如三角尺、三角架、小红旗、三明治、三角铁、支衣架、粽子、乐器三角叉等。方形的事物，如手机、床、桌子、窗户、衣柜、书本、海报等。圆形的事物，如风扇头、电饭煲盖、温水瓶塞、笔芯、镜子、球、圆盘、牛奶瓶、笔筒、象棋等。
>
> 认识图形特征就是在指认和正确命名图形的基础上，能用语言或符号概括出同类图形的特征。例如，三角形的特征用语言概括，就是在对三角形求同后说出"所有的三角形都是三条边三个角"。用符号概括就是能选出或画出"△"来表示三角形求同的结果。

（二）分析素材

(1)幼儿生活中有哪些关于平面图形的经验？

(2)哪些平面图形适合小班幼儿学习？

(3)根据小班幼儿的年龄特点设计本次平面图形学习的目标。

(4)活动可采用哪种有利于小班幼儿图形学习的教学方法？

（三）教学观摩

请带着以下问题观摩图形与空间活动录像《图形宝宝》，并做好观摩记录。

(1)该活动目标是否符合小班幼儿的年龄特点及试教班级幼儿的数学图形思维水平？本次活动的目标达成度如何？

(2)活动中教师如何准备和使用教具、学具来促进幼儿探索图形认知活动？

（3）活动过程的设计如何体现环环相扣、循序渐进等原则，使幼儿能逐渐理解和提升对图形的经验？

（4）活动过程中运用了哪些教学方法？分别体现在哪些环节？

（5）教师在教学过程中如何运用语言引导幼儿进行图形的探索？

（6）教师如何使幼儿理解和掌握抽象的数学思维活动内容？

（7）你认为组织好一个数学思维活动需要为幼儿准备什么？可举例说明。

（8）活动过程中教师对幼儿的行为如何评价？是否恰当？为什么？

（四）分组讨论

同第 193 页"（四）分组讨论"。

（五）集体交流

同第 193 页"（五）集体交流"。

（六）教师总结

同第 193 页"（六）教师总结"。

三、观摩幼儿园教师现场执教的数学思维活动 >>>>>>

请大家在幼儿园现场观摩教师执教的数学思维活动，做好听课笔记，认真倾听执教老师的说课，积极参与讨论，及时记录讨论结果和带队教师的评价总结。

步骤三　方案设计

一、数概念的方案设计

第一，第一位在幼儿园试教数学思维活动的同学，请与本组同学一起设计一个有关"10 以内的数数"的完整活动方案，并做好活动准备。

> 10 以内的数数：人们要知道一个集合中元素的个数就要进行计数。计数的过程就是把要数的那个集合的元素与自然数列建立一一对应的关系。在计数过程中，无论按什么顺序去数，只要没有遗漏、没有重复，所得的结果总是一样的。也就是说，计数的结果与计数的顺序无关。幼儿能口说数词，手点实物，使每个数词与一个集合内的每个元素建立一一对应的关系，数的结果会用数词来表示。

数数文本素材：嘟拉数数小故事

第二，在实训室试教数学思维活动的同学，请与本组同学一起设计一个有关"10 以内的序数"的完整活动方案，并做好活动准备。

> 10 以内的序数，即 10 以内自然数的顺序和数字的顺序，从根本上说是和"多一个"的概念联系在一起的。数字"4"在数字"3"的后面，是因为"4"比"3"多了一个。帮助幼儿感知 10 以内的数差关系和数的顺序，实质上是引导幼儿感知、认识在 1～10 的自然数列中，任意相邻两个数的大小关系。活动设计可遵循"从整体到局部的设计思路"，即先引导幼儿从整体上感知 10 以内自然数数列，然后截取该数列中任意一段连续数来判断其数差关系以及前后顺序。例如，教师可有序组织类似从实物到操作卡的有层次的连续活动来帮助幼儿掌握 10 以内的数差和顺序。

文本素材：住宾馆

图形文本素材：
图形赛跑游戏

空间方位文本
素材：儿歌

自然测量素材：
一寸虫的故事

感知时间文档素材：
星期妈妈与她的
孩子们

📝 学习笔记

二、形状与空间关系的方案设计 >>>>>>>>>>>>>>>>>>>>>>

第一，第一位在实训室模拟试教数学思维活动的同学，请与本组同学一起设计一个有关"图形之间的关系"的完整活动方案，并做好活动准备。

> 图形之间的关系：包括认识平面图形之间关系的要求和认识平面图形与几何体之间关系（即平面图形如何围合成几何体）的要求。平面图形之间的关系有两方面的含义。
>
> 一是指图形之间组合或分解的关系。几个直线图形或带直线边的曲线图形可以拼成一个大的图形。例如，四个等边三角形可以拼成一个长方形或一个正方形或一个等腰梯形。同样，一个任意图形（或直线图形或曲线图形）又可分解成几个相同的或不同的图形。例如，一个轴对称的图形（如梯形）可以等分成两个相同的图形或几个不同的图形；一个中心对称的图形（如正方形）可以等分为几个相同的图形或几个不同图形。
>
> 二是指比较相似图形的区别。例如，两个相似图形，基本形状不变，角的大小也不变，只有边长变了，图形就被放大或缩小了，在比较中体验其中的关系。

第二，第二位在幼儿园试教数学思维活动的同学，请与本组同学一起设计一个有关"以自身为中心的空间方位"的完整活动方案，并做好活动准备。

> 以自身为中心的空间方位：幼儿对空间方位的认识是从对自己身体有关部位的方位认识开始的。让幼儿直接感知自己身体有关部位的方位，再配合适当的方位词的描述，逐步理解方位词的含义，认识空间方位。

步骤四　方案实施

同第27页"方案实施"内容

步骤五　总结提升

一、数学思维活动中语言的规范性 >>>>>>>>>>>>>>>>>

数学活动历来提倡让幼儿多活动，教师尽量少说。因此，在数学活动中，对教师的语言要求更高，不仅要求教的语言少、精、规范，还要求在"巧、准、活、公"字上做文章。幼儿数学思维活动中语言的规范如下。

（一）导入活动中，运用规范化语言要在"巧"字上做文章

新颖、别致的导入能为数学活动的展开奠定良好的基础，促使教学进入最佳状态。例如，在实施小班"小兔乖乖"数学教学活动时，教师应该在教学时尽可能同时使用有声语言和态势语言。有声语言可以是："小兔子们，告诉你们一个好消息，我们家的萝卜丰收啦！今天妈妈带你们去萝卜地里拔萝卜好吗?"态势语言则可以是像小兔一样做蹦跳动作。这样，有声语言和态势语言的有机结合，可以加强整个数学活动的情境性，使教学活动一开始便能牢牢抓住幼儿的注意力，使幼儿充分融入其中。

（二）新授活动中，运用规范化语言提问要在"准"字上做文章

在新授活动中，教师提出的问题要紧扣目标。教师要站在幼儿的立场来思考自己要说的每一句话。教师要厘清自己的思路，杜绝"口是心非""言不由衷"的话不经意间从自己嘴里滑出的现象。例如，在大班数学活动"学习5的组成"（剪贴格纸）中，教师在新组织活动中可以开门见山地向幼儿介绍新活动。教师说："今天，老师要教小朋友们一个新的游戏，叫'剪贴格纸'。（出示纸板）这是一张底版，老师已经写好了分合号，我们先在分合号的上方贴出所分的数。我们一起来看看这张纸上有几个格子？（5个）那么，我们所分的数就是5。（边讲解边演示）然后在右边记录。要把没有重复的几组分法全部剪贴完，最后读出5的组成。"通过这种简明扼要的语言，向幼儿介绍新活动的名称、玩法、规则，可以使幼儿很明白地了解如何操作学具，以及先做什么、再做什么、可以怎么做、不可以怎么做等，从而保证幼儿在一定规则的指导下顺利得出结论。可见，在新授活动中，教师的语言需详细而简明，不仅要做到重点突出、有顺序，而且要语词准确，合乎概念。

（三）指导活动中，运用规范化语言要在"活"字上做文章

教师的指导语言只有具有开放性，指向性明确，才能给幼儿以启发。例如，在中班数学活动"超市大整理"中，大部分幼儿能将货品分类摆放到货柜上，个别幼儿还能对货品进行二次分类。在操作过程中，有个幼儿对两个货柜上的货品进行了二次分类，但对一个货柜上的货品只进行了一次分类。于是，教师将这个幼儿的操作材料展示给大家看，说："请你们检查一下，货柜上的货品都摆放对了吗？"大家共同认定都对了，但幼儿并未发现其中的二次分类，于是教师紧接着问："前面两个货柜和后面一个货柜上的货品分得有什么不一样？"这时，幼儿发现了前两个货柜的货品的摆放方法更方便顾客拿到自己所需的东西。教师说："你们也试着摆摆看，让顾客更方便拿到自己所需要的东西。"后来，大部分幼儿都懂得二次分类更方便顾客。通过教师简单的语言启发，幼儿的分类经验在原有基础上有了提升。

（四）评价活动中，运用规范化语言要在"公"字上做文章

评价活动时，教师语言应客观、公正，对每个问题、每个幼儿的评价不可轻易否定，不随便说"错"，否则会挫伤幼儿的学习积极性。注意多用带感情色彩的语言，如在鼓励幼儿时可以说："今天你的表现真出色，只是说得还不够全面，我请××小朋友帮你补充，好吗？"类似这种亲切的话语既保护了幼儿的自尊心与积极性，又能积极引导幼儿进行深入思考，及时修正自己的错误，使整个课堂氛围融洽、和谐。

总之，在数学教学过程中，规范的数学语言对提高数学教育质量、促进幼儿数学思维和解决问题的能力的发展都有很大的影响。

二、教师在数学思维活动中培养幼儿的探索精神[①]　>>>>>

（一）提供单独观察与操作的探索条件和机会

观察与操作既能满足幼儿的好奇心，又能使他们因需多方寻求答案、解决疑

---

① 郝慧男：《培养儿童科学探索精神》，载《教书育人》，2008(7)。

📝 学习笔记

问而培养其探索中的独立性。在观察和操作的过程中，幼儿不仅通过嗅、听、描、尝、闻、捏等方法提高了自身的感知力，还发展了比较、分析、归纳、综合、分类、测量、表达、交流等能力。"让幼儿自己去做"给幼儿提供了接受全面性教育的机会。

（二）通过"情境教学"培养幼儿的探索创新精神

"情境教学"由于本身具有情真意切的特点，能巧妙地把幼儿的认知活动结合起来。这种师生共处的忘我状态使幼儿在学习过程中易疲乏的左脑得到了休息，调整了幼儿的心理，并促使幼儿精神饱满、生动活泼地继续投入学习活动中。

1. 尊重与培养幼儿的直觉

给幼儿一幅看似无规则的线条图案，让幼儿去猜测这是什么。有经验的教师不会阻止幼儿随口说出一些词，也不会提示幼儿"再仔细看看"，因为这是幼儿在瞬间产生的一种很自然的"感觉"，或者说是一种直觉的反馈。对这种直觉的萌芽，教师应尊重、培养、利用，并予以及时、热情的鼓励和肯定。因为这"第一眼"的直觉往往能引发幼儿对"为什么"的探索欲望。

2. 利用"成功教学"发展幼儿创造力

情境教学注重直觉的培养，就是为了发展幼儿的创造力，情境中鲜明的形象、热烈的情绪使眼前形象与幼儿视觉记忆中的形象交替出现。联想、想象活动近似无意识地展开，教师如果在创造性活动后及时赞扬，引导幼儿体验创造的愉快，从而使幼儿逐渐产生创造意识，享受创造成功的快乐，就可进一步激发幼儿创造的热情。

拓展资源

扫码读拓展资料。

文档：大班数的组成教学策略

练习与应用

一、思考题

1. 幼儿园数学思维活动有哪些主要内容？
2. 幼儿园数学思维活动有哪些主要方法？

二、操作题

1. 设计幼儿园小、中、大班数学思维活动方案各一份。
2. 观察见习园所在班的数学活动角，分析其设置的利弊。

学习反思

任务四
幼儿园多元文化活动的设计与实施

典型案例

《纲要》指出："充分利用社会资源，引导幼儿实际感受祖国文化的丰富与优秀，感受家乡的变化和发展，激发幼儿爱家乡、爱祖国的情感。""适当向幼儿介绍我国各民族和世界其他国家、民族的文化，使其感知人类文化的多样性和差异性，培养理解、尊重、平等的态度。"我们每一个幼儿教师都要立志做一个有高尚师德的"四有"好老师，要做到热爱自己的祖国，了解自己的祖国文化，然后再把文化的内容传递给幼儿，让幼儿产生对祖国的归属感，在此基础上帮助幼儿了解世界文化，让幼儿感受人类文化的多元性。

以春节为例，这是中国最传统、最隆重的节日，人们会用各种方式进行庆祝，包括扫尘、贴门神、贴窗花、贴年画、做团圆饭、守岁、拜年等。我们了解这些习俗吗？带着我们的已有经验和疑问，来听听系列春节故事，进入对多元文化活动的学习吧。

| 音频：除夕吃什么 | 音频：门神的传说 | 音频：喜庆的贴 | 音频：年画 | 音频：为什么要守岁 |

实施步骤

步骤一　资讯提供

随着世界多元化发展，地区与国家之间的互动越来越频繁。为了使幼儿适应这样的社会，幸福地生活，要在幼儿园开展多元文化活动，打下理解与接纳多元文化的基础。国际教育大会通过的第 78 号建议书《教育对文化发展的贡献》指出，对儿童进行多元文化教育的目标应是从理解自己国家的文化发展到鉴赏邻国的文化，并最终鉴赏世界性文化。

学术界对于多元文化的概念并没有完全统一的认识，有所共识的含义是，多元文化指在人类社会越来越复杂化，信息流通越来越发达的情况下，文化的更新转型也日益加快，各种文化的发展均面临着不同的机遇和挑战，新的文化也将层出不穷。在现代复杂的社会结构下，必然需要各种不同的文化服务于社会的发展。这些文化服务于社会的发展，就造就了文化的多元化，也就是复杂社会背景下的

视频：幼儿园多元文化活动目标

多元文化。多元文化包括凝聚在一个民族的世世代代的全部财富中的生活方式的总和，包括衣、食、住、行等物的制作方式，待人接物、举止言谈等交际方式和风度，以及哲学、道德、法律、文学艺术、风俗传统、科学中的思想方法等。

一、多元文化活动的目标 >>>>>>>>>>>>>>>>>>>>>>>>>>>>>

《指南》指出，幼儿的"社会适应"包括喜欢并适应群体生活、遵守基本的行为规范和具有初步的归属感。其中，归属感需要通过对文化的理解才能获得。因此，有关归属感获得的目标也作为多元文化活动中各年龄阶段幼儿的目标。

1. 小班

(1)知道和自己一起生活的家庭成员及与自己的关系，体会到自己是家庭的一员。

(2)能感受到家庭生活的温暖，爱父母，亲近与信赖长辈。

(3)能说出自己家所在街道和小区(乡镇、村)的名称。

(4)认识国旗，知道国歌。

2. 中班

(1)喜欢自己所在的幼儿园和班级，积极参加集体活动。

(2)能说出自己家所在地的省、市、县(区)名称，知道当地有代表性的物产或景观。

(3)知道自己是中国人。

(4)奏国歌、升国旗时能自动站好。

3. 大班

(1)愿意为集体做事，为集体的成绩感到高兴。

(2)能感受到家乡的发展变化并为此感到高兴。

(3)知道自己的民族，知道中国是一个多民族的大家庭，各民族之间要互相尊重，团结友爱。

(4)知道国家一些重大成就，爱祖国，为自己是中国人感到自豪。

二、多元文化活动的内容 >>>>>>>>>>>>>>>>>>>>>>>>>>>>>

幼儿园中的多元文化教育内容应以引导幼儿学习汉族文化为主，以学习少数民族文化为辅；以学习中国文化为主，以学习世界文化为辅；以感受文化氛围，传递文化知识与民族精神为主，以在多元文化中比较、鉴别、创新为辅。既要包含本土化的多元文化教育，又要包含国际化的多元文化教育。

（一）民族文化

第一，尊老爱幼、谦虚谨慎、互帮互助、宽厚仁和等伦理道德观念。

第二，各种不同职业人士的劳动及其与自己生活的关系。

第三，具有民族特色的民间及现代艺术(包括剪纸、山水字画、泥塑、陶瓷、曲乐、歌曲、舞蹈等)。

第四，自己家所在省、市、县(区)特有的景观和物产。

第五，具有地方特色的风俗习惯(主要在节日中体现)。

学习笔记

温馨提示

在多元文化活动中，归属感是关键经验，在制定此类活动目标时，需要落实到对家庭、幼儿园、所在家乡、祖国的归属，爱自己的父母、长辈、老师和同伴，爱集体、家乡和祖国。

教学微课视频：幼儿园多元文化活动内容

视频：
春节

视频：
元宵节

视频：
清明节

视频：
端午节

视频：
重阳节

第六，所在家乡和祖国的变化和重大成就。

第七，祖国最具特色的标志(国歌、国旗等)。

第八，各民族的英雄人物，能够体现民族精神。

第九，家乡及祖国的传说。

（二）世界文化

除了民族文化中涉及的内容外，还要引导幼儿主动接触和了解不同国家、不同民族的人，常见的内容还包括其他国家幼儿的日常生活和学习情况；其他国家和民族的歌曲、童话、节日、风俗等；也可以利用具体事件，将世界展现在幼儿面前，使幼儿逐步意识到世界上还有许多不同的民族、国家，有许多与自己不同的小朋友，他们有着不同的风俗习惯，使幼儿具有一种乐于了解并尊重文化差异的态度，乐于并学会和来自不同文化背景的人相处。此外，世界各国、各民族间的合作、交流、融合甚至冲突等都是重要的教育内容。

幼儿园常开展的教育活动有"我的祖国/家乡""十二生肖""京剧""茶文化""外国人和中国人""多彩的少数民族"等。

三、多元文化活动常用的教学方法 >>>>>>>>>>>>>>>>>>>>>

（一）演示法

演示法是教师通过自己的语言、动作及各种直观手段，为幼儿提供具体的范例，或是采用具有明显教育意义的典型事例，使幼儿直接模仿学习。

使用演示法必须清楚：哪个环节是必不可少的？示范必须具备什么特点？示范的目的是什么？

1. 演示法的特点

(1)演示性强，能使幼儿明确什么是对的、什么是该做的，帮助幼儿获得相对准确的社会认知，掌握行为准则。

(2)直观性强，通过具体的事例和直观的形象，使幼儿明确需要掌握的认知、行为。

2. 演示法的要求

(1)演示手段多样，可以根据内容的不同，采用幻灯片、录像、音乐、美术作品等多种手段进行直观的教育活动。

(2)要密切结合教师的语言讲解，使幼儿知其然并知其所以然。

(3)在演示或提供范例过程中的讲解要清楚、准确，动作要适当放慢，重点部分应重复演示，根据内容特点，采用完整示范、部分演示或分解演示。

(4)要与幼儿的行为练习相结合，使幼儿在行为练习中巩固所学知识和行为方式。

视频：
傣族

视频：
哈萨克族

（二）讲授法

讲授法是教师用生动的语言向幼儿描述事物的特征，解释事物间的关系，向幼儿说明一些简单的道理、规则及意义的一种教育方法。

讲授法可以拓宽幼儿的眼界，丰富幼儿的社会认知，提高幼儿的语言理解能力，使幼儿学习社会规则，懂得处世之理。

1. 讲授活动的运用

(1)引导幼儿对教师讲授的内容产生兴趣。教师可通过角色扮演、教具呈现等手段，使幼儿对讲授的内容产生兴趣。例如，"认识少数民族"，教师要讲授幼儿不熟悉的内容时，可以请别班老师或者小朋友扮成少数民族的人出场引起幼儿兴趣，或者利用多媒体展现少数民族的风景等引起幼儿的兴趣。

(2)采用各种方法进行讲授。可用图片、模型、音乐、影像等配合讲述，通过情境表演进行讲授等。例如，"认识少数民族"，可由扮演少数民族的老师和幼儿穿上民族服饰，跳起民族舞蹈，介绍民族特色，并用多媒体配合表现少数民族的环境和特色等。

(3)讲授结束后要小结。小结的内容应是具体明确的，如"认识少数民族"活动结束后要小结："维吾尔族人居住在……他们的服饰是……特产是……生活习惯是……蒙古族人居住在……他们的服饰是……特产是……生活习惯是……他们都是少数民族，我们要了解他们，要和他们做朋友。"

2. 开展讲授活动的注意事项

(1)讲授的内容适合幼儿。幼儿早已熟知的内容就不用再讲授了，幼儿不能够理解的知识也不用讲授。

(2)讲授时要具有直观形象性。幼儿的语言发展水平较低，幼儿的思维具有直观形象性的特点。单一的讲述不便于幼儿理解，且不符合幼儿的思维特点，幼儿在活动时会没有兴趣。

(3)讲授的语音、语态要有变化。幼儿注意力难以长时间集中，为了让他们听清楚且有兴趣听教师的讲授，教师的讲授要清晰，明白易懂，避免不必要的口头语。讲授速度适中，音量合适，声音抑扬顿挫，随角色的变化而变化。讲授时配合适当的动作，使讲授变得生动有趣，有感染力。

四、多元文化活动的设计与实施 >>>>>>>>>>>>>>>>>>

（一）多元文化活动的实施途径

1. 专门的社会教育活动

开展具有文化教育任务的教学活动能够传递文化知识。此类活动任务明确，计划翔实，组织严谨，能引导更多的幼儿同时参与活动，教育的效率较高，如运用照片、视频、实物教具等手段让幼儿学习春节的由来、习俗等。

2. 日常生活活动

《纲要》指出，教育活动内容的组织应充分考虑寓教育于生活、游戏中。例如，比利时幼儿园，每天上午为幼儿安排70分钟的传统活动时间，下午为幼儿安排50分钟的民间舞蹈活动时间。又如，泰国幼儿园，幼儿每天上午有半小时的时间学习文化和认识周围环境，在进餐活动中，幼儿可以品尝不同国家的食品，感受不同国家的饮食习惯及进餐礼仪。

3. 环境创设

《全球幼儿教育大纲——21 世纪国际幼儿教育研讨会文件》指出，应为不同种族、性别、民族或有特殊需要的儿童提供多样化的学习环境，这个环境应反映当地幼儿及家庭的文化背景和传统。适宜的环境创设可以使幼儿在潜移默化中感受不同文化，与环境的互动能增强幼儿文化学习的效果。例如，在活动室墙上贴中国地图、世界地图供幼儿指认；布置民族特色区角供幼儿欣赏、触摸、佩戴、表演；在主题墙及户外其他场地上粘贴有关当前重大事件的新闻报道，使幼儿感受相应的文化氛围等。

4. 节日庆祝活动

各种重要节日、纪念日是宝贵的多元文化教育资源，幼儿园应适时加以利用。节日能让幼儿体验到愉快的情绪，节日中渗透了众多中华优秀传统文化元素。开展庆祝活动能使幼儿有机会习得不同文化的经验，是文化传承的重要途径。幼儿不仅要了解中华传统节日，如春节、清明节、端午节、中秋节、重阳节等，有特殊意义的节日，如国庆节、建军节、党的生日等；而且要了解带有地域性和园本性的节日，如武汉渡江节等；还要了解传播精神文明的国际性节日，如国际劳动节、国际儿童节等。

（二）多元文化活动教育资源的利用

教育资源包括物质方面的和人力方面的资源，能够用于多元文化教育的人力资源包括保教人员、家长和其他社会人士，合理而有效地利用人力资源，需要彼此合作，共同负责，方能形成教育的合力，促使教育效果最优化。利用资源的方式主要有以下两种。

1. 请进来，分享体验

与幼儿园合作的家长和其他社会人士可以作为重要的文化资源被请进来，帮助幼儿理解相应的文化知识，体验文化活动。例如，常邀请从事不同职业的人士来园给幼儿讲解自己的工作；建议外出旅行过的家长来园，与幼儿分享他们拍摄的异地风情照，讲解当地的风土人情。

2. 走出去，参观游玩

社会中蕴藏着丰富的多元文化教育资源，只要合理挖掘，就能增加幼儿的信息量，拓宽幼儿学习的范围，开阔幼儿的视野。例如，带幼儿参观当地的各类博物馆、文化展等；带幼儿参观不同职业人士的工作，体验各种工作的特点。

（三）多元文化活动的一般模式

1. 引出活动主题

文化的内容丰富多彩，既有幼儿在生活中已熟知的，又有离幼儿生活较远却有价值的文化精品。为了引起幼儿学习的兴趣，通常采用直观演示法、回忆观察导入等方法使幼儿对所接触的文化知识产生兴趣。

2. 引导幼儿学习相关的文化知识

文化知识的学习不仅可以调动幼儿以往的知识经验，还可以让幼儿学到新的、不熟悉的文化知识。例如，活动"多彩的民族"，让幼儿学习两个少数民族的名称、地理位置、人们的生活习惯、风俗特色、特产等。

视频：
幼儿园多元文化
活动一般模式

3. 组织幼儿自由表达对文化的理解

在引导幼儿学习了文化知识后，需要组织幼儿表达出对所学文化的理解，以此了解幼儿掌握文化知识的情况，如活动"多彩的民族"，教师让幼儿分别介绍两个民族的基本情况。

4. 总结多元文化的知识

多元文化活动中认知内容比较丰富，需要教师在活动结束后对相关内容进行总结，巩固所学知识，进一步激发幼儿的情感，并在此基础上提升幼儿的经验。总结时，内容要全面具体。例如，"武夷山一日游"活动可以做如下总结："我们今天游览了哪些景点？你最喜欢的是哪个景点？为什么？我们是武夷山的小主人，要把武夷山保护好，让它变得更漂亮。今天的旅游结束了，但其实武夷山还开发了许多新的旅游景点，有龙川大峡谷、青龙大瀑布，我们可以下次再来旅游。"

元日

宋·王安石

爆竹声中一岁除，春风送暖入屠苏。

千门万户瞳瞳日，总把新桃换旧符。

元日

1=C 4/4

王安石 词

想一想

《元日》包含的主要内容有哪些？如何依据该素材设计一个完整的多元文化活动？

步骤二 教学观摩

一、观摩多元文化活动视频：《小小婺剧迷》 >>>>>>>>>

（一）呈现素材

(1)婺剧中生、旦、净、丑角色的剧照若干。

(2)《三请樊梨花》和《僧尼会》视频选段。

(3)婺剧唱词选段："黄莺枝头啼声高，蜜蜂恋花花朵摇，万紫千红春光好，醉得江山更多娇。"

（二）分析素材

(1)对素材仔细挖掘分析，找出素材中包含的主要内容。

(2)根据素材及大班幼儿多元文化教育的目标确定活动目标，并思考重点和难点目标分别是什么。

(3)为了实现活动目标并提高幼儿学习的兴趣，活动准备可以有哪些？

(4)确定活动过程中主要采用的教学方法、手段及组织形式，并思考可以利用

大班多元文化活动
视频：小小婺剧迷

哪些环节实现活动目标。

（5）思考如何将活动环节进行排序，设计出循序渐进、环环相扣的活动过程。

（三）教学观摩

带着以下问题观摩大班多元文化活动录像《小小婺剧迷》，并做好观摩记录。

(1)活动目标的设计是否合理？请依据目标设计原理进行分析。

(2)物质准备有哪些？是否充分、恰当？

(3)活动的主要环节有哪些？是否体现循序渐进和环环相扣？

(4)活动中所蕴含的文化学习内容有哪些？如何与归属感联系？

(5)重点目标是什么？活动中如何突出重点？

(6)难点目标是什么？活动中如何突破难点？

(7)活动中使用了目标激励策略吗？如何使用的？

(8)活动中使用了积极强化策略吗？如何使用的？

(9)活动中使用了榜样激励策略吗？如何使用的？

(10)活动中使用了反馈—评价激励策略吗？如何使用的？

(11)活动主要的优点有哪些？

(12)活动主要的不足有哪些？如何改进？

（四）分组讨论

同第 193 页"(四)分组讨论"。

（五）集体交流

同第 193 页"(五)集体交流"。

（六）教师总结

同第 193 页"(六)教师总结"。

二、观摩幼儿园教师现场执教的多元文化活动 >>>>>>>>>

请大家在幼儿园现场观摩教师执教的多元文化活动，做好听课笔记，认真倾听执教教师的说课，积极参与讨论，及时记录讨论结果和带队教师的评价总结。

步骤三　方案设计

第一，第一位在幼儿园试教多元文化活动的同学，请与本小组同学一起根据以下素材设计一个完整的活动方案，并做好活动准备。

> **素材**
>
> 儿歌《七子之歌——台湾》①
> 我们是东海捧出的珍珠一串，
> 琉球是我的群弟我就是台湾。
> 我胸中还氤氲着郑氏的英魂，

---

① 闻一多：《闻一多诗选》，209 页，北京，中国青年出版社，2021。

🖊 学习笔记

> 精忠的赤血点染了我的家传。
>
> 母亲，酷炎的夏日要晒死我了；
>
> 赐我个号令，我还能背城一战。
>
> 母亲！我要回来，母亲！

第二，第二位在幼儿园试教多元文化活动的同学，请与本小组同学一起根据以下素材设计一个完整的活动方案，并做好活动准备。

> 1. 有关家乡的资料(包括主要建筑、名胜古迹的图片，自己在名胜古迹留影的照片，各种土特产的包装盒、包装袋及各种工艺品)。
>
> 2. 有关家乡的民间传说、英雄人物等。

第三，第一位在实训室试教多元文化活动的同学，请与本小组同学一起根据《十二生肖的故事》设计一个完整的活动方案，并做好活动准备。

第四，第二位在实训室模拟试教多元文化活动的同学，请与本小组同学一起根据左边二维码素材设计一个完整的活动方案，并做好活动准备。

故事文本：
十二生肖的故事

步骤四　方案实施

同第 27 页"方案实施"内容。

步骤五　总结提升

一、多元文化活动与归属感的联系 >>>>>>>>>>>>>>>>>>>>>

多元文化活动学习最终的落脚点在归属感上，通过学习多元文化，让幼儿对身边的人、群体、环境产生归属感，以进一步适应所生存的社会。具体的做法包括以下三方面。

(一)理解、关爱幼儿

让幼儿感受到身边的人可亲、可信，周围群体接纳自己，周围环境是温暖的。

(二)让幼儿多参与各类型的集体活动

各类型的集体活动包括教师组织的幼儿园内的集体活动、家长组织的幼儿园外的集体活动。例如，节日庆祝活动，从制订计划、准备材料到组织实施，都由幼儿共同参与完成，在传统和现代节日中感受各种文化的熏陶，包括风土人情、传说故事、名人轶事、物产、庆祝方式等，从而对亲人、对家乡、对祖国产生归属感。

(三)利用或创设文化学习的环境

能够让幼儿进行文化学习的环境并不少，如家乡、祖国的风景名胜，在学习相关文化知识的同时，也要让幼儿为自己的家乡和祖国感到自豪。教师还能创设环境，让幼儿通过学习文化产生归属感，如创设少数民族区角，让幼儿了解少数民族的风情、特色等，对本民族的多元文化感到自豪，接纳"各民族都是一家人"的观点，产生归属感。

学习笔记

二、教学激励策略运用的注意事项 >>>>>>>>>>>>>>>>>>

在幼儿园集体教学中，为使幼儿保持积极的学习兴趣并争取达到良好的学习效果，教学激励必须贯穿活动的始终，学习教学激励策略就显得尤为重要。

（一）目标激励

设立合理的教学目标能够激发幼儿的学习动机，为幼儿提供具体可行的目标，并辅以相应的教学方法，使幼儿明白学习的目标及达到目标的要求，并在实践中体验目标的达成，产生成就感。在活动"小小婺剧迷"中，教师设定了"喜爱婺剧，知道婺剧是金华地方戏，对自己的家乡产生自豪感"这样的目标。在活动中，对应目标，通过照片、视频和自身展示等方法让幼儿欣赏和表现婺剧的美，强调婺剧发源于金华，对自己是金华人或生活在金华感到自豪。

（二）积极强化

斯金纳认为，人的行为大部分是操作性的，任何行为的习得和保持都与强化有关，因此，可以通过强化来促进幼儿积极的学习行为的发展。强化指通过某一事物增强某种行为的过程。在幼儿园，通常给予幼儿积极强化。为了建立一种适应性的行为模式，运用奖励的方式，使这种行为模式重复出现并保持下来。具体的做法主要是情感激励。比如，在活动"小小婺剧迷"中，教师利用"请新老师照相"的方法鼓励幼儿完成表演动作，融入感情；用"看看哪个小生最有礼貌"的方法鼓励幼儿认真扮演小生，理解小生的角色特征。

（三）榜样激励

幼儿对榜样特别是教师树立的榜样有崇敬心理，在实际的学习过程中会去模仿。榜样本身会受到激励，模仿榜样的幼儿也期望以此获得表扬或激励。模仿榜样可以激发幼儿的学习动机，利用替代强化使教学达到事半功倍的效果。例如，在活动"小小婺剧迷"中，教师用自身精彩绝伦的婺剧表演吸引了幼儿的眼球，幼儿的热情被带动，在接下来的模仿中非常卖力，目不转睛地盯着教师，也希望达到类似的效果。

（四）合作—竞争激励

在教学过程中，教师有意识地引导幼儿开展合作与竞争，使他们相互作用，产生相互影响，受到感染，共同努力，以此来激发他们的学习动机，使每个幼儿都努力参与活动。常用的方法有：使幼儿在自我学习的同时，关注其他幼儿的表现，相互学习；开阔幼儿的眼界，促使幼儿深入思考，为了团队合作的效果将更加努力地克服困难；能力强的幼儿可以进一步发挥自己的优势，获得领导者与组织者的成就体验，能力弱的幼儿从能力强的幼儿身上获得启发。此种激励方法在体育活动中最为常见。

（五）反馈—评价激励

在教学活动中，幼儿是学习的主体，教师总是会创造机会让幼儿以各种方式进行学习。教师每次对幼儿学习的表现(包括回答问题、行为练习等)进行反馈及评价，都对幼儿的下一次表现有着至关重要的作用，反馈评价会使幼儿觉得得到了教师的重视和关注，得到了肯定并获得成就感。简单的反馈方法可以是重复幼

学习笔记

儿的回答，其他方法则可以视幼儿当时的表现进行反馈和评价。对于幼儿正确的表现，需要及时表扬；对于幼儿不正确的表现，应在不伤其自尊的前提下，通过反馈，让幼儿自己发现存在的问题和错误。在活动"小小婺剧迷"中，无论幼儿回答问题还是幼儿表演都得到了教师的反馈，如教师在播放婺剧选段后问幼儿："婺剧只有金华有吗？"幼儿回答："北京有。"教师便反馈："北京有吗？北京的剧叫婺剧吗？北京的剧叫京剧，每个省份都有自己的地方戏。"当幼儿模仿完小生的动作，教师并未马上结束该环节，而是反馈："等一下，我要看看谁是最有礼貌的。"让幼儿知晓评价的标准，并努力达到标准以此获得成就感。

练习与应用

一、思考题

1. 幼儿园常用的多元文化活动内容有哪些？

2. 如何在多元文化活动中运用教学激励策略？

二、操作题

请选择一个中国传统文化节日，设计一个主题活动，要求写出主题活动目标，并写出一个子活动的活动目标、活动准备、活动主要环节及活动延伸。

三、互动平台

请同学们以二十四节气为抓手，设计一个传统文化活动。相关的知识点和技能点可以涵盖时间、气温、自然界的变化、植物的生长、动物的特征、人们的活动、主要的相关文学作品、常见的俗语、优秀的艺术作品等。

学习反思

任务五
幼儿园音乐欣赏活动的设计与实施

典型案例

古老的打字机是如何工作的？陈老师向幼儿展示了打字机的图片，并向他们讲解了打字机的主要部件和工作原理，有键盘、卷纸、螺丝、油墨。倾听音乐后，幼儿提出乐曲中的"叮"像打字机出纸的声音。随后，陈老师将小椅子当作打字机，由小小打字员给它加油墨、提键盘、拧螺丝、加卷纸。在幼儿基本熟悉乐曲后，请幼儿两两合作，轮流扮演打字机和打字员，边听音乐边工作。

在第二个活动片段中，幼儿欣赏的是同一首乐曲。他们结合绘画的方式独立感受和欣赏音乐。根据教师的信号，幼儿辨析乐段的起点，并根据音符、乐句的特点画下表示跳音、旋律的点和线条等：有的小朋友按照乐曲在纸上打节拍，有的幼儿根据音调高低在白纸上画下高高低低的短线，有的幼儿则随着旋律走向描绘出旋律曲线……

通过上述案例请你想一想，还可以采取哪些形式开展音乐欣赏活动？在多种形式倾听音乐的过程中，幼儿获得了什么样的经验？在活动中，教师是如何投放、强化这些经验的？

实施步骤

步骤一 资讯提供

"音乐欣赏"是以音乐作品为欣赏对象，在聆听的基础上通过其他辅助手段来体验和领悟音乐的真谛，从而得到精神愉悦的一种审美活动。音乐欣赏活动是一种听觉的审美活动，必须以"听"为基础，必须让"听"贯穿活动的始终。同时，幼儿是欣赏的主体，音乐是活动的中心，幼儿所进行的表达或表现必须与音乐紧密相连，而不是脱离音乐的自由表达。教师切忌以表演者或说教者的身份占据课堂，应当把更多的空间和时间留给幼儿，让幼儿在教师有效的引导下充分地感受和表现音乐。其中的绘画、语言等只是作为音乐欣赏的辅助手段，绝对不能成为活动的主体。因此，必须把握好使用这些辅助手段的"度"，千万不要将音乐活动变为美术活动、谈话活动等。切忌在音乐欣赏活动中过分注重对音乐知识和技能的学习，而忽略音乐的审美价值。

幼儿园音乐欣赏活动的设计与指导思维导图

大班欣赏活动视频：打字机1

大班欣赏活动视频：打字机2

教学微课视频：幼儿园音乐欣赏活动目标

一、音乐欣赏活动的目标 >>>>>>>>>>>>>>>>>>>>>>>>>>>>>>>

（一）音乐欣赏活动总目标

1. 让幼儿享受参与音乐欣赏活动的快乐

音乐欣赏心理学和幼儿音乐学习心理学的研究结果表明，幼儿和早年缺少运用身体肌肉感知音乐经验的成年人都需要经历运用参与表演音乐的方式来欣赏音乐的过程。音乐欣赏教学实践也一再证明，在缺少用身体肌肉感知音乐经验的情况下，单纯运用倾听的方式欣赏音乐作品，不仅很难引发和保持幼儿对欣赏的兴趣，而且很难提高幼儿的欣赏能力，更不用说"使幼儿喜欢听音乐了"。研究表明，通过许多快乐的参与性欣赏活动，幼儿自然会对欣赏过的作品产生喜爱之情，幼儿欣赏音乐作品的能力也自然会逐步提高。也就是说，首先使幼儿为了快乐而欣赏音乐，然后使幼儿为了欣赏音乐而主动学习怎样欣赏音乐。

2. 发展幼儿运用各种媒介表达自身音乐感受的能力

以往的目标一般是这样表述的：使幼儿能够根据音乐的片段辨认已听过的歌曲和器乐曲；使幼儿能够辨认不同性质的歌曲和器乐曲。这一目标中的"辨认"在前半句是指向与记忆有关的"再认"的，而在后半句是指向与思维有关的"分类"的。这些学习要求与科学的、客观的认识方式联系更紧密，而与审美的、主观的认识方式相距甚远。"音乐感受"相比"音乐表现"，更强调人的主观审美感受和审美经验，"运用各种媒介表达"着重强调运用审美的表达方式来表达审美的感受。至于在何种情况下运用何种媒介，可以根据幼儿的意愿以及教师的教育考虑灵活处理。

3. 发展幼儿倾听和感受音乐的习惯与能力

"倾听"是带着情感和注意的"听"；"感受"带有仔细体验并仔细"品玩"自己的体验的含义。这些心理活动都是由内部需要引起的主动活动。很多教师误以为安静倾听的习惯是通过安静倾听的活动方式培养出来的，而采用要求幼儿安静倾听的教学方式，并在幼儿自然使用参与的方式时直接出面干涉、制止幼儿，进而导致幼儿参与性倾听的积极性受到打击和抑制。对于注意"倾听"和"感受"，沉迷于音乐中的人来说，是否"安静"并非关键。主动倾听和感受才会有收获，收获积累起来才能提高能力，能力越高才越会更主动地倾听和感受，所以，重点应该放在"通过采用合适的参与方式吸引幼儿主动倾听和主动感受"上。有这样的开始，习惯和能力才能逐步培养起来。

4. 积累一定的优秀音乐主题或片段（再认和似曾相识）

这是指通过有吸引力的音乐欣赏活动，使幼儿逐步熟悉甚至记住一些优秀音乐作品的主题或者片段；在日后听到这些音乐时能够"认出"它们，产生"似曾相识"的感觉，引发熟悉感、亲切感和喜爱之情；能够回忆起与这些音乐紧密联系在一起的那些愉快的幼儿园音乐欣赏活动，甚至可以让幼儿在日后因为早期留下的美好音乐印象而自动地追寻更多的优秀音乐。

（二）音乐欣赏的各年龄阶段目标

1. 小班

小班幼儿的生活经验和音乐欣赏的经验都比较少，因此，教育的主要目标在于以下几点。

(1)帮助幼儿学会初步感受音乐，积累一定的音乐经验，并能根据音乐进行简单的联想与想象，在教师的引导下能够安静地倾听音乐。

(2)初步感知音乐特点鲜明的歌曲、乐曲，理解其基本的内容与情绪。

(3)倾听表现单一形象的乐曲，感知音色、力度、速度、节奏、旋律等音乐表现手法的作用。

(4)尝试根据音乐特点与感受展开联想、想象，并能够用动作、节奏、儿歌等方式帮助幼儿感知音乐并加以表现。

2. 中班

到了中班，幼儿已经积累了一定的音乐经验，音乐欣赏的主要目标可以确定为以下几点。

(1)能够听辨音乐并对音乐进行想象与表现，养成安静、专心倾听音乐的良好习惯，并能边听边想。

(2)能够感知和理解歌曲的内容、基本情绪及不同风格。

(3)能够感知两首差别特别明显的乐曲，或比较、感知不同性质、不同风格的乐曲。

(4)听辨音色、力度、速度、节奏、旋律等多样化的音乐表现手段，并感知乐曲是如何运用这些手段进行表达的。

(5)尝试根据音乐性质及其表现手段来描绘音乐形象，并用动作、语言、主题画等多种方式进行表现。

3. 大班

大班幼儿已经具有初步的音乐欣赏能力，能够根据多种音乐表现手段进行欣赏，其主要目标包括以下几点。

(1)能够初步欣赏音乐和创造性地表现欣赏的感受，积淀欣赏音乐的情趣，逐渐形成良好的习惯。

(2)能够理解、欣赏歌曲的内容和基本情绪及不同演唱形式的艺术美。

(3)能够通过比较来欣赏不同性质、不同风格的乐曲。

(4)能够感受较复杂情节的乐曲，感受音乐手段是如何推进情节、表达情感的。

(5)能够根据音乐的性质与表现手段想象音乐形象与情节的发展，并能够用舞蹈、戏剧表演、诗歌等多种方式创造性地表现。

二、音乐欣赏活动的内容 >>>>>>>>>>>>>>>>>>>>>>>>>>>>>>

（一）倾听周围环境中的音响

在周围，无论是自然界还是社会生活中都充满了各种声音，这些声音与人们语言的声调、朴素的民歌等都是音乐家进行创作的源泉。在专门为幼儿创作的、深受幼儿喜爱的歌曲和乐曲中，有许多模拟自然界声音的成分，如《动物狂欢节》《钟表店》等。如果能从小培养幼儿对周围各种声音的倾听兴趣和倾听能力，将会为他们日后欣赏音乐作品打下良好的基础。因此，教师要充分利用一切机会，自然地、有意识地引导幼儿倾听周围的声音，丰富他们对声音的感性经验。例如，

倾听活动室中的声音，倾听庭院、活动场所里的声音，倾听厨房里的声音，倾听卧室中的声音，倾听马路上各种交通工具的声音，倾听建筑工地上各种建筑机械的声音，倾听在公园、郊外游玩时的声音，倾听社区生活中的声音。

（二）欣赏音乐作品

第一，优秀的中外幼儿歌曲，包括创作歌曲和广泛流传的民歌、童谣。例如，《铃儿响叮当》《嘀哩嘀哩》《我们的田野》《剪羊毛》等，这些歌曲的歌词形象具体，可以让幼儿借助歌词理解和记忆音乐。

第二，由歌曲改编的器乐曲，包括由中外优秀幼儿歌曲及优秀民歌改编的器乐曲。例如，《小白船》《茉莉花》《海滨之歌》《洋娃娃和小熊跳舞》等。

第三，专门为幼儿创作的简单器乐曲。例如，《小鸟》《小鸭的舞》等。

第四，专门为幼儿创作的音乐童话片段。例如，《狮王》《龟兔赛跑》等，这类作品用不同的乐器表现不同的角色形象，并随着丰富的乐队音响展开故事情节。幼儿在欣赏音乐的过程中，丰富了想象力，且可以借助情节和角色，分辨各种乐器的音色及表现手法，进一步学会运用各种媒介感受音乐。

第五，中外著名音乐作品或其中的片段。例如，《牧童短笛》《喜洋洋》《瑶族舞曲》《欢乐颂》《在山魔的宫殿里》《打字机》等。这类作品表现形式丰富多彩，作品内容非常广泛，选择的余地很大，可以让幼儿接触到更多风格的音乐，开阔幼儿的音乐视野，但在实施过程中，教师必须加以节选或压缩结构，以适应幼儿的年龄特点和欣赏水平。

（三）掌握音乐欣赏的简单知识、技能

幼儿需要初步了解音乐作品的名称、主要内容和常见表演形式；了解常见乐器的名称；能听出并理解作品的主要情绪、内容、形象及作品的主要结构；能分辨常见人声和乐器的音色；能根据音乐作品的音响展开想象、联想；能运用一定的媒介表达对音乐的感受。

三、音乐欣赏活动材料的选择 >>>>>>>>>>>>>>>>>>>>>>>>>>>

欣赏音乐主要是通过"听"来进行的，因此，它的外在表现不像唱、动、奏那样明显，更多需要情绪体验、联想想象、思维理解等内在活动，这就使幼儿园音乐欣赏教材可以不受幼儿演唱和动作表达能力的局限，可以从较为广泛的内容、形式和风格范围内去选择作品。作品的体裁形式可以较为多样化，以开阔幼儿的音乐视野，从较深、较广的范围对幼儿进行音乐教育。

那么，怎样才能有效地组织幼儿园音乐欣赏活动呢？首先，教师必须十分重视欣赏材料的选择，对一些长度不适宜的乐曲进行改编或节选，使之成为适合幼儿欣赏的作品。其次，设计科学的音乐欣赏过程，以有效达成音乐欣赏的目标。

（一）音乐作品的选择

为幼儿园的音乐欣赏活动选择音乐作品时，不但要考虑作品的内容、形式、风格是否丰富、多样，比例结构是否合理，还要考虑幼儿感知、理解音乐的实际能力与水平。歌曲和所谓标题音乐并不一定是仅有的、最为理想的选择对象。

教学微课视频：音乐欣赏的简单知识和技能

考证练习

以下音乐作品中专门为儿童创作的音乐童话片段是（　　）。

A.《牧童短笛》
B.《彼得与狼》
C.《洋娃娃和小熊跳舞》
D.《狮王》

学习笔记

因为对于幼儿来说，对象的外在运动方式往往比对象的内在意义更具有吸引力。

　　如果选择的材料是歌曲，需着重考虑歌曲的内容、形象、情绪，应该是能为幼儿所熟悉、喜爱和接受的。如果选择的材料是器乐曲，除了一般选择音乐的条件外，需着重考虑结构单纯、工整，长度适中的曲目。大量的中外著名音乐作品，无论是在长度上还是在结构上，往往不符合上述要求。通常在选择中外著名音乐作品之后要进行一定的节选或改编工作，以使这些作品能够接近幼儿的接受能力。

　　一般常用的节选、改编方法有以下两种。第一，节选片段，即截取作品中相对独立的片段。例如，贝多芬《第九交响曲》第四乐章中的"欢乐颂"主题；民族乐曲《瑶族舞曲》中第一乐段的第一主题等。这些片段结构完整，形象鲜明生动，长度比较适中，完全可以满足节选条件。第二，压缩结构，即删减作品中的某些部分，保留另一些相对独立的部分。例如，聂耳的《金蛇狂舞》，原作品的结构是引子—A—B—A—引子—A—B—A—B—A。将其中的重复部分删去，就构成了引子—A—B—A 的新结构，实际上也就是将原曲压缩成了一个单纯的带有引子的单三部曲式。作品经压缩后，结构变得单纯而清晰，长度也变得较为适中，比较容易被幼儿接受。

　　当然，在为幼儿选择音乐欣赏教材时，还应从总体上考虑入选教材的多样性和丰富性。例如，从内容出发，应广泛包含反映社会、自然及幼儿生活世界的作品；从表演形式出发，应包括各种形式的歌曲和各种不同的器乐曲；从材料的文化历史出发，应包含不同时代的中外优秀音乐创作作品和优秀民间音乐。

（二）辅助材料的选择

　　在音乐欣赏活动中使用辅助材料是为了帮助幼儿更好地感受和理解音乐作品。音乐欣赏的辅助材料一般有动作材料、语言材料、视觉材料三种。

1. 动作材料的选择

　　跟随音乐做动作是幼儿感知、理解和表现音乐最自然、最重要的一个途径。与韵律活动不同的是，在音乐欣赏活动中，选材更侧重于反映音乐的性质，即动作与音乐在节奏、旋律、结构、内容、情感等方面的一致性。因此，在为欣赏音乐选材时，不宜选择对幼儿来说比较复杂、陌生的动作，而应选择绝大多数幼儿都能自然做出的动作。如果欣赏一首优美的抒情音乐，只需确定幼儿所做动作的性质是柔软、连贯、绵长、自由的即可。

2. 语言材料的选择

　　在这里，语言材料主要包括故事、散文、诗歌、民谣等。语言材料应从音乐出发，与音乐欣赏的要求一致。这里所讲的"一致"，不仅在于文学作品本身的结构、内容、形象和情感与音乐一致，也在于讲述或朗诵文学作品时，语言的音调、节奏、力度、音色、风格等因素与音乐一致。例如，在欣赏舒曼的《梦幻曲》时，选择同样具有安静、柔美的童话故事《梨子小提琴》进行朗诵则非常适合，但应注意保持和渲染这种梦幻般的意境。

3. 视觉材料的选择

　　视觉材料应具体、形象，既可以是时空静止的(如图画、雕塑)，又可以是时空流动的(如录像、可活动的教具操作)。在音乐欣赏中，选择视觉辅助材料应从音乐出发，与音乐欣赏的要求一致。这里所讲的"一致"，指视觉材料的线条、构图、造型、色彩、形象、内容、情绪都应与音乐相一致。如果视觉材料是在时空中流动的，其运动的方式也应与音乐相吻合。

音乐欣赏图谱：
单簧管波尔卡

教学微课视频：
幼儿园音乐欣赏
活动一般模式

大班音乐欣赏活动
视频：加速度
圆舞曲——初步欣赏

> **练一练**
>
> 音乐欣赏活动中，视觉辅助材料选择的首要条件是(　　)。
> A. 形象生动有个性，艺术感染力强
> B. 从音乐出发，与音乐欣赏的要求相一致
> C. 能为幼儿所理解和喜爱
> D. 考虑制作购买材料时，经济条件是否允许

四、音乐欣赏活动的设计与组织 >>>>>>>>>>>>>>>>>>>>

（一）初步欣赏

初步欣赏是指教师介绍作品，使幼儿获得一个初步、完整的印象，了解音乐作品的主要内容和情绪性质，引起幼儿兴趣的过程。通常可以结合幼儿倾听作品，辅以下列方法。

1. 引导性谈话

教师通过讲解、说明和提示等语言的引导，有效集中幼儿注意力，使幼儿在欣赏前有一定的心理准备，把幼儿的情绪、情感引向与作品内容一致的方向，以便引起幼儿相应的联想和想象。引导性谈话的形式、方法灵活多样，教师要根据音乐作品的内容和形式特点，根据幼儿的年龄特点、接受能力及已有的音乐欣赏经验来组织。可以告诉幼儿作品的名称，并简短、形象、切题地介绍作品的内容及总的情绪性质，要尽量避免介绍与音乐作品内容无关的，或者会引起对音乐作品内容误解的内容。一般来说，歌曲的介绍较容易解决这个问题，而器乐曲的介绍则要把握好度，既要帮助幼儿感知音乐作品的主要内容，使他们对作品有一个正确的印象，产生与作品内容相关的联想和想象，又要避免介绍得过于具体，限制幼儿的思维。尤其是标题性音乐不宜做过于具体的说明。

> **想一想**
>
> 在音乐欣赏活动中需要告诉幼儿乐曲名称吗？如果要告知，什么时机比较恰当？

2. 运用直观教具

教师通过准备与作品相关的教具、图片或动画片来帮助幼儿理解和感受作品内容。黑格尔在《美学》一书中言简意赅地说出了音乐和绘画的关系，即音乐和绘画有较密切的亲缘关系，两门艺术里内心生活的表现都占较大比重，绘画可以越过边境进入音乐的领域。这充分说明了绘画是凝固的音乐，音乐是流动的图画。音乐是流动、稍纵即逝的，而作为视觉对象的图画、符号，却是十分稳定的，人们可以反复地欣赏、观察。由此可见，适当地运用绘画、图谱、动画等直观教具对幼儿欣赏音乐是大有裨益的。

3. 故事朗诵

有些乐曲附有作者对作品的文字介绍，如《龟兔赛跑》在每段乐曲演奏前有一段生动的朗诵，介绍了每一段乐曲的主要内容。教师可以根据自己对作品的理解，

自编一些小故事来向幼儿介绍作品，引导幼儿欣赏。

4. 教师演示

有些音乐作品反映了某种游戏活动，教师可以随着音乐的进行演示这种活动，帮助幼儿较快地掌握音乐作品的内容及情绪特点。例如，在欣赏作品《拍球》时，教师可以随音乐的节拍来拍球，根据音乐旋律的起伏、强弱的变化、乐曲结构的变化而改变拍球动作的幅度、力度及方向，以使幼儿更好地感受乐曲的节奏、结构特点及情绪的起伏等。

总之，让幼儿初次欣赏一首音乐作品，各种教学手段的运用都应有明确的目的，紧扣主题，语言简洁、生动、切题而富有启发效果，既要能引起幼儿的相关联想及想象，又不能限制幼儿一定要想什么。引导性的介绍、直观动画、图片等的运用应避免分散幼儿对音乐作品本身的注意力。

练一练

两个小组合作为一首乐曲创编一个故事或图谱，课外分组进行表演。

1.《玩具兵进行曲》　　　　　　2.《惊愕》

3.《洋娃娃葬礼进行曲》　　　　4.《梦幻曲》

5.《狮王进行曲》　　　　　　　6.《邮递马车》

（二）重复深入欣赏

在重复深入欣赏阶段，幼儿不仅要掌握音乐作品的主要内容和情绪性质，还要学会感受和理解音乐作品中各种丰富表情的作用，较为完整、全面、深入、细致地感知音乐作品的美，并能够记忆和识别音乐作品的主要音调和风格特征。常用的方法如下。

第一，再次重复欣赏作品前，提出具体欣赏要求。例如，要求幼儿感知音乐速度和力度的变化，感知乐曲结构上的重复与变化等。

第二，唤起幼儿的已有知识和生活经验。教师要事先了解作品中的哪些因素和幼儿的生活相关，然后利用幼儿生活中一切可以利用的因素，来帮助幼儿具体感受和理解各种音乐表情的意义。

第三，运用对比和归类的方法。有意识地让幼儿进行对比，使幼儿对不同的音乐性质具有较深的印象，帮助幼儿区别音乐的不同情绪性质。用对比分析的方法帮助幼儿欣赏音乐，可以让幼儿对相同体裁、风格的乐曲进行归类，达到对个别乐曲感性的认识，提高到对某一类型乐曲的一般认识。此种欣赏方法可以在相同类型的作品中进行，也可以对同一首乐曲的不同部分进行对比欣赏，从节奏、旋律的特点或速度、力度上的对比来使幼儿掌握乐曲的细节。例如，在欣赏音乐作品《大海和小溪》时，因为这首乐曲是用钢琴和竖琴演奏的，整首乐曲旋律亲切、优美，富有歌唱性，像潺潺流水在流动，很有诗意。活动目标是通过欣赏使幼儿感受并区别两种不同的音乐情绪，但对幼儿来说，理解大海的"汹涌澎湃"和小溪的"柔和舒展"两种音乐情绪是有一定难度的。这时，教师可以引导幼儿运用听音乐、画旋律图谱的方法来理解。通过听和画，幼儿把"汹涌澎湃"画成一群大鱼，把"柔和舒展"画成漂动的水草，每一个音符、每一条旋律、每一句歌词在幼儿手

学习笔记

大班音乐欣赏
活动视频：加速度
圆舞曲——深入欣赏

音乐欣赏图谱：
拨弦

中变成了看得见、有内容的画面，简单的图谱帮助幼儿更充分地理解音乐的内涵。有的乐曲比较长，变化比较多，为了使幼儿能够全面、深入、细致地掌握乐曲，除了必须让幼儿完整欣赏作品以外，还可以通过分段欣赏，再进行对比，帮助幼儿掌握乐曲的发展线索，感受和理解乐曲的各个细节。

第四，引导幼儿用动作来表达对音乐的感受。要求幼儿用语言来充分表达对音乐的感受是不切实际的，但可以教他们做一些与音乐情绪性质相一致的动作，帮助他们通过自身的动作自然、深刻地体验音乐的不同特点。不过，这种方法不是对所有的音乐作品都适用的，一般在形象比较鲜明、节奏性比较强的乐曲中运用效果较好。有时教师不必告诉幼儿应做什么动作，也不必要求动作严格合拍，可以让幼儿自主地、有创造性地表现音乐，只要求动作在情绪上与音乐保持一致即可，这就能在一定程度上反映幼儿对音乐作品情绪、情感的感受和理解的程度。

第五，引导幼儿注意音乐的主要部分，而不仅仅是模拟因素。幼儿一般比较容易注意音乐作品中的模拟因素，如小鸟的叫声、火车声、吹号声、风声、雨声等，但仅仅让幼儿注意这些细节是不够的。教师可以利用幼儿对这些模拟性因素的兴趣入手，进一步引导他们感受音乐作品中的各种表情手段。

总之，给幼儿欣赏音乐作品的第二阶段，应该让幼儿多听、反复听，在充分的音乐听觉实践中，使幼儿对音乐作品获得一种较为完整、全面、深入、细致的感受，不仅能掌握音乐作品的概貌，还能够感受音乐作品中的细节，深化审美效果。

（三）复习、检验音乐欣赏的效果

已经欣赏过的音乐作品，经过一段时间以后再给幼儿欣赏，一方面是为了复习，巩固、加深幼儿对音乐作品的印象；另一方面也可以检验音乐欣赏的效果，包括检查幼儿对作品的记忆力、对作品内容及音乐表情手段的感受能力和理解能力、对音乐作品的态度等。检查如果发现幼儿在感受、理解上存在某些欠缺或偏差，以及教师在其教育教学中存在不足之处，都可以及时进行纠正和弥补。检查音乐欣赏效果可以采用以下几种途径。

第一，让幼儿欣赏熟悉的音乐作品，但不告知其名称，观察幼儿的反应。幼儿对所欣赏的音乐感兴趣、能感受、能理解，往往表现为他们能够聚精会神地把音乐听完，也会表现在他们的脸部表情、身体姿势及手和脚的动作上，他们甚至会情不自禁地说出某些语句。教师可以仔细观察幼儿的种种表现，从而了解幼儿欣赏作品的情况。

第二，欣赏熟悉的音乐作品，检查幼儿能否说出作品的名称、内容、最突出的音乐表情手段及其作用。不要求幼儿用音乐的术语，而是用他们自己的语言和方式来表达对音乐的体验和感受。

第三，重复欣赏熟悉的音乐作品片段，辨认是哪首歌曲的一部分，表达了什么样的内容或情绪。

第四，欣赏不带歌词的旋律，让幼儿辨认是什么歌曲，说出歌曲名称。

第五，让幼儿用动作辨认他们熟悉的音乐，检验音乐欣赏的效果。

第六，在中班、大班可以让幼儿欣赏体裁、风格类似但未曾听过的新作品，以检查幼儿是否具有欣赏音乐的迁移能力。

步骤二　教学观摩

一、观摩大班欣赏活动："倒霉的狐狸" >>>>>>>>>>>>>

（一）呈现素材

乐曲《倒霉的狐狸》从头至尾都是在重复变化的基础上进行的，力度由弱至强，速度由慢而快，情绪是"神秘—热烈—震撼"。本作品结构分明，具有独特的紧张气氛，给人以强烈的音乐感受。乐曲《在山魔的宫殿里》是由两个乐句短曲连续重复18次，结构中旋律重复造成幽默趣味；速度越来越快，音强越来越强，最后再加上一个情绪更强烈的尾声。乐曲具有很强的故事性，引发人的联想，作为音乐欣赏的教材具有独到的审美价值。

（二）分析素材

(1)该乐曲在力度和速度上主要有什么特点？

(2)根据大班幼儿心理发展特点和大班幼儿音乐欣赏的目标，该活动的目标如何定位？

(3)可以采用哪些方式来和幼儿共同欣赏该乐曲？

(4)欣赏这首乐曲的难点是什么？采用什么方法来突破？

(5)假如是你们组设计该活动，活动前你们会做哪些准备？你们会设计哪些环节让幼儿始终兴致盎然？

（三）观摩录像

围绕以下问题观摩幼儿园大班音乐欣赏活动"倒霉的狐狸"，并详细记录。

(1)这个素材符合大班幼儿的年龄特征吗？

(2)活动的准备有哪些？对实现活动目标有哪些帮助？

(3)活动中运用了哪些教具？教师是怎样利用教具来创设情境的？

(4)活动中运用了哪些途径让幼儿感知音乐？效果怎样？

(5)教师是怎样把绘本《母鸡萝丝去散步》和音乐结合起来的？绘本的内容是怎样取舍的？依据是什么？

(6)一共让幼儿欣赏了几遍？在欣赏的过程中，这样的安排合理吗？

(7)活动过程运用了哪些教学方法？分别体现在哪些环节？

(8)你认为组织好一个音乐欣赏活动最基础的是什么？

(9)教师鉴赏音乐和截取音乐的能力重要吗？制作教具、设计方案的能力呢？

(10)你觉得活动中教师应该怎样评价幼儿？为什么？

（四）分组讨论

同第193页"(四)分组讨论"。

（五）集体交流

同第193页"(五)集体交流"。

（六）教师总结

同第193页"(六)教师总结"。

大班音乐欣赏视频：
倒霉的狐狸

学习笔记

中班音乐欣赏
活动视频：
小蚊子跳舞

二、观摩幼儿园教师现场执教的音乐欣赏活动 >>>>>>>>>

请大家在幼儿园现场观摩教师执教的音乐欣赏活动，做好听课笔记，认真倾听执教老师的说课，积极参与讨论，及时记录讨论结果和带队教师的评价总结。

步骤三　方案设计

第一，第一位在幼儿园设计组织音乐欣赏活动的同学，请与本组同学一起根据以下素材设计一个完整的活动方案，并做好活动准备。

> 乐曲《龟兔赛跑》原为根据《龟兔赛跑》的完整故事情节创作的一首童话交响乐，一般都同时配有故事讲述，以便儿童理解。由于原作品很长，幼儿难以长时间静听，一般都截取其中的三个主要主题音乐，以配乐故事表演的方式来帮助幼儿认识其中的主要旋律，便于幼儿今后进一步欣赏全曲。"兔子"的主题轻佻、活跃，表现了兔子轻浮、骄傲的形象；"乌龟"的主题沉着、稳健，表现了乌龟勤恳、踏实的形象；"欢庆"为一小型的 ABA 结构乐曲，全曲活泼、热烈，表现小动物为乌龟的胜利和兔子的知错愿改热烈欢庆的场面。

音乐动画：
玩具兵进行曲

第二，第二位在幼儿园设计组织音乐欣赏活动的同学，请与本组同学一起根据以下素材设计一个完整的活动方案，并做好活动准备。

学习笔记

> 《鸭子拌嘴》是作曲家安志顺于 1982 年创作的一首打击乐曲。乐曲取材于我国西安鼓乐和山西民间打击乐。该曲于 1983 年被第六届亚洲音乐论坛评为优秀音乐作品，并荣获 1984 年全国民族器乐创作比赛二等奖。这首乐曲使用了六件打击乐器：小钹、水钹、吆塔钹、大锣、木鱼、云锣。乐曲由散板和 2/4 拍两种节奏类型构成。作者创造性地运用民族打击乐器滑击、扣击、点击、刮击等手法，充分发挥每件乐器的独特性能，通过音色、音量的对比变化以及自然节奏的模拟，奏出旋律，敲出情节，打出音乐形象，逼真地描绘了鸭子嬉戏的场景，活灵活现地勾勒了鸭子的性格和神态。乐曲一开始，小钹模仿鸭子引颈高唱，接着用小钹发出的声音模仿老鸭"嘎嘎嘎"的叫声，与小鸭子的鸣叫声相呼应，形成鲜明的对比。其间叮咚作响的云锣和木鱼声轻盈活跃，勾勒出一群鸭子蹒跚而行的画面。此后，小钹、水钹、吆垯钹、大锣、木鱼、云锣六器齐鸣，乐声时而轻快、时而热烈，并不断穿插鸭子的叫声，描绘出鸭群遨游水中、相互追逐嬉戏的场面，栩栩如生。就在这时，突然响起的小钹与水钹交替的敲击声，此起彼伏，互不相让，就像鸭子拌嘴，吵得不可开交。在一阵热烈的乐声过去之后，又响起轻盈的木鱼和云锣声，渐缓渐弱，好似鸭群昂首凸肚，摇摇摆摆地远去。针对不同年龄段的幼儿，可以对该乐曲进行节选。

第三，第一位在实训室模拟试教音乐欣赏活动的同学，请与本组同学一起根据以下素材设计一个完整的活动方案，并做好活动准备。

《梦幻曲》是舒曼所作的钢琴套曲《童年情境》中的第七首，作于1838年。由于它有着宽广如歌的旋律和诗一般的意境，常被一些音乐家在音乐会上单独演奏。这首乐曲充满了对美好未来的憧憬，它如诗如梦的意境使人联想起幸福生活的种种情境。乐曲的主题由四个小节上行后逐渐下行的旋律构成，速度缓慢，节奏平稳。整个旋律起伏匀称、婉转流连，渗透着宁静的冥想色彩。这段素材总共重复出现八次，每一次都有细微变化，使音乐表情细腻而动人。由于中段采用了调性不确定的处理手法，正体现了在梦境中轻柔缥缈、朦胧变幻的感觉。只是在乐曲将结束时，主题旋律最后一次上升达到最高点，进入音乐的高潮，然后随着缓慢的下降，力度渐弱，全曲在温馨、幽静的气氛中结束。

音乐动画：
洋娃娃的葬礼曲

第四，第二位在实训室模拟试教音乐欣赏活动的同学，请与本组同学一起根据以下素材设计一个完整的活动方案，并做好活动准备。

乐曲《洋娃娃的葬礼进行曲》是作者为孩子们创作的一部童话题材的钢琴小品，它生动地表现了孩子们认真体验成人世界的情景。乐曲为D小调，音区低沉，速度缓慢，充满悲伤和无奈。乐曲为单纯的ABA结构，A段相对更沉重、伤感，B段中隐约出现了几许希望和安慰。虽然在孩子们的生活中，真正体验如此深沉、悲痛经历的情况是很少见的，但我们认为只要能够正确引导，这种艺术活动中的悲伤体验就有助于丰富和深化幼儿的情感世界。[①]

可以与绘本《獾的礼物》相结合，因为它们的基调非常相似。《獾的礼物》故事概要：獾有许多好朋友，如土拨鼠、青蛙、狐狸、兔子。只要有谁需要照顾或帮忙，獾都会热心地帮忙。不过獾越来越老了，最后离开了大家。獾不在了，动物们失去了敬爱的朋友，非常伤心。他们聚在一起怀念獾，谈起獾教自己学会的各种本领，这些都是獾留给大家最珍贵的礼物。在感恩中，大家渐渐走出了哀伤。

学习笔记

步骤四　方案实施

同第27页"方案实施"内容

步骤五　总结提升

一、系列音乐欣赏教学方案设计 >>>>>>>>>>>>>>>>>>>>>>>

（一）教学程序

第一，"层层深入"的程序，即先完整听，然后继续完整听并同时逐步引导幼儿注意到更细致的部分；第二，"层层累加"的程序，即先把握作品的某个细节部分，然后从局部逐步扩大到整个作品；第三，"一一匹配"的程序，即先向

---

① 许卓娅：《欣赏活动》，2版，137页，南京，南京师范大学出版社，2016。

幼儿提供一个或若干个他们更容易理解的其他符号系统的相应艺术形象,然后让幼儿一边倾听音乐,一边将音乐或音乐中的某部分与先前提供的其他艺术形象相匹配。

(二)教学方法

先前的方法是:安静倾听音乐或倾听教师讲解音乐,目的主要是学会安静倾听音乐并学会理解和喜爱所听的音乐;现今的方法是:倾听、观看、思考、想象、联想以及有引导的创造性表达相结合,目的主要是在参与性的音乐欣赏活动过程中促进幼儿全面发展。

(三)设计思路

由于音乐作品的结构不同,所展开的形式和手段不同,所以,不同的音乐欣赏教学应该采用不同的设计思路。

第一,结构比较紧密的作品可以采用"从整体入手层层深入"的设计。该模式的特点是反复整体倾听,而且通过不断改变参与的方式和要求来引导和帮助幼儿越来越深入、细致地感知和体验作品的形象、性质以及情趣。

第二,含有独立而鲜明的主题形象的作品可以采用"从局部入手层层累加"的设计。该模式的特点主要是先让幼儿集中精力感知、体验作品中最具特色的某个动机,然后从这个动机开始,逐步让幼儿感知、体验以该动机为核心的局部形象,最后让幼儿感知、体验整个作品的形象和情趣。

第三,各段落间对比比较鲜明的作品和比较强调性质辨别的教学设计可以采用"一一匹配"的设计。该模式的特点是先让幼儿通过其他材料感知理解将要从音乐中感知、体验到的形象、内容,然后让幼儿分别倾听音乐的有关段落,并引导幼儿集体探索、讨论,将音乐和非音乐的材料一一相互匹配,最后尝试完整地用参与性、表演性感知、体验的方法来欣赏该作品。

第四,传统的"整、分、整"的教学设计也可能采用。在最初的整体倾听活动中主要强调感知、体验总体的情绪及印象;在分部倾听的活动中逐步深入幼儿能够感知、体验的细节;在最后的整体倾听活动中可以既注意整体又注意细节。

二、音乐作品的选取 >>>>>>>>>>>>>>>>>>>>>>>>>>>>>>

幼儿园音乐活动能否让幼儿充分地参与,除了与采用的形式和方法有关之外,和作品的选取也有很大关系。因此,幼儿园音乐活动教材所反映的年龄特点既要体现在作品的题材内容上,也要体现在音乐艺术表现手法的运用上;既要充分发挥音乐作品的艺术表现力,又要考虑幼儿的理解认识能力、感受表达能力,才能为幼儿所接受,进而取得良好的教育效果。一般说来,富有描写性的、有具体情节的音乐作品往往容易为幼儿所接受。音乐教材中内含的教育意义、美的情操都应当从鲜明生动的艺术形象和愉快活泼的情绪中自然地流露出来,让幼儿在音乐实践活动中去感受、去领会,而不是以说教的形式把教育要求直接说出来。具体来说,要符合以下要求。

第一，作品必须富有情趣和艺术表现力，能够引起幼儿的学习兴趣和学习需要，并能为幼儿的感受提供生动、感性、形象的基础。如果作品本身平平淡淡，没有表现力，那么幼儿的感受也将无从获得。因此，音乐教材必须符合音乐艺术的一般美学标准，音乐形象鲜明、旋律动听、节奏生动，具有一定的风格特点；具有广泛而有意义的内容，能使幼儿在社会、认知和身体等方面得到发展，与幼儿已有的知识经验相适应，能为幼儿理解、喜爱和接受，是幼儿喜闻乐见的作品。

第二，作品的技巧应该贴近幼儿的表现能力，是大多数幼儿都可以学会的、切合实际的，是符合幼儿音乐能力最近发展区的内容。如果作品难度太大，幼儿难以掌握相关的技巧去表现他对音乐的感受，即使作品本身的表现力再丰富也无济于事。音乐教材对作品技巧的要求具体表现在以下几个方面：歌曲需要考虑音域、旋律、节奏、速度、力度、乐句长短、词曲结合等因素；韵律活动需要考虑动作是否符合幼儿的生理发展规律等。

第三，在选择音乐教材时，还需要考虑幼儿智力和情感上的整体性，同时尊重音乐学科自身的基本体系，将浅显的然而又是必要的、科学的、准确的、生动的、内赋情感的音乐知识教给幼儿。能够从世界各民族丰富的民间音乐和古今中外的优秀创作曲目中为幼儿提供具有多种不同风格的作品，而不仅仅局限于某一民族、某一时期的作品。只有让幼儿从小浸润在古今中外风格各异而又具有持久生命力的音乐作品之中，他才能在发展音乐审美能力的同时学会鉴别音乐，逐渐获得欣赏、接纳、包容各种不同音乐风格的眼光和胸怀。

第四，在选择音乐教材时还必须体现幼儿教育活动性、实践性的特点，选择具有游戏性和趣味性的音乐。

总之，为幼儿选择音乐教材时，必须最大限度地体现音乐作品自身的独特魅力与优势，选择那些感性生动、寓意含蓄、结构完整、形式优美、幽默风趣的音乐作品。这样的作品既是人类创造力的结晶、音乐宝库的珍品，也是陶冶情操、愉悦身心、促进幼儿全面和谐发展的最佳选择。

练习与应用

一、思考题

1. 如何为小班幼儿选择合适的欣赏乐曲？请举例说明。

2. 如何在音乐欣赏活动中调动幼儿主动参与的积极性？

3. 在音乐欣赏活动中，有哪些途径可以提高幼儿的创造力？请举例说明。

二、操作题

请各组同学根据教师指定的乐曲，分析其教育价值及适合的年龄范围，并设计一个音乐欣赏活动方案。

音乐动画：
龙骑兵进行曲

音乐动画：
拨弦波尔卡
（聪明孩子和笨老狼）

音乐动画：
单簧管波尔卡
（胖厨师和小老鼠）

中班音乐欣赏活动
文本：水族馆

中班音乐欣赏
活动文本案例：
旋转木马

中班音乐欣赏活动
文本案例：大卫
和他的机器人

学习反思

任务六
幼儿园美术欣赏活动的设计与实施

典型案例

月月老师带着大班的幼儿欣赏梵高的名画《星月夜》，月月老师引导幼儿从画面的内容和色彩进行观察，一下子就调动了幼儿的兴趣，幼儿自由地畅谈着对画面的感受。在欣赏画作时，有的幼儿说，线条在跳舞、转圈圈，有种眩晕的感觉。月月老师又通过相同题材不同风格的画面对比，让幼儿体会到同样是星星、月亮，因为画家心情的不同，画面产生的效果也不同，带给人的感受也不同。

通过这次欣赏活动，月月老师认识到为幼儿创造宽松的欣赏环境，有利于幼儿积极性和创造性的发挥。美术欣赏没有统一的答案，个体差异使不同的人在面对同一幅美术作品时有不同的体验。在欣赏作品时，教师不把自己的看法强加于幼儿，而是充分肯定每个幼儿的感受和理解，用讨论的方法对幼儿进行引导。让我们一起通过本任务的学习，探讨如何有效地开展幼儿园美术欣赏活动吧！

实施步骤

教学微课视频：幼儿美术欣赏能力的发展阶段及其特征

步骤一　资讯提供

幼儿园美术欣赏教育是教师引导幼儿欣赏和感受美术作品、自然景物和社会环境中的美好事物，丰富幼儿的美感经验，培养其审美情感、审美评价能力和审美创造能力的一种教育活动。

一、美术欣赏活动的目标 >>>>>>>>>>>>>>>>>>>>>>>>>>>>>>

（一）美术欣赏活动的总目标

1. 认知目标

(1)知道周围的自然环境和具体的艺术作品中都蕴含着美，都可以从中享受美。

(2)了解周围自然环境和美术作品的造型、色彩、构图。

(3)知道美术作品的内容、主题以及表现风格，了解美术作品是画家思想情感的表现。

2. 情感目标

(1)体验美术欣赏活动的乐趣，能积极参与美术欣赏活动。

(2)喜欢欣赏不同风格的美术作品。

3. 技能目标

(1)掌握简单的美术语言，能叙述和谈论美术作品。

(2)能体验作品的内容美和形式美，感受作品的情感。

(3)尝试运用画家的绘画技巧创作美术作品。

4. 创造目标

(1)用多种形式(如动作、表情等)表现自己欣赏作品后的感受。

(2)对作品做出简单的评价。

（二）不同年龄段幼儿美术欣赏活动目标

教学微课视频：幼儿美术欣赏活动各年龄段活动目标

1. 小班

(1)知道从自然景物、艺术作品中享受视觉艺术的美。

(2)喜欢观看、欣赏艺术作品。

(3)对美术作品、图书中的各种形象感兴趣。

(4)初步体验作品中具有不同"性格"的线条。

(5)通过欣赏教师及同伴的作品培养欣赏的兴趣。

(6)初步学会运用线条表现力度感、节奏感。

(7)初步运用动作、表情等表达自己欣赏后的感受。

2. 中班

(1)通过欣赏作品，了解作品的主题和基本内容。

(2)能体验作品中的线条、形状、色彩、质地等。

(3)通过欣赏产生与作品一致的感受。

(4)感受作品的色彩变化及相互关系。

(5)感受作品中形象的鲜明性和象征性，并体验其情感。

(6)感受作品的构成，体验作品的对称、均衡、节奏。

(7)通过欣赏，说出自己喜爱或不喜爱作品的理由，并对作品做简单的评价。

3. 大班

(1)通过欣赏，了解作品的形状、色彩、结构等美术要素。

(2)了解作品的表现手法、艺术风格和创作意图。

(3)喜欢各种不同风格的美术作品。

(4)能感受作品的色调、色彩之间关系的变化。

(5)能感受作品中形象的象征性、寓意性。

(6)能感受作品中的形式美。

(7)在欣赏和评价他人的作品时，能讲述自己独特的观点。

学习笔记

二、美术欣赏活动的内容 >>>>>>>>>>>>>>>>>>>>>>>>>>>>>>

（一）各种类型的美术作品

幼儿园美术欣赏活动的内容包括各种类型的美术作品，是各种在美术史上既有一定影响又适合幼儿欣赏的经典绘画作品、雕塑作品和建筑艺术，还包括工艺美术作品，以及各种优秀的民间美术作品和幼儿作品。

1. 绘画作品

适合幼儿欣赏的绘画作品，特别是美术大师的经典作品，是幼儿美术欣赏教育活动可选择的主要内容。这一方面是因为绘画是美术门类中最主要的一种形式，它的种类和数量繁多，表现内容和题材最为多样，表现力度和效果显著，应用最为广泛，因此，选择的可能性和现实性也最大；另一方面是因为绘画是幼儿最为熟悉的一种美术形式，也是他们最喜爱的一种美术活动方式。此外，绘画以平面视觉形象来进行表现，在实际的美术欣赏教育活动中，可以以平面挂图或图片的方式直接呈现给幼儿，比其他立体艺术品的呈现更方便，更具有可操作性。在实际的美术欣赏教育活动中，受条件和可能性的限制，雕塑和建筑等其他立体艺术品也只能以平面挂图或图片的形式呈现，幼儿无法从多角度观察和体验作品的整体效果，这在一定程度上会影响其欣赏效果。

供幼儿欣赏的绘画作品，按工具材料进行分类，以油画和水墨画为主；按题材内容进行分类，以人物画、风景画、静物画和动物画为主；按作品形式进行分类，以架上画、壁画和民间年画为主。

油画是西方绘画中最重要的组成部分，也是世界绘画艺术中影响最大、最具代表性的画种。油画题材广泛，表现力丰富，形式多样，或写实或抽象，各有特点。写实的人物画，如米勒的《拾穗者》、米莱的《盲女》等；风景画，如柯罗的《孟特芳丹的回忆》、卢梭的《异国风光》等丛林组画、希施金的《林中雨滴》等描绘森林的作品，都是幼儿可以欣赏的内容。现代派艺术大师们的抽象作品，如波洛克的《会聚：第 10 号》、蒙德里安的《红、黄、蓝的构成》、康定斯基的《抒情诗》、马蒂斯的《忧愁的国王》等也是幼儿可以欣赏的作品。

水墨画以中国画为代表，中国画在世界绘画领域中自成体系，具有独特的审美效果。水墨画如郑板桥的墨竹、齐白石的花鸟瓜果鱼虾、徐悲鸿的奔马、吴作人的熊猫、李可染的牧牛图、傅抱石的山水、吴冠中的现代中国画等，都是适合幼儿欣赏的内容。

2. 雕塑作品

雕塑是最具有实体感和立体性的造型艺术类型。从表现形式来看，可分为圆雕和浮雕。雕塑的基本技术包括删削、挖凿掉多余部分的雕和堆积、捏制的塑两种。

适合幼儿欣赏的雕塑作品应是形象生动并有一定想象空间的，如日月山形纹岩刻、彩陶漩涡纹瓶、说唱陶俑、唐三彩陶俑、马踏匈奴石刻等中国古代雕塑作品，拉斯科洞穴的岩刻、古希腊的著名雕塑《断臂维纳斯》与《掷铁饼者》、罗丹的《思想者》、亨利·摩尔的雕塑作品等。此外，幼儿身边可以接触到的各种古代石雕，或写实或抽象的各种现代城市雕塑等，也都是可以利用的欣赏资源。

名画赏析微视频：
林中雨滴

名画赏析微视频：
向日葵

名画赏析微视频：
星月亮

名画赏析微视频：
睡着的吉普赛姑娘

名画赏析微视频：
忧愁的国王

3. 建筑艺术

建筑艺术是实用性和审美性相结合的艺术类型。欣赏建筑艺术更多地应从其艺术形式的特性和审美价值的角度来进行。幼儿欣赏建筑艺术，既是对美的事物的欣赏，又是自身社会文化知识的扩展。

幼儿可以欣赏的建筑艺术，有我们雄伟的万里长城及故宫、天坛、布达拉宫等；各地不同风格的民居，如北京四合院、安徽民居、福建土楼、傣族竹楼等；世界著名建筑，如巴黎圣母院、埃菲尔铁塔、比萨斜塔、悉尼歌剧院、流水别墅等。

名画赏析微视频：
红、黄、蓝构成

4. 工艺美术

工艺美术是美术门类中一个品类繁多的系统。和建筑艺术一样，工艺美术也是实用性和审美性相结合的艺术类型，一般可分为实用的工艺美术和陈设欣赏的工艺美术两类。工艺美术与日常生活关系密切，是美化生活用品和生活环境的美术。

实用的工艺美术包括有一定艺术性的灯具、餐具、茶具、文具、服饰、玩具等；陈设欣赏的工艺美术如陶艺、壁挂、地毯、漆器等，都可以根据需要供幼儿欣赏。现代生活中常见的标志、贺卡、商品包装、服饰等，也都是有价值的欣赏素材。

名画赏析微视频：
盲女

5. 民间美术作品

民间美术来源于日常生活，是民间大众为了满足自身社会生活的需要而创造的视觉艺术形象。民间美术具有鲜明的民族特征和地域文化特征，它与劳动人民的衣食住行、信仰、风俗、传说等有着深厚的渊源，同时也是时代和文化的反映。

民间美术与生活密切相关，色彩艳丽、造型简朴、形象生动、富有趣味，所使用的工具和材料也都是就地取材、随手可得的。这些特点使民间美术作品往往受到幼儿的喜爱，如杨柳青年画、桃花坞年画等民间绘画作品，泥人、面人、兔儿爷、面具等民间雕塑作品，剪纸、风筝、花灯、民间刺绣、蓝印花布、布老虎等民间工艺品，都是幼儿可以欣赏的。

名画赏析微视频：
哈里昆的狂欢

6. 幼儿美术作品

幼儿美术作品是有一定艺术性的作品，有其独特的视觉样式和审美效果。各种富有童趣和创意的优秀幼儿作品、周围同伴的作品，乃至幼儿自己的作品，都可以作为欣赏对象。当然，幼儿园美术欣赏教育的内容还可以和幼儿对周围环境和自然景观的欣赏结合起来。在进行美术欣赏教育的同时，教师应引导幼儿注意和欣赏幼儿园环境、家庭环境和社区环境中的美，并经常带领幼儿走向大自然、亲近大自然，感受大自然的美好。

名画赏析微视频：
格尔尼卡

（二）幼儿美术欣赏需要的知识和技能

幼儿园美术欣赏教育活动的内容，还包括一定的欣赏知识和技能。这些美术欣赏知识和技能都只是初步的、启蒙性的。

初步的美术欣赏知识包括关于色彩、线条、构图等方面初步的美术知识和术语，如冷色、暖色、变化、对称等；艺术家的简单生平故事或趣事、艺术创作的背景等。

初步的美术欣赏技能和习惯，包括对作品的仔细观察和探究；用语言大胆描

想一想

美术欣赏活动中怎样协调教师与幼儿、幼儿与幼儿之间审美经验的差异？

述自己对欣赏对象的第一印象，对作品要素的识别和分析，对作品主题和意义的猜测和初步理解，关于作品的想象和联想等；用口头语言、身体语言及不同的艺术形式(如故事、戏剧、舞蹈、绘画、泥塑、粘贴等)表达自己对欣赏对象的感受和认识。

三、美术欣赏活动的设计要点 >>>>>>>>>>>>>>>>>>>>>>>>>

美术欣赏活动在小班、中班、大班都可以进行，但小班、中班的美术欣赏活动更多的是渗透式的，或作为活动的引入，或作为创作的引导。即使有专题的美术欣赏活动，谈话的时间也不宜过长，并应与多种方式的体验和感受结合进行。内容上则可将对美术作品的欣赏与对身边环境的欣赏和感受结合起来。到了大班，可以进行更多的专题美术欣赏活动，鼓励幼儿用多种方式表达感受，用多种材料进行表现。

（一）小班幼儿美术欣赏活动的设计要点

在选择小班幼儿能够欣赏的美术作品时，教师需要把握色彩明亮、主题突出、背景简单、内容较为简单等要点，保证作品的再现性强，所反映的内容与小班幼儿的生活经验紧密相连。在欣赏美术作品时，小班幼儿一般会用最简单的词语把画中的物体一一列举出来。例如，画上有山、有树等。他们对美术作品内容的感知只限于画上的内容。因此，教师在设计小班美术欣赏活动时，要顺应小班幼儿的年龄特点，允许小班幼儿用感官和动作参与理解和表达，在体验与感受的过程中，获得基本的审美经验。

（二）中班幼儿美术欣赏活动的设计要点

中班幼儿在欣赏美术作品时，首先感知的是美术作品本身的内容，而忽略其形式，处于认识个别对象阶段和认识空间联系阶段。因此，教师在设计中班美术欣赏活动时，首先，要选择色彩明快，能给幼儿愉快感觉和体验的作品，让幼儿尽可能地对作品外在的对象进行直接陈述，或者说出自己的第一感受，让幼儿初步形成对作品的整体直觉印象。其次，在此基础上，引导幼儿对作品的形式、内涵和意义进行欣赏，以帮助幼儿进一步体验和理解作品，丰富他们的审美经验。最后，让幼儿根据自己的想象、理解进行审美判断。

（三）大班幼儿美术欣赏活动的设计要点

大班幼儿抽象思维刚刚萌芽，教师可以选择抽象性的作品。例如，绘画欣赏部分，可以选取波洛克的《会聚：第 10 号》《蓝色杠杆：第 11 号》，蒙德里安的《红、黄、蓝的构成》《棋盘》，马蒂斯的《蜗牛》《忧愁的国王》，康定斯基的《抒情诗》《即兴 35 号》，米罗的《人投鸟——石子》《荷兰的室内》等大师的抽象作品。这些抽象作品虽然既没有真实的物体，也没有具体的人物，有的只是各种线条、形状、颜色的不同组合，但这些由"有意味的形式"所构成的视觉形象，恰恰是容易被幼儿理解、欣赏和接受的。

在大班幼儿欣赏美术作品时，要让幼儿初步形成对作品的整体直观印象，允许幼儿把从画面中看到的、感觉到的，畅所欲言地表达出来；还可以从欣赏音乐作品入手，引导幼儿将音乐中感受到的相似的体验迁移到美术作品中，尽可能地让幼儿发挥他们的观察力、艺术想象力和语言表达能力，充分描述自己的印象和感受。然后，教师提示幼儿对作品进行分析，并在此基础上进行理性的感知。经过多次教育干预，大班幼儿的审美判断标准不再局限和单一。教师引导幼儿进行评价时，应侧重于对作品的审美判断和揭示作品对于人类美术活动的意义，帮助幼儿从多样化的作品表达方式中吸取审美经验，提高其审美判断能力和审美情趣。

四、美术欣赏活动的一般模式 >>>>>>>>>>>>>>>>>>>>>>>>>>>>

幼儿园美术欣赏活动设计的一般模式是，尽量挖掘原作品本身的教育潜力，在诸多可能性中选择最佳方案，进而在原作品中加入另一些新材料，再从扩大了的诸多可能性中选择最佳方案。在美术欣赏教学中，教师提问的整体思路应该清晰。在整体思路清晰的情况下，针对具体的欣赏对象，教师应该灵活提问。

（一）模式一：针对单幅绘画作品采用"整体欣赏→局部形式要素分析→回到整体欣赏"的模式

第一，教师用容易引起幼儿学习兴趣的方式引出主题。

第二，教师用容易让幼儿清楚感知的方法感知画面的内容。

第三，教师引导幼儿从画面的线条、色彩、构图等要素进行欣赏。

第四，教师可以采用添加背景音乐、营造欣赏氛围的方法，引导幼儿回到画面的整体，感受画家要传达的情感。

第五，对于蕴含一定绘画技能要素的作品，可以根据年龄班级在欣赏活动结束后设置幼儿绘画创作的环节。

（二）模式二：针对多幅绘画作品，采用"分别欣赏两幅作品的内容→分别从要素与形式的关系、整体感觉两方面对比欣赏→询问幼儿的欣赏偏好并鼓励其表达"的模式

第一，教师用容易引起幼儿学习兴趣的方式引出主题。

第二，教师用容易让幼儿清楚感知的方法，让他们感知两幅作品画面的内容，并畅谈自己对作品的欣赏感受。

第三，教师引导幼儿从画面的线条、色彩、构图等要素进行欣赏。分别从要素与形式的关系、整体感觉两方面对比欣赏两幅画，比较其带给幼儿的不同感受。

第四，教师可以采用添加背景音乐、营造欣赏氛围的方法，引导幼儿回到画面的整体，感受画家所传达的情感，表达其欣赏偏好。

第五，对于蕴含一定绘画技能要素的作品，可以根据年龄班级在欣赏活动结束后设置幼儿绘画创作的环节。

步骤二　教学观摩

一、观摩美术欣赏活动视频《大碗岛的星期天下午》 >>>>>

（一）呈现素材

引导学生欣赏视频《大碗岛的星期天下午》。

大班美术欣赏视频：
大碗岛的星期天下
午——整体欣赏阶段

（二）分析素材

图3-1 《大碗岛的星期天下午》

这是一幅最能体现"新印象主义"绘画原理的代表作品。画面描绘了盛夏时节人们在塞纳河阿尼埃的大碗岛上休息度假的情景，画面宁静而和谐。画中人物都是按远近透视法安排的，画面上有大块对比强烈的明暗部分，每一部分都是由上千个并列的互补色小笔触色点组成，使我们的眼睛从前景转向很美的背景，整个画面在色彩的量感中取得了均衡与统一。修拉花了两年多的时间才创作出这幅作品，该作品在第八次印象派画展上出现时，立刻引起了社会的强烈反响，攻击声和赞扬声同时袭来，有人称赞它是"新风格"的展现，有人骂它是"带有稚气和学究气的离奇结合"。

第一，对素材进行分析，判断该素材适合哪个年龄段。

第二，根据素材确定活动过程的重难点。

（三）教学观摩

大班美术欣赏视频：大碗岛的星期天下午——局部欣赏阶段

围绕以下问题观摩大班美术欣赏活动视频《大碗岛的星期天下午》，并详细记录活动过程。

1. 该活动目标的设计是否符合大班幼儿的美术欣赏水平？

2. 活动的准备主要有哪些？是否对活动目标的实现有帮助？

3. 活动中教师是如何为幼儿创设宽松的欣赏情境的？

4. 活动过程的设计是否体现环环相扣、循序渐进等原则？每个环节是怎样为实现目标服务的？

5. 活动过程中幼儿是通过哪些途径感知作品的？为什么幼儿能够自始至终兴致盎然？

6. 你认为组织好一个美术欣赏活动最基础的是什么？可举例说明。

大班美术欣赏视频：大碗岛的星期天下午——再次回到整体欣赏阶段

（四）分组讨论

同第193页"(四)分组讨论"。

（五）集体交流

同第193页"(五)集体交流"。

（六）教师总结

同第193页"(六)教师总结"。

二、观摩幼儿园教师现场执教的美术欣赏活动 >>>>>>>>>

请大家在幼儿园现场观摩教师执教的美术欣赏活动，做好听课笔记，认真倾听执教教师的说课，积极参与讨论，及时记录讨论结果和带队教师的评价总结。

步骤三 方案设计

第一，第一位在幼儿园设计组织美术欣赏活动的同学，请与本组同学一起根据图3-2及文字素材设计一个完整的活动方案，并做好活动准备。

吴冠中的水墨画作《春如线》以千百条浓淡相宜的线条及包罗万象的绿色点彩，描绘了诗意盎然、生机勃勃的秀美春色。那翠绿欲滴、桃红点点的色彩，与丝丝缕缕、盈盈缠绕的线条，铺满了整个画面，却杂而不乱，浓淡相宜，疏密有致，运笔灵动而充满了韵律，使人如沐春风，在春的韵律中尽情地享受美的意境。吴冠中先生没有去画春天中的某些具象事物，而是用浪漫的线条，描绘了春回大地的大树，那枝枝蔓蔓、粗粗细细的树枝，若隐若现地隐现于无限的春光之中；那点点染染的绿，像绿叶，像碧水，像绿草，像碧荷等，绿意萌动……留给我们无穷无尽的韵味与想象空间。

图 3-2 《春如线》

第二，第二位在幼儿园设计组织美术欣赏活动的同学，请与本组同学一起根据以下素材设计一个完整的活动方案，并做好活动准备。

在《星月夜》这幅画中，梵高用夸张的手法生动地描绘了充满运动和变化的星空。夜晚的天空又高又远，弯弯的月亮悬挂在右角上，橘黄的月光、星光相互辉映，把深蓝色的夜空点缀得灿烂辉煌。流动的云在风的推动下翻滚着，飘过来，飘过去。前景是一株顶天立地的杉树，墨绿色的枝条努力地伸向天空。远处有青色的群山，山下的城市笼罩在夜色中，流泻出星星点点的灯光。

观赏梵高的这幅画，仿佛进入了一个童话般的世界。它充满了奇特的想象，同时又呈现出无比绚烂的色彩。这是梵高强烈的思想感情的自然流露，同时也带有某种非理性的成分。

图 3-3 《星月夜》

第三，在教室试教美术欣赏活动的同学，请与本组同学一起根据以下素材设计一个完整的活动方案，并做好活动准备。

唐装是我国特有的民间服饰，它款式独特，颜色艳丽，具有美好的寓意。在民族文化共享的今天，唐装也走上了世界文化的舞台，深受大家的喜爱，它是我国传统民族文化中一颗璀璨的明珠。大班幼儿对成人的衣着打扮具有浓厚的兴趣，喜欢模仿。所以，选择唐装设计作为大班美术欣赏活动，让幼儿在活动中欣赏、感受中国唐装的独特之美和美好寓意，引发幼儿爱祖国、爱家乡的情感。

图 3-4 唐装

第四，在教室试教美术欣赏活动的同学，请与本组同学一起根据以下素材设计一个完整的活动方案，并做好活动准备。

无锡惠山泥人阿福的传说：传说惠山古时林木参天，一对猛兽常下山伤人。后来，一家生了一对双胞胎，一男一女，男孩取名阿福。说来奇怪，猛兽见阿福就俯首帖耳，温顺得很，于是无锡的家家户户都喜欢按阿福的模样做成泥人，人们最熟悉也最喜爱的就是惠山大阿福。提起大阿福，在惠山还流传着这样的民间传说。在很早以前，惠山一带野兽横行，危害儿童。有个叫"沙孩儿"的小孩，勇斗猛兽，为民除害。为了纪念"沙孩儿"，人们用惠山的黏土塑造了勇敢的"沙孩儿"形象。后来，经过历代艺人不断地加工创造，这个寄托着人们对美好生活向往的艺术形象便在人们心中活了下来。

早期大阿福的造型，都是大耳朵的端正坐姿，面容带着慈悲和吉祥，他头上的牡丹花、胸前的长命锁、怀中的大青狮、脚上的朝靴分别

图 3-5　清代无锡惠山泥人大阿福

代表了宝贵、长寿、避邪和少年登科等吉祥含义。阿福的造型圆润丰满，含去了许多形体上的枝节，整个作品不见棱角，饱满丰腴。表面起伏，不论大小，一律用弧线完成。造型的圆润精细为惠山泥人增添了几许江南风韵。这种圆与浮雕相结合的造型奠定了惠山泥人的基本风格。

✎ 学习笔记

步骤四　方案实施

同第 27 页"方案实施"内容

步骤五　总结提升

一、现代多媒体技术在幼儿园美术欣赏活动中的应用 >>

优选教学手段是优化教学过程、获得最佳教学效果的重要途径。作为现代化教学手段的多媒体教学，集生动、具体、形象等优势于一体，在开发幼儿智力，解决教学重点、难点及提高教学质量等方面有着特殊作用。综合运用声音、图像、视频、动画等多媒体手段创设情境，化不可见为可见，化静态为动态，化抽象为直观，化复杂多变为简洁明了，可以最大限度地调动幼儿的积极性，激发幼儿的学习兴趣，又能充分表现教学内容，引导幼儿积极探索、主动学习。随着现代信息技术的迅猛发展，现代多媒体教学在幼儿园美术欣赏教学中成为一道颇具特色的风景线。

（一）运用多媒体技术，激发幼儿学习的兴趣

良好的开端是成功的一半，激发幼儿学习的兴趣是第一步。教师运用多媒体将丰富多样的课程内容呈现给幼儿，引导幼儿"看、想、画、做"，充分调动幼儿的学习兴趣。例如，欣赏《戏剧脸谱》，如果脸谱都是由教师画好范画来示范给幼儿看，既烦琐又起不到很好的示范作用，效果事倍功半。如果利用多媒体的优势，先让幼儿欣赏一段京剧《变脸》，从而引出课题"戏剧脸谱"，然后将各种脸谱图片演示给幼儿看，让他们了解戏剧脸谱的来历、分类、意义及特征，通过多媒体呈

现和教师的引导，开阔幼儿的视野，拓展其思维，从而使他们对戏剧脸谱产生浓厚的兴趣。

（二）运用多媒体技术，鼓励幼儿学习的创造性

美术活动最重要的就是激发幼儿的想象力。例如，《想象中的怪兽》，怪兽是现实生活中没有的，更是幼儿没有看到过的，教师可以通过多媒体出示幼儿熟悉的动画片中的形象，幼儿看到他们喜欢的这些形象时，会非常兴奋。所以，多媒体的运用不但能激发幼儿的兴趣，还能让幼儿从这些形象中知道怪兽是由现实中的人想象出来的。

二、美术欣赏活动的教育建议 >>>>>>>>>>>>>>>>>>>>>>>>>>>>>

（一）珍视幼儿体验的个体差异性和创造性

幼儿的美术欣赏具有较大的个体差异性，更具创造性和外显性，表达上更生动、更夸张。这是由幼儿的心理发展决定的，教师要认同、接纳这些特征，鼓励幼儿表现本真的体验，利用幼儿的特征充分培养其动作表达能力和语言表达能力。幼儿很少受思维定式的影响，能自由发挥想象力，生发出许多原发的体验，教师要抓住时机利用并培养幼儿的创造性。

（二）选择幼儿喜爱的美术作品

幼儿对美术作品的喜欢或厌恶是一种重要的体验。当幼儿不喜欢某些美术作品时，很难产生参与的兴趣，体验活动就难以深入。要使幼儿积极主动地去体验并获得更多的创造性体验和个性体验，就要基于幼儿的特质来选择美术作品。选择的美术作品要能引起幼儿的兴趣，以幼儿喜欢欣赏的作品为主。在表现形式上，应以具象作品为主，以抽象作品为辅；在作品文化背景上，应以文化背景差别不大的作品为主；在作品创作主体上，应成人美术作品、幼儿美术作品并重。

（三）作品逐一呈现与对比呈现相结合，精、泛欣赏相结合

在美术欣赏活动中，可先让幼儿欣赏一幅作品，再让幼儿欣赏另一幅作品，仔细欣赏后，同时呈现两幅作品让幼儿进行对比欣赏。这种逐一呈现与对比呈现相结合的方式，有助于加深幼儿的欣赏体验。在美术欣赏教学中，可将精读式欣赏和泛读式欣赏结合起来使用。要根据欣赏的内容、欣赏的目的、幼儿已有经验及当时的教学情境、教学条件来决定本次活动是精读式欣赏一幅作品还是泛读式欣赏几幅作品。

（四）加强互动，灵活提问，综合运用感觉通道

在集体教学情境中，面对同一幅美术作品，幼儿各自的审美偏爱与情感体验不同，此时他们之间体验的碰撞和互动开始了，认知上的冲突和失衡也开始了。这种冲突和失衡带来的不适，促使幼儿做出调整，进而重新认识、体验作品。教师应充分利用幼儿之间的差异，引导其进行互动体验。

在美术欣赏教学中，教师提问的整体思路应该清晰，在此前提下，针对具体的欣赏对象，教师的提问应该灵活。在欣赏单幅作品时，可以参考的提问思路是整体感受—要素识别—回到整体。对比欣赏两幅作品时，提问的思路可以参考：分别单独欣赏两幅作品（提问对两幅作品的欣赏感受），分别从要素与形式的关系、

整体感觉两方面对比欣赏两幅画,比较其异同带给幼儿的不同感受,询问幼儿的欣赏偏爱,如这两幅画一样吗?有什么不同之处?你更喜欢哪一幅?

在美术欣赏教学中,教师的提问要有启发性和激励性。当幼儿的欣赏和体验陷入困境时,教师的启发性提问会引出新的体验生长点,要提出求异性的问题、比较性的问题以促使幼儿加深体验。教师所提问题的数量要适中,一次提问不要超过一个。在提出问题后要耐心等待幼儿做出反应,不要急于引导,更不要急于回答。感觉通道的综合运用能有效加深幼儿的美术欣赏体验。建议教师在美术欣赏教学中,创设情境,创造条件,鼓励幼儿运用动作模仿、情境扮演和虚拟想象等多种感觉通道,对美术作品进行再经历、再体验和再创造,使幼儿参与和体验的热情得以增强。

练习与应用

一、思考题

1. 如何在幼儿园集体教学活动中提高幼儿对美的感受能力?
2. 幼儿园美术欣赏活动对幼儿能力的发展有哪些促进作用?

二、操作题

分组收集美术欣赏的一些作品,并进行小组讨论形成文本方案,课外抽时间实践。

学习反思

📚 学习评价

一、根据提供的素材设计完整的活动方案

二、运用《幼儿园教育活动设计及实施评分表》指导学习过程

幼儿园教育活动设计及实施评分表具体见表3-1。

表3-1 幼儿园教育活动设计及实施评分表

一级指标及分值	二 级 指 标	得分
教材处理(20)	教学目标明确,符合幼儿园课程标准要求;对教材的理解和把握准确,重点突出,难点问题解决得法,备课充分	
教学方法(20)	教法、学法运用恰当,能运用多种方法进行教学,注重交流,合理安排教学环节,各要点之间衔接自然流畅	

续表

一级指标及分值	二 级 指 标	得分
教学手段(20)	教具准备合理、充分，符合教学需要，并能充分合理地运用图片、声音、动画等媒体，其组织形式多样化	
教师基本功(20)	教态自然、语言规范、表达流畅；学科知识技能准确熟练	
教学效果(20)	顺利完成教学任务，完全达成教学目标，教师与幼儿在活动中的交往和谐融洽，能启发学生思维，充分创造条件使幼儿成为活动的主体	

　　请同学们运用此表指导自己设计与实施活动方案的过程，也可利用此表对他人执教的活动进行评价。

学习情境四
仅提供主题的活动设计与实施

情境描述

　　刚刚结束幼儿园教师资格保教知识与能力的考试，许多同学一脸沮丧："老师，这次我考砸了。""我最后一道活动设计题做不出来。""题目要我围绕'有用的工具'为大班幼儿设计主题活动，要包含三个子活动，可是我却只能想出一个。"……

　　主题活动是现今幼儿园的一种主流活动，也是幼儿园教师资格考试中的一个重要知识点。通过本情境的学习，了解幼儿园主题活动的含义、特点、设计策略等，学习主题活动设计与实施的一般思路，能根据教师制定的主题设计相应的系列活动，并进行适宜化实施，具备独立设计与实施幼儿园主题活动的能力。

思维导图

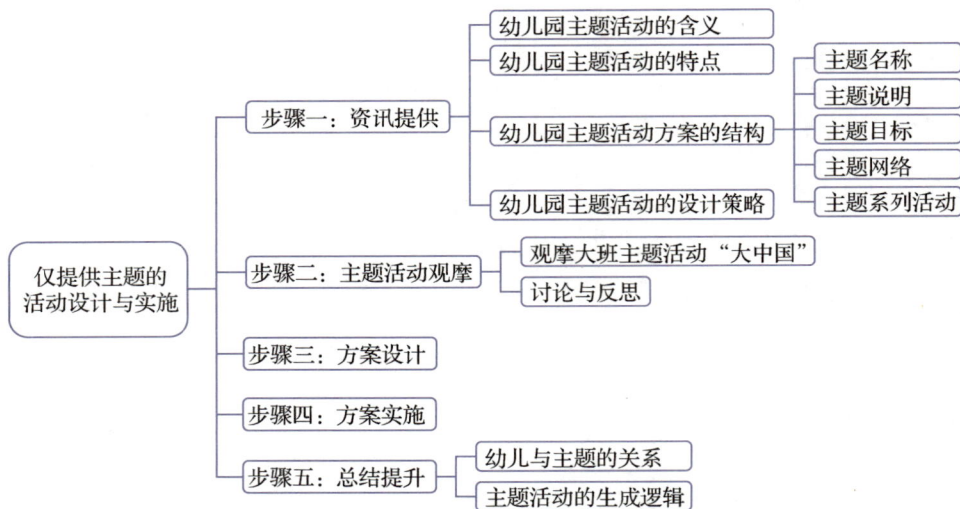

学习目标

1. 理解主题活动的含义与特点。
2. 掌握主题活动方案的结构要素，厘清主题活动的脉络。
3. 掌握主题活动设计的策略与实践思路，尝试设计不同年龄段的主题活动方案。

案例导入

　　上午的活动室热闹非凡。因为前一段时间大家秋游去了"红山森林动物园"，幼儿对于动物的话题非常感兴趣。所以，教师带领幼儿进入了一个新的主题"可爱的动物"。今天是主题开始的第一天，教师带着幼儿一起讨论："关于动物，你想了解什么?"幼儿七嘴八舌地议论着。小雅说："动物身上的花纹很好看，为什么会有不同的花纹呢?"桃桃说："动物的尾巴为什么长得不一样呢?"凯凯说："我是妈妈生的，动物是怎么生宝宝的呢?"亲亲说："哪些动物住在树洞里?"幼儿问的问题五花八门，他们的兴趣是多样且零散的，怎么在短短的时间里满足他们的多种需求呢? 怎样尊重每个幼儿的兴趣呢? 在活动结束以后，教师对幼儿的问题进行了收集、整理与归类，最后分为"动物的家""动物的尾巴""动物美丽的花纹""动物宝宝""动物本领大"这几种，它们既是主题线索，又是分组的依据。第二天，幼儿根据自己昨天的动物问题和兴趣点，选择了相应的小组，大家分别展开了主题研究。例如，关于"动物的尾巴"这一线索，分为"尾巴的外形""尾巴的作用""怎么制作尾巴"这几个内容，每个内容又有许多小研究点。为了满足幼儿的不同兴趣，各小组对各自的主题线索同时进行探究，因为人员分散，教师的指导力量不够，教师请来了"家长老师"。两周后，各个小组根据收集到的资料进行讨论与总结，并将研究结果整理出来，制成海报。最后，每组介绍自己的研究成果。

　　这样一个过程就是一个主题活动产生和设计展开的过程，有教师、幼儿、家长的共同参与，有幼儿感兴趣的、从幼儿生活中生发出来的主题内容，还有结合大家"头脑风暴"与调查结果制定的主题线索。

　　本部分讨论的是仅提供主题的活动设计与实施，主要就主题活动的内涵、主题活动的特点、主题活动方案的结构、主题活动的设计策略等内容展开探讨与实践。

实施步骤

步骤一　资讯提供

一、幼儿园主题活动的含义 >>>>>>>>>>>>>>>>>>>>>>>>>>

　　主题，意指课程的某一单元、某个时段所要讨论的中心话题。幼儿园课程中的主题，往往不只是中心议题本身，它还包括中心议题蕴含的或与中心议题相关的问题、现象及事件等。① 基于对主题内涵的挖掘，所谓幼儿园主题活动，即指在或长或短的一段时间内，在教师适时、适度的引导和支持下，围绕一个主题，进行自主观察、探索周围现象和事物的一系列活动。其特点是打破学科之间的界限，将各种学习内容围绕一个中心有机地连接起来，让学习者通过该单元的活动，获得与"中心"有关的较为完整的经验。

二、幼儿园主题活动的特点

1. 综合性

图 4-1　幼儿园主题活动横向结构图

综合性是单元主题活动的一个基本特点。主题活动打破了学科之间的界限，在不同学科相互作用、相互结合的基础上得以产生，使幼儿在问题解决过程中学习，进而达到促进幼儿全面发展的目的。② 如图 4-1 所示，幼儿园各领域之间用两条带箭头的直线相连，表明通过主题将各领域的内容有机联系在一起。此外，主题和各领域之间的双箭头直线，说明主题和领域之间是相互影响的，例如，主题的选择与开展受到领域目标、内容的影响，同时又反过来影响领域目标、内容等的实现情况以及各领域之间的联系情况。需要说明的是，各领域学习内容在主题中的比重并不均等，会受到主题自身特点、可以利用的教育资源、幼儿特点等因素的影响。此外，各种学习内容之间的联系应该是内在有机联系，避免"拼盘"现象。③

2. 开放性与灵活性

幼儿园主题活动具有开放性的特点，表现在主题活动的研究对象主要来源于三个方面，即不同学科的交叉知识、幼儿的生活经验、综合性的社会问题。④

此外，幼儿园主题活动还具有灵活性的特点。相对于学科课程而言，主题活动具有丰富的弹性，能更灵活地安排学习时间、空间以及指导方式。时间上，一次主题活动的延续时间可长可短，可间隔安排，也可利用整块较长的时间；空间上，可从幼儿园延伸到家庭、社区；材料的丰富性与多元化也体现出其灵活性。

3. 活动性与直接经验性

幼儿生理、心理发展的特点，尤其是幼儿学习的特点决定了幼儿学习的内容应是直观的、形象的⑤，因此，幼儿的学习需要以直接经验为基础，借助具体的情境、具体的事物，使幼儿在参与、探索和交往的过程中学习。对于幼儿而言，只有在活动中的学习才是有意义的学习，只有以直接经验为基础的学习才是理解性的学习。幼儿园主题活动的实施创设了丰富的活动情境，创设有利于幼儿自发、主动活动的氛围，为幼儿提供各种互动的机会，为幼儿提供与其发展相适应的帮助，幼儿在现实情境中，通过操作、探究，通过教师的引导和帮助获得知识、体验。从这一意义上来说，主题活动的特点还包括活动性与直接经验性。例如，幼儿园主题活动一般选择季节性、节日性以及幼儿的兴趣点为话题，这样的话题贴近生活，更容易被幼儿接受，幼儿也会比较感兴趣，而且由于贴近生活，更具有实用性，能够学以致用。

4. 探究性

幼儿园主题活动重视培养幼儿初步的探究意识、能力和态度。主题活动的探究是幼儿在教师的引导下，对感兴趣的主题进行主动探究和解决问题的过程。幼儿的探究不仅包括对已知世界的探究，更包括对未知世界的探究，同时探究的方式也是多种多样的，还需要根据幼儿年龄特点、主题特点等多种因素确定。

三、幼儿园主题活动方案的结构 >>>>>>>>>>>>>>>>>>>>>>

主题活动内容包括教学活动、日常生活活动、游戏活动、家园活动等多个方面，体现了主题内容、教育方法和途径的综合。主题活动方案的结构包括主题名称、主题说明、主题目标、主题网络及主题系列活动。[①] 需要注意的是，在主题综合活动开展前列出的主题活动名称、目标都是一种计划，在具体开展过程中，受幼儿反馈、偶发事件等多种因素的影响，教师可以进行相应调整。

（一）主题名称

主题名称与具体活动方案名称一样，应使用幼儿熟悉、喜欢、易记、易引发幼儿探索与体验的名称，避免成人化。例如，"端午节""中国人"等主题名称对幼儿来说就过于平淡，可以改为"快乐端午节""我是中国娃"，联系幼儿生活经验、激发幼儿兴趣。

（二）主题说明

1. 主题说明的价值

幼儿园的主题说明一般是写给教师的话，说明主题设立的原因和主要内容的重点，提醒教师要注意的事项。主题说明的价值在于统领主题活动的思想，就像主题活动的灵魂一样引领主题活动展开的方向，让主题的实施有章可循。幼儿园主题活动说明需要教师认真阅读和领会，因为这是主题活动设计者与主题实施者的对话，关系到主题活动的展开方式、主题活动的实施要点、主题活动所要表达的核心价值等。[②]

2. 主题说明的内容

主题说明一般包括主题活动的设计背景及意图、主题活动总目标或主题活动的教学重点和建议。主题活动的设计背景及意图要写明主题产生的原因、幼儿的已有经验、幼儿此阶段的兴趣需要、要完成的主要目标等。主题活动总目标是整个主题活动要体现的核心价值，不是小主题或子活动目标的罗列。主题活动的教学重点和建议一般会阐明主题活动的展开方式，以及可以灵活操作的方式方法，如何应对幼儿可能生成的新活动等。

大班主题活动"我是中国娃"的主题说明

① 陈福静：《幼儿园主题活动的设计与实施策略》，65 页，北京，中国轻工业出版社，2016。
② 陈福静：《幼儿园主题活动的设计与实施策略》，65～66 页，北京，中国轻工业出版社，2016。

3. 主题说明的表述方式

主题说明的表述方式是多元的，教师只需在把握主题核心价值的基础上，阐明主题的设计意图、实施重点和主题的展开方式即可。

目前较常用的表述方式有三种。

一是，主题内容、目标与设计意图统整的主题说明，如大班主题活动"我是中国娃"的主题说明。

二是，只阐述主题的总目标的主题说明。

三是，以主题背景为阐述主体的主题说明，如中班主题活动"选班花"的主题说明。

中班主题活动"选班花"的主题说明

从幼儿的需要和兴趣出发的活动才是幼儿主动、自主参与的有价值、有意义的活动。我们的中班年级预设主题"班花"就旨在体现这一思想和理念。将班花作为活动的载体，以"选班花"这一任务作为主题展开线索，以达到推动幼儿展开自主探索和合作学习的目的。以往，我们在进行有关花的活动时，一般从观察、认知角度出发，带领幼儿看一看、闻一闻，然后画一画、念一念等，活动中幼儿始终处于被动地听、被动地接受的状态。这次以"选班花"为切入口展开有关花的主题，目的是希望突破以往的教学模式，在选班花的过程中幼儿能自主地对花进行感知和认识，同时，在一轮轮的评选中，获得语言表达、艺术表现、同伴交往等多方面能力的发展，能主动、快乐地参与整个活动。中班幼儿对事物的理解力逐步增强，学习也有了一定的目的性，但是，什么是班花？选择哪一种花作为班花？如何竞选班花？整个主题过程具有很强的探索性和生成性，这对还处在中班的幼儿来说是具有挑战性的，应引导幼儿边活动边思考。

（三）主题目标

主题目标包括主题活动总目标和各个活动的具体目标两个层次。在确定主题活动总目标时，需要关注以下几个方面的问题。

一是全面性。幼儿园主题活动是一个"系统工程"，在时间上具有延续性，在内容和组织上具有综合性。[①] 主题活动总目标是针对整个主题的，需要总览整个主题的内容。全面性并不是绝对的面面俱到，主题活动总目标可以有不同学习领域、学习内容的侧重，要避免为追求"全面性"而生拉硬凑的情况。

二是一般性。主题活动总目标的着重点应放在促进幼儿终身持续健康发展的基本素质方面。主题活动关注幼儿的直接经验与整体性发展，指向的是直接经验与一般能力，而非具体的知识点。

三是概括性。主题活动总目标并不是各个活动具体目标的罗列，因此并非与每个活动一一对应。主题中的一个活动可能针对某一个目标，也可能针对几个目标；同样，某个目标也可能需要通过几个活动共同实现。

（四）主题网络

主题网络的呈现使实施者能统揽主题活动的发展脉络，熟悉主题展开的方式

---

① 席小莉：《幼儿园健康主题活动研究》，硕士学位论文，南京师范大学，2005。

方法，对主题的实施有一个总的概念。

1. 主题网络的设计依据

（1）课程统整是幼儿园主题网络设计的理论基础。课程统整是一种以实现幼儿全面发展为目标，通过主题统整幼儿在知识、经验和社会等多元向度的内容，把两种及两种以上的学习领域内容或经验统整为一种具有统整性和有意义的学习经验，与分科课程有着本质不同的课程设计理论。幼儿园主题活动是围绕着一个主题，进行自主观察、探索周围现象和事物的一系列活动，注重幼儿的主动探索与师幼共同探究。因此，幼儿园主题活动思想蕴含于课程统整中，主题活动是课程统整理论基本理念的外在表现形式，课程统整应是课程开发者或教师在进行幼儿园主题活动设计或实施时依据的基本理论。

（2）《纲要》与《指南》是幼儿园主题网络设计的理论依据。幼儿的兴趣是主题进行的重要因素，但不能作为主题的唯一衡量标准，主题进行的根本目的是促进幼儿的发展。《纲要》和《指南》为不同领域的教育内容、不同年龄阶段幼儿的发展目标提供了全面而具体的说明，是主题进行的重要依据，也是设计主题网络必须考虑的理论依据。

（3）本班幼儿的已有经验、兴趣及可利用的教育资源是幼儿园主题网络设计的现实依据。幼儿园主题网络设计首先需要关注的就是本班幼儿的已有生活经验与当下的兴趣重点，以幼儿的已有经验为基础，以幼儿当下的兴趣重点为依据来进行。此外，一定的教育资源是主题活动顺利开展的前提和基础。[①] 因此，幼儿园主题网络设计需要考虑可利用的教育资源。

2. 主题网络的设计形式

幼儿园主题网络的设计形式没有固定模式，有的是发散式的，以主题的核心词汇为主体，相关联的内容逐一发散开去；有的为树状设计，寓意主题的展开方式是生长的、可生成的；有的是表格式的，以主题目标层层递进展开，再依据目标来选择活动内容。无论是哪种设计，都要关注主题核心价值的体现、各领域目标的有机渗透、各种资源的有效利用、各种活动形式的多样呈现。[②]

（1）树状设计。树状设计是幼儿园主题活动设计中主题网络常见的一种形式，一般以事物的关联性来确立主要分支的小主题，如"我喜欢"这个主题，就是以我喜欢的五个预设内容(我喜欢我自己、我喜欢上幼儿园、我喜欢我的朋友和家人、我喜欢的活动、我喜欢的东西和地方)来展开主题。树状主题网主要是对主题内容进行分析，以主要内容为主线，采用生长的方式呈现，以教师预设为主，主题树中空白的地方为幼儿生成的活动留有余地。

（2）蛛网式设计。蛛网式主题就是以蜘蛛网为隐喻，将整个主题结构形象化为网状结构，将多个领域进行有机整合，使内容相互融合、层层递进，形成环环相扣、相互依赖的整体，最大化地推动幼儿发展。同时，也让教师一目了然，便于掌握各主题活动的综合度。

树状主题图：
"伞的世界"

蛛网式主题图：
"小兔乖乖"

---

① 王春燕：《幼儿园课程概论(第2版)》，171页，北京，高等教育出版社，2014。
② 陈福静：《幼儿园主题活动的设计与实施策略》，68～72页，北京，中国轻工业出版社，2016。

此主题的展开方式有以下几种。

任务驱动式：给幼儿一个任务，幼儿在任务的驱动下进行探索学习及表达表现。

问题(研究)展开式：依据幼儿面对某种事物所产生的问题展开一系列探究活动。

作品展开式：选取符合幼儿年龄特点，幼儿感兴趣的，具有拓展性的文学、美术、音乐作品展开主题活动。

身边事件展开式：从每天发生在幼儿身边的事件中，选取有价值的、可拓展的内容展开主题活动。

情境式展开：营造有效情境，让幼儿融入其中，展开主题活动。

体验式展开：通过体验引发幼儿思考，再进行操作提升后内化为经验而展开主题。

(3)发散式设计。发散式主题网络是从一个总的知识点出发，相关联的每一个小知识点都可以作为一个主题进行探究的方式。在教学过程中，各主题间可以相互交叉、相互融合。例如，"纸的用途真大"主题内的"绘画"，就可以与"玩法"主题内的"绘画"融为一个主题进行，不要求一个主题一个主题孤立地进行。本主题网络中的知识点只是一种提示，教师可以有自己的构思。制定主题网络时要考虑到课时量，内容不要过多，也不要过少。

发散式主题图：
"纸的用途真大"

表格式主题网络
"好玩的水"

(4)表格式设计。表格式主题网络，可以清晰地纵览主题的全貌、主题目标、主题的展开脉络、主题环境创设及家园互动等，教师可以在表格式主题网络的基础上，直接选择设计具体活动，是比较方便实用的形式。

（五）主题系列活动

主题系列活动由若干个具体的活动方案构成，这些具体活动方案之间并不是割裂的、独立的，而是基于主题网络的，活动与活动之间贯穿一条或若干条主线并具有内在联系、层层推进的系列活动。一个完整的活动方案应该包括活动名称、活动目标、活动准备、活动过程和活动延伸。

学习笔记

四、幼儿园主题活动的设计策略 >>>>>>>>>>>>>>>>>>>>>

一般情况下，幼儿园主题活动设计包括选择与确定主题、确定主题活动目标、设计主题活动内容和就主题活动的其他方面提出建议。

（一）选择与确定主题

主题活动中，"主题"处于核心位置，起着统率作用，因此，选择与制定合理的主题，是开展单元主题活动的第一步。[1]

在具体选择与确定主题的过程中，需要考虑以下因素。

1. 幼儿

幼儿的需要、兴趣、生活、已有经验等，是影响主题选择与确定的首要因素。教师可以通过谈话、观察等多种形式，了解幼儿的需要、兴趣、已有相关经验，在此基础上考虑可能的主题。

---

① 王春燕：《幼儿园课程概论(第 2 版)》，171～172 页，北京，高等教育出版社，2014。

2. 教师

教师的特长、能力、知识储备等也会在一定程度上影响主题的选择与确定，这些因素可以在外界影响下发生不同程度的变化。因此，对主题选择与确定的影响不是决定性的，如知识储备这一因素可以通过查阅相关资料等方式得以弥补。

3. 主题自身特性

主题中可能蕴含的教育价值和可能涵盖的教育内容也是一个重要影响因素，特别是在有几个主题可供选择的情况下，更是如此。

4. 可以利用的教育资源

一定的教育资源，是单元主题活动顺利开展的前提和基础，如必要的硬件设施、资料等。① 因此，在具体选择与确定主题的过程中，教师需要考虑这一主题的开展需要哪些教育资源（包括硬件和软件方面），目前可以利用的教育资源有哪些、缺少哪些、缺少的这些资源能否解决，等等。

5. 已经开展过的主题

幼儿园教育是一个整体，然而在主题活动的实施中往往会出现这样的情况：主题活动内部的联系比较紧密，主题与主题之间的联系相对比较松散。因此，在选择与确定主题过程中，需要注意考虑已经开展过哪些主题，此主题与这些主题之间有哪些联系，包括与活动内容、幼儿在活动中获得的技能与能力等方面的联系。此外，了解已经开展过的主题，有利于平衡幼儿园课程。

6. 学科知识

主题活动中学科知识处于隐性地位，但这并不意味着学科知识可有可无。事实上，这种隐性地位可以帮助幼儿更好地体验到知识的意义，特别是在解决问题的过程中体验到知识的价值。② 因此，学科知识依然是主题活动需要关注的。没有各种学科科目的基础，早期幼儿的综合性课程很快会蜕变为快乐而无意义的活动或琐碎的东西。③

（二）确定主题活动目标

在确定主题活动目标的过程中，首先需要分析主题潜在的多种价值，包括教育价值与发展价值。例如，大班主题活动"我想知道的……"下的小主题"勤劳的农民"就包含诸多方面的潜在价值：了解农民这种职业及其他和自己生活的关系；了解农民的劳动和人们生活的关系；观察、了解粮食的生长过程；学习与粮食有关的古诗词；学习食物的生产、销售；尝试用稻草等农作物制作艺术作品；等等。

分析了主题的潜在价值之后，就需要在综合考虑多种因素的基础上，如幼儿的兴趣与需要、教师可以利用的教育资源等，从多种潜在的价值中筛选出适宜的价值，进而确定相应的主题活动目标。

相对于具体活动目标而言，主题活动目标是针对整个主题的，因此其涵盖范围更广，具有更强的概括性。除此之外，主题活动目标和具体活动目标的制定并无根本不同，它们同样强调从幼儿的角度进行目标表述。

---

① 王春燕：《幼儿园课程概论（第 2 版）》，171 页，北京，高等教育出版社，2014。
② 王春燕：《幼儿园课程概论（第 2 版）》，171 页，北京，高等教育出版社，2014。
③ 朱家雄：《幼儿园课程》，206 页，上海，华东师范大学出版社，2003。

📝 学习笔记

💡 互动平台

写一写：中班主题活动"吃得香，长得棒"，主题目标可以有哪些？

（三）设计主题活动内容

在设计具体的主题活动内容时，我们常常会思考：这个主题的活动内容幼儿会喜欢吗？它符合幼儿当前的兴趣和需要吗？可提供给幼儿什么样的学习经验？活动内容之间的关系如何？下面，我们对设计主题活动内容的具体措施进行阐述。

1. 面对教材，一一借鉴整合

教材是主要的教学资源，是教与学的重要参考。如何利用有限的教育资源更好地选择教材中的主题活动内容是教师的首要任务。以现行的教材为蓝本，如《幼儿园建构式课程》《幼儿园课程指导》《体验式课程》等，创造性地使用教材和拓展主题内容，有机整合这些优秀的教育课程，能够使主题活动的内容丰富有趣且渗透到各个领域，使课程具有更广阔的背景和更多元化的支持。

2. 面对主题内容，梳理三步走

当主题确定后，我们或许会发现幼儿因所处的地域、生活的环境、接触的事物等的不同而出现对教材上的内容不适应的情况。这时，就需要教师去调整、去补充，根据特定的需要灵活地组织实施主题内容。例如，大班幼儿的建构式课程"亮眼看世界"，主题目标是以看、观察为主线，通过看到身边很多有趣的事、有趣的变化，提高幼儿的认知、观察、表达等能力。对此，教师就可以根据幼儿的年龄特点、兴趣需要、已有的知识经验、所处的环境等进行有效的梳理与调整。[1]

第一步：合并内容。例如，《明亮的眼睛》和《你的眼里有个我》可以进行合并。《明亮的眼睛》中环节内容是，观察我在同伴眼睛里的世界—观察户外物体在眼睛里的世界—绘画眼睛。《你的眼里有个我》中环节内容是，观察我在同伴眼睛里的世界—学新歌—创编户外物体在眼睛里的世界—进行歌表演。这两个活动的主要环节有重复现象，虽然同属于艺术领域，但都是以观察认知为切入口，增加了幼儿的感性经验，提升了幼儿对艺术的感知，所以可以进行合并。

第二步：调整内容。例如，原教材《小洞洞里看世界》的主要目标：①了解局部观察与整体观察的不同，对两种观察方法的交替与结合使用产生兴趣；②学习从远到近地观察。主要过程为：①请幼儿将画报卷起当望远镜，看远处的山峰、海面、帆船、游艇等；②拿着复印的局部图案与大图上的风景对比，看看是风景图的哪个部位；③在实践中会发现幼儿在感知整体与局部的关系时，通常看不到"整体"的存在。因此，教师首先要做的是帮助幼儿明确整体的范围，清楚整体所包含的部分，再去探讨整体与部分之间的关系。

基于此，将该活动目标调整为：①了解物体的局部与整体的关系，积累"部分小于整体，整体大于部分"的经验；②发展观察能力和推理能力。主要过程为：①通过局部图形推断整体形象；②了解整体图到了解局部图，得出哪些局部图最适合让人猜；③在操作中寻找哪些局部图形能找到对应的缺口，使之成为完整的图形。

第三步：扩展内容。例如，幼儿在第二周将"看"的视线从主体转移到了客体，也就是看到了"我"以外的世界，走到了社区中。基于此，教师扩展了"我居住的地方"这一活动，从居住的地方扩展到幼儿熟悉的周边公园，有效提升了主题内涵。

中班主题活动
"吃得香，长得棒"
主题目标设计参考

学习笔记

---

[1] 孙芳、王蕾：《幼儿园主题活动的设计与实施》，12页，长春，吉林大学出版社，2015。

（四）就主题活动的其他方面提出建议

为使主题活动顺利开展，主题活动方案一般还会就"区域活动""环境资源""园外资源"等方面提出建议，如教师经常会考虑在主题活动开展过程中，需要创设与开展哪些相应的区域活动，区域活动中需要投放哪些材料，需要创设怎样的环境，如何利用园外资源等问题，以及如何使这些方面围绕"主题"形成教育合力。① 下面，就这些问题，以大班主题活动"我想知道……"为例进行阐述。

1. 区域活动方面

（1）角色区收集与投放农民、医生、警察等经常使用的物品："稻谷""砧板""小石臼""石磨"等农用物品，"听诊器""玩具注射器""药品""棉花"等玩具，以及各种警察的服装道具，供幼儿自主选择角色进行表演。

（2）美工区收集与投放一些"稻草""玉米叶""玉米粒""黑米""稻谷""番薯茎"等"自然物语"，供幼儿进行造型创造；投放玩具警车、橡皮泥、泥工板、牙签等供幼儿尝试用橡皮泥塑造玩具警车；提供水粉颜料、彩笔、水桶等供幼儿创造，感受民间艺术的魅力。

2. 环境资源方面

在教师引导和家长参与的基础上，幼儿利用收集或自制的有关"好吃的食物""医院里的故事""各种各样的警车"等方面的材料设计与布置幼儿园环境。

3. 园外资源方面

一般来说，园外资源包括家长资源及周边环境资源。

首先，积极争取家长的参与和支持。家长的参与不能仅停留在资源或材料的提供上，还应积极参与单元主题活动内容的选择、设计与生成。② 一方面，可以充分发挥家长中蕴含的一些资源，如调动与农民、医生、警察等工作相关的家长，可以请他们直接为幼儿讲述相关知识、技能等。另一方面，引导家长开展一些亲子活动，如利用傍晚、周末等空闲时间带幼儿去田野观察稻谷，体验掰玉米、挖番薯等劳动活动；带幼儿到商店或超市寻找与农作物有关的食品，如玉米糖、爆米花、米糕、地瓜片等材料；利用幼儿生病就医、探望病人等情况，收集医院的图片或照片等。

其次，充分挖掘和有效利用幼儿园周围的各种相关资源，如幼儿园周边的食品店、医院、公安局、交警队等。

步骤二　主题活动观摩

一、观摩大班主题活动"大中国" >>>>>>>>>>>>>>>>>>
二、讨论与反思 >>>>>>>>>>>>>>>>>>>>>>>>>>>>>>>

1. 呈现讨论话题

（1）该主题蕴含的价值有哪些？

---

① 王春燕：《幼儿园课程概论（第2版）》，173页，北京，高等教育出版社，2014。
② 王春燕：《幼儿园课程概论（第2版）》，173页，北京，高等教育出版社，2014。

(2)该主题活动整合了哪几个领域的内容？请详细说出这些具体内容。

(3)该主题活动目标的设计是否合理？可以怎样修改？

(4)该主题下的集体教学活动"我们的祖国"与主题开展的关系体现在哪些方面？

(5)该主题下的集体教学活动"我们的祖国"的目标设计是否合理？可以怎样修改？

(6)相对于非主题背景下的集体教学活动，谈谈你对主题背景下的集体教学活动的看法。

(7)请评价本次主题活动开展得如何？

(8)请提出本次主题活动可以改进之处。

2. 分组讨论

请各组同学围绕上文8个话题展开讨论，可重点讨论1～3个问题，每组派一名同学记录本组讨论的结果。

3. 观点交流

请各组发言人陈述本组讨论的结果，其他小组同学可以提出不同意见或进行讨论，对有争议的问题教师给予适当指导。

4. 教师总结

大班主题活动"大中国"中的语言活动视频：我们的祖国真伟大

记录任课教师评价与总结的内容

二、观摩幼儿园教师现场执教的主题下的教育活动 >>>>>

请大家在幼儿园现场观摩教师执教的主题下的教育活动，做好听课笔记，认真倾听执教教师的说课，积极参与讨论，及时记录讨论结果和带队教师的评价总结。

步骤三 方案设计

请同学们针对中班主题"欢欢喜喜过春节"，参考以下素材，设计主题活动方案。要求写出主题说明、主题总目标、系列活动名称及涉及领域和其中四个子活动的完整活动方案。

素材1：主题背景介绍

春节是民间最隆重的传统节日，在历史发展中，形成了一些较为固定的风俗习惯。春节期间以除旧布新、迎禧接福、拜神祭祖、祈求丰年为主要庆贺内容，一系列的节日庆典活动表达了人们对美好生活的向往和祝福。春节民俗的形成与定型，是中华民族历史文化长期积淀凝聚的过程，集中体现了中华民族的思想信仰、理想愿望、生活娱乐和文化心理，并在传承发展中承载了丰厚的历史文化内涵。从小向幼儿传播优秀的传统文化是幼儿教师的职责所在。

素材2：春节小资料

春节是中国民间最隆重、最热闹的节日，由上古时代岁首祈年祭祀演变而来。新春贺岁以祭祝祈年为中心，以除旧布新、迎禧接福、拜神祭祖、祈求丰年等活动形式展开，喜庆气氛浓郁，内容丰富多彩，凝聚着中华文明的传统文化精华。

我国过年历史悠久，在传承发展中已形成了一些较为固定的习俗，有许多相传至今，如办年货、扫尘、贴年红、团年饭、守岁、压岁钱、拜岁、拜年、舞龙舞狮、放烟花、掼春盛、年例、祈福、逛庙会、上灯酒、赏花灯等。传统节日仪式与相关习俗活动，是节日元素的重要内容，承载着丰富多彩的节日文化内涵。

素材3：童谣《过大年》

小孩小孩你别馋，过了腊八就是年；

煮八粥，喝几天，哩哩啦啦二十三；

二十三，糖瓜黏；二十四，扫房子；

二十五，冻豆腐；二十六，去买肉；

二十七，宰公鸡；二十八，把面发；

二十九，蒸馒头；三十晚上熬一宿，初一带你满街走。

素材4：古诗《元日》

元日

王安石

爆竹声中一岁除，春风送暖入屠苏。

千门万户曈曈日，总把新桃换旧符。

素材5：民间传说《年兽》

传说在古代，有一种凶猛的怪兽，名字叫"年"，它生性凶残，平时都在深山密林中活动。因为它喜欢吃人，所以人们非常害怕它。不过幸好"年"一般只在岁末三十那天的晚上才会出来，伤人性命，破坏田园，所以人们一般都会在那天天还没黑的时候就关上自己家的门，一直不睡觉到天亮，到第二天开门邻里就相互庆贺相安无事。在后来一次偶然的事件中，人们发现原来"年"对爆竹和红色的东西非常畏惧，于是从此，每到除夕，人们就会穿红挂红以示喜庆，并在除旧迎新之时大放爆竹，后来"年"就再也不敢来了。这就是除夕的传说。三十过后的那天就是农历正月初一的春节，过春节也称为"过年"。

素材 6：歌曲《新年好》

新年好

英国儿童歌曲

1=F

1 1 1 5· | 3 3 3 1 | 1 3 5 5 | 4 3 2 — |
新年好 呀， 新年好 呀， 祝贺大家 新年 好。

2 3 4 4 | 3 2 3 1 | 1 3 2 5· | 7 2 1 — |
我们 唱 歌， 我们 跳舞， 祝贺大家 新年 好。

1=F 各音的音高位置（按首调唱法）

5 6 7 1 2 3 4 5 6 7 1 2

第一，请第一位在幼儿园试教主题下的活动的同学选择第一个子活动方案，并做好活动准备。

第二，请第二位在幼儿园试教主题下的活动的同学选择第二个子活动方案，并做好活动准备。

第三，请第一位在实训室模拟教室试教主题下的活动的同学选择第三个子活动方案，并做好活动准备。

第四，请第二位在实训室模拟教室试教主题下的活动的同学选择第四个子活动方案，并做好活动准备。

步骤四　方案实施

同第 27 页"方案实施"内容。

步骤五　总结提升

开展幼儿园主题活动应注意如下问题。

一、幼儿与主题的关系 >>>>>>>>>>>>>>>>>>>>>>>>>>>>>>>>>

幼儿与主题之间的关系决定了主题活动的生成逻辑不是教师预先计划好的，而是由幼儿与主题"周旋"产生的，幼儿与主题"周旋"形成了幼儿的生活。怀特海明确指出，教育只有一个主题，那就是五彩缤纷的生活。可以说，主题应来源于幼儿的生活。这里的"生活"是名词，同样，我们更要将"生活"理解为动词，即主题生成的过程就是幼儿生活的历程。幼儿在主题中建构生活的样态，而不是把主题看作要探究的对象。只有在生活的立场上，主题的生成过程才能真正体现出主题的统一性，主题统一能够使幼儿体会到连续性和安全的感觉、和生活一致的感觉。这个统一性并非存在于知识中，而是存在于这样的事实中，即幼儿的活动总是围绕某件事情，它体现了经验的连续性和故事性。主题的统一性还表现为结束一个主题进入另一个主题并不等于先前主题的完全结束，事实上它以另一种方式进入下一个主题，这种进入或是内容上的，或是精神上的。这是由经验的连续性和生活的连续性决定的。从某种意义上说，主题的生成就好像黄色玻璃门上光和影的游戏运动一样连贯、自然、不可避免，但又充满了偶然和变化，赋予人无穷的想象和惊喜。

二、主题活动的生成逻辑 >>>>>>>>>>>>>>>>>>>>>>>>>>>>>>

谈到具体主题活动的生成逻辑，我们不得不重新解读现实中"主题网络"这一现象。教师似乎很善于用主题网络来呈现课程，实践中常常在活动前设计好主题网络，然后按照设计好的主题网络组织活动。然而，活动前设计好的主题网络与活动过程中生成的主题网络有着本质的区别。前者是知识性的和潜在性的，遵循着知识的逻辑；后者是经验的和能动的，遵循着经验的逻辑。杜威曾将经验与知识之间的区别比作一个探险家的笔记和一张地图之间的区别。主题网络往往把我们的注意力集中到地图上，而不是实际的地形上，很多时候，它给我们一种安全可靠的错觉，似乎提供了某种确定及保障。杜威还指出，地图并不能告诉旅游者走向何处去，只有旅行者的愿望和计划才能决定他的旅行目的，就如同旅行者自己早先的愿望和计划决定了他现在所到的地方，以及他现在要从哪里出发一样。因此，活动前设计好的主题网络是为了让幼儿认识既定的地图中蕴含的知识，而活动过程中生成、活动后整理出来的主题网络则是幼儿学习的世界，而不是一张抽象的地图。幼儿是在探索事实的意义的基础上制作个性化的地图的。因此，课程中主题是一条有待探索与开发的路，走过了才能清晰地发现路的形状，而在这条路上留下的一串串"脚印"则是幼儿发展的见证。

有研究表明，大脑倾向于寻找模式及完整。但是，理想的过程是按照这样的方式去呈现信息的，即让大脑去抽取模式，而不是试图将模式强加给大脑。地图或主题网络作为一种模式是脑需要的，但必须给脑自己去建构模式的机会，这也是我们所坚持的主题网络必须在过程中逐步建构的原因。完整的主题网络只能诞生于一个主题结束之时，这一观点拒绝了一切先天构造课程的要求。因为经验具有不可完整重复性，任何个人的经验不可能再由他人完整地重复体验和复制出来，即使是同一个人也不可能完整重复自己已过去的经验，经验的本性决定了经验是不断前进、发展的。因此，可以说课程具有不可重复性，课程不可能把经验写下来供下次复制式地使用，被书写下来的只能成为经验过程的结果或副产品。所以，每次主题活动都将形成一个自己的版本，却又不是最终的固定版本。

主题展开的结果是幼儿新经验的产生和主题网络的形成，真正的主题网络不是事先设计好的方案，而是事后的总结，就如不成熟的果子渐趋成熟。在这种成熟过程中，某种东西绝不是作为现成的片段积拢到果实上来的。它自己把自己带向成熟，这一点标画出它作为果实的存在。主题网络不是课程的导向图,它是课程结出的果子,它把自己呈现出来,主题网络的呈现过程就是幼儿经验呈现与生长的过程。在这里,很难说是主题网络把幼儿经验"带"出来的,还是幼儿的经验把主题网络"带"出来,二者交互作用,有着不可穷尽的内部无限性。

综上所述,从经验的视角来看主题活动,主题活动是通过幼儿与主题亲密接触发生的。这就意味着主题活动的起点是幼儿的经验,幼儿与主题之间是一种秘密性的居先关系,主题活动的生成逻辑便是这种关系展开的逻辑,也是幼儿生活的逻辑。主题呈现的文本内容主要是事后的观察报告与总结,是已经实现了的,而不是预测的或事先规定的。但是,把主题活动看成经验的生成,并非完全排除计划课程的重要性,其计划重点包含了所有学习环境中的人、事、物,计划的场合常是在学习的交互作用中,而未计划的学习亦被视为课程的一部分。必须说明的是,强调主题活动的生成并非不要计划性,只是主题的计划更具有弹性和过程性。在谈到计划的弹性和过程性时,一位瑞吉欧老师道出了其计划的复杂性、弹性及其存在的困难:"说到(教学时的)困难,我们一直可以感受到这些困难的存在。对幼儿做的事提出建议,我们的方法是保持每件事的开放性。跟幼儿在一起,也就是要不停地调整,因为没有任何事情是绝对的或是确定的。通过幼儿的姿态、话语以及动作,我们一直试着去解释他们如何在经验中生活,然后再从那里出发,这真的不容易。"上述观点表明,我们要时时刻刻对幼儿的经验保持敏感,关注与协助幼儿的经验生长,这是主题活动的基本视角和旨归所在。

练习与应用

一、思考题

1. 主题活动与单领域教育活动相比,其特点是什么?

2. 实现主题线索推进的具体策略有哪些?

3. 怎样展开主题背景下的教学活动、游戏活动与生活活动?

二、操作题

1. 请各位同学根据自己实习所在的班级情况,选择一个主题活动进行再设计与适宜化实施。

2. 请各小组结合对党的二十大报告的理解,仔细阅读以下内容,自选主题,合作设计一份完整的主题活动方案。

(1)党的二十大报告指出,目前我国832个贫困县全部摘帽,近1亿农村贫困人口实现脱贫,960多万贫困人口实现易地搬迁,历史性地解决了绝对贫困问题,为全球减贫事业作出了重大贡献。

(2)大自然是人类赖以生存发展的基本条件。尊重自然、顺应自然、保护自然,是全面建设社会主义现代化国家的内在要求。党的二十大报告要求我们必须牢固树立和践行绿水青山就是金山银山的理念,站在人与自然和谐共生的高度谋划发展。

(3)党的二十大报告要求我们广泛践行社会主义核心价值观。社会主义核心价值观是凝聚人心、汇聚民力的强大力量。弘扬以伟大建党精神为源头的中国共产党人精神谱系,用好红色资源,深入开展社会主义核心价值观宣传教育,深化爱国主义、集体主义、社会主义教育,着力培养担当民族复兴大任的时代新人。

学习反思

参考文献

1. 王春燕. 幼儿园课程概论[M]. 北京：高等教育出版社，2007.

2. 朱家雄. 幼儿园教育活动设计与实施[M]. 北京：高等教育出版社，2008.

3. 周兢. 幼儿园活动整合课程指导[M]. 南京：南京师范大学出版社，2002.

4. 张琳. 幼儿园教育活动设计与实践[M]. 北京：高等教育出版社，2005.

5. 黄瑾. 幼儿园教育活动设计与指导[M]. 上海：华东师范大学出版社，2007.

6. 施燕，韩春红. 学前儿童行为观察[M]. 上海：华东师范大学出版社，2011.

7. 袁爱玲，何秀英. 幼儿园教育活动指导策略[M]. 北京：北京师范大学出版社，2007.

8. 陈晓芳. 幼儿园教育活动设计策略及案例评析[M]. 北京：北京师范大学出版社，2010.

9. 顾荣芳. 学前儿童健康教育论[M]. 南京：江苏教育出版社，2006.

10. 麦少美，孙树珍. 学前儿童健康教育活动指导[M]. 上海：复旦大学出版社，2005.

11. 庞建萍，柳倩. 学前儿童健康教育[M]. 上海：华东师范大学出版社，2008.

12. 郑晓边. 幼儿园健康教育与活动设计[M]. 北京：高等教育出版社，2009.

13. 欧新明. 学前儿童健康教育[M]. 北京：教育科学出版社，2003.

14. 刘馨. 幼儿体育活动设计与指导[M]. 北京：北京师范大学出版社，2004.

15. 周兢，余珍有. 幼儿园语言教育[M]. 北京：人民教育出版社，2004.

16. 张加蓉，卢伟. 学前儿童语言教育活动指导[M]. 上海：复旦大学出版社，2005.

17. 朱海琳. 学前儿童语言教育[M]. 北京：科学出版社，2009.

18. 姜晓燕，郭咏梅. 学前儿童语言教育[M]. 北京：高等教育出版社，2012.

19. 张明红. 学前儿童语言教育[M]. 上海：华东师范大学出版社，2001.

20. 张明红. 幼儿园语言教育与活动设计[M]. 北京：高等教育出版社，2010.

21. 王懿颖. 学前儿童音乐教育的理论与实践[M]. 北京：北京师范大学出版社，2004.

22. 刘占兰. 幼儿科学教育[M]. 北京：北京师范大学出版社，2000.

23. 王志明. 学前儿童科学教育[M]. 南京：南京师范大学出版社，2001.

24. 施燕. 学前儿童科学教育[M]. 北京：中央广播电视大学出版社，2007.

25. 陆兰，杭梅. 幼儿科学教育与活动指导[M]. 北京：北京师范大学出版社，2011.

26. 张俊. 学前儿童科学与数学教育[M]. 苏州：苏州大学出版社，2001.

27. 黄瑾. 学前儿童数学教育[M]. 上海：华东师范大学出版社，2007.

28. 张俊. 幼儿园科学教育[M]. 北京：人民教育出版社，2004.

29. 李中会. 音乐鉴赏[M]. 北京：北京师范大学出版社，2009.

30. 夏力. 学前儿童科学教育活动指导(第二版)[M]. 上海：复旦大学出版社，2009.

31. 李维金. 学前儿童科学教育[M]. 北京：科学出版社，2007.

32. [美]英格里德·查鲁福，卡仁·沃斯. 与幼儿一起探索自然[M]. 张澜，熊庆华译. 南京：南京师范大学出版社，2005.

33. 金浩. 学前儿童数学教育概论[M]. 上海：华东师范大学出版社，2000.

34. 白爱宝. 幼儿发展评价手册[M]. 北京：教育科学出版社，1999.

35. 王美芳. 儿童社会技能的发展与培养[M]. 北京：华文出版社，2003.

36. 郑佳珍，朱炳昌. 幼儿社会化教育指导[M]. 北京：高等教育出版社，2004.

37. 周梅林. 学前儿童社会教育活动指导[M]. 上海：复旦大学出版社，2005.

38. 张文新．儿童社会性发展[M]．北京：北京师范大学出版社，1999．

39. 许卓娅．学前儿童音乐教育[M]．北京：人民教育出版社，1996．

40. 许卓娅．幼儿园音乐教育[M]．北京：人民教育出版社，2004．

41. 许卓娅．学与教的心理探秘　幼儿园集体音乐舞蹈教学指南[M]．南京：南京师范大学出版社，2006．

42. 许卓娅．幼儿园音乐教育与活动设计[M]．北京：高等教育出版社，2009．

43. 许卓娅．学前儿童艺术教育[M]．上海：华东师范大学出版社，2015．

44. 王懿颖．学前儿童音乐教育[M]．北京：北京师范大学出版社，1997．

45. 张前．音乐欣赏心理分析[M]．北京：人民音乐出版社，1983．

46. 戴定澄．音乐教育展望[M]．上海：华东师范大学出版社，2001．

47. 黄莉莉．幼儿音乐兴趣的培养[M]．上海：上海音乐出版社，2002．

48. 蔡觉民，杨立群．达尔克罗兹音乐教育理论与实践[M]．上海：上海教育出版社，1999．

49. 刘沛．音乐教育的实践与理论研究[M]．上海：上海音乐出版社，2004．

50. 曹理．普通学校音乐教育学[M]．上海：上海教育出版社，1993．

51. 林泳海．幼儿教育心理学[M]．北京：商务印书馆，2006．

52. 杨立梅．柯达伊教育思想与匈牙利音乐教育[M]．上海：上海教育出版社，2000．

53. 边霞．幼儿园美术教育与活动设计[M]．北京：高等教育出版社，2016．

54. 汤麟．西方名画和它的故事[精编版][M]．武汉：湖北美术出版社，2010．

55. 许志浩．中国画鉴赏与收藏[M]．上海：上海书店出版社，1997．

56. 屠美如，焦腾飞．中国画欣赏[M]．南京：南京师范大学出版社，2005．

57. 李桂英，许晓春．学前儿童艺术教育（美术分册）[M]．北京：高等教育出版社，2011．

58. 徐燕芳．大班社会活动—了解自己的情绪[J]．教育导刊（幼儿教育版），2008(3)．

59. 刘小英．小班学习交往系列活动[J]．早期教育（教师版），2008(10)．